DERECHO AMBIENTAL

M.ª ASUNCIÓN TORRES LÓPEZ
ESTANISLAO ARANA GARCÍA
(*Directores*)

JESÚS CONDE ANTEQUERA
(*Coordinador*)

DERECHO AMBIENTAL

CUARTA EDICIÓN

AUTORES

ESTANISLAO ARANA GARCÍA
FRANCISCO MIGUEL BOMBILLAR SÁENZ
CAROLINA CÁRDENAS PÁIZ
JESÚS CONDE ANTEQUERA
FRANCISCO JAVIER DURÁN RUIZ
IGNACIO JIMÉNEZ SOTO
MASAO JAVIER LÓPEZ SAKO
ASENSIO NAVARRO ORTEGA
FÁTIMA E. RAMALLO LÓPEZ
LEONARDO J. SÁNCHEZ-MESA MARTÍNEZ
M.ª ASUNCIÓN TORRES LÓPEZ

tecnos

Diseño de cubierta:
Taller Universo: J. Serrano y M. Á. Pacheco

1.ª edición, 2012
2.ª edición, 2015
3.ª edición, 2018
4.ª edición, 2024

Valentín Beato, 21 - 28037 Madrid

PAPEL DE FIBRA CERTIFICADA

ISBN: 978-84-309-9072-6
Depósito Legal: M-16920-2024

Printed in Spain

ÍNDICE

II
PARTE ESPECIAL

PRESENTACIÓN A LA PRIMERA EDICIÓN

La presente obra tiene su origen en el trabajo desarrollado en el seno del proyecto de innovación docente «La enseñanza del derecho ambiental a través de la práctica profesional y empresarial» (código 11-70), concedido por el Vicerrectorado de Ordenación Académica de la Universidad de Granada para el curso 2011-2012 y en el que participaron los autores del presente libro. La finalidad básica consistió en el estudio y diseño de nuevas técnicas de estudio del Derecho Ambiental aplicado a los estudiantes del Grado en Ciencias Ambientales.

Esta obra está pensada para aquellos estudiantes que se formen en las materias relacionadas con el Derecho Ambiental o la Legislación Ambiental. El libro está enfocado para el estudio del Derecho Ambiental adaptado a las exigencias del EEEs. Cada capítulo consta de una estructura que diferencia seis apartados referidos cada uno de ellos a: I. Palabras clave; II. Objetivos didácticos; III. Contenido docente; IV. Actividades Prácticas; V. Una prueba de autoevaluación referida a la materia concreta referida en el capítulo; y VI. Material didáctico, en el que se incluye una bibliografía básica, normativa de referencia, sitios web u otros documentos considerados de interés. Al final del libro aparece una hoja con las soluciones a las pruebas de autoevaluación.

El libro se estructura en dos partes, teniendo en cuenta las materias que se estudian con carácter general en las asignaturas referidas al Derecho Ambiental en las diversas titulaciones. Una primera parte general centrada en los aspectos generales y fundamentales del Derecho Ambiental. Desde las cuestiones jurídicas básicas del Derecho Ambiental, el propio concepto de Derecho Ambiental, su configuración constitucional y organización administrativa, que se tratan en los dos primeros capítulos; los instrumentos públicos de protección ambiental, abordados en los capítulos tercero, cuarto y quinto; las técnicas e instrumentos estimulatorios, así como la participación privada en la protección del medio ambiente, que se desarrollan en los capítulos quinto y sexto; y finalmente, dos capítulos, el octavo y el noveno, referidos respectivamente, al Derecho sancionador penal y administrativo y a la responsabilidad ambiental. En la segunda parte, llamada especial, se ofrece un estudio concreto de siete sectores que integran el Derecho Ambiental: los residuos, la contaminación acústica, los espacios naturales, la energía, la contaminación atmosférica, la contaminación de las aguas y la protección del medio marino y de las costas.

La sistemática seguida permite servir de herramienta útil tanto al profesor que imparta esta materia, como, sin duda, a los estudiantes que quieran formarse en la misma.

Queremos expresar nuestro agradecimiento a los autores y miembros del proyecto de innovación docente, por su excelente trabajo. Nuestro agradecimiento también a la editorial Tecnos por el interés mostrado en la publicación de esta obra.

M.ª Asunción Torres López
Estanislao Arana García

Granada, 2012

I

PARTE GENERAL

CAPÍTULO 1

CUESTIONES JURÍDICAS BÁSICAS: EL ORDENAMIENTO JURÍDICO Y EL DERECHO ADMINISTRATIVO. LA ADMINISTRACIÓN, SU ACTIVIDAD Y SU RELACIÓN CON LOS CIUDADANOS

Leonardo J. Sánchez-Mesa Martínez
Profesor Titular de Derecho Administrativo
Universidad de Granada

I. INTRODUCCIÓN

En el presente tema se trata de ofrecer una visión introductoria sobre la configuración del ordenamiento político y administrativo español, así como una aproximación al modelo de organización administrativa vigente en nuestro país, prestando especial atención al objetivo de ofrecer unas bases elementales en relación con el régimen regulador de la actuación de las Administraciones Públicas, los poderes asignados y los derechos que asisten a los ciudadanos en las relaciones jurídicas que entablan con las mismas.

En esta aspiración, un punto de partida inevitable vendrá dado por la forma o modalidad de Estado adoptada en nuestro país, que no es otra que la contemplada en el artículo 1 de la CE: un Estado social y democrático de Derecho. Ello determina que todo poder ejercido en nuestro país por una autoridad pública queda sujeto al respeto de unas normas que, además, deberán de ser aprobadas democráticamente. Por otro lado, el carácter social de nuestro Estado determinará una actitud necesariamente activa de los poderes públicos en orden a la consecución de los fines y objetivos sociales previstos en la Constitución.

II. PALABRAS CLAVE

Ordenamiento jurídico; concepto de Estado; división de poderes; Administración Pública y Administraciones Públicas; organización administrativa;

actividad de la Administración; acto administrativo; derechos de los ciudadanos ante la actuación administrativa; procedimiento administrativo; recursos administrativos.

III. OBJETIVOS DIDÁCTICOS

1. Llevar a cabo una primera y básica aproximación al sentido y fin de la utilización del Derecho, prestando especial atención en la misma a las especialidades del Derecho Público y su evolución histórica.
2. Conocer las bases del sistema jurídico organizativo de los poderes públicos.
3. Conocer los diversos poderes públicos, sus rasgos y funciones constitucionales esenciales.
4. Conocer las características básicas de la Administración Pública española y su organización territorial.
5. Reconocer las diversas modalidades de actividad de la Administración Pública y comprender su naturaleza y justificación.
6. Adquirir nociones básicas sobre los derechos que asisten al ciudadano ante las Administraciones y las vías a través de las cuales pueden hacerse valer los mismos.

IV. CONTENIDO DOCENTE

1. Ordenamiento jurídico y organización de los Poderes Públicos

La vida en sociedad impone naturalmente una organización que permita garantizar la propia convivencia del grupo humano que constituye aquélla. A diferencia de otras especies, dada su condición de ser racional, el ser humano no se ve limitado, en la organización de su convivencia, al mero cumplimiento de los dictados de su naturaleza animal: basándose en su razón, convicciones y creencias puede generar formas de organización distintas de las que dictarían los simples instintos.

Podemos llamar *ordenamiento jurídico* al conjunto de normas que determinan un sistema para regir y organizan la convivencia social de un colectivo de personas en un lugar y momento concretos. Dicho conjunto de normas determina quién ha de ejercer el poder y cómo ha de ejercerlo (lo que comprende definir cuáles son los límites del poder, cuáles los procedimientos para activarlo o los cauces para resolver los conflictos). En un ordenamiento jurídico democrático, la Constitución se erige como norma suprema y fundante del propio ordenamiento, y a ella se sumarán el resto de normas (leyes, reglamentos, tratados, costumbres, principios…), aprobadas conforme a lo dispuesto en aquélla. En su conjunto, todas estas normas disponen el *sistema de fuentes* a partir del cual se generará el Derecho aplicable en el marco de nuestro Estado.

El propio término de *fuente del Derecho* resulta muy ilustrativo para obtener la propia definición del concepto: las fuentes, desde un punto de vista formal, constituyen las diversas vías a través de las cuales pueden crearse normas válidas. La CE, como decíamos, es norma fundante del ordenamiento y constituye fuente originaria del mismo, regula dichas fuentes y de su lectura conjunta con el artículo 1 del Código Civil (norma previa a la Constitución en el tiempo) puede determinarse el orden de prelación de dichas fuentes, puesto que las mismas presentan diversos rangos que determinan, *a priori*, su posición de preferencia en función de un criterio jerárquico (lo que impone el respeto de las inferiores hacia las superiores). Dicha prelación quedaría plasmada en el siguiente esquema simplificado:

CONSTITUCIÓN (+ Principios Generales del Derecho dotados de rango constitucional)		
Norma de cabecera del Ordenamiento aprobada directamente por el Pueblo mediante referéndum (sufragio directo) Todas las fuentes restantes deben de respetar sus dictados (en caso contrario, la norma en cuestión quedaría fuera del sistema debiendo ser eliminada por su inconstitucionalidad)		
NORMAS CON RANGO DE LEY		
Leyes Estatales	**Leyes Autonómicas**	**Normas con rango de Ley aprobadas por el Gobierno**
Aprobadas por las Cortes Generales (Congreso y Senado) en sus diversas modalidades: Leyes Orgánicas y Ordinarias, Leyes-Marco, Leyes de Bases, etc.	Aprobadas por los Parlamentos Autonómicos.	Decretos-Ley (supuestos de urgencia y necesidad) Decretos Legislativos (por delegación previa de las Cortes)
REGLAMENTOS		
Reglamentos Estatales	**Reglamentos Autonómicos**	**Reglamentos de las Administraciones Locales**
Aprobados por el Gobierno estatal y los órganos de la Administración estatal (su rango jerárquico dependerá del órgano que lo dicte): Reales Decretos del Consejo de Ministros, órdenes Ministeriales, etc.	Aprobados por los Gobiernos autonómicos y los órganos de sus administraciones (su rango jerárquico dependerá del órgano que lo dicte): Decretos, órdenes, etc.	Dictados por los órganos que integran las diversas Administraciones locales (Municipios, Diputaciones, Islas y otras). Su denominación y tipologías presentan una gran riqueza y varían en función de la Administración (Decretos, edictos, bandos, etc.).

(*Cont.*)

COSTUMBRE
Fuente no escrita y de carácter supletorio basada en usos asentados en el tiempo y socialmente aceptados (se aplica tan sólo en ausencia de normas escritas y siempre que no contradiga a lo dispuesto en la CE o en las Leyes).
PRINCIPIOS GENERALES DEL DERECHO
Encarnan los grandes valores del ordenamiento (justicia, igualdad, equidad, etc.) y presentan (aquí) el carácter de fuente supletoria y de cierre del sistema: se aplican directamente en ausencia de normas escritas y de costumbre válida (conviene recordar, sin embargo, que cuando cuentan con reconocimiento constitucional, su posición en el sistema de fuentes corresponde al de la propia CE y constituyen un parámetro crucial para el control de la legalidad de normas y actos).

En relación con el esquema ofrecido más arriba, debe tenerse en cuenta que su disposición debe matizarse desde la entrada de nuestro país en la UE, puesto que el ordenamiento europeo y sus fuentes se integran en el ordenamiento nacional, ocupando algunas de ellas un nivel incluso superior al de la propia CE.

Todo ordenamiento jurídico, en cuanto «sistema normativo», está presidido por dos aspiraciones indispensables: la de la plenitud y la de la coherencia. En virtud de la primera, el ordenamiento, en cuanto sistema, debe ser capaz de dar una respuesta a todo caso concreto. No pueden existir «vacíos» o situaciones para las que el ordenamiento no pueda dar una solución conforme al Derecho (sin recurrir, por tanto, a otros sistemas no-jurídicos). La aspiración de coherencia impone que en el ordenamiento no puedan darse contradicciones (*antinomias*), de modo que nunca dos normas podrán arrojar soluciones opuestas para un mismo caso.

En virtud de ello, los ordenamientos disponen instrumentos jurídicos que permiten «rellenar» los eventuales vacíos (o más bien, eliminarlos *a priori*), así como de otros que bloquean o impiden la producción de antinomias (principios que, ante un conflicto o contradicción entre dos normas, permiten determinar la aplicable y descartar la que no lo es).

En la sistematización del ordenamiento jurídico, dada la variedad de ámbitos que abordan sus normas, se identifican tradicionalmente varios sectores o «ramas» del mismo, clasificadas en dos grandes bloques: el Derecho Público y el Derecho Privado.

a) El Derecho Público regula el funcionamiento de las instituciones públicas y el ejercicio de las potestades propias de éstas, así como las relaciones que entablan las mismas con las personas y entidades privadas (en este sector, hallamos ramas claramente identificables como el Derecho Constitucional, el Derecho Administrativo, el Derecho Tributario o el Derecho Penal). El mismo se compone esencialmente de normas imperativas que están presididas por la persecución de intereses públicos. No debe de olvidarse, por tanto, que los Poderes Públicos y los ciudadanos no se hallan en un plano de igualdad (los primeros gozan de unos poderes con los que no cuentan los segundos).

b) El Derecho Privado, sin embargo, regula las relaciones que entablan voluntariamente (en busca de su propio interés o beneficio) las personas o entidades privadas entre sí (ejemplos de las ramas privadas del Derecho son el Derecho Civil y el Derecho Mercantil). Sus normas son esencialmente *dispositivas* (entran en juego cuando los particulares no han especificado previamente su relación mediante un contrato o acuerdo concreto) y se hallan presididas por el objetivo de garantizar el satisfactorio cumplimento de intereses privados. A diferencia de cuanto ocurría en el ámbito del Derecho Público, aquí los sujetos se hallan, en principio, en una posición de igualdad.

Sin embargo, estas diferenciaciones entre Derecho Público y Privado se han atenuado mucho en los últimos tiempos, dado que han ido incrementando en número los «puntos de fricción» entre uno y otro. De una parte, asistimos a una tendencia generalizada de los poderes públicos a «externalizar» muchas de sus funciones clásicas en entidades de personalidad jurídica distinta a la de la Administración o directamente hacia el mundo privado (prácticas con frecuencia ligadas a la intención de huir de las rigideces del Derecho administrativo a favor del Derecho privado). De otra, es cada vez más frecuente la injerencia del Derecho Público en ámbitos antaño privados (el ejemplo paradigmático viene dado por la propia rama del Derecho Laboral donde, no dejando de hallarnos ante un contrato entre privados, la necesidad de proteger la posición más débil —la del trabajador—, ha llevado a que muchos de los aspectos de un contrato de trabajo sean indisponibles para las partes, resultando de obligado cumplimiento determinadas normas públicas).

En el presente curso se concentrará la atención en el sector del Derecho Público, especialmente en la rama del Derecho Administrativo, en cuyo marco se desarrollan y aplican la mayor parte de las normas que inciden sobre las materias propias del sector ambiental.

La complejidad del ordenamiento jurídico dependerá en buena medida de la organización política con la que se dota cada Estado. El nuestro, por ejemplo, constituye un ordenamiento complejo, en la medida en que nuestra organización política, el «Estado de las Autonomías», representa un modelo *quasi-federal* donde el poder queda dividido no sólo en función de su naturaleza (legislativo, ejecutivo y judicial) sino que también se reparte entre varios niveles territoriales de gobierno (otros Estados, menos descentralizados, articulan ordenamientos jurídicos más sencillos).

La organización de los poderes públicos en nuestro país, como la del resto de ordenamientos democráticos, es heredera de los planteamientos político-jurídicos derivados de la Teoría de la Separación de Poderes (Locke, Montesquieu), base de las revoluciones liberales del siglo xvii que, en alternativa a la tradicional concentración de poderes en el monarca propugnada por el Absolutismo, propone la separación de los mismos y la dotación de instrumentos de control para cada uno de ellos sobre los demás. De este modo, en su concepción más clásica, la Teoría propone una separación de los tres poderes primordiales del Estado (separación horizontal de los poderes), de conformidad con el siguiente esquema:

PODER LEGISLATIVO	PODER EJECUTIVO	PODER JUDICIAL
El poder de dictar normas.	El poder para hacer cumplir las normas.	El poder para controlar el efectivo cumplimiento de las normas y resolver los conflictos planteados bajo las mismas.
Es ejercido por el Parlamento.	Es ejercido por el Monarca / Gobierno.	Es ejercido por los Jueces y Tribunales.

Cada una de las instituciones que ejercen dichos poderes contarían con instrumentos y medidas que garanticen que las otras instituciones (responsables del resto de poderes) no interfieran en su esfera de competencia, disponiéndose así un sistema de «pesos y contrapesos» (*checks & balances*) que permite a los poderes controlarse entre sí. Con esta forma de organización se garantiza una reducción del riesgo de que se abuse del poder (cosa más probable cuando el mismo se halla concentrado en una única institución), lo que redunda en beneficio del ciudadano.

Esta división de poderes se plasma en el propio texto constitucional español, que regula por separado al Poder Legislativo, encarnado en un sistema bicameral que integran el Congreso de los Diputados y el Senado (Título III, De las Cortes Generales); el Poder Ejecutivo, ejercido por el Gobierno y la Administración (Título IV CE); y el Poder Judicial (Título VI), por los Jueces y Tribunales.

Por otra parte, la Constitución también regula la relación entre dichos poderes y los instrumentos de control y defensa con que podrán contar cada uno de ellos frente a las injerencias de los restantes en sus respectivas esferas de atribuciones. Por ejemplo, cuanto se dispone en el Título V de la CE (De las relaciones entre el Gobierno y las Cortes Generales) es muy ilustrativo de las medidas de control entre poderes: allí se regulan los instrumentos que tendrán en mano las Cortes para controlar la actividad del Gobierno en su función de ejecutar las normas que aquéllas aprueban (sesiones de control y preguntas al Gobierno, la moción de censura, etc.). También, en el artículo 106.1 CE se contempla el poder de Jueces y Tribunales para controlar la legalidad de la producción normativa del Gobierno (reglamentos) y la legalidad y adecuación a los fines públicos de la actividad desarrollada por éste y su Administración.

Sin embargo, no es correcto afirmar que la división de poderes se manifieste en nuestro país en su concepción clásica o pura (Parlamento-poder legislativo / Gobierno-poder ejecutivo / Jueces y Tribunales-poder judicial): de una parte, nuestro sistema de organización incorpora otras instituciones a las que asigna poderes específicos (como el Tribunal Constitucional o el Defensor del Pueblo); por otra, el reparto del ejercicio de los poderes no es rígido (por ejemplo, el Gobierno también ejerce poder legislativo, no sólo para ejecutar Leyes mediante sus reglamentos, sino también por delegación del Parlamento aprobando normas con rango de Ley: Decretos-Ley y Decretos Legislativos).

Por último, recuperando la referencia a la naturaleza compleja de nuestro ordenamiento, debe resaltarse que la organización del poder no sólo se produce en un sentido horizontal (el descrito hasta ahora), sino también vertical (separación territorial o vertical de los poderes), dada la presencia de varios niveles en nuestra organización territorial. De este modo, el poder legislativo no se asigna exclusivamente a las Cortes Generales (y al Gobierno estatal, en la medida en que citábamos antes), sino que el mismo se reparte también con los Parlamentos Autonómicos, que aprobarán normas con rango de Ley para sus territorios. Igualmente, también contarán con su cuota de poder ejecutivo los Gobiernos autonómicos y las diversas entidades locales (Municipios, Provincias, Islas, etc.) en el marco de sus competencias y territorios. En este sentido, tan sólo el Poder Judicial se configura como un poder único a escala estatal. Se ofrece, a continuación, un esquema simplificado (recordemos que no se puede hablar de una división pura o rígida de los poderes/funciones):

PODER	NIVEL TERRITORIAL	INSTITUCIONES DE REFERENCIA
LEGISLATIVO	Estado.	Cortes Generales (Congreso y Senado).
	Comunidades Autónomas.	Parlamentos Regionales.
EJECUTIVO	Estado.	Gobierno de la Nación + Administración del Estado.
	Comunidades Autónomas.	Gobiernos y Administraciones autonómicos.
	Ámbitos Locales (Municipios, Provincias, Islas y otros).	En función del nivel territorial: Ayuntamientos, Diputaciones, Cabildos o Consejos Insulares y otros.
JUDICIAL	Estado.	Tribunal Supremo, Audiencia Nacional, Tribunales Superiores de Justicia, Audiencias y Juzgados.

Esta distribución vertical del poder (legislativo y ejecutivo) parte también del propio texto constitucional. Allí se consagra, por ejemplo, el reparto de las competencias entre el Estado y las Comunidades Autónomas (arts. 148 y 149

CE) o la proclamación de la autonomía institucional de las Entidades Locales (art. 137 CE). Sin embargo, una visión completa del marco normativo que determina el reparto de poderes entre los diversos niveles territoriales requerirá prestar atención también a normas básicas como los propios Estatutos de Autonomía de las diferentes CC.AA., la Ley reguladora de las Bases del Régimen Local (Ley 7/1985, de 2 de abril) y la legislación autonómica sobre autonomía local (como es el caso de la Ley 5/2010, de 11 de junio, de Autonomía Local de Andalucía).

Con respecto a la relación entre los diversos poderes territoriales en el ejercicio de las funciones atribuidas, la Constitución también contempla mecanismos de control específicos para garantizar el respeto y buen funcionamiento de este sistema de división vertical o territorial del poder. Tal es el caso de la posibilidad de plantear conflictos de competencia entre el Estado y las Comunidades Autónomas o de los de estas entre sí cuando se estime que se han invadido las esferas de poder propias (conflicto que resolverá el Tribunal Constitucional: art. 161.1 CE), o la posibilidad reconocida al Gobierno estatal de impugnar, también ante el Tribunal Constitucional, las disposiciones y resoluciones adoptadas por los órganos de las Comunidades Autónomas (art. 161.2 CE).

Del mismo modo, la Constitución consagra principios que deberán influir necesariamente en las relaciones que mantendrán las instituciones territoriales depositarias de los poderes públicos, comenzando por el propio *principio de legalidad, de jerarquía normativa* y de *responsabilidad* (todos los poderes públicos han de respetarlo según lo dispuesto en el art. 9), al que seguirán otros como el de *competencia* (concretado materialmente en los dictados de los arts. 148 y 149 CE para el ejercicio de competencias autonómicas y estatales), *subsidiariedad* (149.3 CE: el Estado es competente en el ejercicio de aquellos poderes que, pudiendo ser asumidos por las CC.AA., no lo han sido de forma efectiva), *coordinación, colaboración* y *cooperación* (con ejemplos puntuales como los recogidos en el artículo 154 CE: coordinación de la Administración estatal con la autonómica a través de los Delegados del Gobierno; en el artículo 156: coordinación de las CC.AA. en el ejercicio de su autonomía financiera con la Hacienda Estatal; o en el artículo 155 CE: colaboración de las CC.AA. con el Estado en la recaudación, la gestión y la liquidación de los recursos tributarios), entre los más destacados.

Por último, al igual que hicimos en relación con el sistema de fuentes, conviene recordar que la entrada de España en la UE determina también una mayor complejidad en el esquema de la distribución de poderes, dado que, sobre todo en cuanto afecta al legislativo, se han cedido importantes cuotas de poder a favor de las Instituciones europeas.

2. El Poder ejecutivo. La Administración Pública y su actividad

2.1. *El Gobierno estatal*

El Poder Ejecutivo es ejercido, a escala estatal, por el Gobierno y la Administración Pública estatal, aparato instrumental en el que se apoya aquél.

En función de lo dispuesto por el artículo 97 CE, el Gobierno dirige la política interior y exterior, la Administración civil y militar y la defensa del Estado, al tiempo que será el responsable de ejercer la función ejecutiva y la potestad reglamentaria de acuerdo con la Constitución y las Leyes. Su composición, de conformidad con lo dispuesto por el Título IV de la CE y por la Ley 50/1997, de 27 de noviembre, del Gobierno (en adelante LG) reúne tanto órganos individuales como colectivos o colegiados.

El *Presidente del Gobierno*, según el artículo 2 LG, *dirige la acción del Gobierno y coordina las funciones de los demás miembros del mismo.* El nombramiento del mismo se efectúa a través del cauce previsto en el artículo 99 CE y al mismo se le asigna una *posición relevante*, tanto en el cuadro de las instituciones del Estado como dentro del Gobierno, puesto que no sólo es el que cesa y nombra al resto de sus miembros, sino también quien fija su programa político (entre otras funciones, el art. 98.2 CE le asigna las de representar al Gobierno ante el Rey, Cortes Generales y Pueblo, dirigir las tareas de Gobierno y convocar, presidir, levantar y suspender las sesiones del Consejo de Ministros y de otros órganos y coordinar los diferentes Ministerios).

Junto al Presidente se halla el segundo órgano unipersonal del Gobierno: el *Vicepresidente.* Al mismo le corresponde el ejercicio de las funciones que le encomiende el Presidente (art. 3 LG) y asume las funciones del mismo por causa de fallecimiento, ausencia, o enfermedad, sin perjuicio de lo dispuesto en la CE. Pueden ser varios los Vicepresidentes, en cuyo caso, las funciones antes referidas serán asumidas por el Vicepresidente Primero.

El *Consejo de Ministros* constituye el órgano colectivo más importante de la Administración del Estado. Es un órgano que tiene funciones deliberantes y resolutorias y que se distingue por ejercer funciones tanto políticas como administrativas. Es por ello también su doble apelativo como *Gobierno* o *Consejo de Ministros.* El artículo 98 CE señala que el Gobierno se compone del Presidente, Vicepresidentes, Ministros y de los demás que se establezcan. De entre sus competencias podemos destacar: *a*) Normativas: acordar la redacción definitiva de los Proyectos de ley y proponer al Jefe del Estado la sanción de los Decretos-Leyes, y, en su caso, de los Decretos Legislativos, e igualmente la aprobación de los Reglamentos ejecutivos; *b*) Resolutorias: resolver los recursos administrativos de su competencia; *c*) Ejecutivas: deliberar y aprobar, antes de someterlo al Jefe del Estado, los nombramientos y separaciones de los altos cargos de la Administración, acordar gastos de importancia, etc.; *d*) Incluso, dado el carácter marcadamente presidencialista de este órgano en España, podríamos decir que realiza una actividad asesora del Presidente del Gobierno.

La estructura del Gobierno se completa con las *Comisiones Delegadas del Gobierno* (órganos colectivos, centrales, superiores y con competencia especial) y los *órganos de colaboración y apoyo*, regulados en los artículos 7 y siguientes LG (los Secretarios de Estado, la Comisión General de Secretarios de Estado y Subsecretarios, el Secretariado del Gobierno y los Gabinetes).

Recordemos que, dada la organización territorial de los poderes que presenta nuestro ordenamiento, las CC.AA. también contarán con sus propios gobiernos (que reproducen con notables similitudes la estructura orgánica del Gobierno estatal).

2.2. *Administración Pública y Administraciones Públicas*

Hemos de tener presente que el punto de partida viene dado por el hecho de que la Administración Pública es una persona jurídica (pública), un dato que, desde la perspectiva jurídica, presenta una notable importancia, ya que constituye un requisito indispensable para que cualquier ente pueda ser considerado un *sujeto de Derecho*. Esta condición permitirá, en el caso de la Administración Pública:

1. Que puedan entablarse relaciones jurídicas con la misma (ya sea por parte de los ciudadanos —personas físicas— o por parte de otras personas jurídicas privadas —sociedades, empresas, ONG, etc.— o públicas —otras administraciones—).
2. Que dicho ente (la Administración en cuestión) pueda configurarse como un sujeto más al que le asisten tanto derechos/potestades como deberes y obligaciones.
3. Que la misma resulte identificable a efectos de su responsabilidad en relación con los deberes que ha de cumplir y con el correcto ejercicio de los poderes que la Constitución y las Leyes le reconocen. Esto se traduce inevitablemente en la posibilidad de reclamar su responsabilidad ante los Jueces y Tribunales en los casos en los que no actúe conforme a Derecho.

Recordando los dictados del artículo 97 CE, al Gobierno (con el Presidente al frente) corresponde la capacidad de liderazgo político de la acción pública y la Administración Pública, aparato organizativo sustancial del Estado, queda bajo su dirección.

La Administración, desde el punto de vista orgánico, constituye: *a*) un *aparato organizativo* dispuesto para la satisfacción de los intereses públicos, definidos en las normas jurídicas (empezando por la CE) y a los que debe servir cumpliendo con una serie de criterios que le vienen exigidos en el artículo 103 CE: absoluta neutralidad u objetividad, eficacia y sumisión al Derecho; *b*) también constituye un *instrumento del Gobierno* para la satisfacción de dichos intereses, siendo éste quien dirige, quien elige cómo actuar y satisfacer dichos intereses públicos que él mismo selecciona y los prioriza dentro de los márgenes de actuación que le marca la Ley; *c*) consecuencia de lo anterior es que la misma se halle *subordinada políticamente* al titular del poder Ejecutivo (como aparato organizativo encuadrado en el mismo no presenta relieve político): no tiene ideología, es neutral, sirve las líneas políticas que le marca el Gobierno de turno; *d*) su composición resulta preferentemente *burocrática, funcionarial*; *e*) presenta *vocación de continuidad y permanencia* (en cuanto aparato organizativo burocrático encaminado a unos fines, la consecución de los mismos exige una actividad continuada, con independencia de las crisis políticas).

Desde el punto de vista material, termina por hacerse evidente que la identificación de una función o actividad materialmente administrativa como criterio definidor de la Administración no resulta válida: no sirve desde el momento en que la división de poderes no puede entenderse hoy en día en una versión pura (se producen «invasiones» entre unos poderes y otros en relación con las funciones clásicas de cada uno de ellos: no sólo el Parlamento aprueba normas escritas, no sólo la Administración desempeña tareas ejecutivas-administrativas y no sólo el poder judicial enjuicia controversias jurídicas...).

Tal y como reza el presente subepígrafe, en España *no puede hablarse de una única Administración sino de varias* (de hecho, se trata de miles), cada una de ellas constitutiva de una persona jurídica pública diferenciada del resto: la Administración General del Estado, las distintas Administraciones autonómicas (diecisiete) y el conjunto de las Administraciones Locales (Municipios, Provincias, Islas, comarcas, áreas metropolitanas, mancomunidades de municipios y el variado plantel de Entidades locales menores), a las que se añaden el variadísimo plantel de Administraciones instrumentales o institucionales (creadas por las anteriormente citadas) y las Corporaciones de Derecho público. La personalidad de las mismas viene recogida en normas diversas (no todas en la CE): para la estatal en el artículo 4.3 de la Ley 40/2015, de 1 de octubre, de Régimen Jurídico del Sector Público (en adelante, LRJSP), para la de las CC.AA. en el 153 CE, los Municipios en el 140 CE, las Provincias en el 141 CE, las territoriales restantes en la LRBRL y las de origen institucional o corporativo en la LRJSP.

En definitiva, la Administración Pública viene dada por una pluralidad de personas jurídicas que son independientes y, dada su abundancia, se han operado algunas clasificaciones que permiten apreciar la diversidad y entender la complejidad que reviste el esquema administrativo en nuestro país. Algunas de estas clasificaciones se resumen en los cuadros que siguen:

Denominación	Administraciones comprendidas	Características
ADMINISTRACIONES TERRITORIALES	Comprende las así reconocidas en la Ley de Reguladora de las Bases del Régimen Local (Ley 7/1985): – Administración Gral. del Estado. – Administraciones Autonómicas. – Municipios. – Provincias. – Islas. – Demás entes expresamente reconocidos en la LRBRL.	– Capacidad para autodefinir los intereses públicos a los que deben servir. – Tienen atribuida la generalidad de las potestades públicas propias de las Administraciones Públicas (entre ellas, la expropiatoria). – Extienden sus competencias sobre todos los sujetos que se encuentran en su territorio.
ADMINISTRACIONES NO TERRITORIALES	Las Administraciones restantes, donde se englobarían aquellas que integran la Administración corporativa y la instrumental o institucional.	– Sus fines les vienen dados en el momento de su creación. – Las potestades públicas que les son reconocidas son limitadas y adaptadas a la naturaleza de sus fines. – Su competencia se limita sobre ciertos sujetos o colectivos de ciudadanos.
CORPORACIONES	Ejemplos: Cámaras de Comercio, Colegios Profesionales, RTVE, ONCE, etc.	– Tienen como base un colectivo de personas que son el elemento esencial. – Suelen revestir un carácter local (aunque no siempre). – Representan intereses de carácter económico, profesional o social, según su naturaleza.
INSTITUCIONES	Organismos Autónomos. Organismos fundacionales (Fundaciones, Patronatos, Institutos, etc.) con finalidades muy variadas (económicas, sociales, culturales, etc.) (p. ej.: Insalud, Museo del Prado).	– Tienen un origen fundacional, pues son creadas por otra Administración Pública, lo que genera una relación de instrumentalidad con éstas (que no impide, sin embargo, negar su personalidad jurídica propia).

(*Cont.*)

Denominación	Administraciones comprendidas	Características
INSTITUCIONES	ENTIDADES PÚBLICAS EMPRESARIALES (p. ej.: RENFE)	– Tienen un origen fundacional, pues son creadas por otra Administración Pública, lo que genera una relación de instrumentalidad con éstas (que no impide, sin embargo, negar su personalidad jurídica propia).
	SOCIEDADES MERCANTILES Creadas por Administraciones o controladas por las mismas a través de su accionariado.	
	Otros Entes (p. ej.: Agencias Públicas).	
ADMINISTRACIONES DE FORMA ORGANIZATIVA PÚBLICA	La forma organizativa general de las Administraciones viene dada por el Derecho Público. Dentro de esta clasificación recae la práctica totalidad de las tipologías de Administraciones Públicas.	
ADMINISTRACIONES DE FORMA ORGANIZATIVA PRIVADA	Dentro de la Administración instrumental, tanto las Entidades Públicas Empresariales como las Sociedades Mercantiles creadas por otras Administraciones presentan una forma organizativa de Derecho Privado.	

2.3. *La actividad de la Administración*

Para comenzar, conviene recordar que el Derecho Administrativo es la rama del ordenamiento jurídico que regula con carácter general a la Administración Pública y su actividad: se trata del *derecho común y general de las Administraciones Públicas* (García de Enterría). El Derecho Administrativo, como rama del Derecho Público, presenta las siguientes características básicas: 1) se trata de un *Derecho de prerrogativas y privilegios de la Administración Pública*: reconoce a la Administración poderes de muy variada naturaleza (que implican las potestades de controlar, autorizar, inspeccionar, etc.) que resultan muchas veces inconcebibles en las personas privadas; 2) es un *Derecho tutor de los intereses públicos*: factor que fundamenta el reconocimiento de poderes y privilegios, dado que la Administración los utiliza para perseguir intereses públicos, para servir al interés general por encima de los intereses individuales; 3) es un *Derecho Garantizador*: dispone, paralelamente a los privilegios, controles y límites para la propia Administración con el fin de garantizar que no se abuse del poder (derechos de los ciudadanos en los procedimientos administrativos, recursos, control jurisdiccional de la legalidad de la actuación administrativa); 4) se trata de un Derecho en permanente adaptación a la realidad que ordena, como corresponde a la naturaleza mutable del siempre cambiante y creciente *interés público*.

La actividad de la Administración puede clasificarse conforme a varios criterios. En los esquemas que siguen se contemplan dos de los principales, referidos al objetivo material o finalidad de la actuación administrativa y al carácter jurídico-formal que reviste la misma:

CLASES DE ACTIVIDAD ADMINISTRATIVA CONFORME A SU OBJETIVO MATERIAL O FINALIDAD	
MODALIDAD DE ACTUACIÓN	**DESCRIPCIÓN Y EJEMPLOS**
ACTIVIDAD DE LIMITACIÓN, CONTROL O POLICÍA	A través de la misma, las administraciones intervienen y fiscalizan, por razones de interés general, la actividad de los ciudadanos condicionando o limitando el ejercicio de sus derechos o intereses legítimos (así ocurre en el caso de actividades sometidas a licencia o autorización, actuaciones de inspección o registro, procedimientos de acreditación, etc.).
ACTIVIDAD DE SERVICIO PÚBLICO	Actividad prestacional que busca satisfacer necesidades públicas preferentes, ya sea a través de una intervención directa de la Administración o controlando y regulando el desempeño de una actividad por parte de sujetos privados (así ocurre en los servicios de transporte público, sanidad, educación, suministros básicos como la energía o el agua).
ACTIVIDAD DE FOMENTO	Actuación dirigida a estimular la realización de actividades o conductas que se consideran positivas o conformes con los intereses públicos que persigue el ordenamiento jurídico (subvenciones, becas, premios, etc.).
ACTIVIDAD SANCIONADORA	Potestad esencialmente represiva que puede activarse a resultas de la vulneración de las normas y que tiene por fin último reforzar el cumplimiento efectivo de los fines previstos por el ordenamiento jurídico (imposición de multas, sanciones coercitivas, etc.)
ACTIVIDAD ARBITRAL	Donde determinados órganos administrativos se ofrecen como alternativa a los Jueces y Tribunales para resolver conflictos jurídicos entre particulares.

CLASES DE ACTIVIDAD ADMINISTRATIVA CONFORME A SU CARÁCTER JURÍDICO-FORMAL	
MODALIDAD DE ACTUACIÓN	**DESCRIPCIÓN**
ACTOS ADMINISTRATIVOS	Constituyen el instrumento a través del cual la Administración exterioriza una decisión unilateral jurídicamente formalizada (se trata de la vía de actuación más comúnmente empleada por la Administración). El acto administrativo es, pues, *una declaración de voluntad, de juicio de una potestad administrativa distinta de la potestad reglamentaria* (pues el resultado de esta última sería una norma, un reglamento y no un acto, que no es norma sino una aplicación puntual de una norma, para un caso concreto).
CONVENIOS	Constituyen un acuerdo de voluntades para la satisfacción de un interés público (los mismos se introducen en un procedimiento administrativo con carácter previo o sustitutivo de la decisión final: terminación convencional).
CONTRATOS ADMINISTRATIVOS	Constituyen un pacto del que se derivan derechos y obligaciones para ambas partes, tendentes en su finalidad última final a la satisfacción de un interés general.
COACCIÓN ADMINISTRATIVA	Implica una intervención directa que, dadas circunstancias excepcionales de urgencia o necesidad, se lleva a cabo sin previo procedimiento administrativo (p. ej.: cuando un policía impide el tránsito por una calle donde se ha producido un accidente).
SILENCIO ADMINISTRATIVO	Debe ser recordado por último que incluso *la ausencia de respuesta* de la Administración tiene repercusiones jurídicas, tanto dentro de un procedimiento administrativo como fuera del mismo: por regla general, según lo dispuesto en la Ley 39/2015, de 1 de octubre, del Procedimiento Administrativo Común de las Administraciones Públicas, el silencio de la Administración (transcurrido el plazo que la misma tiene para resolver una petición) equivale a una afirmación (*silencio positivo*), salvo en casos excepcionales en los que se prevea lo contrario por una Ley, casos en los que el silencio equivaldrá a una respuesta negativa (*silencio negativo*). Es lógico que estos casos se den en algunas ocasiones por propios motivos de interés público y seguridad (no es posible, por ejemplo, obtener un permiso de porte de armas de fuego por silencio negativo). No deben confundirse los supuestos de *silencio administrativo* (incumplimiento del deber de resolver de la Administración para la finalización de procedimientos administrativos) con los de *inactividad de la Administración*, los cuales se producen al margen de cualquier procedimiento administrativo, cuando la Administración no materializa alguna de las prestaciones materiales que tiene asignadas obligatoriamente por Ley (y que constituyen, por tanto, una violación de ésta).

La actuación de la Administración está revestida de notables privilegios dado que la misma se presupone orientada a la satisfacción de intereses públicos que no deben ceder ante intereses particulares. Precisamente para poder imponerse ante la interferencia de estos últimos, los actos administrativos gozan de dos privilegios cruciales (impensables en los actos de los particulares): 1) la *ejecutividad* de los actos administrativos: La Administración puede imponer directamente a los particulares el cumplimiento del contenido de sus actos administrativos sin necesidad de la intermediación de un Juez o Tribunal (para ello cuenta con instrumentos muy potentes como el apremio sobre el patrimonio —cuando se trata de hacer cumplir una obligación de pago, puede proceder a realizar embargos—, la ejecución subsidiaria —cuando un particular no lleva a cabo un deber consistente en una actividad, la Administración puede hacerla por él y repercutirle después sus costes— o el uso de la compulsión sobre las personas —donde puede llegar a emplearse la fuerza para obligar al ciudadano a cumplir un mandato, como el de desalojar su domicilio o una zona pública ante la presencia de un peligro—); 2) la *presunción de validez* de los actos administrativos: los actos de la Administración se presumen válidos (conformes a la legalidad) mientras no se demuestre lo contrario, lo que implica que el ciudadano que los considere ilegales debe probarlo efectivamente si desea que dejen de producir efectos.

Pero, como decíamos más arriba, el Derecho administrativo también es un derecho garantizador, que busca proteger al ciudadano de los eventuales abusos de poder que puedan producirse, razón por la cual, en compensación a los privilegios de la Administración, el ciudadano también va a contar con todo un conjunto de derechos, garantías e instrumentos o vías para hacerlos efectivos frente a la actuación de la Administración:

— Para empezar, el ciudadano tiene reconocida la *capacidad de iniciar un procedimiento administrativo a su voluntad*, a los efectos de obtener una respuesta de la Administración ante su petición (iniciación del procedimiento a instancia de parte, arts. 54 y 66 ss. de la Ley 39/2015).

— El artículo 53 de la Ley 39/2015 reconoce al ciudadano una importante batería de *derechos que le asisten en su relación con la Administración*, algunos de los cuales se materializan en la propia regulación de los procedimientos que debe seguir la Administración para dictar sus actos (así, el derecho a conocer el estado de tramitación de sus solicitudes, a identificar a las autoridades y personal que deciden sobre su petición, a obtener copias selladas de los documentos que se presenten, a ser escuchado en los procedimientos que le afecten, pudiendo formular alegaciones o presentar documentos en cualquier fase del procedimiento, a ser asesorado y orientado, a acceder a los archivos y registros de las Administraciones —Derecho reconocido en la propia CE—, a ser tratado con respeto, etc.).

— Por otra parte y sin perjuicio de la ejecutividad de los actos administrativos, el ciudadano no tiene por qué tolerar los efectos de actos administrativos viciados por ilegalidad (arts. 47 y 48 de la Ley 39/2015), y para hacer efectiva su disconformidad y aspirar a la anulación del acto puede hacer uso, dentro de los plazos previstos en las leyes, de los recursos que le asisten:

• En primer lugar, los recursos administrativos que, siendo totalmente gratuitos (y sin necesidad de asistencia de abogado), ofrecen al ciudadano la oportunidad de reclamar a la Administración que modifique su decisión (recursos regulados en la Ley 39/2015):

— El recurso ordinario de alzada, que resuelve el órgano superior jerárquico del que dictó el acto (arts. 121 a 122).

— El recurso ordinario (y potestativo) de reposición, que se presenta ante el mismo órgano que dictó el acto (arts. 123 a 124).

— El recurso extraordinario de revisión, que alarga los plazos en relación con los anteriores para casos excepcionales (arts. 125 a 126).

— La posibilidad de instar en cualquier momento una revisión de oficio sobre el acto por parte de la Administración que lo dictó (art. 106.1).

• En segundo lugar, agotada la vía administrativa y dentro de los plazos establecidos en la Ley de la Jurisdicción Contencioso-Administrativa (Ley 29/1998), el ciudadano puede presentar el recurso contencioso-administrativo ante dicha jurisdicción especializada, dotada de la potestad de revisar la legalidad de los actos de la Administración y de condenarla en caso de que viole la legalidad.

• Por último, como consecuencia del reconocimiento del principio de responsabilidad patrimonial de la Administración (art. 106.2 CE y arts. 32 a 37 Ley 40/2015), el ciudadano tiene derecho a exigir indemnización por los daños que pueda haber sufrido como consecuencia de la actividad de la Administración [art. 13.*f*) de la Ley 39/2015], siguiendo el procedimiento general previsto por la Ley 39/2015, pero atendiendo a las peculiaridades que la misma destaca en muchos de sus preceptos (así ocurre en los arts. 65, 67, 81, 91 o 92 de la citada Ley).

V. ACTIVIDADES PRÁCTICAS

Actividad 1.—Debate en clase inicial: ¿Por qué se crea el Derecho? ¿Por qué se obedece el Derecho?

Plantear un debate inicial entre los alumnos que dé pie a dar respuesta a estas dos preguntas básicas con el objeto de tomar, a partir de las propias reflexiones de los alumnos, un punto de partida esencial para la impartición de una asignatura jurídica en una titulación no dirigida a juristas: la necesidad del Derecho y, más concretamente, la necesidad de su intervención en la regulación de la actividad sobre la que versa la titulación (aspecto que podrá concretarse en el debate).

Orientación para la resolución de la actividad 1: Las respuestas de los alumnos serán variadas y harán referencia, con toda probabilidad, a aspectos como la necesaria ordenación de la vida en sociedad, la prevención y resolución de conflictos, el temor a la sanción, valores como la justicia o la libertad, el respeto a los demás, el respeto de los valores democráticos. A raíz de las respuestas de los alumnos el docente puede aprovechar para ir planteando algunas nociones básicas sobre el Derecho y, más adelante y de forma más concreta, sobre el Derecho Público:

— Paso de la autotutela a la heterotutela.

— Monopolización del uso de la fuerza por parte del Estado.

— Breves planteamientos sobre Teoría del Derecho a raíz de los motivos que justifican la obediencia del Derecho [planteamientos de la Teoría pura de Kelsen —búsqueda de la autonomía del Derecho como Ciencia—; el temor a la sanción (Austin); la inevitable conexión con la moral y la aceptación social de las normas (Rousseau, Ihering, Hart…); la libertad ajena como límite a la propia (Rawls); la trascendencia del principio democrático y la posibilidad del diálogo (Habermas); etc…].

— Insistir en una de las virtudes del Derecho como herramienta (básico para introducir una aproximación al Derecho público): su utilización para garantizar y facilitar la consecución de fines u objetivos colectivos, considerados de interés general y preferentes sobre los intereses privados.

Actividad 2.—Realización de un esquema de la Administración General del Estado.

Con el objetivo de profundizar en el diseño y organización de la Administración (en aquello que no dé tiempo a tratar en clases presenciales) puede encargarse a los alumnos la elaboración de un esquema general de la Administración General del Estado, donde se identifique, siguiendo un patrón jerárquico, las diversas categorías de órganos que la componen y sus principales funciones. En dicho esquema se debería plantear, de partida, una distinción entre los órganos propios del Gobierno y los de la Administración, separando, dentro de ésta última, los órganos de carácter directivo de los consultivos y de control, con referencia también a la Administración periférica del Estado y la Administración en el Exterior.

Un ejercicio añadido al presente puede ser el de proponer al alumno que valore, una vez realizado el esquema, los paralelismos entre la organización administrativa del Estado y la de las CC.AA.

A partir de esta actividad, el alumno puede adquirir una mejor comprensión de los principios de organización administrativa (jerarquía, competencia, desconcentración, descentralización).

Actividad 3.—Análisis de un organigrama ministerial.

Actividad complementaria a la anterior en la que el alumno deberá seleccionar un concreto Ministerio para analizar su estructura. A tales efectos, la mayor parte de las páginas web de los Ministerios incorporan esquemas que reproducen sus organigramas. El alumno deberá localizarlo y trabajar sobre él junto con el Decreto que determina su estructura orgánica y las funciones y competencias de sus diversos órganos.

En esta actividad, el alumno podrá identificar las diferentes categorías de órganos y sus respectivas funciones, así como su relación jerárquica con los demás. Por otra parte, resultará útil para identificar también los ejemplos de Administración instrumental (que también suelen aparecer contemplados en los organigramas recogidos en los sitios oficiales de los Ministerios).

Actividad 4.—Identificación de las modalidades de actuación administrativa.

Abrir un turno de interpelación a los alumnos en clase presencial con el objeto de que puedan identificar, a partir de la propia experiencia cotidiana, supuestos ejemplificadores de las diversas modalidades de intervención de la Administración.

Orientación: se pueden plantear supuestos simples referidos a situaciones u objetivos públicos concretos como los que siguen, solicitando al alumno que plantee qué puede hacer la Administración competente en cada caso para lograr el objetivo o solución deseable:

— Se desea potenciar el empleo juvenil en un territorio concreto.
— Se pretende que aumente el número de casas que cuentan con paneles solares para potenciar el ahorro energético.
— Un pequeño pueblo no cuenta con escuela y los niños deben desplazarse 25 km. hasta la más próxima.
— Un grupo de personas ha ocupado sin autorización un edificio público.
— Una empresa ha realizado un vertido ilegal a un río ocasionando su contaminación.
— Una empresa/particular no ha pagado un determinado impuesto.
— Un particular ha arrojado escombros en una zona no autorizada y se niega a retirarlos.

— Se desea que un sector profesional (p. ej.: los profesores universitarios) cuente con unos niveles determinados en relación con la calidad de su currículum para poder ejercer su profesión.

— Se desea saber cuántas parejas de hecho viven en un determinado municipio.

— Se desea garantizar que las viviendas cuenten con un adecuado aislamiento térmico.

— Se desea garantizar de forma generalizada el acceso a Internet de banda ancha a todos los ciudadanos de un municipio.

Actividad 5.—Ilustración básica, a través de casos prácticos sencillos, de la relación ciudadano-Administración en el marco de procedimientos administrativos concretos.

Esta actividad deberá revestir un carácter muy simple dado que nos hallamos en un tema introductorio para no juristas, por lo que se recomienda elegir supuestos muy sencillos, como la elaboración de una petición a la Administración, que podría ligarse al ámbito universitario para dar mayor énfasis a uno de los valores de la actividad: la utilidad de contar con un conocimiento básico de derecho administrativo (p. ej.: cómo tramitar una solicitud de convalidación de una asignatura, un traslado de expediente o una beca). También se puede aprovechar para plantear el pertinente recurso ante una supuesta denegación de la solicitud.

VI. AUTOEVALUACIÓN

1. A la luz del sistema de fuentes del Derecho vigente en el ordenamiento español, ¿qué instituciones pueden aprobar normas con rango de Ley?

a) El Congreso de los Diputados.

b) Las Cortes Generales y los Parlamentos autonómicos.

c) Las Cortes Generales, los Parlamentos autonómicos y el Gobierno estatal en los supuestos de legislación delegada.

2. En relación con las actuaciones de la Administración (como parte integrante del poder ejecutivo), los Jueces y Tribunales…

a) […] pueden ejercer un control pleno de su legalidad.

b) […] no pueden condenarla en virtud de los privilegios que le asisten como defensora del interés general.

c) […] pueden ejercer tan sólo un control limitado de sus actos, en virtud del privilegio de presunción de validez y ejecutividad de sus actos.

3. ¿Cuál de los siguientes poderes públicos no se ve afectado por la versión vertical o territorial de la división de poderes (siendo, por tanto, único para todo el Estado)?

a) El Poder Legislativo.
b) El Poder Ejecutivo.
c) El Poder Judicial.

4. Dentro de la estructura del Gobierno estatal ¿a qué órgano corresponde el liderazgo político del mismo?

a) Al Consejo de Ministros.
b) Al Presidente del Gobierno.
c) Al Consejo de Estado.

5. El Derecho Administrativo es una rama del ordenamiento que…

a) […] regula esencialmente las prerrogativas y privilegios de la Administración.
b) […] se centra en regular el marco jurídico de las relaciones entre la Administración y los ciudadanos.
c) […] caracterizada por su estatismo.

6. Las normas básicas que debe respetar toda administración a la hora de actuar se hallan contempladas en la siguiente norma:

a) La Ley 29/1998, de la jurisdicción contencioso-administrativa.
b) Las Leyes 39/2015 y 40/2015.
c) La Ley 7/1985, reguladora de las bases del régimen local.

7. Los actos de la Administración, dado que se fundamentan en la defensa de intereses generales, …

a) […] son siempre ejecutivos.
b) […] son siempre ejecutivos y válidos.
c) […] son siempre ejecutivos y se presumen válidos.

8. ¿Cómo puede iniciarse un procedimiento administrativo?

a) De oficio, es decir, por la propia administración.
b) A instancia del sujeto interesado.
c) Puede iniciarse tanto de instancia como de oficio, en función del tipo de procedimiento de que se trate.

9. ¿Cuál es la regla general en el ordenamiento en lo que se refiere al funcionamiento del «silencio administrativo»?

a) El silencio negativo.
b) El silencio positivo, según lo dispuesto en la Ley 39/2015.
c) El silencio positivo, aunque las leyes especiales introducen muchas excepciones.

10. El recurso administrativo de reposición…

a) […] es un recurso administrativo extraordinario.
b) […] es un recurso administrativo ordinario y potestativo.
c) […] es un recurso jurisdiccional.

VII. MATERIAL DIDÁCTICO

1. Lecturas recomendadas

Arana García, E. y otros (dirs.), *Conceptos para el Estudio del Derecho Administrativo I en el Grado*, 8.ª ed., Tecnos, Madrid, 2023.
Cosculluela Montaner, L., *Manual de Derecho Administrativo*, 31.ª ed., Aranzadi, Cizur Menor, 2020.
Esteve Pardo, J., *Lecciones de Derecho Administrativo*, 10.ª ed., Marcial Pons, Madrid, 2021.
Gamero Casado, E., y Fernández Ramos, S., *Derecho Administrativo para estudios no jurídicos*, 9.ª ed., Tecnos, Madrid, 2012.
Sánchez Morón, M., *Derecho Administrativo. Parte General*, 19.ª ed., Tecnos, Madrid, 2023.

2. Sitios web

— Punto de acceso general del Gobierno de España: https://administracion.gob.es/pagFront/espanaAdmon/directorioOrganigramas/gobiernoEstado/gobiernoEstado.htm, donde se incorpora información y enlaces a los diversos Departamentos Ministeriales.

— Servidor oficial de la Junta de Andalucía: https://www.juntadeandalucia.es/organismos.html, donde se facilita acceso a información sobre el gobierno autonómico y normativa.

— https://www.senado.es/web/conocersenado/biblioteca/dossieresareastematicas/detalledossier/index.html?id=DOSSIER_ADMONLOCAL&parte=ADMONLOCAL_NET_AUTONOMICA: para el acceso a Dosier sobre Administración Local en las distintas CC.AA.

CAPÍTULO 2

ASPECTOS BÁSICOS DEL DERECHO AMBIENTAL: OBJETO, CARACTERIZACIÓN Y PRINCIPIOS. REGULACIÓN CONSTITUCIONAL Y ORGANIZACIÓN ADMINISTRATIVA DEL MEDIO AMBIENTE

LEONARDO J. SÁNCHEZ-MESA MARTÍNEZ
Profesor Titular de Derecho Administrativo
Universidad de Granada

I. INTRODUCCIÓN

El origen del Derecho ambiental, tal y como lo entendemos hoy en día, cobra forma a mediados del siglo pasado, en respuesta a una escalada de la concienciación mundial con respecto al impacto de la actividad humana en su propio entorno natural y el constatado deterioro de este último. Sin duda alguna, el progreso científico aplicado a la investigación de dicho entorno (manifestado en estudios sobre contaminación, alteración de ecosistemas, análisis de los recursos naturales disponibles, desaparición de especies, etc.) incidió en la referida toma de conciencia, disponiendo las bases que justificarían una mayor atención desde lo público a la problemática ambiental y, en consecuencia, a la intervención del Derecho en estas cuestiones.

En el presente tema se llevará a cabo una aproximación básica a las características generales y singularidades del Derecho ambiental, partiendo del análisis de su ámbito de aplicación y del estudio de su concepto. Una atención especial se prestará a los principios en torno a los cuales se construye y opera el mismo como rama del ordenamiento, cuya comprensión efectiva facilita enormemente un aprendizaje básico sobre su naturaleza. La parte final se dedicará a analizar la regulación dispuesta en nuestra Constitución en relación con el ambiente, que toma su punto de partida en el reconocimiento de un derecho-deber específico, contemplado en el artículo 45, en virtud del cual, «todos tienen el derecho a disfrutar de un medio ambiente adecuado para el desarrollo de la persona, así como el deber de conservarlo».

II. PALABRAS CLAVE

Concepto de ambiente; características del Derecho Ambiental; ordenamiento ambiental, principios del Derecho ambiental; Derecho al medio ambiente; distribución competencial en materia de medio ambiente; organización administrativa ambiental.

III. OBJETIVOS DIDÁCTICOS

1. Llevar a cabo una primera y básica aproximación al Derecho ambiental.
2. Identificar la complejidad del ámbito objetivo del Derecho ambiental.
3. Conocer los rasgos y singularidades que definen al Derecho ambiental como sector del ordenamiento público.
4. Conocer y comprender los principios en torno a los cuales se construye y opera el Derecho ambiental.
5. Conocer las bases constitucionales del Derecho ambiental, con especial atención a la configuración dada al derecho de los ciudadanos al medio ambiente.
6. Identificar el signo del reparto competencial que dispone la Constitución para los diversos niveles administrativos existentes en el ordenamiento español.
7. Conocer la estructura resultante de la Administración ambiental en sus diversos niveles.

IV. CONTENIDO DOCENTE

1. El concepto de medio ambiente y su problemática: los intentos de acotar un ámbito objetivo para el Derecho ambiental

La delimitación del concepto de *medio ambiente* no representa un simple ejercicio teórico sino que constituye un punto de partida necesario para identificar cuál va a ser el objeto del Derecho ambiental, su ámbito de aplicación. La presente tarea (definir qué es el medio ambiente y, más concretamente, definir qué es el medio ambiente para el Derecho) no ha resultado pacífica en la doctrina. La propia utilización del término (medio ambiente), a pesar de ser la más extendida, ha sido frecuentemente criticada por su carácter redundante (de ahí que muchos estudiosos prefieran recurrir a otros términos en singular: *ambiente*, *entorno* o *medio*; ello se extiende también a la propia adjetivación dada a la denominación del sector administrativo, donde el término *Derecho ambiental* cobra cada vez mayor peso).

El término *medio ambiente* (o ambas palabras por separado), por tanto, se identifica con el de *entorno*, haciendo todos ellos referencia a *lo que rodea* (primera acepción del Diccionario de la Real Academia). Siguiendo a ALENZA GARCÍA, resulta necesario, para poder aprehender este concepto, no olvidar su componente «pasivo» o subjetivo, es decir, *aquél* o *aquello* que es rodeado. En el sentido que nos ocupa, este último componente no sería otro que el ser humano y, lo que le rodea, la realidad física del mismo (que, en un sentido estricto, como veremos, será la realidad *natural*).

En los términos más simples posibles, puede entenderse el ambiente como el conjunto de circunstancias que rodea a los seres vivos. La riqueza y complejidad de dichas circunstancias (donde se engloban no sólo factores físicos de los muy diversos entornos que allí se incluyen, sino también las derivadas de las interrelaciones que se producen entre los mismos o con los propios seres vivos, así como el impacto de estos últimos sobre aquéllos) han llevado a afianzar una *concepción sistémica* del ambiente. El ambiente es, pues, un sistema que reúne, en esencia, dos grandes subsistemas, ambos indispensables para la propia existencia de la vida (incluida la humana) y determinantes de las condiciones de la misma:

— el subsistema de los elementos no vivientes, compuesto por el agua, el aire y el suelo;
— el subsistema de los seres vivos.

Como no resulta difícil intuir, aquella realidad que constituye el entorno del hombre, no siempre (y no sólo) viene dada por elementos naturales sino también artificiales (sin ir más lejos, los entornos urbanos son, hoy por hoy, el escenario principal de la amplia mayoría de la población mundial, no olvidando tampoco, la propia incidencia transformadora de la actividad humana sobre el medio natural próximo a los ámbitos rurales poblados). Este factor incide necesariamente en el debate abierto sobre el concepto de ambiente, de modo que, en función del enfoque que se adopte, más ecocéntrico o más antropocéntrico, dicho concepto resultará más o menos amplio. Esta dualidad se refleja en el propio artículo 45 CE, cuyo primer párrafo ofrece un planteamiento antropocéntrico al referirse a «un medio ambiente adecuado para el desarrollo de la persona», mientras el segundo aparece presidido por una mayor atención a los elementos naturales (haciendo referencia a la utilización racional de los recursos naturales y al fin de defender y restaurar el medio ambiente). En cualquier caso, no puede olvidarse que el concepto de ambiente resulta, por sí mismo, una construcción humana, lo que va a determinar que en su configuración no pueda prescindirse de la consideración de elementos culturales, sociales o económicos que representan factores integrantes del entorno o circunstancias en las que se desenvuelve la vida humana.

La opción por una concepción amplia o por una restringida plantea, en uno u otro caso, ventajas e inconvenientes para el sistema jurídico que se pretenda crear para regular el medio ambiente: mientras una concepción restringida constituye una garantía no sólo para la propia identificabilidad del sistema normativo sino también para la propia eficacia del mismo (resultaría complejo regular una realidad excesivamente plural y diversa), presentaría el peligro de dejar fuera aspectos íntimamente relacionados con la calidad ambiental y la protección de la naturaleza (elementos que sí podrían quedar comprendidos bajo una concepción más amplia del ambiente).

Autores como Martín Mateo, abogan por la adopción de un concepto restringido. Este autor, pionero entre los que abordaron el estudio de este sector, concibe el medio ambiente como el conjunto de «elementos naturales de titularidad común y de características dinámicas: en definitiva, el agua y el aire, vehículos básicos de transmisión, soporte y factores esenciales para la existencia del hombre sobre la tierra». En una línea similar, Millán López sostendrá que «el ambiente es el sistema que engloba a todos los seres vivientes de nuestro planeta, así como el aire, el agua y el suelo, que constituyen su hábitat o lugar donde se desarrolla normalmente su ciclo vital». En una visión más restringida, el concepto de ambiente quedaría acotado por el ya referido binomio compuesto por los elementos no vivos que soportan la vida (agua, aire y suelo) y los elementos vivos (fauna y flora).

Otros autores son partidarios de un concepto más amplio. Entre ellos, López Menudo, adopta un concepto más flexible a partir de una estructura conformada en función de círculos concéntricos, compuestos por un núcleo duro, donde se organizan los elementos básicos de la naturaleza (el aire, el agua, el suelo, etc.); un segundo nivel que comprendería elementos como la fauna y la flora, el paisaje o el patrimonio cultural; y un tercer estrato que quedaría referido al medio ambiente artificial o humano.

Más allá de la doctrina, la jurisprudencia también pone de manifiesto aquella insalvable dualidad entre la visión ecocéntrica y la antropocéntrica, sin cerrar las puertas a una concepción más amplia del medio ambiente. En este sentido, la STS de 2 de febrero de 2001, dispone que la forma de comprender el medio ambiente impone «la sistematización de diferentes valores, fenómenos y procesos naturales, sociales y culturales, que condicionan en un espacio y momento determinados, la vida y el desarrollo de organismos y el estado de los elementos inertes, en una conjunción integradora, sistemática y dialéctica de relaciones de intercambio con el hombre y entre los diferentes recursos. Un ambiente en condiciones aceptables de vida, no sólo significa situaciones favorables para la conservación de la salud física, sino también ciertas cualidades emocionales y estéticas del entorno que rodea al hombre».

Por su parte, el Tribunal Constitucional parte de una concepción reducida y transversal que entiende el medio ambiente como un elemento material o sustantivo, que integra recursos naturales, considerando a los mismos en una vertiente estática, y que deben guardar equilibrio con otras políticas sectoriales diferentes a la propia del medio ambiente. Sin embargo, entre otras precisiones, advertirá más adelante que, junto a los elementos naturales, también se incluyen dentro del concepto jurídico de ambiente «otros elementos que no son naturaleza sino Historia, los monumentos, así como el paisaje, que no es sólo una realidad objetiva sino un modo de mirar, distinto en cada época y en cada cultura».

En la normativa vigente no se da un concepto general sobre el medio ambiente (para empezar, no existe una Ley general del medio ambiente), por lo que, desde el ámbito normativo, no contamos con un concepto uniforme al que atenernos: se ofrecen diferentes conceptos en función de los fines que persigue cada norma ambiental. En definitiva, las diversas formas de entender el concepto de medio ambiente que se ofrecen en cada norma dependerán de factores como la concreta faceta del bien jurídico «medio ambiente» en la que aquélla incide, o la acotación de la materia que la misma regula, previamente determinada por criterios de competencia.

Constatado que el medio ambiente se propone, a los ojos del Derecho, como un concepto no cerrado, voluble y también mutable en el tiempo (no es comprendido hoy como lo fuera hace unas décadas), no resulta menos cierto que dicho concepto ha tendido a ampliarse progresivamente, propiciando la paralela extensión del ámbito objetivo del Derecho ambiental hacia materias que antes eran reguladas por otras ramas o sectores del ordenamiento administrativo, como el Derecho urbanístico o el Derecho sanitario. Dentro de este contexto mutable, los ámbitos de innovación del régimen jurídico dispuesto en este sector no se limitarán al ámbito objetivo, sino también al subjetivo donde, no sin polémica, ha comenzado a explorarse la posibilidad de reconocer la condición de nuevos sujetos del Derecho, superando el tradicional enfoque antropocéntrico, contemplando no sólo al resto de seres vivos diferentes del ser humano (algo ya no tan novedoso), sino también a concretos ecosistemas (baste referir, en este sentido, cuanto dispuesto en la Ley 19/2022, de 30 de septiembre, para el reconocimiento de personalidad jurídica a la laguna del Mar Menor y su cuenca).

2. Aproximación al concepto de Derecho ambiental

2.1. *Introducción y principales hitos históricos de su evolución*

Recordando que la forma de concebir el Derecho ambiental queda necesariamente condicionada por el concepto de medio ambiente que se adopte desde el Derecho, podríamos adoptar la siguiente definición para el primero, siguiendo a Conde Antequera: el Derecho ambiental es aquel sistema normativo cuyos fines son la preservación del medio ambiente, garantizar el uso sostenible de los recursos naturales y mantener el entorno en condiciones adecuadas para ofrecer calidad de vida a las personas.

Así concebido, tal y como avanzábamos, el Derecho ambiental constituye un fenómeno relativamente reciente cuyo origen se ubica temporalmente en la segunda mitad del siglo xx y que cobra especial fuerza en las dos últimas décadas como consecuencia tanto de los avances del conocimiento científico con respecto al deterioro del medio ambiente como de la creciente sensibilización social con respeto a los problemas ambientales (el efecto invernadero, el avance de la desertización, la pérdida de la biodiversidad, la aceleración del cambio climático, etc.).

Como introducción a esta aproximación al Derecho ambiental como disciplina jurídica, resulta conveniente adquirir una sumaria perspectiva histórica de la evolución que el mismo ha tenido, para lo cual se presenta la siguiente tabla esquemática que comprende los principales hitos históricos de dicha evolución. En la consulta de la misma puede apreciarse la singular importancia adquirida en este sector por los instrumentos de Derecho internacional, no sólo como reflejo de una toma de conciencia mundial (adecuada a la globalidad del problema abordado) sino como punto de partida y estímulo para la configuración y desarrollo de los sistemas normativos nacionales referidos a la cuestión ambiental.

CRONOLOGÍA DE LOS PRINCIPALES HITOS HISTÓRICOS DEL DERECHO AMBIENTAL	
1949	CONFERENCIA DE NACIONES UNIDAS SOBRE LA CONSERVACIÓN Y UTILIZACIÓN DE LOS RECURSOS
	Aunque sus resultados fueran limitados, a raíz de la misma quedó determinada la implicación y competencia de Naciones Unidas en materia ambiental (en su seno, ya entonces, adquiría protagonismo la problemática de las relaciones entre desarrollo y conservación del medio ambiente). En este sentido, la conferencia fue precursora de una inercia que desembocaría en otras Conferencias posteriores de mayor importancia e impacto (Estocolmo y Río de Janeiro).
1969	APROBACIÓN EN USA DE LA *NATIONAL ENVIRONMENTAL POLICY ACT* (NEPA)
	En la misma se formula por vez primera el principio de unidad de gestión en materia ambiental, dando lugar a la creación de la Agencia Federal de Protección Ambiental. Constituye también el antecedente más lejano de la metodología de evaluación de impacto ambiental y su punto de partida. En ella se impuso por vez primera, una obligación generalizada de someter a una evaluación ambiental previa tanto proyectos públicos como privados. Se trata de una disposición pionera en su momento y que después resultaría modélica para la implantación y desarrollo en otros países de una herramienta fundamental del Derecho ambiental.

CRONOLOGÍA DE LOS PRINCIPALES HITOS HISTÓRICOS DEL DERECHO AMBIENTAL (*cont.*)	
1971	CONVENCIÓN RELATIVA A LOS HUMEDALES DE IMPORTANCIA INTERNACIONAL (CONVENIO DE RAMSAR)
	La Convención Relativa a los Humedales de Importancia Internacional especialmente como Hábitat de Aves Acuáticas, firmada en Ramsar (Irán) tiene por objetivo esencial *«la conservación y el uso racional de los humedales mediante acciones locales, regionales y nacionales y gracias a la cooperación internacional, como contribución al logro de un desarrollo sostenible en todo el mundo»*.
1972	CONFERENCIA DE NACIONES UNIDAS SOBRE EL MEDIO HUMANO (CONFERENCIA DE ESTOCOLMO)
	La Conferencia de Naciones Unidas sobre el Medio Humano, celebrada al objeto de discutir el estado del medio ambiente mundial, fue la primera gran conferencia de la ONU sobre cuestiones ambientales internacionales, y marcó un punto de inflexión en el desarrollo de la política internacional del medio ambiente, reconocido como el arranque de la conciencia moderna política y pública de los problemas ambientales globales. La misma tuvo un impacto especial en las políticas medioambientales de la entonces Comunidad Europea.
	CREACIÓN DEL PROGRAMA DE NACIONES UNIDAS PARA EL MEDIO AMBIENTE (PNUMA)
	Programa de las Naciones Unidas que coordina las actividades relacionadas con el medio ambiente en múltiples campos (protección de la atmósfera, ecosistemas terrestres, promoción de las ciencias medioambientales, emergencias relacionadas con desastres medioambientales, etc.), asistiendo a los países en la implementación de políticas medioambientales adecuadas así como en el fomento del desarrollo sostenible.
1985	PROTOCOLO DE MONTREAL RELATIVO A LAS SUSTANCIAS QUE AGOTAN EL OZONO
	Es un tratado internacional diseñado para proteger la capa de ozono reduciendo la producción y controlar el consumo de las sustancias que se consideran responsables de su deterioro. Este tratado ha sido alabado como ejemplo de cooperación internacional en materia ambiental por su alto grado de aceptación e implementación.
1987	INFORME BRUNDTLAND
	Informe socioeconómico elaborado por distintas naciones en 1987 para la ONU, por una comisión encabezada por la doctora G. H. Brundtland, donde se utilizó por vez primera el término desarrollo sostenible, definido como aquel que *satisface las necesidades del presente sin comprometer las necesidades de las futuras generaciones*. Implica un cambio muy importante en cuanto a la idea de sostenibilidad, principalmente ecológica, y a un marco que da también énfasis al contexto económico y social del desarrollo.
1988	CREACIÓN DEL IPCC (GRUPO INTERGUBERNAMENTAL DE EXPERTOS SOBRE EL CAMBIO CLIMÁTICO)
	Este organismo intergubernamental y de carácter esencialmente científico quedaría llamado a desempeñar una importantísima labor en la constante revisión y análisis de las evidencias científicas, técnicas y socioeconómicas relativas al fenómeno del cambio climático, con el fin de actualizar y difundir sus posibles repercusiones. Su papel ha sido y sigue resultando capital en la vigilancia que sobre este fenómeno han

CRONOLOGÍA DE LOS PRINCIPALES HITOS HISTÓRICOS DEL DERECHO AMBIENTAL (*cont.*)	
1988	de procurar las diversas ciencias y en la aportación de bases sólidas sobre las que poder articular políticas eficientes. En su seno se hallan representados expertos de 195 países que celebran, como mínimo, una sesión plenaria anual (allí se debate la planificación de su actividad y de los informes a elaborar).
1992	DECLARACIÓN DE RÍO SOBRE EL MEDIO AMBIENTE Y EL DESARROLLO
	Adoptada en la Conferencia de Naciones Unidas sobre Medio Ambiente y Desarrollo, llevada a cabo en Río de Janeiro, en junio de 1992, la misma aportó un conjunto de principios sin fuerza jurídicamente vinculante con el fin de reafirmar y desarrollar la Declaración de la Conferencia de las Naciones Unidas sobre el Medio Humano (Estocolmo, 1972). Dichos principios ofrecen una base sobre la que conjugar el derecho de los seres humanos a una vida saludable y productiva en armonía con la naturaleza con el derecho soberano de los Estados para aprovechar sus recursos naturales y su responsabilidad aparejada de velar por la conservación del medio ambiente, evitando los daños para otros Estados. La Declaración recoge propuestas de acciones a adoptar en el ámbito social, económico, cultural, científico, institucional, legal y político.
	CONVENIO SOBRE DIVERSIDAD BIOLÓGICA
	Constituye el primer acuerdo global para abordar todos los aspectos de la diversidad biológica (recursos genéticos, especies y ecosistemas), donde se reconoce, por vez primera, que la conservación de la diversidad biológica es «una preocupación común de la humanidad» y una parte integral del proceso de desarrollo. Sus disposiciones sobre la cooperación científica y tecnológica, el acceso a los recursos genéticos y la transferencia de tecnologías ambientalmente sanas, son la base de la asociación entre Estados que el mismo propugna.
1997	PROTOCOLO DE KYOTO SOBRE EL CAMBIO CLIMÁTICO
	Protocolo adaptado en el seno de la Convención Marco de las Naciones Unidas sobre el Cambio Climático (CMNUCC) que comprende un acuerdo internacional de carácter vinculante cuyo objeto es reducir las emisiones de los principales gases de efecto invernadero que causan el calentamiento global conforme a unos porcentajes máximos a escala global, pero vinculando a los Estados firmantes a unos porcentajes propios de emisión que debe disminuir.
2002	CUMBRE MUNDIAL SOBRE DESARROLLO SOSTENIBLE (JOHANNESBURGO)
	Con independencia de su impacto efectivo y sus limitados logros como instrumento de coordinación internacional, este encuentro constituyó un reflejo de la necesidad de implicar a todos los posibles actores en el objetivo del desarrollo sostenible, razón por la cual no quedó limitado a la participación de los Estados, sino también a la de ONG, asociaciones ecologistas, periodistas y empresas.
2005-2015	LAS MÁS RECIENTES CUMBRES MUNDIALES SOBRE DESARROLLO SOSTENIBLE AUSPICIADAS POR LA ONU
	Estas cumbres, de diferente calado y trascendencia, han adquirido un carácter periódico, habiéndose celebrado principalmente en Nueva York (2005, 2008, 2010, 2013 y 2015), sin perjuicio de la de 2012, celebrada en Río de Janeiro. Esta última resultó especialmente importante para el desarrollo de concretos objetivos, particularmente

CRONOLOGÍA DE LOS PRINCIPALES HITOS HISTÓRICOS DEL DERECHO AMBIENTAL (*cont.*)	
2005-2015	por su impacto en el ámbito del comercio de derechos de emisión. También debe destacarse particularmente la aportación derivada de la Cumbre de Nueva York de 2015, de la que trajeron causa la aprobación de la Agenda 2030 para el Desarrollo Sostenible, así como la posterior firma del Acuerdo de París sobre el Cambio Climático de 2015 (documentos referenciales para la fijación de los objetivos y metas más actuales que rigen los compromisos conjuntos de los países implicados).

2.2. *Características del Derecho ambiental*

Por su propia naturaleza, el Derecho ambiental es Derecho Público y, sin perjuicio de que en su conformación participen otras ramas de este último (como el Derecho Penal o el Derecho Tributario), el indiscutible protagonista en este sistema normativo va a ser el Derecho Administrativo. Ello resulta coherente con la caracterización del Derecho ambiental como un derecho esencialmente *preventivo*, y se plasma en el hecho de que la mayor parte de los instrumentos que aquél incorpora se corresponden con las herramientas clásicas empleadas por la Administración en el desempeño de su actividad de control o policía (autorizaciones, inspecciones, registros, etc.) y fomento (subvenciones y ayudas), o en la propia ordenación y programación de la actividad de ejecución de las políticas públicas (técnicas de planificación).

En una primera aproximación al Derecho ambiental como sector especial del ordenamiento público, resulta posible identificar una serie de rasgos esenciales que lo caracterizan:

— *El ecologismo como fundamento básico del Derecho ambiental.* Como en otras disciplinas, este sector del ordenamiento se halla apoyado en un fundamento ético, que cobra forma en los principios que regían aquella toma de conciencia sobre la incidencia de la actividad humana en la naturaleza. Los planteamientos ecologistas presiden, de forma preferente, las bases éticas de este sistema normativo. Sin embargo, no debe obviarse que dichos planteamientos distan de ser homogéneos, sino más bien lo contrario, dada la coexistencia de muy diferentes enfoques de prioridades diversas (la calidad de las condiciones actuales de la vida humana, la preocupación por las generaciones futuras, la protección de los animales, la preservación de valores estéticos, etc.). Esta multiplicidad de enfoques y posturas que, simplificando, reconducíamos antes a la dualidad antropocentrismo-ecocentrismo, se proyectan inevitablemente en la fundamentación de las distintas normas que componen el sistema normativo ambiental y se hallan, a su vez, en la base de las frecuentes contradicciones que se alumbran entre unas y otras normas ambientales.

— *Vocación universalista.* En última instancia, el Derecho ambiental aspira a resolver los problemas ambientales a escala global (planeamiento que fundamenta la filosofía del *thinking global, acting local*, propugnada por muchos en la gestión de lo ambiental), lo que, dicho sea, resulta *a priori* coherente con el propio carácter global de muchas de las amenazas ambientales. Este rasgo del Derecho ambiental se proyecta, como apreciábamos más arriba, en el impulso que desde el Derecho internacional se ha venido confiriendo al tratamiento de estas cuestiones. La paradoja se revela, sin embargo, en el dato de que los instrumentos jurídicos de Derecho internacional son, en términos de vinculatoriedad y eficacia, los menos desarrollados.

— *Primacía de los intereses colectivos.* El Derecho ambiental no se configura, como ocurre en otros casos, como un sistema de protección jurídica ancorado en el objetivo de garantizar un concreto derecho subjetivo de las personas. Su aspiración trasciende con mucho una simple esfera individual, pues, como decíamos, su último objetivo es lograr una protección a escala mundial de un interés que supera fronteras, sujetos e incluso generaciones. Particularmente revelador de la especial fuerza que adquieren aquí la prioridad de los intereses colectivos es, precisamente, la faceta de la necesaria consideración de las generaciones futuras: el sistema normativo ambiental toma en consideración los intereses de sujetos de Derecho que ni siquiera existen aún.

— *Énfasis preventivo.* Tanto los contenidos de las normas ambientales como los instrumentos jurídicos en ellas contemplados para articular la intervención pública en la materia se hallan presididos por un enfoque preferentemente preventivo. Aunque no dejen de existir mecanismos previstos para su aplicación en los casos donde se hayan materializado daños ambientales (mecanismos *ex post*, como las sanciones o medidas de restauración ambiental), la prioridad es evitar la producción de dichos daños (dando protagonismo, por tanto, a los mecanismos *ex ante* o previos). A ello mueve el hecho de que el daño ambiental, una vez producido, no siempre resulta reparable.

— *Multidisciplinariedad.* Este rasgo es una de las inevitables consecuencias de la ya analizada amplitud de su objeto. La multidisciplinariedad presente en este Derecho sectorial se manifiesta en diversos niveles: en primer lugar, en relación con el concurso de otras ciencias diferentes del Derecho (Química, Física, Biología... las Ciencias de la Naturaleza, en general y otras ciencias sociales como la Economía o la Sociología), de las cuales, el Derecho ambiental, por la propia naturaleza de su objeto y sus fines, no debe prescindir, tanto a la hora de legislar como en las tareas ejecutivas y de gestión (se trata, como veremos, de un Derecho muy tecnificado); en segundo lugar, tal y como se avanzaba más arriba, en relación con otras ramas del Derecho, pues aunque se trate de un Derecho fundamentalmente administrativo, no deja de recibir aportaciones de otras ramas del ordenamiento; por último, la interdisciplinariedad también se proyecta *dentro* del propio Derecho Administrativo (característica denominada *horizontalidad* o *intersectorialidad*), donde el Derecho ambiental, lejos de presentarse como un compartimiento estanco, manifiesta fuertes vínculos con otros sectores de aquél, dotados de una indudable incidencia en el plano ambiental (Urbanismo, Ordenación del Territorio, Agricultura, Turismo, Transporte, etc.).

— *Componente técnico-reglado.* Como decíamos, el derecho ambiental constituye un Derecho muy técnico (consecuencia de la multidisciplinariedad antes aludida), lo que con frecuencia se traduce en una cierta oscuridad de sus contenidos para aquellos que no cuentan con la especialización científica o técnica en la concreta materia de que se trate (piénsese, por ejemplo, en los parámetros técnicos que plagan la normativa sobre contaminación de los diferentes medios). Sin embargo, este rasgo evidente del Derecho ambiental debe de ser matizado en un doble sentido. En primer lugar, no todo en el Derecho ambiental puede ni debe ser técnico: la dimensión ética del mismo, antes aludida, impone que muchos de sus dictados sean el resultado no tanto de una valoración técnica como de una valoración adoptada desde la convención social. Por otra parte, tal y como advierten autores como ESTEVE PARDO, tanto en éste como en otros ámbitos, comienza a afianzarse la aceptación de la incertidumbre científica: ciencia y técnica, a pesar de su desarrollo, no son capaces en muchos casos de aportar certezas exactas con respecto a determinadas cuestiones o problemas complejos (p. ej.: ¿son dañinas las emisiones de las antenas de telefonía móvil?). Esta eventual carencia de verdades científicas absolutas desplaza el tratamiento de dichos casos a la gestión del riesgo incierto, abriendo la puerta a opciones o decisiones que, aun contando con una base o fundamento científico, son, a fin de cuentas, el resultado de una convención o acuerdo social.

— *Su configuración en varios niveles (afecta a todos).* La globalidad de los problemas ambientales y la propia vocación universalista del Derecho ambiental parten de un dato en el que se ha insistido con frecuencia: la cuestión ambiental afecta a todos. Ello cobra reflejo en la configuración por niveles que presenta este sistema normativo, desde el más global hasta el más local. Ello se proyecta, por una parte, en la escala territorial de los organismos o centros de producción de las normas ambientales, que van desde organizaciones internacionales hasta Entidades de carácter local, pasando por todos los niveles intermedios (Internacional de carácter regional, estatal o regional). De forma paralela, este rasgo se refleja en la propia estructura del ordenamiento ambiental, donde se insertan tanto normas de ámbito internacional como normas estatales y de ámbito regional y local.

— *Dispersión normativa*. Es consecuencia directa de la característica anteriormente tratada y de la propia interdisciplinariedad y horizontalidad del Derecho ambiental: el mismo se compone de normas muy dispares en relación con los organismos que las aprueban, los ámbitos sobre los que se proyectan y la multiplicidad de sectores normativos implicados. Este rasgo incide necesariamente en su identificabilidad, operatividad y eficacia.

— *Flexibilidad*. No resulta acertado —menos aún en la actualidad— identificar al Derecho ambiental como un Derecho que recurre preferentemente a mecanismos de policía, de control previo y limitación de la actividad privada o a aquéllos de carácter sancionador. Los mismos constituyen instrumentos importantes del Derecho ambiental aunque no son suficientes para caracterizarlo. De hecho, ni siquiera se han manifestado como los más efectivos, en términos reales, a la hora de lograr el cumplimiento de sus fines. La proliferación y progresiva implantación de mecanismos más flexibles, de carácter negocial o autorregulatorio, orientados a estimular el cumplimiento voluntario por parte de empresas y particulares de las normas ambientales, ha cobrado tal importancia y predominio en nuestros días que muchos identifican en el Derecho ambiental un modelo de Derecho preferentemente negocial o estimulador, que prioriza la recomendación y el incentivo frente a la imposición, todo ello con el fin de ampliar su grado de eficacia y de adaptabilidad a la complejidad y mutabilidad del problema ambiental (rasgos propios no sólo de la dimensión natural de este último, sino también de la social).

— *Eficacia limitada*. La presión de intereses privados no acordes con planteamientos ambientales (en un escenario donde el *desarrollo* sigue pesando más que la *sostenibilidad*), la propia resistencia social frente a las cargas e inconvenientes que plantea modificar sus conductas, la imperfección técnica de las normas o la permisividad de las Administraciones son algunos de los factores que inciden en el elevado grado de incumplimiento que se manifiesta con respecto a la normativa ambiental. Sin duda constituye una de sus grandes paradojas, aún a pesar de la abundancia de normas aprobadas (lo que, a la larga, también se ha identificado como un inconveniente) y de la riqueza de instrumentos y mecanismos presentes en las mismas.

2.3. *Características del Derecho ambiental (continuación): Los principios del Derecho ambiental*

En el objetivo de ofrecer una caracterización del Derecho ambiental, el análisis de los principios conforme a los que el mismo se estructura y actúa constituye un ejercicio sumamente útil e ilustrativo de su naturaleza. Progresivamente incorporados al ordenamiento ambiental y recogidos, de una u otra forma, en los textos normativos (lo que no anula su valor como principios), constituyen también un reflejo de la paulatina flexibilización que ha experimentado un Derecho ambiental que partía de un modelo excesivamente centrado en la imposición a través de la intervención y el control.

En primer lugar, hemos de distinguir entre dos clases de principios: aquellos que determinan la estructura del Derecho ambiental (denominados por MARTÍN MATEO «megaprincipios») y aquellos otros conforme a los que se rige su funcionamiento. En las dos tablas que siguen se recogen los mismos junto a una sumaria descripción. Podrá apreciarse la interconexión existente entre muchos de ellos (de hecho, en algunos casos, se identificarán principios que son manifestaciones concretas de otros más amplios).

PRINCIPIOS ESTRUCTURALES DEL DERECHO AMBIENTAL	
GLOBALIDAD	La misma deriva de la interconexión de los diversos subsistemas que componen el ambiente. Como ya se ha afirmado, los grandes problemas ambientales presentan una dimensión planetaria y los mismos «no entienden de fronteras». El Derecho ambiental no puede abandonar una necesaria visión panóptica de los problemas que aborda y debe organizarse coherentemente con la dimensión que presentan estos últimos.
HORIZONTALIDAD	La horizontalidad es una característica básica del Derecho ambiental: las estrategias ambientales, por su propia complejidad y su naturaleza poliédrica, no pueden adoptarse sectorialmente, sino que su éxito depende de la adecuada coordinación con los sectores que presentan alguna incidencia en el medio ambiente (que son muchos y variados). Esta característica es la que da lugar al **Principio de integración**, que impone a las políticas desarrolladas en otros sectores con impacto en lo ambiental (urbanismo, agricultura, industria, trasportes, obras públicas, etc.) la obligación de ser sensibles y permeables a los dictados de la normativa ambiental y el deber de contribuir a la consecución de sus objetivos a través de su propia producción normativa (un ejemplo de dicho enfoque viene siendo dado por el Derecho europeo, desde que se configurara la competencia de la CEE en materia de medio ambiente con la aprobación del Acta Única Europea)
SOSTENIBILIDAD	El célebre **Principio del desarrollo sostenible** sale al paso de las tensiones entre las necesidades que impone el desarrollo económico y el objetivo de preservar el medio ambiente. A su amparo, la línea de máxima del Derecho ambiental será la de diseñar un sistema normativo capaz de compatibilizar equilibradamente ambos fines, posibilitando modelos de desarrollo que no pongan en peligro el medio ambiente, tanto a corto como a medio y largo plazo. A la luz de este principio se potencia la necesaria consideración, como sujetos de Derecho y destinatarios de las políticas planteadas, no sólo a la generación actual, sino también a las generaciones futuras. En el contexto marcado por la construcción y evolución de este principio son múltiples los conceptos que han sido desarrollados desde el Derecho ambiental en los últimos tiempos. Se trata, unas veces, de conceptos íntimamente asociados a la sostenibilidad que quedan referidos a propiedades o elementos que permiten su evaluación (así ocurre con el concepto de **resiliencia ecológica**, identificado como un principio *per se* en la Ley 7/2021, de 20 de mayo, de cambio climático y transición energética, entendida como la «capacidad de los sistemas económicos, sociales y ambientales para afrontar una perturbación o impacto respondiendo o reorganizándose de forma que conservan su función esencial, identidad y estructura, al tiempo que mantienen su capacidad de adaptación, aprendizaje y transformación»). Otras veces coinciden con objetivos concretos que permiten materializar dicho principio, donde han cobrado especial importancia los referidos a la **descarbonización** o a la denominada **neutralidad climática** (que pone en relación las emisiones de gases de efecto invernadero y la capacidad de absorción natural de los mismos por parte del planeta) o el más reciente referido a la **transición ecológica** o **transición justa**, que incide en la necesidad de que los cambios operados.

PRINCIPIOS ESTRUCTURALES DEL DERECHO AMBIENTAL (*cont.*)	
	en los modelos productivos y empresariales tendentes a reducir el impacto ecológico de la actividad humana no dejen de generar beneficios sociales, especialmente para los colectivos y áreas geográficas más vulnerables
RESPONSABILIDAD COMPARTIDA	La responsabilidad de preservar el ambiente debe implicar necesariamente a todos los sujetos, tanto públicos como privados, desde las Administraciones Públicas hasta los propios ciudadanos. De este principio se derivan, entre otras consecuencias: *a*) la imposibilidad de concebir los títulos competenciales como excluyentes (coordinación, cooperación y colaboración han de ser las consignas a seguir); *b*) la dimensión de la *solidaridad intercomunitaria* (a proyectar en todas las escalas, desde la internacional a la regional o local), en virtud de la cual, ante la existencia de unos problemas ambientales de carácter global, resulta necesario tener en cuenta que no todos los posibles actores cuentan con la misma capacidad y recursos para intervenir (de modo que los que más pueden deben sacrificar o aportar más que los menos poderosos); *c*) o la necesaria implicación de los particulares y privados en la gestión ambiental (dado que los mismos también serán, en su correspondiente cuota, responsables de los efectos causados al medio ambiente).

PRINCIPIOS FUNCIONALES DEL DERECHO AMBIENTAL	
PRINCIPIO DE PREVENCIÓN	Tanto la frecuente imposibilidad de lograr la reparación de los daños ambientales una vez producidos como los elevados costes que aquella implica en los casos en los que resulta factible imponen al Derecho ambiental un especial esfuerzo por la prevención, por lograr evitar la producción del daño (haciendo válido el dicho «más vale prevenir que curar»). Ello impone, al Derecho ambiental y a los poderes públicos que lo deben hacer efectivo, concentrarse en dar prioridad y eficacia a la intervención previa y al diseño y aplicación de instrumentos preventivos. En este sentido, incluso la intervención posterior al daño debe quedar influida por este planteamiento preventivo (así, el mejor efecto que puede desplegar una normativa sancionadora en materia ambiental es el disuasorio).
PRINCIPIO DE PRECAUCIÓN O CAUTELA	Este principio constituye un refuerzo ulterior del Principio de prevención. El mismo determina cómo deben afrontarse los supuestos de incertidumbre con respecto a la producción de daños al medio ambiente, teniendo por objetivo evitar las opciones arriesgadas (cuando no se sabe si una determinada actuación sobre aquél puede resultar dañina, lo mejor es adoptar una opción prudente y cautelosa que minimice las posibilidades de que un supuesto riesgo se transforme en daño efectivo). En la aplicación de este principio resultará clave la presencia de *indicios razonables* (dada la imposibilidad de alcanzar certeza absoluta). Al espíritu de este principio responden también otros (derivados del mismo) como son el **Principio del elevado nivel de protección** o el **Principio *Stand Still* (no degradación)**, que imponen, como línea de máxima y respectivamente, la preferencia por la adopción del máximo nivel posible de exigencia en la protección que dispongan las medidas ambientales y el compromiso de no retroceder o rebajar dichos niveles de protección en el futuro.

PRINCIPIOS FUNCIONALES DEL DERECHO AMBIENTAL (*cont.*)	
PRINCIPIO DE CORRECCIÓN EN LA FUENTE	El mismo resulta de aplicación cuando la contaminación o daño ambiental no ha podido evitarse. Hace referencia no sólo al lugar físico sino también temporal: cuando se produzca un daño, la intervención de contención y reparación debe de realizarse en la propia fuente del mismo y lo más pronto posible (con ello se logra prevenir futuras repeticiones del daño y se dificulta la posible expansión de sus efectos). Este principio cobra reflejo en otros principios o reglas más específicos, como el **control y prevención integrada de la contaminación** (que impone evitar la traslación de la misma de un medio a otro) o los **principios de autosuficiencia y proximidad** implantados en el ámbito de la gestión de residuos.
PRINCIPIO «QUIEN CONTAMINA PAGA»	A pesar de la apariencia, no se trata de un principio de naturaleza sancionadora, sino de un principio que incide en la **prevención** y en la necesidad de **corregir el daño en la propia fuente** del mismo. Se trata de que contaminar no salga gratis, en el sentido de que no resulte, *a priori*, rentable (sino más bien lo contrario: que se presente como rentable el no contaminar). Un ejemplo simple (y simplificado): ante la determinación del impuesto de circulación, resulta una decisión más rentable adquirir un coche poco contaminante que uno contaminante, pues la cuantía del impuesto será menor (medida ambiental). Esto también resulta coherente con el principio de responsabilidad y presenta una finalidad, insistimos, no sancionadora sino compensatoria (diferente de los costes de la eventual restauración en caso de daños ambientales). El objetivo aquí es evitar la producción del daño y, para lograrlo, se hace lo posible para no hacerlo rentable. La aplicación de este principio presenta sus peligros, dado que, de no aplicarse correctamente, puede generar un efecto contrario (especialmente cuando no se acierta en la medida adoptada y la misma no resulta adecuada para que los destinatarios perciban las acciones perseguidas como no rentables). Asociado a este principio (y, de nuevo, también al de responsabilidad) debe mencionarse también la **restauración ambiental**, principio del que se derivará un deber de reparación preferentemente *in natura* (dirigido a corregir el daño causado allí donde fue infligido) o, en caso de no ser ello posible, articulado mediante otro tipo de medidas o actuaciones compensatorias (CONDE ANTEQUERA).
PRINCIPIO DE SUBSIDIARIEDAD	En virtud de este principio, la toma de decisiones con respecto a un determinado problema ambiental debe producirse, en línea de principio, en la instancia más próxima al problema en sí, siempre y cuando la misma esté suficientemente capacitada para resolverlo. Es decir, si se trata de un problema local, la decisión ha de depender preferentemente del criterio de la autoridad local más afectada (por ejemplo, el Ayuntamiento). Éste no constituye un principio exclusivo del Derecho ambiental (representa un principio funcional básico del derecho Administrativo en general), pero adquiere una especial fuerza en este ámbito sectorial, resultando crucial para facilitar la aplicación de otros principios, como los de corrección en la fuente, responsabilidad compartida y participación.

PRINCIPIOS FUNCIONALES DEL DERECHO AMBIENTAL (*cont.*)	
PRINCIPIO DE PARTICIPACIÓN Y TRANSPARENCIA	Igual que ocurría en el principio inmediatamente anterior, el presente tampoco resulta exclusivo del Derecho ambiental, pero en su marco cobra una especial relevancia, dada la naturaleza colectiva de los intereses que protege este Derecho. La protección ambiental tiene a todos los ciudadanos por destinatarios y, en este sentido, resulta coherente y adecuado que se implementen al máximo los mecanismos y vías para que se haga efectiva su participación y la de las instituciones que los representan de forma más directa. En virtud de este principio se han potenciado con especial insistencia en el marco del Derecho ambiental los instrumentos destinados a dar publicidad a la políticas y medidas ambientales y facilitar la participación efectiva de ciudadanos, tanto individual como colectivamente (especialmente en el seno de los procedimientos administrativos: reconocimiento de la acción popular, procedimientos de información pública, accesibilidad de la información ambiental, etc.).

3. La regulación constitucional del ambiente en España. Aspectos competenciales

3.1. *Introducción y breves apuntes sobre la incidencia del Derecho de la Unión Europea en materia ambiental*

La CE de 1978, como norma de cabecera de nuestro ordenamiento jurídico, resulta sensible a la cuestión ambiental. Como ya se avanzó en la introducción al concepto de medio ambiente, nuestra Constitución reconoce un derecho al disfrute de un medio ambiente adecuado para el desarrollo de la persona así como un deber de garantizar su conservación. Junto al reconocimiento de este derecho, la CE también identifica la materia ambiental como un título competencial específico, asignando responsabilidades sobre el mismo tanto al Estado como a las CC.AA.

Pero antes de profundizar en el análisis de los contenidos de nuestro texto constitucional, conviene tener bien presente que el mismo, desde el ingreso de España en la Unión Europea, no constituye la única norma de cabecera o referencia del Derecho aplicable en nuestro país. En virtud de la cesión de soberanía que se ha operado a favor de la UE, plasmado en el Principio de Primacía del Derecho Comunitario (y otros como el de Efecto Directo o el de Responsabilidad por Incumplimiento del Derecho Comunitario), el Derecho generado por las instituciones europeas puede gozar, según el caso, de una aplicación preferente frente al Derecho nacional (incluso frente a preceptos de rango constitucional). Este dato resulta relevante en nuestro ámbito de estudio desde el momento en que la UE ha asumido, de forma efectiva, competencias en materia de Medio Ambiente.

El Tratado de la Unión Europea, en su versión resultante del Consejo celebrado en Lisboa (en adelante TUE), declara la voluntad de la organización de impulsar un desarrollo sostenible, basado, entre otros parámetros, en «un nivel elevado de protección y mejora de la calidad del medio ambiente» (art. 3.3 TUE), un objetivo que también se proyecta en su acción exterior, donde se compromete a impulsar, además, medidas que garanticen «la gestión sostenible de los recursos naturales mundiales» [art. 21.2.*g*) TUE].

Bajo esta consigna, el Tratado de Funcionamiento de Unión Europea (en adelante, TFUE), proclama, en su artículo 4.2.*e*), el medio ambiente como una *competencia compartida* entre la UE y los Estados miembros (cuyo contenido y alcance se concreta en los arts. 191 y 192 TFUE), lo cual, si bien no determina la exclusión de la posibilidad de que los Estados legislen en la materia, sí que condiciona dicha intervención legislativa al hecho de que la UE no haya entrado a legislar sobre la misma (tal es la concepción de las competencias compartidas en función de lo dispuesto en el art. 22 TFUE). La iniciativa legislativa de la UE en materia ambiental presenta, por tanto, una cierta preferencia con respecto a la de los Estados miembros. Además, en virtud de la horizontalidad que presenta el tratamiento de las problemáticas ambientales, no debe olvidarse la capacidad de la UE de aprovechar otros títulos competenciales propios (algunos de ellos más potentes que el específico sobre medio ambiente) para introducir normas con repercusión en lo ambiental. No en vano, el artículo 11 del Tratado proclama de forma expresa el *principio de integración* como guía para la intervención de la UE en materia de protección del medio ambiente.

La incidencia en materias ambientales de la intervención legislativa de la UE en el ejercicio de sus competencias ha sido notable e intensa y en un amplio número de subsectores ambientales (contaminación atmosférica, residuos, protección de la fauna, técnicas de evaluación del impacto ambiental, etc.), especialmente a través de la aprobación de Directivas que resultan de obligada transposición en los Estados miembros (el art. 114 TFUE identifica el medio ambiente como uno de los sectores en los que la UE debe realizar un especial esfuerzo de cara al objetivo de aproximar/armonizar las legislaciones vigentes en estos últimos). También ha resultado relevante la jurisprudencia adoptada por el Tribunal de Justicia de la UE, de especial interés en el desarrollo e interpretación de los principios más básicos del Derecho ambiental (habiendo sido positivizados los más relevantes en el propio TFUE, art. 191.2).

En suma, cualquier análisis del Derecho ambiental que pretendamos abordar en el caso español no puede prescindir de prestar atención al ámbito europeo, partiendo del hecho de que la especial configuración de la UE como organización internacional de integración, determina que la aplicación efectiva del Derecho aprobado por las instituciones europeas (incluido el ambiental), lejos de resultar una opción para los Estados, constituye un deber ineludible mientras perdure su estatus de miembros de la misma. Teniendo esto bien presente, podemos abordar el análisis de la regulación llevada a cabo por la CE en relación con el medio ambiente.

3.2. *El derecho al medio ambiente del artículo 45 CE*

En el Título Primero de la CE, dentro de su Capítulo III, titulado «De los principios rectores de la política social y económica», queda comprendido el artículo 45 con el siguiente dictado:

> 1. Todos tienen el derecho a disfrutar de un medio ambiente adecuado para el desarrollo de la persona, así como el deber de conservarlo.
> 2. Los poderes públicos velarán por la utilización racional de todos los recursos naturales, con el fin de proteger y mejorar la calidad de la vida y defender y restaurar el medio ambiente, apoyándose en la indispensable solidaridad colectiva.
> 3. Para quienes violen lo dispuesto en el apartado anterior, en los términos que la Ley fije se establecerán sanciones penales o, en su caso, administrativas, así como la obligación de reparar el daño causado.

La forma de abordar el medio ambiente que aquí se opera, como bien plantea LOZANO CUTANDA, pone de manifiesto un planteamiento marcadamente antropocentrista —aunque sin renunciar a ciertos perfiles ecocentristas, como se desprende de la referencia al uso racional de los recursos naturales o al objetivo de la defensa y restauración del medio ambiente—, caracterizado por la amplitud del concepto manejado y su indisociabilidad del ser humano (el medio ambiente cuyo disfrute se pretende garantizar es aquel que resulte *adecuado para el desarrollo de la persona* y, por otra parte, en la finalidad de la intervención pública se resalta la centralidad del objetivo de *proteger y mejorar la calidad de vida*).

Por cuanto respecta a la naturaleza del derecho al medio ambiente que proclama la CE en dicho artículo, debe notarse que, a la luz de lo dispuesto en el artículo 53 CE (que trata de las garantías efectivas aplicables a las diversas categorías de derechos reconocidas en el texto constitucional), éste no se incluye entre los derechos fundamentales que cuentan con el máximo grado de protección. En efecto, se trata de un «principio rector» y los derechos concretos que de él puedan derivarse serán los que el legislador determine en la normativa de desarrollo del mismo, siendo alegable su protección por los ciudadanos ante la Jurisdicción ordinaria (quedando excluida la posibilidad de amparo ante el TC) y en los términos dispuestos por la legislación ordinaria.

Dada la propia complejidad e indeterminación del objeto al que se refiere este derecho (el referido a un *medio ambiente adecuado*) y su marcada relación con unos intereses que, por su naturaleza, se nos presentan *más colectivos que individuales*, no parece del todo incoherente que el mismo no se haya propuesto bajo la forma de un auténtico derecho subjetivo. Su difícil concreción (donde también tiene su parte de culpa la abundancia de incertidumbres científicas) y su complejidad pueden justificar que se asigne al legislador ordinario la tarea de determinar cuál ha de ser su contenido en cada momento, así como el alcance y vías para su protección.

Sin embargo, el hecho de que este derecho se configure como un principio rector no implica que el precepto constitucional en cuestión (el art. 45) constituya una mera norma programática, vacía de contenidos y de consecuencias. Para empezar, junto a dictados más programáticos, en dicho artículo se comprenden también mandatos muy claros para los poderes públicos que en ningún caso pueden ser desatendidos por los mismos (sin ir más lejos, el deber de imponer sanciones penales o administrativas para quienes vulneren los bienes e intereses a los que se hace referencia y el de garantizar la imposición del deber de reparar los daños producidos). Por otra parte, el mismo TC advierte que los principios rectores contemplados en el Capítulo III del Título I de la CE no constituyen una simple invitación al legislador, sino un auténtico mandato (STC de 2 de febrero de 1981) que debe de traducirse en normas y medidas que den contenido específico a los derechos enunciados (no podrá, por tanto, permanecer pasivo, ni mucho menos, en caso alguno, legislar en dirección contraria a dichos mandatos). También ha reconocido el TC (STC de 5 de mayo de 1982, n. 19) la obligación de que estos principios rectores sean tenidos en cuenta a la hora de interpretar el resto de normas del ordenamiento (un aspecto que, por cuanto afecta a la dimensión ambiental, se ha puesto de manifiesto, por ejemplo, en la interpretación dada sobre otros derechos, como los referidos a la integridad física, la intimidad familiar, o a la inviolabilidad del domicilio, ante supuestos tales como los de personas afectadas por la contaminación acústica o por los efectos de actividades calificadas como peligrosas, nocivas o molestas).

3.3. *La distribución de competencias en materia de medio ambiente*

La CE también contempla la materia del medio ambiente como una competencia específica dentro del diseño del reparto competencial entre Estado y CC.AA. que se opera en los artículos 148 y 149 de su texto. El resultado de dicho reparto se plasma en los contenidos de los preceptos que se reproducen a continuación:

> *Art. 149 CE:*
> 1. El Estado tiene competencia exclusiva sobre las siguientes materias:
> […]
> 23. Legislación básica sobre protección del medio ambiente, sin perjuicio de las facultades de las Comunidades Autónomas de establecer normas adicionales de protección. La legislación básica sobre montes, aprovechamientos forestales y vías pecuarias.

Art. 148 CE:

1. Las comunidades Autónomas podrán asumir competencias en las siguientes materias:

[...]

9. La gestión en materia de protección del medio ambiente.

En un primer momento, el diseño ofrecido por estos preceptos parecía disponer un panorama en el que el Estado quedaba destinado a adquirir un protagonismo muy amplio en el ejercicio de competencias sobre la materia de medio ambiente, en virtud de la generalidad con la que se le atribuía la competencia de dictar la legislación básica que será de obligado cumplimiento en todo el territorio nacional (y, por tanto, de obligado respeto por parte de las CC.AA.), mientras que en manos de las CC.AA. tan sólo quedaría la gestión y, en el caso de las CC.AA. de autonomía plena, el desarrollo legislativo de las bases estatales.

La jurisprudencia constitucional ha determinado una interpretación muy amplia de la competencia estatal en el dictado de la legislación básica en materia ambiental, entendiendo que la misma puede abarcar «toda la normativa que se considere indispensable para la protección del medio ambiente» (STC 149/1991, de 4 de julio), con el único matiz limitativo de no alcanzar dimensiones tales que determinen el vaciamiento de las competencias autonómicas (STC 102/1995, de 26 de junio).

Por otra parte, las CC.AA., lejos de quedarse en el segundo plano que parecía haber sido predispuesto para ellas, han expandido ampliamente el marco del ejercicio de competencias en materia de medio ambiente en virtud de varios factores:

1. La generalizada previsión de una competencia en materia ambiental en todos los Estatutos de Autonomía.
2. El abundante desarrollo de normativa ambiental propia, apoyándose en el título habilitante que quedaba abierto en el artículo 149.1.23, referido a su facultad de establecer «normas adicionales de protección» a las previstas por la legislación básica estatal.
3. La asunción generalizada de la competencia para aprobar legislación de desarrollo de la normativa básica estatal en materia ambiental, confirmada por la transferencia de competencias que el Estado llevó a cabo a su favor en la LO 9/1992, de 23 de diciembre, de transferencia de competencias.
4. La asunción, expresamente recogida en sus Estatutos de Autonomía por parte de un buen número de CC.AA., de la competencia exclusiva en materia de espacios naturales protegidos (un título no regulado de

forma expresa en el reparto realizado por la CE y que podía, por tanto, ser asumido por las Autonomías).

5. El desarrollo de normativa de carácter ambiental al amparo de títulos competenciales diferentes al de medio ambiente pero estrechamente ligados a él por su horizontalidad y que les son reconocidos por la propia CE en el artículo 148 (así ocurre en materia como la ordenación del territorio, urbanismo, agricultura, caza y pesca, aprovechamientos fluviales, montes, turismo, etc.).

Un panorama como el descrito, donde el Estado ostenta un amplio margen de intervención por su extensa competencia en el dictado de la normativa básica y donde, de forma paralela, las CC.AA. han impulsado considerablemente su actividad legislativa y ejecutiva, no podía sino disponer un escenario de conflicto competencial. Éste, materializado con frecuencia, se ha potenciado especialmente como consecuencia de la difícil articulación del deber de transposición del Derecho europeo, donde Estado y CC.AA. no han sido capaces de coordinarse y colaborar de forma eficiente (resultando frecuentes los casos de transposición incorrecta o de no transposición de Directivas de la UE).

Por último, debe recordarse que la CE no regula un catálogo de competencias para las Administraciones Locales (se limita a proclamar la autonomía institucional de las mismas en términos generales), por lo que no contempla nada en relación con el ámbito competencial que espera a las mismas en materia de medio ambiente. La Ley reguladora de las Bases del Régimen Local (Ley 7/1985, de 2 de abril, en adelante LRBRL), que es la Ley estatal que dota de contenido a la citada autonomía institucional de las Entidades Locales, impone, a través de lo dispuesto en su artículo 25.2.*b*), el reconocimiento a los Municipios de una competencia propia en materia de «Medio ambiente urbano», que incluye, en particular, «parques y jardines públicos, gestión de los residuos sólidos urbanos y protección contra la contaminación acústica, lumínica y atmosférica en las zonas urbanas» [competencia potencial que se transforma en un *servicio obligatorio* para aquellos Municipios que cuenten con más de 50.000 habitantes —art. 26.1.*d*) de la Ley—]. Bajo el amparo del citado apartado del artículo 25 LRBRL, por ejemplo, se han reconocido como locales competencias referidas al ámbito de las *actividades clasificadas* (competencia del Alcalde para la autorización de las mismas a través de la concesión de licencias). Tampoco debe olvidarse que la LRBRL (y sus homólogas autonómicas), reconoce a las Entidades Locales competencias relevantes que, no siendo ambientales en sentido estricto, se hallan estrechamente relacionadas con dicho sector y las habilitan, en virtud de la ya aludida horizontalidad que preside este ámbito normativo, para incidir en cuestiones ambientales (piénsese en otras competencias reconocidas a los Municipios en el citado art. 25.2 LRBRL, como la protección de la salubridad pública, tratamiento de residuos, ordenación del tráfico, competencias en materia urbanística, etc.).

4. Apuntes básicos sobre la organización administrativa ambiental

La organización de la Administración ambiental en nuestro país se halla inevitablemente influida por el modelo de Estado descentralizado (quasifederal) que queda instituido en la CE. De este modo, hallaremos estructuras orgánicas especializadas en materia de medio ambiente en los tres niveles territoriales clásicos (Estado, CC.AA. y Entidades Locales), de forma paralela a los niveles competenciales que veíamos reconocidos en el análisis del apartado anterior.

Nuevamente resulta necesario precisar que un esquema integral de la organización administrativa ambiental, atento a los orígenes efectivos del Derecho ambiental que es efectivamente reconocido y aplicable en nuestro ordenamiento, no puede prescindir de incluir a las instituciones que se ocupan de esta materia en el plano internacional. En el análisis de la evolución del Derecho ambiental ya se ha podido comprobar el papel asumido por Naciones Unidas, organización que, desde la perspectiva de la protección y defensa de los Derechos Humanos, no ha prescindido de intervenir en el plano ambiental y, con ella, otras organizaciones asociadas como la UNESCO. Sin perjuicio del papel desempeñado por éstas y otras organizaciones de diversa naturaleza (sin olvidar aquellas constituidas bajo fórmulas fundacionales o de ONG, como el WWF, Fondo Mundial para la Naturaleza; IUCN, Unión Internacional para la Conservación; etc.), la organización internacional (en este caso, de corte regional) más destacada en este plano es, sin duda, la Unión Europea.

A través del ejercicio de las competencias adquiridas por la UE, sus instituciones (Parlamento, Consejo de Ministros y Comisión) han desempeñado un papel muy importante en la configuración del Derecho ambiental si se tienen en cuenta el volumen y relevancia de su actividad normativa y de su intervención efectiva en el sector. Desde un punto de vista organizativo, no es difícil apreciar la sustantividad que adquiere la materia de medio ambiente, puesta de manifiesto en la creación de órganos de competencia especial dentro de las instituciones básicas de la Unión: de este modo, dentro de la Comisión de la UE (identificada como una suerte de gobierno federal) existe una Consejería especializada en medio ambiente, así como el Consejo de Ministros de la UE cuenta, entre sus diversas modalidades de reunión, aquélla de carácter sectorial que reúne a los Ministros europeos en materia de medio ambiente. Por otra parte, en el seno de la red de Agencias sectoriales de la UE (organismos de Derecho público europeo con personalidad propia) figura la AEMA, Agencia Europea de Medio Ambiente, cuya función principal es la de aunar los esfuerzos de las diversas agencias especializadas de los países miembros con el objetivo principal de generar y ofrecer una información objetiva sobre la situación del medio ambiente (que servirá de base para la adopción de medidas apropiadas en el desarrollo de las políticas ambientales en Europa).

Adentrándonos ya en el plano nacional y comenzando por el nivel estatal, hasta fechas no lejanas, la organización administrativa ambiental ha presentado un carácter sectorial (las competencias estaban distribuidas entre los Ministerios cuyos ámbitos de intervención afectaban al medio ambiente). Es en los años 70 cuando comienza a invertirse la tendencia, produciéndose una progresiva concentración de competencias en estructuras administrativas especializadas y cada vez con mayor entidad y peso dentro de la organización administrativa estatal. Dicho proceso tuvo su punto de partida en la migración operada en 1977 de la Dirección General de Acción Territorial y Medio Ambiente desde la Presidencia del Gobierno al Ministerio de Obras Públicas y Urbanismo, que se convertiría en el primer epicentro del aludido proceso de concentración competencial. El mismo culminaría con la creación en 1996 de un Ministerio específico: el Ministerio de Medio Ambiente. Esta estructura ministerial ha sido mantenida en líneas generales por los Gobiernos sucesivos con algunas variaciones organizativas y competenciales, pero conservando siempre su sustantividad y especialización (encontramos alguna excepción en los Gobiernos posteriores a la crisis económica de 2008 donde las políticas de reducción de las estructuras administrativas, determinantes de la fusión de estructuras ministeriales, conllevarían la integración de la competencia en materia de Medio Ambiente junto a Agricultura y Pesca y Alimentación en un único Ministerio (puede comprobarse, por ejemplo, en la estructura en su día dispuesta por el RD 424/2016, de 11 de noviembre, referida al Ministerio de Agricultura y Pesca, Alimentación y Medio Ambiente). En los últimos tiempos, la centralidad adquirida por el fenómeno del cambio climático en el plano político ha arrojado como consecuencia una recuperación del protagonismo de la materia ambiental en el marco de las estructuras ministeriales, así como su asociación a otros sectores que se van a entender consustanciales a la misma (así ocurrirá con un sector clásico, como es el de la Energía, o con nuevos sectores emergentes, como el problema del Reto Demográfico). Es en este contexto en el que tiene lugar la creación, en 2018, del Ministerio de Transición Ecológica, el cual, en su rediseño más reciente (operado por el RD 500/2020, de 28 de abril), recibe la denominación de Ministerio para la Transición Ecológica y el Reto Demográfico. En su estructura se incluyen 2 Secretarías de Estado (Energía y Medio Ambiente) y 2 Subsecretarías (una de ellas, dedicada al Reto Demográfico).

Asociados al citado Ministerio también hallaremos varios organismos autónomos especializados en materia ambiental, como el *Organismo Autónomo Parques Nacionales* (una entidad pública que se encarga de desarrollar y coordinar la planificación de la Red de Parques Nacionales, correspondiendo a las CC.AA. la gestión directa de cada concreto Parque Nacional) o el CENEAM-*Centro Nacional de Educación Ambiental* (un centro de recursos al servicio de colectivos, públicos y privados, que desarrollan programas y actividades de educación ambiental, el cual desarrolla tareas de recopilación y difusión de información; diseño y desarrollo de programas de sensibilización y participación; desarrollo y ejecución de acciones de formación ambiental). También son organismos asociados al Ministerio la AEMET-*Agencia Estatal de Meteorología* y las distintas *Confederaciones Hidrográficas*, así como otros de muy reciente creación, como el *Instituto para la Transición Justa* (2020), o reubicados dentro del mismo tras la reestructuración de materias operada, como es el caso del *Instituto para la Diversificación y Ahorro de Energía* (creado en 2004 en el seno del entonces Ministerio de Industria)

Por último, dentro de la Administración consultiva destinada a asesorar al Ministerio y elaborar tareas de planificación en sus respectivos ámbitos materiales, destacan los siguientes órganos: el CAMA-*Consejo Asesor de Medio Ambiente* (regulado por el RD 2.355/2004 y por el art. 19 Ley 27/2006, de 18 de julio), que ostenta el cometido general de participar en la elaboración y seguimiento de las políticas ambientales generales orientadas al desarrollo sostenible; el CNC-*Consejo Nacional del Clima* (con estructura renovada por el RD 415/2014, de 6 de junio), órgano colegiado que tiene encomendadas las funciones de elaboración, seguimiento y evaluación de la estrategia española de lucha contra el cambio climático, la realización de propuestas y recomendaciones para definir políticas y medidas de lucha frente al cambio climático, así como impactos, estrategias de adaptación y estrategias de limitación de emisiones de gases de efecto invernadero; y el *Consejo Nacional del Agua*.

Debe aclararse, sin embargo, que la concentración de competencias en materia de medio ambiente no es operada en términos absolutos sobre la estructura ministerial que hemos referido, sino que, en virtud de la consabida horizontalidad del Derecho ambiental, determinados capítulos de la intervención administrativa en la materia no deja de estar presente en otros Ministerios (en este sentido, no ha de sorprender, por ejemplo, la propia denominación otorgada en la actualidad al Ministerio de Transportes y *Movilidad Sostenible* (cursivas añadidas).

Por cuanto afecta a la organización administrativa presente en el nivel regional o autonómico, cabe identificar una generalizada línea de continuidad con los planteamientos de concentración competencial desarrollados en la Administración General del Estado. Como resultado, tras una consulta superficial de las estructuras administrativas autonómicas, puede apreciarse que, en los últimos años, la materia de medio ambiente ha solido recaer en una *Consejería* o *Departamento* específico (estructuras paralelas a los Ministerios estatales), aunque aquélla no quede dedicada en exclusiva a la misma, pues ha sido frecuente su fusión con otros ámbitos competenciales como el de Ordenación del Territorio (quizás la más extendida); Agricultura, Pesca y Ganadería; Urbanismo; Fomento; Industria; etc. (estas agrupaciones no son sino reflejo de la intensidad con la que se manifiesta la horizontalidad de la competencia ambiental con aquellos otros sectores que están especialmente ligados al ejercicio de la misma).

Por último, aún en el marco de la organización administrativa ambiental de las CC.AA., debemos tener en cuenta que en muchas Comunidades (con carácter general, en aquellas que acumulan varias Provincias), la aplicación del Principio de Desconcentración administrativa ha llevado a la creación de *Delegaciones Provinciales* de las Consejerías o Departamentos competentes en materia de medio ambiente. Estos organismos ejercerán buena parte de las competencias que serían propias de la Consejería o Departamento en el marco territorial de la Provincia en la que se implantan. Por otra parte, tampoco debe descartarse que algunas CC.AA. hayan creado organismos especializados, dentro de la denominada Administración Institucional, dotados de competencias ligadas al plano de lo ambiental (por citar algún ejemplo, pueden referirse el *Instituto Aragonés del Agua* o, en Andalucía, la *Agencia de Medio Ambiente y Agua*).

A escala local, no es difícil imaginar que la gama de variedades en la organización administrativa vinculada al Medio Ambiente presente numerosas variantes. Centrándonos en lo más general, puede sostenerse que la identificación de órganos concretos que concentran competencias en materia ambiental dentro de las estructuras administrativas de las Entidades Locales no resulta anecdótica o infrecuente. En el caso de la organización administrativa de los Municipios suelen disponerse *Concejalías* específicas en la estructura de los Ayuntamientos, especialmente en aquellos que cuentan con un volumen considerable de población (recordemos que la protección del medio ambiente se configura en la LRBRL como un servicio obligatorio para Municipios de más de 50.000 habitantes). También en el seno de las Diputaciones Provinciales se percibe un fenómeno paralelo con la constitución y nombramiento de Delegaciones competentes en medio ambiente, que serán las responsables de desarrollar y aplicar las políticas provinciales en materia de medio ambiente dentro del marco territorial propio.

V. ACTIVIDADES PRÁCTICAS

Actividad 1.—Debate en clase en torno al carácter global del Derecho ambiental: la problemática aplicación del postulado «pensar globalmente, actuar localmente».

Se trata de plantear un debate en clase presencial donde reflexionar y opinar sobre la necesidad del enfoque global con el que se deben tratar los problemas ambientales. El docente deberá estimular el debate, facilitando, en su caso, la conformación de opiniones a favor y en contra en relación con algunas cuestiones centrales:

— Las consecuencias negativas de planteamientos y políticas ambientales limitadas territorialmente (el daño ambiental no entiende de fronteras: ¿qué alternativas e instrumentos se ofrecen desde el Derecho para afrontar esta particularidad de los problemas ambientales?).

— Problemas y conflictos de la aplicación del postulado *thinking global, acting local*: lo que a primera vista parece coherente con el carácter global de los problemas ambientales, en ocasiones puede imponer la concentración de fuertes sacrificios para una minoría (zonas y poblaciones concretas), manifestadas en el bloqueo de expectativas de desarrollo económico (prohibición o restricción de la implantación de actividades o la creación de infraestructuras) o de especial riesgo para la salud (caso contrario, en el que las condiciones de una determinada zona recomiendan implantar en ella una determinada actividad que comporta riesgos para las disconformes poblaciones cercanas).

En el desarrollo del debate, se generará la posibilidad de visitar algunas claves de la conflictividad que preside la aplicación efectiva de un Derecho ambiental pensado conforme a objetivos globales: la eventual discriminación de minorías, la resistencia social como consecuencia y como elemento obstaculizador para la eficacia del Derecho ambiental, la necesaria coordinación de las instancias de decisión local con aquéllas inmediatamente superiores a escala territorial, etc.

Actividad 2.—Debate-ejercicio de investigación: el Derecho ambiental ante las catástrofes ambientales ocasionadas por el ser humano.

A través de esta actividad el alumno podrá reflexionar sobre cuestiones tales como la justificación del necesario carácter preventivo del Derecho ambiental, sus dificultades ante el desafío de la reparación de daños ya producidos y, en general, la formación de un juicio crítico en torno a sus fortalezas y debilidades ante estas situaciones de emergencia.

El ejercicio impondría una selección de supuestos recientes o actuales de catástrofes ocasionadas por la actividad humana o bien catástrofes naturales agravadas en sus efectos por causa de ésta (Aznalcóllar, Prestige, Fukushima, etc.), para llevar a cabo una investigación posterior (a través de recursos informativos disponibles en Internet, combinados con búsquedas normativas o jurisprudenciales) que ponga de manifiesto qué papel han cobrado las herramientas del Derecho ambiental a la hora de afrontar el caso. ¿Qué medidas preventivas existían? ¿Fueron o no respetadas? ¿Qué mecanismos se operaron en los momentos inmediatos a la producción de la catástrofe? ¿Cuáles se aplican pasado un tiempo? ¿Hubo intervención judicial? A través de las respuestas también se puede aprovechar para comprobar el efectivo respeto de los principios funcionales del Derecho ambiental (prevención, cautela, corrección en la fuente, etc.)

Actividad 3.—Realización de búsquedas jurisprudenciales ilustrativas de la aplicación de principios funcionales del Derecho ambiental.

Mediante el uso de bases de datos jurídicas, el alumno deberá de rastrearlas en busca de casos judiciales que pongan de manifiesto aplicaciones concretas de los principios funcionales del Derecho ambiental. La metodología a seguir implicaría la asignación de tareas a cada alumno o grupos de alumnos, distribuyéndolas en función del tipo de principio y del concreto órgano judicial cuya jurisprudencia habrá de ser objeto de búsqueda y análisis. Con posterioridad a la búsqueda, se seleccionarían uno o varios casos significativos (por cada modalidad de principio / órgano judicial) para exponer brevemente en clase presencia y valorar después el tratamiento dado al principio y sus efectos para la resolución del caso.

Actividad 4.—Análisis de textos normativos: El medio ambiente en el Tratado de Lisboa.

Actividad destinada a introducir al alumno en el diseño que adquiere la política ambiental en el seno de la UE.

La actividad implicaría una aproximación al Tratado de Lisboa (TUE y TFUE) para identificar los preceptos que en él definen y regulan la materia de medio ambiente. Con posterioridad, el alumno debe de responder a una serie de objetivos, entre los cuales pueden proponerse los siguientes:

— Identificar, en términos generales, el valor dado a la materia de medio ambiente dentro del proyecto UE.
— Identificar los principales objetivos y líneas de orientación de la política europea en la materia.
— Analizar la naturaleza jurídica y alcance efectivo de la competencia reconocida a la UE en materia de medio ambiente.
— Identificar los principios funcionales del Derecho ambiental europeo efectivamente positivizados en el Tratado.
— Reconocer las Instituciones que tienen asignada la responsabilidad de hacer efectiva dicha competencia.
— Identificar y valorar los instrumentos normativos empleados para el desarrollo de la presente política.
— Analizar desde qué otras políticas de la UE puede emprenderse una intervención efectiva de sus instituciones en materia ambiental (y cuál es su alcance efectivo).

Actividad 5.—Comentario de la Sentencia del Tribunal Constitucional 102/1995, de 26 de junio.

Tras la descarga y la lectura del texto de la Sentencia, proceder a su comentario (con la posibilidad de posterior debate en clase presencial) dirigido a identificar y valorar los dictados del TC allí comprendidos en relación con dos cuestiones básicas:

— Profundizar en el concepto de medio ambiente: ¿se trata de un concepto amplio o restringido? ¿Prima en el mismo una óptica *ecocentrista* o *antropocentrista*?
— Profundizar en el alcance y definición de la competencia ambiental que espera a cada uno de los niveles implicados (Instituciones europeas, Estado y CC.AA.). Valorar la claridad de los límites entre unas y otras.
— Sustraer aquellos dictados de la Sentencia que aluden a la aplicación de principios funcionales propios del Derecho ambiental que inciden sobre las cuestiones tratadas.

Actividad 6.—Análisis comparativo de la organización del Ministerio para la Transición Ecológica y el Reto Demográfico con la de una Consejería homóloga de alguno de los Gobiernos Autonómicos.

La presente actividad permitirá analizar los paralelismos y diferencias en la forma de organizarse que presentan, en el sector del Medio Ambiente, la Administración estatal y la autonómica. La actividad, sin perjuicio de su implementación, podría presentar los siguientes cometidos y objetivos:

— Localizar los organigramas de las estructuras administrativas afectadas (a través de las páginas web oficiales de los Gobiernos).
— Localizar la normativa que determinó su creación y que dispone la distribución de competencias ambientales concretas entre los distintos órganos que las componen (a través de los sitios oficiales mencionados o del uso de bases de datos legislativos).
— Completar dichos organigramas incorporando las concretas funciones que afectan a aquellos órganos que, dentro de la estructura del Ministerio/Consejería, se hallan especializados en el sector ambiental.
— Añadir una valoración final con respecto a los paralelismos y divergencias que manifiestan ambas estructuras (tanto en la identificación de las áreas temáticas que dan lugar a la creación de los diversos órganos como en el cariz de las competencias asignadas) y con respecto a cuestiones de corte más general (mayor o menor concentración de competencias, grado de especialización, incidencia en dichos aspectos de las peculiaridades ambientales de la C.A. a la que pertenece la Consejería seleccionada para la comparación, etc.).

Actividad 7.—Trabajo de investigación relativo a la Administración instrumental especializada en materia de medio ambiente.

Se propone el presente trabajo como actividad destinada a profundizar en un apartado cuyo tratamiento no podrá ser detallado en lecciones presenciales. Su objetivo es favorecer que el alumno cobre conocimiento de estos organismos y de la relevancia y utilidad de sus funciones en un ámbito tan tecnificado como el que aquí se trata.

A tales efectos se propondrá al alumno que elabore un trabajo con los siguientes objetivos:

— Identificar los principales entes institucionales (administración instrumental) estatales relacionados con materias propias del sector ambiental, así como, al menos, 3 ejemplos de organismos de dicha naturaleza creados en el ámbito autonómico.
— Identificar aspectos esenciales como su naturaleza, su modalidad de inserción en el organigrama administrativo del que depende y el cariz de sus competencias.

— Valorar la conveniencia, necesidad y utilidad de las funciones desempeñadas por el organismo en cuestión, basando dicho juicio en datos obtenidos sobre su actividad.

La realización del presente trabajo debe acometerse tras obtener la información necesaria a través de la búsqueda y consulta de las páginas oficiales de los Ministerios y Consejerías competentes en materia de medio ambiente, así como de la consulta de las normas que crean y regulan los organismos seleccionados.

VI. AUTOEVALUACIÓN

1. El concepto de medio ambiente que ofrecen los dictados de la Jurisprudencia del Tribunal Constitucional Español...

a) [...] es un concepto estricto, limitado al conjunto de elementos no vivos (agua, aire y suelo) y vivos (fauna y flora) que componen el medio ambiente.
b) [...] es un concepto flexible, que trasciende los elementos naturales para comprender también factores sociales o culturales.
c) [...] es un concepto científico.

2. El Derecho internacional aprobado en relación con la materia de medio ambiente...

a) [...] ha resultado de notable importancia para la evolución del Derecho ambiental y como punto de referencia para el desarrollo de los Derechos nacionales en este sector.
b) [...] presenta, por norma general, muchos problemas de eficacia, presentándose frecuentemente como un Derecho débil y de contenidos programáticos y poco precisos.
c) [...] ambas afirmaciones, *a*) y *b*), son correctas.

3. El Derecho ambiental se caracteriza por ser...

a) [...] un Derecho principalmente preventivo y flexible.
b) [...] un Derecho limitador.
c) [...] un Derecho sancionador.

4. ¿Qué principio estructural del Derecho ambiental de entre los siguientes trata de dar una respuesta a la naturaleza horizontal o transversal que presenta esta rama del ordenamiento?

a) El principio de «quien contamina paga».
b) El principio de integración.
c) El principio de responsabilidad compartida.

5. El principio de Derecho ambiental «quien contamina paga»…

a) […] constituye un principio que informa e inspira la aplicación de la normativa ambiental una vez que ya se ha materializado un concreto daño al medio ambiente.
b) […] incide en la vertiente preventiva del Derecho ambiental y presenta una finalidad fundamentalmente compensatoria en relación con los eventuales daños ambientales.
c) […] es un principio derivado del principio de cautela.

6. El Derecho ambiental aprobado por la UE…

a) […] ha contribuido de forma notable a armonizar y aproximar los niveles de protección del medio ambiente en todos los países miembros de la organización a través del instrumento de las Directivas ambientales.
b) […] a diferencia de cuanto ocurre generalmente con las restantes normas de Derecho internacional, la mayor parte de sus disposiciones son de aplicación directa y preferente en todos los Estados miembros.
c) Ambas opciones, *a*) y *b*) son correctas.

7. El Derecho a un medio ambiente adecuado que recoge el artículo 45 CE…

a) […] constituye un mandato meramente programático que tiene por destinatarios a todos los poderes públicos.
b) […] constituye un Derecho tutor de intereses colectivos cuyo contenido efectivo debe de ser desarrollado y niveles de protección deben de ser regulados por el Legislador.
c) […] constituye un verdadero Derecho fundamental con el máximo rango de protección.

8. Conforme a la interpretación que rige en la actualidad sobre el reparto competencial entre Estado y CC.AA. en materia de medio ambiente, ¿qué alcance tiene la competencia para legislar reconocida a las CC.AA.?

a) Tan sólo la aprobación de normas dirigidas al ámbito de la gestión ambiental.

b) La aprobación de normas que desarrollen los contenidos de la legislación básica estatal sin contradecirla ni alterar sus dictados.

c) La aprobación de normas de desarrollo de la legislación básica estatal y la eventual incorporación de normas adicionales de protección que mejoren o amplíen las previstas por el Estado.

9. ¿Cuál de entre los siguientes Ministerios ejerce competencias propias del sector de medio ambiente?

a) El Ministerio de Agricultura y Pesca, Alimentación y Medio Ambiente.

b) El Ministerio de Energía, Turismo y Agenda Digital.

c) Ambos, pues aunque el primero concentre el grueso de las competencias, el segundo también ejerce competencias puntuales como consecuencia de la intersectorialidad que preside la materia ambiental.

10. Las relaciones de coordinación, cooperación y colaboración entre el Estado y las CC.AA. en el ejercicio de sus competencias en materia de medio ambiente se caracterizan por...

a) [...] su escasa trascendencia, dado que sus ámbitos competenciales están bien delimitados.

b) [...] resultar notablemente insatisfactorias por el elevado grado de conflictividad competencial que se manifiesta en este sector.

c) [...] resultar bastante armónicas y pacíficas, con excepciones puntuales en el marco del desarrollo conjunto de las tareas de transposición del Derecho ambiental europeo.

VII. MATERIAL DIDÁCTICO

1. Lecturas recomendadas

Alenza García, J. F., *Manual de Derecho Ambiental*, Universidad de Navarra, Pamplona, 2002.

Esteve Pardo, J., *El desconcierto del Leviatán. Política y Derecho ante las incertidumbres de la Ciencia*, Marcial Pons, Barcelona, 2009.

Lozano Cutanda, B., *Derecho Ambiental y Climático*, 2.ª ed., Dykinson, Madrid, 2023.

Martín Mateo, R., *Manual de Derecho Ambiental*, Aranzadi, Cizur Menor, 2003.

2. Sitios web

— Enlace a la web del Programa de Naciones Unidas para el Medio Ambiente (acceso a normativa internacional en materia ambiental): https://www.unep.org/es

— Síntesis de la legislación europea en materia de medio ambiente: http://europa.eu/legislation_summaries/environment/index_es.htm

— Portal de la Agencia Europea de Medio Ambiente (AEMA): http://www.eea.europa.eu/es

— Portal de la Comisión de la UE sobre noticias en materia de medio ambiente: https://commission.europa.eu/energy-climate-change-environment_es

— Página web del Ministerio para la Transición Ecológica y el Reto Demográfico: https://www.miteco.gob.es/

— Página web de la Consejería de Sostenibilidad, Medio Ambiente y Economía Azul de la Junta de Andalucía: https://www.juntadeandalucia.es/organismos/sostenibilidadmedioambienteyeconomiaazul.html

CAPÍTULO 3

INSTRUMENTOS PÚBLICOS DE PROTECCIÓN AMBIENTAL (I): LA PLANIFICACIÓN COMO TÉCNICA DE PROTECCIÓN Y LA EVALUACIÓN AMBIENTAL DE PLANES Y PROGRAMAS

JESÚS CONDE ANTEQUERA
Profesor de Derecho Administrativo
Universidad de Granada

I. PALABRAS CLAVE

Planificación ambiental; planes y programas; Evaluación Ambiental Estratégica; planeamiento urbanístico; impacto ambiental; Declaración ambiental estratégica.

II. OBJETIVOS DIDÁCTICOS

1. Conocer los instrumentos de planificación.
2. Valorar su función en la utilización racional del territorio o de los recursos naturales.
3. Distinguir la Evaluación Ambiental Estratégica de la Evaluación de Impacto Ambiental, como instrumentos de Evaluación Ambiental, para saber discernir sus particularidades en la aplicación a la tramitación del planeamiento o de programas con incidencia ambiental y a proyectos de actividades, respectivamente.
4. Valorar la importancia de la evaluación de planes y programas para la posterior implantación y funcionamiento de actividades con repercusión ambiental.
5. Conocer la tramitación necesaria para la evaluación ambiental de un plan o programa de la Administración.

III. CONTENIDO DOCENTE

1. Introducción

La evaluación ambiental de planes y programas, también conocida como Evaluación Ambiental Estratégica (EAE) es una técnica de prevención ambiental aplicada a la actividad planificadora o programadora que llevan a cabo los poderes públicos (Administraciones Públicas y poder legislativo). Su finalidad es la generación de información científica fiable sobre los efectos de una acción programática o planificadora para que se tenga en cuenta en el momento de la toma de la decisión. A diferencia de la Evaluación de Impacto Ambiental (EIA), cuyo objeto es la evaluación de los efectos de la implantación o desarrollo de un proyecto concreto sobre el medio ambiente para corregirlos o minimizarlos, la Evaluación Ambiental de planes y programas tiene como objeto la integración de los aspectos ambientales en los planes y programas que posteriormente fundamentarán esos proyectos.

Por tanto, se refiere a planes y programas, no a proyectos, pero resulta de indudable interés respecto a la EIA. Es decir, la EAE supone que, al evaluarse los planes y programas, se evalúa así, previamente, el marco en el que se van a desarrollar los proyectos, que, además, después se someterán a EIA.

2. La planificación como técnica de protección ambiental

La principal funcionalidad ambiental de la planificación es garantizar la utilización racional del territorio o de los recursos naturales pero, de forma más concreta, es una técnica muy eficaz para concretar y especificar las medidas de protección o restauración previstas con carácter general y abstracto por la legislación, permitiendo por lo tanto la efectiva aplicación de dichas medidas de forma singularizada y de conformidad con las características propias y específicas de cada recurso natural o bien ambiental en concreto, respecto de los que los planes descienden al detalle en una forma que esa legislación general no puede.

Además, es preciso destacar que la actividad de planificación es una actividad idónea para que los diversos organismos públicos actúen de forma coordinada en los supuestos de concurrencia competencial, de modo que puede tener la virtud de evitar conflictos o disfunciones derivadas del ejercicio de competencias por diversas administraciones en relación con una misma materia o recurso ambiental.

Existen diversos instrumentos de planeamiento con incidencia medioambiental, entre los que distinguimos los planes de carácter estrictamente ambiental, los planes de ordenación territorial con incidencia ambiental o los planes relativos a recursos o sectores específicos regulados por la normativa ambiental. Sin embargo, otros planes que obedecen a otras finalidades o funciones administrativas diferentes de la ambiental también pueden tener incidencia sobre el medio ambiente, como es el caso de la planificación energética, la planificación económica, los planes hidrológicos o la planificación urbanística.

Los planes estrictamente ambientales más significativos que establece nuestra legislación son el *Plan Estratégico Estatal del Patrimonio Natural y de la Biodiversidad*, regulado en la Ley 42/2007, de 13 de diciembre, del Patrimonio Natural y de la Biodiversidad cuyo objeto es el establecimiento y la definición de objetivos, acciones y criterios que promuevan la conservación, el uso sostenible y, en su caso, la restauración del patrimonio, recursos naturales terrestres y marinos y de la biodiversidad y de la geodiversidad; los *Planes de Ordenación de los Recursos Naturales* —PORN—, entre cuyos objetivos establece el artículo 17 de dicha Ley definir y señalar el estado de conservación de los componentes del patrimonio natural, biodiversidad y geodiversidad y de los procesos ecológicos y geológicos en el ámbito territorial de que se trate y señalar los regímenes de protección que procedan para los diferentes espacios, ecosistemas y recursos naturales presentes en su ámbito territorial de aplicación, al objeto de mantener, mejorar o restaurar los ecosistemas, su funcionalidad y conectividad; así como los *Planes Rectores de Uso y Gestión* —PRUG—, que son los que fijan las normas generales de uso y gestión de los Parques, conteniendo el régimen al que quedan sometidos los usos y actividades que se desarrollen en el Parque o espacio natural protegido que, para el caso de los Parques Nacionales, menciona el artículo 20.1 de la Ley 30/2014, de 3 de diciembre, de Parques Nacionales.

Por otro lado, los *planes de ordenación del territorio y los instrumentos de ordenación urbanística* han de considerarse también planes de gran interés ambiental. De hecho, la ordenación territorial engloba todo lo que se refiere a la relación del hombre con el medio físico a través de la delimitación de los diversos usos a que puede destinarse el suelo o espacio físico territorial. Según el Tribunal Constitucional, la ordenación del territorio tiene por objeto la actividad consistente en la delimitación de los diversos usos a que puede destinarse el suelo o espacio físico territorial (STC 36/1994, de 10 de febrero). Y entre los objetivos de la ordenación territorial están la mejora de la calidad de vida, la gestión responsable de los recursos naturales y la protección del medio ambiente y la utilización racional del territorio (Carta Europea de Ordenación del Territorio, de 20 de mayo de 1983).

En Andalucía, la Ley 7/2021, de 1 de diciembre, de impulso para la sostenibilidad del territorio de Andalucía (LISTA), tras establecer como fines de la ordenación territorial la consolidación de un territorio sostenible, la preservación de los recursos naturales y la contribución a la mitigación y reversión del cambio climático, establece unos instrumentos de ordenación territorial: el *Plan de Ordenación del Territorio de Andalucía* (POTA), que es el que establece los elementos básicos para la organización y estructura del territorio de la Comunidad Autónoma de Andalucía y constituye el marco de referencia territorial para los demás planes e instrumentos y actividad pública en general, y los *Planes de Ordenación del Territorio de ámbito subregional* (POTS). Cada POTS que apruebe la Comunidad Autónoma tendrá que establecer criterios de protección del medio ambiente y de los recursos naturales, limitando en consecuencia las actividades y usos del territorio que puedan incidir sobre los referidos valores.

En cuanto a los instrumentos de ordenación urbanística, tienen también una gran importancia e incidencia para la protección del medio ambiente y su restauración, por cuanto que todos ellos, en mayor o menor medida, contienen determinaciones al respecto. La normativa urbanística, de hecho, ha incorporado expresamente la protección ambiental a sus objetivos prioritarios. En Andalucía, la referida LISTA, apuesta así por un desarrollo urbanístico sostenible y considera como principio general de la ordenación urbanística el de desarrollo sostenible y su concreción en el hecho de que dicha ordenación deberá justificar el respeto y protección al medio ambiente, la biodiversidad y velar por la preservación y puesta en valor del patrimonio natural y paisajístico, así como garantizar el cumplimiento de las medidas necesarias para la adaptación, mitigación y reversión de los efectos del cambio climático. De este modo principal los instrumentos de ordenación urbanística general (el Plan General de Ordenación Municipal, el Plan de Ordenación Intermunicipal y el Plan Básico de Ordenación Municipal) van a establecer criterios y directrices tendentes a garantizar estos objetivos ambientales.

Finalmente, como ejemplos de otros instrumentos de planeamiento regulados por la legislación respecto a sectores o recursos específicos que, entre sus objetivos planificadores, incluyen las medidas de protección y restauración de los ámbitos a que corresponden, encontramos, entre otros:

— Los *Planes Hidrológicos*, a los que se refiere el Título III del Texto Refundido de la Ley de Aguas, aprobado por RD Legislativo 1/2001, de 20 de julio. Según su artículo 40.1 la planificación hidrológica tendrá por objetivos generales conseguir el buen estado y la adecuada protección del dominio público hidráulico y de las aguas objeto de esta Ley, la satisfacción de las demandas de agua, el equilibrio y armonización del desarrollo regional y sectorial, incrementando las disponibilidades del recurso, protegiendo su calidad, economizando su empleo y racionalizando sus usos en armonía con el medio ambiente y los demás recursos naturales. En su apartado 3 dispone que «la planificación se realizará mediante los Planes Hidrológicos de cuenca (arts. 41 y 42) y el Plan Hidrológico Nacional, que ha sido regulado por la Ley 10/2001, de 5 de julio. El ámbito territorial de cada Plan Hidrológico de cuenca será coincidente con el de la demarcación hidrográfica correspondiente». El Plan Hidrológico deberá establecer los procedimientos y líneas de actuación que se precisen para conseguir la adecuación de la calidad de las aguas a los objetivos de calidad de las mismas marcados normativamente y preverá programas de actuación para eliminar de las aguas continentales la contaminación producida por aquellas sustancias que, por su toxicidad, persistencia o bioacumulación figuran en los anexos del Reglamento. De este modo, el *Real Decreto 907/2007, de 6 de julio, por el que se aprueba el Reglamento de la Planificación Hidrológica,* dispone el contenido obligatorio de los Planes Hidrológicos de cuenca. También podemos hacer referencia en este ámbito a los Planes de ordenación para la recuperación de acuíferos sobreexplotados a que se refiere el artículo 56 del citado RD Legislativo 1/2001, cuya naturaleza es intrínsecamente restauradora.

— En el sector de los residuos, el artículo 15 de la Ley 7/2022, de 8 de abril, de residuos y suelos contaminados para una economía circular, hace referencia a los planes y programas de gestión de residuos (Plan estatal marco de gestión de residuos, planes autonómicos de gestión y programas de gestión de residuos de las entidades locales), como instrumentos útiles ya no solo para lograr los objetivos de recogida separada, reutilización, reciclado y valorización de los residuos, sino también para contribuir a la reducción de emisiones de gases contaminantes y de efecto invernadero procedentes de los residuos y contribuir al cumplimiento de los compromisos asumidos en materia de lucha contra el cambio climático.

Es preciso mencionar que la legislación actual, encabezada por la Ley 21/2013, de 9 de diciembre, de evaluación ambiental, somete a Evaluación Ambiental a los instrumentos de planeamiento elaborados por cualquier Administración Pública.

3. Marco normativo de la Evaluación Ambiental Estratégica

Con la Directiva 2001/42/CE del Parlamento Europeo y del Consejo, de 27 de junio de 2001, relativa a la evaluación de determinados planes y programas, se amplió el ámbito material de actuaciones sujetas a evaluación de impacto ambiental que, anteriormente, la Unión Europea limitaba a proyectos de actividades. Esta Directiva sometía ya también a evaluación a «todos los planes y programas en materia de ordenación del territorio» o en sectores como la agricultura, el transporte, la gestión de residuos, aguas, industria, turismo y telecomunicaciones.

La Ley 9/2006, de 28 de abril, sobre evaluación de los efectos de determinados planes y programas en el medio ambiente, fue la norma estatal que incorporó la referida Directiva a nuestro ordenamiento introduciendo en la legislación española la evaluación ambiental de planes y programas como un instrumento de prevención que permitiera integrar los aspectos ambientales en la toma de decisiones de planes y programas públicos. Actualmente es la Ley 21/2013 la norma que regula este instrumento conjuntamente con la Evaluación de Impacto Ambiental, al que dedica el capítulo I de su título II.

En Andalucía, la Ley 7/2007, de 9 de julio, de Gestión Integrada de la Calidad Ambiental (GICA), prevé también este instrumento de prevención ambiental entre el elenco de instrumentos que incorpora.

4. Ámbito de aplicación de la Evaluación Ambiental Estratégica

De acuerdo con el artículo 6 de la Ley 21/2013, a la hora de delimitar el ámbito de aplicación de la EAE, establece una diferenciación en función de las dos tipologías que regula. De este modo establece que serán objeto de evaluación ambiental los planes y programas, así como sus modificaciones, que cumplan dos requisitos: que se elaboren o aprueben por una Administración Pública y que su elaboración y aprobación venga exigida por una disposición legal o reglamentaria o por acuerdo del Consejo de Ministros o del Consejo de Gobierno de una comunidad autónoma. Asimismo, requiere que se trate de planes o programas que establezcan el marco para la futura autorización de proyectos legalmente sujetos a EIA y se refieran a la agricultura, ganadería, silvicultura, acuicultura, pesca, energía, minería, industria, transporte, gestión de residuos, gestión de recursos hídricos, ocupación del dominio público marítimo terrestre, utilización del medio marino, telecomunicaciones, turismo, ordenación del territorio urbano y rural o del uso del suelo, o que puedan afectar a espacios de la Red Natura 2000. Además, incluye en el ámbito de aplicación de este tipo de EAE los planes y programas que inicialmente considera sujetos a EAE simplificada, si así lo decide el órgano ambiental en el informe ambiental estratégico conforme a los criterios que establece el anexo V o a solicitud del propio promotor.

En cuanto a las modificaciones menores de dichos planes y programas y a los planes y programas que establezcan el uso de zonas de reducida extensión a nivel municipal, la Ley establece un procedimiento de evaluación ambiental simplificada, caracterizado por una mayor sencillez y reducción de trámites y de plazos. También incluye en el ámbito de la EAE simplificada los planes y proyectos que no cumplan los dos requisitos enunciados para quedar sujetos a EAE ordinaria pero que establezcan un marco para la autorización de proyectos.

5. Procedimiento

En la evaluación ambiental estratégica intervienen, al igual que en el supuesto de la evaluación de impacto ambiental, dos órganos administrativos con competencia: el órgano sustantivo o promotor, como se denomina al que elabora y aprueba el plan, y el órgano ambiental, que es el que, dentro de la Administración sustantiva, vela por los aspectos ambientales del plan. En los planes urbanísticos, por ejemplo, es preciso atender a la legislación autonómica para conocer cuáles son estos órganos. En Andalucía, los órganos que intervienen en la Evaluación Ambiental Estratégica de los planes de ordenación urbana son los Ayuntamientos y la correspondiente Consejería con competencias en materia de Medio Ambiente.

El procedimiento de Evaluación Ambiental Estratégica se ha visto modificado con la Ley 21/2013 (LEA). A partir de esta norma hemos de distinguir, como decíamos anteriormente, un procedimiento ordinario y un procedimiento simplificado.

A grandes rasgos, en el procedimiento de ***Evaluación Ambiental Estratégica ordinaria*** podríamos distinguir los siguientes trámites regulados en los artículos 17 a 28 de la LEA:

a) Una primera fase inicial que comienza con la solicitud de inicio por el órgano promotor, que ha de realizar dentro del procedimiento sustantivo de aprobación del plan o programa y consiste, principalmente en la *realización de consultas previas* por parte del órgano ambiental a las Administraciones Públicas afectadas y a las personas interesadas sobre el borrador del plan o programa y el documento inicial estratégico presentado junto a la solicitud. Estas Administraciones afectadas y personas interesadas han de pronunciarse en el plazo de 30 días hábiles desde la recepción de la petición de la consulta, y el órgano ambiental dispondrá de un plazo máximo de dos meses, desde la recepción de la solicitud, para la realización de dichas consultas. Con el resultado de dichas consultas, el órgano ambiental elaborará y remitirá al promotor y al órgano sustantivo el *documento de alcance del estudio ambiental estratégico,* que ha de ponerse a disposición del público en la sede electrónica del órgano ambiental y del sustantivo.

b) Elaboración del *estudio ambiental estratégico* y de la versión inicial del plan o programa. El estudio ambiental estratégico ha de elaborarlo el promotor del plan o programa. En él se identifican, describen y evalúan los posibles efectos significativos en el medio ambiente de la aplicación del plan o programa y se enuncia, al menos, una alternativa razonable técnica y ambientalmente viable. Dicho estudio formará parte del plan o programa. En cuanto a su contenido, será el que señala el anexo IV de la LEA y cualquier otra información necesaria para asegurar su calidad. A partir del estudio ambiental estratégico el promotor del plan o programa elaborará una versión inicial del mismo. Además, según dispone el artículo 15.2 del Real Decreto Legislativo 7/2015, de 30 de octubre, por el que se aprueba el texto refundido de la Ley del Suelo y Rehabilitación Urbana (TRLSRA 2015), el estudio ambiental estratégico (que sustituiría al anterior informe de sostenibilidad ambiental) de los instrumentos de ordenación de actuaciones de urbanización deberá incluir un *mapa de riesgos naturales* del ámbito objeto de ordenación.

c) *Trámite de información pública y consultas*. El órgano ambiental remite la versión inicial del plan o programa al órgano sustantivo para que lo someta, acompañado del estudio ambiental estratégico y de un resumen no técnico de dicho estudio, a información pública por un mínimo de 30 días hábiles. Simultáneamente, el órgano sustantivo los somete también a nueva consulta de las Administraciones Públicas afectadas y de las personas interesadas que hubieran sido anteriormente consultadas, que dispondrán asimismo de un plazo de 45 días desde que lo reciban para emitir los informes y alegaciones que estimen pertinentes.

d) Propuesta final de plan o programa y análisis técnico del expediente. El órgano promotor redactará una propuesta final del plan o programa teniendo en consideración las alegaciones formuladas y los informes de las consultas que se emitieran dentro del plazo mencionado. Posteriormente, el órgano sustantivo remitirá al órgano ambiental toda la documentación (la propuesta final, el estudio ambiental estratégico y el resultado de la información pública y las consultas, más un documento resumen en el que el promotor describa la integración de los aspectos ambientales en la propuesta final del plan o programa) para que éste realice un *análisis técnico del expediente* y de los impactos ambientales significativos de la aplicación del plan o programa.

e) La *Declaración Ambiental Estratégica* (DAE). Tras finalizar el análisis técnico del expediente, el órgano ambiental formulará la declaración ambiental estratégica. Para ello dispone de 4 meses desde que recibiera el expediente completo, prorrogables por dos meses más si existen razones motivadas que justifiquen dicha prórroga. Esta DAE, según el artículo 25.2 de la LEA, tiene carácter o naturaleza de informe preceptivo y determinante, por lo que no procederá recurso alguno contra la misma, sin perjuicio de los que procedan frente a la disposición general o al acto administrativo que aprobase el plan o programa. En cuanto a su contenido, deberá incluir una exposición de los hechos del procedimiento, los resultados de la información pública y de las consultas así como las determinaciones, medidas o condiciones finales que deban incorporarse en el plan o programa que se apruebe finalmente. Esta DAE, que ha de incorporarse al plan o programa y adoptarse y aprobarse por el órgano sustantivo, se publicará en el *BOE* o diario oficial correspondiente en el plazo de 15 días hábiles, así como en las sedes electrónicas de los respectivos órganos ambiental y sustantivo.

Otra novedad de la LEA es el establecimiento de un plazo de vigencia para la DAE, pues el artículo 27 dispone que ésta perderá su vigencia y dejará de producir efectos si no se hubiera procedido a la adopción o aprobación del plan o programa en el plazo de dos años desde su publicación en el *BOE* o diario oficial correspondiente.

En cuanto al procedimiento de ***Evaluación Ambiental Estratégica simplificada***, la LEA lo regula en los artículos 29 a 32. La fase inicial del procedimiento simplificado coincide con la del procedimiento ordinario en cuanto a la solicitud de inicio de la EAE simplificada y las consultas a las Administraciones Públicas afectadas y a las personas interesadas. Tras dichas consultas, y teniendo en cuenta su resultado, el órgano ambiental formulará el *informe ambiental estratégico* en el plazo de tres meses desde la recepción de la solicitud de inicio acompañada del borrador del plan o programa y del *documento ambiental estratégico* con la información a que se refiere el artículo 29.1 de la Ley. Este informe tampoco es recurrible en vía administrativa o judicial, sin perjuicio de los recursos que procedan contra el acto o disposición de aprobación del plan o programa.

El informe ambiental estratégico podrá: *a*) determinar que el plan o programa debe someterse a una evaluación ambiental estratégica ordinaria (si se observa que pueden tener efectos significativos sobre el medio ambiente). En tal caso, el procedimiento continuará con la elaboración del documento de alcance del estudio ambiental estratégico y no será preciso realizar las consultas requeridas en la fase inicial del procedimiento ordinario, aprovechándose el resultado de las celebradas en la fase inicial de este procedimiento simplificado. Continuará la tramitación conforme a lo comentado para el procedimiento ordinario; *b*) determinar que el plan o programa no tiene efectos significativos sobre el medio ambiente en los términos establecidos en dicho informe ambiental estratégico.

Tras la emisión del informe ambiental estratégico se procede a su publicación en el *BOE* o boletín oficial correspondiente y en la sede electrónica del órgano ambiental. Además, en la publicación de la resolución por la que se apruebe el plan o programa ha de incluirse una referencia al *BOE* o diario oficial en el que se ha publicado dicho informe ambiental estratégico.

También prevé la Ley un período de vigencia para el informe ambiental estratégico cuando éste determine que el plan o programa no tiene efectos significativos sobre el medio ambiente, en este caso de cuatro años desde su publicación en el Boletín correspondiente si desde tal fecha no se hubiera procedido a la aprobación del plan o programa.

Finalmente hemos de hacer referencia a una última «fase» del procedimiento de evaluación ambiental estratégica (tanto ordinaria como simplificada), cual es la fase de seguimiento. Conforme a lo dispuesto en el artículo 51 de la LEA, los órganos sustantivos (u otros órganos que designen las Comunidades Autónomas respecto a planes o programas que no sean de competencia estatal) deberán realizar un seguimiento de los efectos en el medio ambiente de su aplicación o ejecución para identificar con prontitud los efectos adversos no previstos que pudiera conllevar dicha aplicación y permitir la adopción de medidas para evitarlos. Para ello, el promotor viene obligado a remitir al órgano sustantivo un informe de seguimiento sobre el cumplimiento de la declaración ambiental estratégica o del informe ambiental estratégico, que incluirá un listado de comprobación de las medidas previstas en el programa de vigilancia ambiental. El órgano ambiental ha de realizar un seguimiento de dichos planes o programas mediante las comprobaciones y la solicitud de información que estime necesarias.

6. La evaluación ambiental adecuada

Un supuesto específico de evaluación ambiental es el denominado «evaluación adecuada» en el artículo 6.3 de la Directiva 92/43/CEE, relativa a la conservación de los hábitats naturales y de la fauna y flora silvestres (Directiva Hábitats, en adelante) y el artículo 46 de la Ley 42/2007, de Patrimonio Natural y Biodiversidad (LPNB), que difiere, en algunas cuestiones, de la evaluación ambiental estratégica regulada en la Ley de Evaluación Ambiental.

Estos preceptos señalan que cualquier plan o cualquier proyecto que, aunque no tenga relación directa con un espacio de la Red Natura 2000, pueda afectarlo de forma apreciable, por sí mismo o en combinación con otros planes o proyectos, ha de someterse a una *adecuada evaluación de sus repercusiones en el lugar, teniendo en cuenta los objetivos de conservación de dicho lugar.* En la referida Directiva se señala, asimismo, que «*a la vista de las conclusiones de la evaluación de las repercusiones en el lugar... las autoridades nacionales competentes sólo se declararán de acuerdo con dicho plan o proyecto tras haber-*

se asegurado de que no causará perjuicio a la integridad del lugar en cuestión y, si procede, tras haberlo sometido a información pública».

Por tanto, nos encontramos así con un supuesto especial de evaluación ambiental, basado en la misma finalidad y objeto que la evaluación ambiental estratégica o la evaluación de impacto ambiental, caracterizado por el hecho de que el plan o proyecto puedan tener repercusión sobre un espacio de la Red Natura 2000 que afecte a los objetivos de conservación establecidos específicamente para dicho espacio. Por tanto, la resolución administrativa que determine, tras el oportuno procedimiento de evaluación ambiental, que el plan o proyecto que se pretende llevar a cabo sea o no adecuado, habrá de fundamentarse en los objetivos de conservación de las especies y hábitats establecidos en los correspondientes planes ambientales de gestión para el lugar de que se trate. Para ello, como ha establecido el Tribunal de Justicia de la UE, en Sentencia de 7 de noviembre de 2018, tal evaluación adecuada requiere la identificación previa de todos los aspectos del plan o proyecto que puedan afectar a dichos objetivos de conservación del lugar.

Si bien no se ha previsto una tramitación específica para esta evaluación adecuada, la concreción de esta «adecuación» del plan o proyecto a los referidos objetivos se manifiesta a través de la incorporación de un informe específico a tal efecto en la propia evaluación de impacto ambiental o estratégica.

IV. ACTIVIDADES PRÁCTICAS

Actividad 1.—Ejercicio práctico: consiste en pedir al alumno que consulte el Plan General de Ordenación Municipal del municipio en el que resida e identifique en el mismo los documentos acreditativos de la evaluación ambiental de dicho Plan. Asimismo, se le solicita que haga un comentario sobre los aspectos ambientales que se han tenido en cuenta en la elaboración del PGOM y su reflejo en la declaración ambiental estratégica y en el estudio ambiental estratégico. Finalmente, se pide que se haga especial observación y comentario a la intervención de diferentes Administraciones en la fase de consultas y a la participación pública durante el período de información pública.

Actividad 2.—Visitas institucionales: se plantea la posibilidad de visitar las unidades administrativas del Ayuntamiento de la ciudad en las que se tramite el planeamiento urbanístico a efectos de recabar información sobre la evaluación ambiental de dichos planes y de sus modificaciones.

V. AUTOEVALUACIÓN

1. Los objetivos ambientales de los Planes de Ordenación de los Recursos Naturales se establecen en:

a) La Ley del Patrimonio Natural y de la Biodiversidad.
b) La normativa autonómica, en cada Comunidad Autónoma.
c) Los Planes Rectores de Uso y Gestión del espacio natural en concreto.

2. Cada Parque Nacional ha de disponer obligatoriamente de:

a) Un Plan de Ordenación de los Recursos Naturales.
b) Un Plan Rector de Uso y Gestión.
c) Un Plan de Ordenación de los Recursos Naturales y un Plan Rector de Uso y Gestión.

3. En Andalucía, se considera instrumento de ordenación integral:

a) El Plan de Ordenación de Recursos Naturales.
b) El Plan de Ordenación del Territorio de Andalucía.
c) Los Planes Generales de Ordenación Municipal.

4. Hablamos de evaluación ambiental adecuada para referirnos:

a) Al hecho de que cualquier evaluación ambiental tiene que ser de calidad.
b) A una característica especial de las evaluaciones de planes, programas o proyectos cuando estos afectan a espacios integrantes de la Red Natura 2000.
c) A un procedimiento específico de tramitación simplificada de la evaluación ambiental estratégica.

5. La Evaluación Ambiental Estratégica se refiere a:

a) La evaluación de los efectos ambientales de los planes o programas.
b) La evaluación de los efectos ambientales de las instalaciones con incidencia ambiental y de los proyectos.
c) La evaluación de los efectos ambientales tanto de planes o programas como de proyectos.

6. Un Plan de Ordenación Territorial de ámbito subregional:

a) En todo caso está sujeto a Evaluación Ambiental Estratégica.

b) En ningún caso está sujeto a Evaluación Ambiental Estratégica puesto que no es un plan cuyo objeto principal sea la protección ambiental.

c) Estará sujeto o no a Evaluación Ambiental Estratégica en función del territorio al que se refiera y de cuál sea su objeto.

7. Un Plan General de Ordenación Municipal está sujeto a:

a) Calificación Ambiental, conforme a la legislación urbanística autonómica, por tratarse de un instrumento municipal.
b) Evaluación Ambiental Estratégica.
c) Evaluación de Impacto Ambiental.

8. En la Evaluación Ambiental Estratégica, el documento en el que se identifican, describen y evalúan los probables efectos significativos sobre el medio ambiente que puedan derivarse de la aplicación del plan o programa, se denomina:

a) El Estudio de Impacto Ambiental.
b) El Informe de Sostenibilidad Ambiental.
c) El Estudio Ambiental Estratégico.

9. Actualmente la evaluación de los efectos de determinados planes y programas en el medio ambiente se regula en el Estado español por:

a) El Real Decreto Legislativo 2/2008, de 20 de junio.
b) La Ley 9/2006, de 28 de abril.
c) La Ley 21/2013, de 9 de diciembre.

10. El mapa de riesgos naturales del ámbito objeto de ordenación, cuando se evalúa un plan urbanístico:

a) Ha de incluirse de forma obligatoria en el estudio ambiental estratégico.

b) Puede incluirse, como documento informativo de base, en el informe ambiental estratégico o en la declaración ambiental estratégica.

c) Es un informe de carácter facultativo que acompaña al estudio ambiental estratégico o declaración ambiental estratégica.

VI. MATERIAL DIDÁCTICO

1. Lecturas recomendadas

ESCARTÍN ESCUDÉ, V., «La evaluación ambiental como técnica de control de la planificación urbanística y territorial», *Revista Aragonesa de Administración Pública*, n.º 27 (2005), pp. 175 ss.

GONZÁLEZ-VARAS IBÁÑEZ, S. J., y FERNÁNDEZ TORRES, J. R., «La Evaluación ambiental estratégica de Planes y Programas Urbanísticos», *Revista Española de Derecho Administrativo*, n.º 143 (2009), pp. 576-578.

LÓPEZ RAMÓN, F., «Evaluación de impacto ambiental de proyectos del Estado», *Revista de Administración Pública*, n.º 160 (2003), pp. 11-47.

OÑATE, J. J.; PEREIRA, D.; SUÁREZ, F.; RODRÍGUEZ, J. J., y CACHÓN, J., *Evaluación Ambiental Estratégica: la evaluación ambiental de políticas, planes y programas*, Ediciones Mundi-Prensa, Madrid, 2002.

RUÍZ DE APODACA, A. (dir.), *Régimen Jurídico de la Evaluación Ambiental: Comentario a la Ley 21/2013, de 9 de diciembre, de Evaluación Ambiental*, Aranzadi, Cizur Menor (Navarra), 2014.

— «La evaluación ambiental adecuada exigida sobre proyectos y planes con incidencia en Espacios Red Natura 2000», *Actualidad Jurídica Ambiental*, n.º 102/2 (2020), pp. 356-387.

2. Sitios web

— https://www.miteco.gob.es/es/calidad-y-evaluacion-ambiental/temas/evaluacion-ambiental.html - Página del Ministerio para la Transición Ecológica y el Reto Demográfico referida a la Evaluación Ambiental de planes y programas.

— https://sede.miteco.gob.es/portal/site/seMITECO/navSabiaPlanes. Buscador de planes y programas en el medio ambiente sujetos a información pública por parte del Ministerio para la Transición ecológica y reto demográfico.

— https://www.miteco.gob.es/es/calidad-y-evaluacion-ambiental/temas/evaluacion-ambiental/guias-directrices.html - Guías y directrices para la evaluación ambiental.

CAPÍTULO 4

INSTRUMENTOS PÚBLICOS DE PROTECCIÓN AMBIENTAL (II): EL CONTROL ADMINISTRATIVO DE LA IMPLANTACIÓN Y PUESTA EN FUNCIONAMIENTO DE LAS ACTIVIDADES CON INCIDENCIA AMBIENTAL

Jesús Conde Antequera
Profesor de Derecho Administrativo
Universidad de Granada

I. PALABRAS CLAVE

Autorización ambiental; Evaluación de Impacto Ambiental; calificación ambiental; Directiva de Servicios; inspección ambiental; intervención administrativa de las actividades; declaración responsable; comunicación del inicio de funcionamiento de una actividad.

II. OBJETIVOS DIDÁCTICOS

1. Conocer los instrumentos administrativos de intervención sobre la actividad privada con incidencia ambiental. Concretamente, conocer el régimen de autorización administrativa de las actividades para la protección ambiental y los instrumentos de prevención ambiental.
2. Capacitar al alumnado para distinguir las autorizaciones o instrumentos administrativos procedentes en función del tipo de actividad.
3. Capacitar al alumnado para la tramitación administrativa necesaria para la puesta en funcionamiento de una actividad con incidencia ambiental.
4. Conocer la organización administrativa encargada de la intervención administrativa de las actividades.

III. CONTENIDO DOCENTE

1. Introducción

Se denominan medidas de prevención ambiental a todas aquéllas que el ordenamiento jurídico prevé con el fin de proteger determinados bienes ambientales de, entre otras causas, los impactos negativos de las actividades. Su carácter preventivo supone que se aplican o utilizan con carácter previo a la producción del daño ambiental. Para ello, lo que hacen es prever las posibles consecuencias de ciertas actividades o acciones y disponer medios positivos para evitar tales consecuencias.

Entre las medidas de prevención ambiental previstas por el Derecho administrativo respecto a la implantación y puesta en funcionamiento de actividades o industrias con repercusión o incidencia ambiental abordamos ahora el estudio de las autorizaciones ambientales y de otros instrumentos de intervención administrativa.

Las autorizaciones y/o licencias son resoluciones adoptadas tras un procedimiento administrativo por el que la Administración comprueba la adecuación de las actividades a la normativa de protección ambiental, de manera que tal cumplimiento asegura que su funcionamiento no causará grave perjuicio al medio ambiente, o bien determina que se adopten las medidas correctoras pertinentes. De este modo, permiten controlar, antes de su puesta en marcha, que la actividad que se va a realizar se ajusta a la normativa de protección, que no es contraria al planeamiento sectorial correspondiente y que no supera los límites o estándares de protección determinados normativamente.

Dentro del procedimiento para el otorgamiento de licencias o autorizaciones en materias relacionadas con el medio ambiente hemos de destacar la importancia de los Estudios de Impacto ambiental y las Evaluaciones de Impacto ambiental (EIA), que culminan en unos Informes de Impacto Ambiental (IIA) o unas Declaraciones de Impacto Ambiental (DIA), en las que se determinarán las posibles repercusiones negativas de la actividad para el medio ambiente y las oportunas medidas correctoras. También es importante la existencia en estos procedimientos de una fase de información pública, puesto que la misma permite la participación, mediante la formulación de alegaciones, de particulares que puedan verse afectados por la actividad o que consideren que puede ocasionar un perjuicio y que opinen al respecto de la idoneidad de las medidas de recuperación ambiental propuestas, alegaciones que han de ser estudiadas por la Administración antes de resolver la autorización solicitada.

2. Marco normativo

Actualmente, es la Ley 21/2013, de 9 de diciembre, de evaluación ambiental, la norma que regula este instrumento de control administrativo de las actividades con incidencia ambiental.

En Andalucía, concretamente, es la *Ley 7/2007, de Gestión Integrada de la Calidad Ambiental (LGICA)* la que ofrece el marco regulador de los procedimientos de autorización de las actividades y de la evaluación de sus impactos, desarrollada por los Decretos 292/1995, de 12 de diciembre (por el que se aprueba el Reglamento de Evaluación de Impacto Ambiental), el Decreto 297/1995, de 19 de diciembre (por el que se aprueba el Reglamento de Calificación Ambiental), hasta que se proceda a un nuevo desarrollo reglamentario en las respectivas materias, el Decreto 356/2010, de 3 de agosto, que regula la autorización ambiental unificada, y el Decreto 5/2012, de 17 de enero, por el que se regula la autorización ambiental integrada y el Decreto 1/2016, de 12 de enero, en el que se regula la posibilidad de la calificación ambiental por declaración responsable.

Y no olvidemos completar este marco normativo con las respectivas Ordenanzas que en cada municipio se aprueben para la regulación de los procedimientos de otorgamiento de licencias de apertura de establecimientos y de actividades.

Es interesante destacar también, en esta materia, el Real Decreto Legislativo 1/2016, de 16 de diciembre, por el que se aprueba el Texto Refundido de la Ley de Prevención y Control Integrados de la Contaminación, que abre la posibilidad de unificar procedimientos de evaluación respecto a determinadas actividades incluidas en su ámbito de aplicación.

3. Instrumentos de prevención ambiental y procedimientos de autorización en Andalucía

Hemos de recordar la distribución constitucional de competencias para conocer los instrumentos que se utilizarán y los procedimientos de autorización ambiental que se seguirán en cada Comunidad Autónoma. Puesto que la Constitución dispone la competencia autonómica en esta materia, son las leyes autonómicas las que regulan, por lo tanto, estos instrumentos y procedimientos, sin perjuicio de las posibilidades del Estado de establecer una regulación básica en la materia para la evaluación ambiental, como se ha puesto de manifiesto en la reciente Sentencia del Tribunal Constitucional núm. 53/2017, de 11 de mayo.

En la Comunidad Autónoma andaluza, la LGICA considera instrumentos de prevención y control ambiental: *a*) La autorización ambiental integrada; *b*) La autorización ambiental unificada; *c*) La evaluación ambiental de planes y programas; *d*) La calificación ambiental, y *e*) Las autorizaciones de control de la contaminación ambiental. En relación a esta norma, en nuestra Comunidad existen, por lo tanto, además de las autorizaciones específicas y puntuales respecto a sectores concretos y a la Evaluación Ambiental de planes y programas los siguientes instrumentos de prevención y control de las actividades: la Evaluación de Impacto Ambiental y la Calificación Ambiental (CA). Y los siguientes procedimientos de control administrativo previo: 1.º La Autorización Ambiental Integrada (AAI); 2.º La Autorización Ambiental Unificada (AAU), y 3.º La autorización municipal de actividades o licencia de funcionamiento.

Tanto la Ley de Evaluación Ambiental como la LGICA siguen un sistema de anexos o listas de actividades, actuaciones y proyectos que delimitan el ámbito de cada procedimiento de prevención y, dentro del procedimiento de EIA, de la EIA ordinaria o de la simplificada. La LGICA indica en un solo anexo, el anexo I, las categorías de actuaciones sometidas a los diferentes instrumentos de prevención y control ambiental en forma de un cuadro al que asigna un instrumento (AAI, AAU o CA) a cada tipo de actuación.

La Evaluación de Impacto Ambiental de proyectos introduce la variable ambiental en la toma de decisiones sobre proyectos con incidencia ambiental. La EIA es un procedimiento administrativo fundamentado en un Estudio de Impacto Ambiental y culminado con un Informe de Impacto Ambiental (IIA) o una Declaración de Impacto Ambiental (DIA), cuya finalidad es garantizar el control y corrección de todas las posibles repercusiones o impactos que pueda tener una actividad sobre el medio ambiente *antes de autorizarla* y la adopción de la alternativa menos perjudicial. Se trata, por lo tanto, de un procedimiento distinto del procedimiento de autorización, pero integrado en éste y cuya resolución (el IIA o la DIA) es fundamental para poder resolver la implantación y puesta en funcionamiento de la actividad.

La Ley 21/2013 distingue dos procedimientos de EIA: la EIA ordinaria y la EIA simplificada. Según su artículo 7.1, los proyectos comprendidos en el anexo I y los proyectos fraccionados que alcancen los umbrales de este anexo mediante la acumulación de sus dimensiones o magnitudes, deberán someterse a la EIA ordinaria. También se someterán a EIA ordinaria cualquier modificación de proyectos, tanto del anexo I como del anexo II, cuando dicha modificación conlleve una superación de los umbrales del anexo I y los proyectos del anexo II cuando lo solicite el promotor. Los proyectos del anexo II deben someterse a EIA simplificada salvo que, como decíamos, el promotor solicite que se sometan a EIA ordinaria, y también se someten a EIA simplificada los proyectos no incluidos en ninguno de los anexos pero que puedan afectar a espacios protegidos de la Red Natura 2000, sin perjuicio de lo comentado en el tema anterior respecto de la «evaluación adecuada» (que implicará un análisis específico de las posibles afecciones de estos proyectos a los objetivos de conservación establecidos para cada hábitat y especie del lugar), y las modificaciones de las características del proyecto cuyos umbrales no alcancen las magnitudes previstas en el anexo I para requerir EIA ordinaria. También se sujetan a EIA simplificada proyectos del anexo I cuando se realicen para desarrollo o ensayo de nuevos métodos o productos, siempre que tengan una duración inferior a dos años.

El ***procedimiento de Evaluación de Impacto Ambiental ordinaria***, regulado en los artículos 33 a 44 de la LEA, podría sintetizarse en las siguientes fases:

1. *Actuaciones previas.* Antes del inicio pueden darse unas actuaciones previas, de carácter potestativo para el promotor, consistentes en la posibilidad de solicitar al órgano sustantivo que el órgano ambiental elabore un *documento de alcance del estudio de impacto ambiental*, acompañando a dicha solicitud de un documento inicial del proyecto que contendrá la información a que se refiere el artículo 34.2 de la LEA. Para la elaboración de este documento de alcance del estudio, el órgano ambiental consultará a las Administraciones Públicas afectadas y a las personas interesadas. También existirán unas actuaciones previas de carácter obligatorio, consistentes en un *trámite de información pública y consultas* que habrán de realizarse si no se hubieran realizado anteriormente para la elaboración del documento de alcance del estudio.

Los proyectos que hayan de someterse a EIA deberán incluir un estudio de impacto ambiental elaborado por el promotor, que deberá contener, al menos, la información a que se refiere el artículo 35.1 de la Ley en los términos del anexo VI de la misma. En tal sentido, ha de contener, al menos, *a*) una descripción general del proyecto y exigencias previsibles en el tiempo, en relación con la utilización del suelo y de otros recursos naturales. Estimación de los tipos y cantidades de residuos vertidos y emisiones de materia o energía resultantes; *b*) una exposición de las principales alternativas estudiadas, incluida la alternativa cero (no realización del proyecto), y una justificación de las principales razones de la solución adoptada, teniendo en cuenta los efectos ambientales; *c*) evaluación y, si procede, cuantificación de los efectos previsibles directos o indirectos, acumulativos y sinérgicos del proyecto sobre la población, la salud humana, la flora, la fauna, la biodiversidad, la geodiversidad, el suelo, el subsuelo, el aire, el agua, los factores climáticos, el cambio climático, el paisaje, los bienes materiales, incluido el patrimonio cultural, y la interacción entre todos los factores mencionados, durante las fases de ejecución, explotación y en su caso durante la demolición o abandono del proyecto; *d*) una evaluación y cuantificación de los efectos de los riesgos de accidentes graves o catástrofes sobre el proyecto y sobre los posibles efectos adversos significativos sobre el medio ambiente en caso de que ocurran; *e*) las medidas que permitan reducir, eliminar o compensar los efectos ambientales adversos significativos sobre el medio ambiente y el paisaje; *f*) programa de vigilancia ambiental; y *g*) resumen del estudio y conclusiones en términos fácilmente comprensibles. El promotor elaborará dicho estudio teniendo en cuenta, en su caso, el documento de alcance elaborado por el órgano ambiental y lo presentará, junto con la demás documentación aportada para la solicitud de la autorización, al órgano competente para su concesión (el órgano sustantivo), junto con el proyecto de ejecución.

Con la Ley 21/2013 el estudio de impacto ambiental tiene un período de validez de un año desde la fecha de su conclusión, por lo que el promotor deberá presentarlo en ese plazo ante el órgano sustantivo para la realización de la información pública y de las consultas

El *Trámite de información pública y de consulta a las Administraciones Públicas afectadas y a las personas interesadas* viene regulado en el artículo 36. El órgano sustantivo someterá el estudio de impacto ambiental, dentro del procedimiento aplicable para la autorización o realización del proyecto al que corresponda y conjuntamente con éste, al trámite de información pública y demás informes que en el mismo se establezcan. Dicho trámite tendrá una duración no inferior a 30 días. En el caso de que se trate de proyectos sujetos a declaración responsable o comunicación previa, el trámite de información pública deberá realizarlo el órgano ambiental.

Simultáneamente, el órgano sustantivo consultará a las Administraciones Públicas afectadas y a las personas interesadas. Son informes preceptivos el del órgano con competencias ambientales de la Comunidad autónoma donde se ubica el proyecto, el informe sobre patrimonio cultura, el informe del órgano con competencias en materia de dominio público hidráulico y el informe sobre dominio público marítimo-terrestre, cuando proceda. Los resultados de las consultas y de la información pública deberán tomarse en consideración por el promotor en su proyecto, así como por el órgano sustantivo en la autorización del mismo.

El órgano sustantivo ha de remitir al promotor los informes y alegaciones recibidas, en el plazo máximo de 30 días hábiles desde la finalización de la información pública y consultas, para que éste los tenga en cuenta en la redacción del estudio del impacto ambiental y de la nueva versión del proyecto.

2. *Iniciación*. El procedimiento se inicia con la recepción por el órgano ambiental del expediente completo de EIA y la solicitud de inicio. El promotor

ha de presentar ante el órgano sustantivo una solicitud de inicio de la EIA ordinaria, junto con el documento técnico del proyecto, el estudio de impacto ambiental, las alegaciones e informes recibidos en los trámites de información pública y de consulta, las observaciones que el órgano sustantivo estime oportunas y la documentación exigida por la legislación sectorial para el procedimiento sustantivo de autorización.

Una vez comprobada la aportación de dichos documentos o subsanada su falta, el órgano sustantivo remitirá al órgano ambiental la solicitud de inicio y dichos documentos. Recibida la solicitud, el órgano ambiental podrá resolver su inadmisión en los casos previstos en el artículo 39.4 de la LEA. Si no procede la inadmisión, se realizará el análisis técnico del expediente.

3. *Análisis técnico del expediente.* Lo realiza el órgano ambiental, evaluando los efectos ambientales del proyecto y la forma en que se ha tenido en consideración en el mismo el resultado del trámite de información pública y de las consultas.

4. *Resolución. Declaración de impacto ambiental* (art. 41). El expediente se resuelve con la Declaración de Impacto Ambiental por el órgano ambiental, que tiene naturaleza de informe preceptivo y determinante y tendrá el contenido mencionado en el artículo 41.2 de la Ley. Por lo tanto, no será objeto de recurso administrativo o judicial, sin perjuicio del recurso que proceda frente al acto de autorización del proyecto. La DIA se remitirá al órgano de la Administración que ha de resolver la autorización del proyecto y al *BOE* o boletín correspondiente para su publicación, sin perjuicio de su publicación también en la sede electrónica del órgano ambiental.

La DIA pierde su vigencia si, tras su publicación, no se inicia la ejecución del proyecto o actividad en el plazo de cuatro años.

El ***procedimiento de Evaluación de Impacto Ambiental simplificada*** está regulado en los artículos 45 a 48 de la LEA.

En este caso, el promotor ha de presentar también la solicitud de inicio de la EIA simplificada, acompañada del documento ambiental con el contenido a que se refiere el artículo 45.1 y de la documentación exigida por la legislación sectorial para la autorización del proyecto, ante el órgano sustantivo. El órgano sustantivo remitirá la solicitud de inicio y la documentación al órgano ambiental. El órgano ambiental podrá inadmitirla en el plazo de 20 días si concurren las circunstancias a que se refiere el apartado 4 del artículo 45. Si se admite, se procede a consultar a las Administraciones Públicas afectadas y a las personas interesadas, que informarán o se pronunciarán en el plazo máximo de 30 días desde la recepción de la solicitud de informe.

El procedimiento de EIA simplificada finaliza con el *informe de impacto ambiental* formulado por el órgano ambiental en el plazo de tres meses desde la recepción de la solicitud de inicio y de los documentos que la han de acompañar, en el que se ha de tener en cuenta el resultado de las consultas realizadas. Dicho informe podrá determinar que el proyecto debe someterse a una EIA ordinaria por tener efectos significativos sobre el medio ambiente o bien que el proyecto no tiene efectos significativos sobre el medio ambiente, en los términos establecidos en el informe de impacto ambiental. El informe se enviará a publicar en el *BOE* o diario correspondiente en el plazo de 15 días, sin perjuicio de su publicación en la sede electrónica del órgano ambiental. También se establece un plazo de vigencia para el IIA que determine que el proyecto no tiene efectos significativos sobre el medio ambiente si, tras la publicación en el Boletín o diario correspondiente, no se procediera a la autorización del proyecto en el plazo máximo de cuatro años desde dicha publicación, si bien este plazo es prorrogable por otros dos adicionales, si no se produjeran cambios sustanciales en los elementos esenciales que sirvieron para realizar la EIA.

La ***calificación ambiental*** es el procedimiento tramitado en los Ayuntamientos mediante el cual se analizan las consecuencias ambientales de la implantación, ampliación, modificación o traslado de las actividades sometidas a este procedimiento, según el Anexo I de la LGICA (actividades eminentemente urbanas), al objeto de comprobar su adecuación a la normativa ambiental vigente y determinar las medidas correctoras. Está regulada en los artículos 41 a 45 de la LGICA y, en tanto se desarrolla reglamentariamente, por el Decreto 297/1995.

La calificación ambiental se integra en el procedimiento de concesión de la licencia municipal (normalmente denominada «licencia de apertura» o «licencia de actividades»), en los casos en que así proceda, o se tramita con carácter previo a la presentación de las *declaraciones responsables o comunicaciones previas* a las que luego nos referiremos. La calificación ambiental favorable constituye requisito indispensable para el otorgamiento de la licencia municipal (art. 5 del Decreto 297/1995) o para la puesta en funcionamiento de la actividad mediante una declaración responsable o comunicación previa.

La resolución de Calificación Ambiental puede imponer condiciones, a imagen y semejanza de la Declaración de Impacto. Puede imponer medidas correctoras o precautorias para prevenir o compensar posibles efectos negativos sobre el medio ambiente. Éstas forman parte del condicionado de la autorización.

La calificación ambiental es competencia exclusiva de los Ayuntamientos (art. 41 LGICA). En el procedimiento administrativo para la calificación ambiental, tras la presentación de la documentación a que se refiere el artículo 9 del Reglamento y 44.1 LGICA (Proyecto técnico, síntesis de las características de la actividad o actuación para la que se solicita la licencia y otros documentos que los Ayuntamientos exijan conforme a su normativa propia y un análisis sobre las posibles repercusiones ambientales como documentación complementaria al proyecto técnico), se dispone la realización de una *información pública* por plazo de 20 días, además de la notificación personal a colindantes. Tras la finalización de la información pública se abre un período de alegaciones por plazo máximo de 15 días y tras la finalización del plazo de alegaciones se formula la propuesta de resolución de calificación ambiental. La resolución podrá ser favorable, en cuyo supuesto se establecerán los requisitos y medidas correctoras de carácter ambiental que en su caso resulten necesarios, o desfavorable. El plazo de resolución es de 3 meses desde la fecha de presentación correcta de la documentación exigida, entendiéndose favorable (silencio positivo) si no se resuelve en dicho plazo.

La ***Autorización Ambiental Integrada*** se caracteriza por integrar en una resolución única los pronunciamientos, decisiones y autorizaciones previstos en el artículo 11.1.*b*) del Real Decreto Legislativo 1/2016, de 16 de diciembre, y aquellos otros pronunciamientos y autorizaciones que correspondan a la Consejería competente en materia de medio ambiente, y que sean necesarios con carácter previo a la implantación y puesta en marcha de las actividades.

Esta autorización corresponde otorgarla a la Consejería competente en materia de medio ambiente de cada Comunidad Autónoma. El procedimiento para la tramitación de esta autorización está regulado en el Capítulo II del Título III del RD Legislativo 1/2016. En Andalucía, en este procedimiento destaca la posibilidad de los promotores de la actuación de presentar inicialmente una memoria resumen de las características más significativas del proyecto para que la Consejería informe respecto a la viabilidad de la actividad y realice unas consultas previas a otros organismos, instituciones, organizaciones ciudadanas y autoridades científicas que estime puedan resultar de utilidad. Conjuntamente con la solicitud de autorización ambiental integrada se deberá presentar el estudio de impacto ambiental al objeto de la evaluación ambiental de la actividad por el órgano ambiental competente. Dicha solicitud y el Estudio de impacto ambiental se han de someter al trámite de información pública, durante un período que no será inferior a 45 días. Concluido el trámite de información pública, el expediente completo deberá ser remitido a todas aquellas Administraciones Públicas y órganos de la Administración de la Junta de Andalucía que deban intervenir en el procedimiento de autorización ambiental integrada, y una vez evacuados los informes por los órganos y Administraciones intervinientes, se dará trámite de audiencia a los interesados, antes de realizar la propuesta de resolución y la posterior resolución del procedimiento, que se someterá al régimen previsto en los artículos 21, 22, 23 y

24 del RD Legislativo 1/2016, poniéndose en conocimiento además del órgano que conceda la autorización sustantiva.

La autorización deberá incluir, además de lo dispuesto en el artículo 22 del citado Real Decreto legislativo: *a*) las medidas que se consideren necesarias para la protección del medio ambiente en su conjunto, de acuerdo con la normativa vigente, así como un plan de seguimiento y vigilancia de las emisiones y de la calidad del medio receptor y la obligación de comunicar a la Consejería competente en materia de medio ambiente, con la periodicidad que se determine, los datos necesarios para comprobar el cumplimiento del contenido de la autorización; *b*) las determinaciones resultantes de la evaluación de impacto ambiental o, en su caso, la declaración de impacto ambiental, así como las condiciones específicas del resto de autorizaciones que en la misma se integren de acuerdo con la legislación sectorial aplicable.

La ***Autorización Ambiental Unificada*** también recoge en una única resolución las autorizaciones y pronunciamientos ambientales que correspondan a la Consejería competente en materia de medio ambiente y entidades de derecho público dependientes de la misma, y que resulten necesarios con carácter previo para la implantación y puesta en marcha de las actuaciones a que se refiere el artículo 27 de la LGICA e indicadas en el anexo I de dicha Ley. También corresponde su tramitación y resolución a la Consejería competente en materia de medio ambiente.

El procedimiento para poner en funcionamiento una actividad sujeta a este tipo de control se ha desarrollado en Andalucía en los artículos 15 a 24 del Decreto 356/2010, de 3 de agosto. También requiere la iniciación de este procedimiento acompañar a la solicitud y al proyecto técnico de un estudio de impacto ambiental y de la documentación que se exija por la normativa sectorial para aquellas autorizaciones y pronunciamientos que en cada caso se integren en la autorización ambiental unificada. En este procedimiento el plazo máximo de resolución es de ocho meses (ampliable a diez excepcionalmente y por razones justificadas) desde la presentación de la solicitud. Transcurrido dicho plazo sin haberse notificado resolución expresa, los interesados podrán entender desestimada su solicitud o, lo que es lo mismo, denegada la autorización. También prevé el artículo 32 de la LGICA la posibilidad de tramitar esta autorización para aquellas actuaciones así señaladas en el Anexo I a través de un *procedimiento abreviado* cuyo plazo de resolución y notificación se reduce a seis meses. El estudio de impacto ambiental contendrá, al menos, la información recogida en el Anexo II.A para las actuaciones sometidas a este procedimiento.

Dos cuestiones de interés quedan por tratar respecto a estos procedimientos de autorización ambiental integrada y unificada: la *modificación y la cadu-*

cidad de la autorización, reguladas en el artículo 34 LGICA. Según este precepto, cuando el progreso técnico y científico, la existencia de mejores técnicas disponibles o cambios sustanciales de las condiciones ambientales existentes justifiquen la fijación de nuevas condiciones de la autorización ambiental unificada, y siempre que sea económicamente viable, la Consejería competente en materia de medio ambiente podrá modificarla de oficio o a instancia del titular de la actividad. Además, en el apartado 4 prevé un supuesto de caducidad-sanción de la autorización ambiental unificada si no se hubiera comenzado la ejecución de la actuación en el plazo de cinco años. En tales casos, el promotor o titular, si mantiene su intención de poner en marcha la actividad, deberá solicitar una nueva autorización.

Finalmente, la última autorización que vamos a estudiar cuyo objeto es la comprobación de la adecuación de las actividades a la normativa sectorial (fundamentalmente ambiental) es la ***licencia municipal de apertura***.

Previamente hemos delimitar el ámbito material de la actividad sujeta a estas licencias haciendo referencia a la existencia de un régimen especial de éstas actividades constituido por las licencias de apertura de locales o recintos para espectáculos públicos o actividades recreativas, sujetos a la intervención municipal por los artículos 40 a 49 del *Reglamento General de Policía de Espectáculos Públicos y Actividades Recreativas* aprobado por *RD 2.816/1982, de 27 de agosto*, y posteriormente, en Andalucía, por la *Ley 13/1999, de 15 de diciembre, de espectáculos públicos y actividades recreativas*.

Asimismo, y sin perjuicio de lo que luego se dirá respecto a la comunicación previa y a la declaración responsable, quedan excluidas de la necesidad de obtención de estas licencias las *actividades inocuas* (no molestas, insalubres, nocivas o peligrosas o no incluidas en los anexos normativos referidos anteriormente) que, en su momento, se ajustaban al régimen general de autorización previsto en los artículos 9 y 22 del Reglamento de Servicios de las Corporaciones Locales, que las sujetaba sólo al procedimiento general para obtención de licencia ordinaria y no al procedimiento especial del RAMINP. El procedimiento para autorizar actividades inocuas, más simple que el utilizado para la autorización de las otras actividades, se ha venido regulando en las ordenanzas municipales. En este grupo se incluían todas las actividades que no requerían licencia de apertura.

La diversidad en la naturaleza de las actividades que se desarrollan en los municipios, sujetas asimismo a distintas exigencias técnicas y a diferentes grados de control administrativo, va a dar lugar así a que el procedimiento para obtener la licencia municipal de apertura se complique más o menos en función del tipo de actividad de que se trate. Las medidas normativas de prevención ambiental previstas en función del tipo de actividad de que se trate se añaden así, con carácter obligatorio, a los trámites necesarios para conseguir la licencia que permita el funcionamiento de dichas actividades. Es la normativa autonómica, de conformidad con la distribución constitucional de competencias, la que define y delimita, en el marco de la legislación básica ambiental dictada por el Estado, los instrumentos y los trámites correspondientes para la evaluación de los efectos ambientales de las actividades y, por lo tanto, de la tramitación para la obtención de la licencia de apertura.

4. El nuevo régimen de control ambiental: las comunicaciones previas y las declaraciones responsables y la verificación posterior a la puesta en funcionamiento de las actividades

La transposición de la Directiva 2006/123/CE, relativa a los servicios en el mercado interior a nuestro ordenamiento, ha supuesto una sustanciosa revisión o modificación en el régimen de autorización de las actividades, especialmente en el ámbito local respecto a la autorización municipal para la apertura y el funcionamiento de tales actividades, con una importante adaptación de la Ley de Bases de Régimen Local y del Re+glamento de Servicios de las Corporaciones Locales a la Ley 17/2009, realizada por la Ley 25/2009, de 22 de diciembre, de modificación de diversas leyes para su adaptación a la Ley sobre el libre acceso a las actividades de servicios y su ejercicio (la denominada Ley Paraguas) y la incorporación a la referida Ley de Bases de los artículos 84 bis y 84 ter por la Ley 2/2011, de 4 de marzo, de Economía sostenible, así como la reforma de la Ley 7/1996, de 15 de enero de Ordenación del Comercio Minorista, por la Ley 1/2010, de 1 de marzo.

Actualmente nos encontramos el siguiente doble régimen de control:

— Actividades que aún continúan sujetas a autorización ambiental (aquellas que así se determine en la normativa vigente). Las actividades que requieren autorización o licencia municipal son aquellas que tienen un impacto ambiental suficiente como para considerar que concurre una razón imperiosa de interés general que justifica el régimen de autorización y no el de simple comunicación o declaración responsable. La Administración local será la competente para la autorización de esas actividades cuyo impacto ambiental no es tan importante como para que se requiera la autorización ambiental integrada o unificada a las que se refiere la LGICA.

— Actividades que ya no están sujetas a autorización ambiental (todas aquellas respecto a las que la Ley no disponga expresamente su sujeción a licencia). De éstas, algunas sí requieren una declaración de impacto ambiental previa a la presentación de la declaración responsable. Recordemos que la Disposición Adicional 5.ª de la Ley 25/2009 establece una cláusula de salvaguarda de la necesidad de declaración de impacto ambiental de aquellos proyectos de actividades u obras que dejan de estar sometidos a autorización, disposición que ha quedado ahora expresamente establecida en la Ley de Evaluación Ambiental. Esta evaluación debe ser previa a la presentación de la declaración responsable que sustituye a la autorización. Otras, las actividades inocuas, no requieren siquiera dicha declaración.

En consonancia con ello, el artículo 84 LBRL modificado por la Ley 25/2009, incorpora estos nuevos instrumentos al cuadro de medios de intervención de los que disponen las Entidades locales, lo que, sin duda, va a suponer un importante cambio de perspectiva en el control de la actividad privada por parte de las Administraciones locales en los ámbitos ambiental y urbanístico. De este modo, el apartado 1 de dicho artículo hace referencia ya tanto al *sometimiento a previa licencia y otros actos de control preventivo* como al sometimiento a comunicación previa o a declaración responsable, de conformidad con lo establecido en el artículo 69 de la Ley 39/2015, de 1 de octubre, del Procedimiento Administrativo Común de las Administraciones Públicas (LPACAC) y al *sometimiento a control posterior al inicio de la actividad*, a efectos de verificar el cumplimiento de la normativa reguladora de la misma.

Por lo tanto, la realización de una comunicación o una declaración responsable permite acceder a una actividad de servicios y ejercerla por tiempo indefinido, como regla general. De este modo, ese principio general de libertad de establecimiento y de prestación de servicios de la Ley 17/2009 se traduce en una exención genérica de la necesidad de obtener autorización para el ejercicio de actividades de servicios. No desaparece el régimen autorizatorio, por lo tanto, pero sí que queda muy condicionado o limitado por dos principios, el de legalidad y el de proporcionalidad, que expresamente señala el mencionado artículo al prever como requisitos para establecer estos regímenes autorizatorios el que no sean discriminatorios, que estén justificados por una razón imperiosa de interés general y que sean proporcionados.

La *comunicación* (art. 69.2 LPACAP) consiste en el deber de comunicar a la Administración competente los datos identificativos o cualquier otro dato relevante para el inicio de una actividad o el ejercicio de un derecho. La *declaración responsable* (art. 691 LPACAP) es el documento suscrito por el titular de la actividad en el que manifiesta, bajo su responsabilidad, que cumple con los requisitos establecidos en la normativa vigente para acceder al reconocimiento de un derecho o facultad o para su ejercicio, que dispone de la documentación que así lo acredita y que se compromete a mantener su cumplimiento durante el período de tiempo inherente a dicho reconocimiento o ejercicio, así como de las modificaciones de las condiciones en las que se presta el mismo.

Ambas figuras van a suponer un control a posteriori por parte de la Administración, sujetando la actividad comunicada o que se ha declarado a una actuación administrativa posterior de control.

IV. ACTIVIDADES PRÁCTICAS

Actividad 1.—Resolución de supuesto práctico: Un particular decide arrendar un local para desarrollar en él una actividad; en concreto, un bar con cocina. En dicho local se había desarrollado antes una actividad de librería, por lo que no se encuentra adaptado a la normativa ambiental vigente en materia de ruidos. ¿Qué trámites y actuaciones ha de realizar el arrendatario del local para poner en funcionamiento el bar?

Ante dicha situación se plantean las siguientes cuestiones:

a) ¿Corresponde al propietario del local o al arrendatario realizar las actuaciones oportunas para la puesta en funcionamiento del local?

b) ¿Cuál es el instrumento de prevención ambiental que resulta de aplicación para la puesta en funcionamiento de esta actividad?

c) ¿Cuál es la Administración encargada de comprobar el cumplimiento de la normativa aplicable a dicha actividad y de, en su caso, otorgar las correspondientes autorizaciones?

d) ¿Está sujeta a licencia o autorización la referida actividad o bastaría una declaración responsable o una comunicación previa para la puesta en funcionamiento de la actividad?

e) En el procedimiento correspondiente ¿es necesario un trámite de información pública? ¿es necesaria la audiencia a los vecinos?

f) Sintetice los trámites a seguir para poner en marcha la actividad.

Para responder a la primera cuestión, téngase en cuenta que las licencias son personales y que las declaraciones responsables o comunicaciones previas puede realizarlas la persona que va a desarrollar la actividad. Por lo tanto, la autorización, si procede, y la evaluación ambiental de la actividad puede instarlas cualquiera de los sujetos indicados, si bien será aquél que la inste y a quien se le otorgue el titular de la actividad a efectos de su puesta en funcionamiento.

Para saber cuál es el instrumento de prevención ambiental que resulta de aplicación para la puesta en funcionamiento de la actividad indicada es preciso acudir a la normativa autonómica correspondiente. En el caso de la Comunidad autónoma de Andalucía, el anexo I de la Ley 7/2007, de 9 de julio, de Gestión Integrada de la Calidad Ambiental, punto 13.32, indica que la actividad «bar» está sujeta a calificación ambiental, por lo que no será precisa, por lo tanto, una evaluación de impacto ambiental.

Recuérdese que el procedimiento para la calificación ambiental de una actividad se tramita en el correspondiente Ayuntamiento, por lo que será ante la Delegación municipal correspondiente donde se presentará la oportuna solicitud para dicha calificación.

Por lo tanto, para poner en funcionamiento el bar, el promotor de la actividad deberá realizar las siguientes actuaciones:

— Solicitar la calificación ambiental favorable mediante solicitud (acorde con la normativa autonómica correspondiente y con la respectiva Ordenanza municipal) que presentará en el Registro municipal o, en su caso, en la ventanilla única habilitada al efecto. Esta solicitud deberá ir acompañada de un proyecto realizado por un técnico competente en el que se justifique que la actividad proyectada cumplirá toda la normativa de protección contra la contaminación acústica, entre otras. El proyecto es informado por los Técnicos municipales y se somete a un trámite de información pública y a un plazo de alegaciones a directos interesados (vecinos colindantes). El Ayuntamiento calificará favorable o desfavorablemente la actividad. Si la calificación es favorable se otorgará también, si procede, la licencia de instalación para poder solicitar la licencia de obras correspondiente.

— Solicitar también la licencia municipal de apertura o presentar la declaración responsable, si procede, en función de lo establecido en las Ordenanzas. Actualmente, tras la entrada en vigor de la normativa que realiza la transposición de la Directiva de Servicios, la mayoría de las normas autonómicas y de las ordenanzas municipales están regulando la declaración responsable como mecanismo para la puesta en marcha de la actividad.

— Si la actividad queda sujeta a declaración responsable en el correspondiente municipio, una vez concedida la licencia de obras y de utilización, podrá ponerse en funcionamiento. Si se requiere la licencia de apertura la actividad aún no puede entrar en funcionamiento ya que es preciso que el técnico director del proyecto certifique que la actividad se ajusta al proyecto presentado y cumple con todos los condicionantes impuestos en la calificación.

Actividad 2.—*Ejercicio práctico*: decida una actividad y averigüe cuál es el instrumento de prevención ambiental que le es de aplicación, el procedimiento que ha de seguirse para lograr su puesta en funcionamiento y la Administración competente para su tramitación. Indique asimismo qué Administración será la competente para controlar el cumplimiento de la normativa ambiental en dicha actividad tras su puesta en funcionamiento.

Actividad 3.*—Ejercicio práctico*: elabore un cuadro de trámites y requisitos (documentación que se ha de presentar, certificados que se han de obtener, aspectos que se han de considerar) necesarios para la obtención de las diferentes autorizaciones o realización de las diferentes actuaciones precisas para la puesta en funcionamiento de las diferentes tipologías de actividades.

V. AUTOEVALUACIÓN

1. En Andalucía, la norma general vigente en materia de protección ambiental es:

a) La Ley 7/1994, de protección ambiental de la Junta de Andalucía.
b) La Ley 7/2007, de Gestión Integrada de la Calidad Ambiental.
c) La Ley 4/2008, de Protección Ambiental Andaluza.

2. No caben recursos administrativos y judiciales contra

a) La declaración de impacto ambiental que se produce tras el procedimiento ambiental ordinario previo al otorgamiento de una licencia municipal.
b) El acto administrativo de denegación de una autorización de una actividad que previamente ha obtenido una declaración de impacto ambiental favorable.
c) La declaración de impacto ambiental que se emite tras un procedimiento ambiental ordinario previo a la presentación de una declaración responsable.

3. Se entiende por «órgano ambiental»:

a) El que autoriza la actividad.
b) El que evalúa el impacto ambiental de los proyectos.
c) El que autoriza la actividad y evalúa el impacto ambiental de los proyectos.

4. El procedimiento para el otorgamiento de la autorización ambiental integrada lo tramita:

a) La Administración del Estado.
b) La Administración autonómica.
c) La Administración local.

5. El procedimiento para el otorgamiento de la licencia de apertura lo tramita:

a) La Administración del Estado.
b) La Administración autonómica.
c) La Administración local.

6. En el procedimiento de evaluación de impacto ambiental simplificado:

a) Es facultativo un trámite de información pública.
b) Es preceptivo un trámite de información pública.
c) No hay trámite de información pública porque este trámite se realiza en el procedimiento de autorización.

7. La obtención de la Autorización Ambiental Integrada o Unificada:

a) No excluye del deber de obtener la licencia de apertura.
b) Supone la innecesariedad de la licencia de apertura.
c) Supone la innecesariedad de evaluación de impacto ambiental.

8. La declaración de impacto ambiental:

a) Es un acto administrativo con el que concluye la tramitación del procedimiento de autorización correspondiente.
b) Es un acto administrativo con el que concluye la tramitación del procedimiento para la evaluación ambiental ordinaria de un proyecto.
c) No es un acto administrativo, sino un documento administrativo.

9. La calificación ambiental:

a) La tramitan los Ayuntamientos.
b) La tramitan los órganos competentes en materia ambiental de las Comunidades Autónomas.
c) Se incorpora al Estudio de Impacto Ambiental como un documento anexo al proyecto de la actividad para la solicitud de la licencia de apertura.

10. Si una calificación ambiental es desfavorable:

a) No puede concederse licencia de apertura.
b) La licencia de apertura deberá otorgarla la Comunidad Autónoma y no el Ayuntamiento.

c) Deberá presentarse una declaración responsable si se quiere obtener la licencia de apertura.

VI. MATERIAL DIDÁCTICO

1. Lecturas recomendadas

Ayllón Díaz-González, J. M., «La calificación ambiental y la declaración responsable de los efectos ambientales: dos instrumentos fundamentales para la transición ecológica en Andalucía», *Revista Aranzadi de Derecho Ambiental*, n.º 47 (2020).

— «La autorización ambiental unificada como instrumento de prevención y control ambiental integrados en Andalucía», *Actualidad Jurídica Ambiental*, n.º 102 (2020).

Arana García, E., «La Autorización Ambiental Unificada», en Albendea Solis, I.; Núñez Lozano, M. C. (dirs.), *Comentarios a la Ley de gestión integrada de la calidad ambiental de Andalucía: Ley 7/2007 de 9 de julio.* Aranzadi (2008).

Arana García, E., y Granados Rodríguez, J. F., «La desaparición de las licencias en las actividades clasificadas, incluidas en el ámbito de la Directiva de Servicios: el supuesto particular de la legislación ambiental andaluza», *Revista General de Derecho Administrativo*, n.º 25 (2010).

Chinchilla Marín, C., «La autorización ambiental integrada: la Ley 16/2000, de 1 de julio, de prevención y control integrados de la contaminación, Administración de Andalucía», *Revista Andaluza de Administración Pública*, n.º 47 (2002), pp. 43-71.

Esteve Pardo, J., «La adaptación de las licencias a la mejor tecnología disponible», *Revista de Administración Pública*, n.º 149 (1999), pp. 37-61.

Jordano Fraga, J., «El control ambiental municipal de las actividades y la vulnerabilidad: la calificación ambiental y la liberalización del acceso a los servicios». *Revista de estudios locales: Cunal*, n.º 236, 2020, pp. 80-105.

López-Jurado Escribano, F. B. y Ruiz de Apodaca, A., *La Autorización Ambiental Integrada: estudio sistemático de la Ley 16/2002, de Prevención y control integrados de la contaminación*. Thomson Reuters-Civitas (2002).

López Ramón, F., «Problemas viejos y actuales tras el nuevo régimen de la evaluación de impacto ambiental», *Revista Andaluza de Administración Pública*, n.º 43 (2001), pp. 11-44.

Quintana López, T., «La evaluación de impacto ambiental en la jurisprudencia», *Revista de Administración Pública*, n.º 153 (2000), pp. 421-440.

Ruíz de Apodaca, A. (dir.), *Régimen Jurídico de la Evaluación Ambiental: Comentario a la Ley 21/2013, de 9 de diciembre, de Evaluación Ambiental*, Aranzadi, Cizur Menor (Navarra), 2014.

Vera Jurado, D. J., «La Evaluación de Impacto Ambiental y las competencias ejecutivas en materia de medio ambiente: un análisis de la jurisprudencia del Tribunal Constitucional», *Revista de Administración Pública*, n.º 148 (1999), pp. 177-194.

2. Sitios web

— https://www.miteco.gob.es/es/calidad-y-evaluacion-ambiental/temas/sostenibilidad-industrial/prevencion-y-control-integrados-de-la-contaminacion-ippc/autorizacion-ambiental-integrada-aai.html - Página web del Ministerio para la Transición Ecológica y el Reto Demográfico sobre la Autorización Ambiental Integrada.

— https://www.miteco.gob.es/es/calidad-y-evaluacion-ambiental/temas/sostenibilidad-industrial/prevencion-y-control-integrados-de-la-contaminacion-ippc/autorizacion-ambiental-integrada-aai/aai-ccaa.html - Visor del MITECO para acceso al listado de autorizaciones ambientales integradas otorgadas en cada Comunidad Autónoma.

— https://www.miteco.gob.es/es/calidad-y-evaluacion-ambiental/temas/evaluacion-ambiental.html - Web del MITECO sobre la Evaluación Ambiental.

— https://www.juntadeandalucia.es/medioambiente/portal/areas-tematicas/prevencion-y-calidad-ambiental/prevencion-ambiental - Portal Ambiental de Andalucía: Página de la Consejería de Sostenibilidad, Medio Ambiente y Economía Azul de la Junta de Andalucía dedicada a la prevención ambiental, en la que se enlaza con las páginas destinadas a los instrumentos de prevención ambiental y de control de actividades en Andalucía.

— https://www.juntadeandalucia.es/medioambiente/portal/areas-tematicas/prevencion-y-calidad-ambiental/prevencion-ambiental/autorizacion-ambiental-integrada - Web de la Junta de Andalucía sobre la Autorización Ambiental Integrada

— https://www.juntadeandalucia.es/medioambiente/portal/areas-tematicas/prevencion-y-calidad-ambiental/prevencion-ambiental/autorizacion-ambiental-unificada - Web de la Junta de Andalucía sobre la Autorización Ambiental Unificada.

— https://www.juntadeandalucia.es/medioambiente/portal/areas-tematicas/prevencion-y-calidad-ambiental/prevencion-ambiental/calificacion-ambiental - Web de la Junta de Andalucía sobre la Calificación Ambiental.

— https://www.madrid.es/portales/munimadrid/es/Inicio/El-Ayuntamiento/Actividades-economicas/Agencia-de-actividades/Agencia-de-Actividades/?vgnextoid=42b3212f7e497210VgnVCM2000000c205a0aRCRD&vgnextchannel=2c0d24f3eb055710VgnVCM1000001d4a900aRCRD - Página web de la Agencia de Actividades del Ayuntamiento de Madrid.

CAPÍTULO 5

INSTRUMENTOS PÚBLICOS DE PROTECCIÓN AMBIENTAL (III): INFORMACIÓN AMBIENTAL

Francisco Miguel Bombillar Sáenz

Profesor Titular de Universidad de Derecho Administrativo

Universidad de Granada

I. PALABRAS CLAVE

Acceso a la información ambiental; Convenio de Aarhus; difusión activa; difusión pasiva o previa solicitud; REDIAM.

II. OBJETIVOS DIDÁCTICOS

1. Conocer e interpretar la legislación en materia de información ambiental.
2. Capacitar sobre los cauces a través de los cuales los ciudadanos pueden dirigirse y relacionarse adecuadamente con la Administración para solicitarle información ambiental y sobre los derechos que en este procedimiento le asisten.
3. Capacitar profesionalmente para el análisis, evaluación y resolución desde el punto de vista jurídico de los principales problemas que surgen en torno a la información ambiental y, en especial, a su denegación por parte de la Administración.

III. CONTENIDO DOCENTE

1. Derecho a disfrutar de un medio ambiente adecuado y Convenio de Aarhus

De acuerdo con lo dispuesto en el artículo 45, apartado primero, de nuestra Constitución, tenemos el derecho a disfrutar de un medio ambiente adecuado para el desarrollo de la persona, así como el «deber» de conservarlo. Este deber llama a una implicación activa del ciudadano en la defensa del medio ambiente, para lo que jugará un papel clave, como un instrumento público de protección ambiental, el acceso a una información adecuada en materia de medio ambiente (LOZANO CUTANDA).

A nivel internacional, esta apuesta a favor de un papel activo del ciudadano en la defensa del medio ambiente ha quedado refrendada en el conocido como Convenio de Aarhus de la Comisión de las Naciones Unidas para Europa (UNECE): la *Convención sobre el Acceso a la información, la participación del público en la toma de decisiones y el acceso a la justicia en asuntos ambientales*, elaborada en línea con los postulados del principio 10 de la Declaración de Río sobre el Medio Ambiente y el Desarrollo de 1992. Este convenio se celebró en Aarhus (Dinamarca), el 25 de junio de 1998 (aunque entró en vigor el 30 de octubre de 2001), y ha sido ratificado por más de cuarenta Estados (entre ellos, España, en 2004, o la propia Unión Europea, en 2005, sobre la que ha influido de forma decisiva, como subraya BURGOS GARRIDO).

El Convenio de Aarhus reconoce los tres pilares del derecho de participación ciudadana en materia medioambiental, siendo el primero de ellos el derecho de las personas (incluidas las ONG protectoras del medio ambiente) al acceso a la información ambiental, junto al derecho de participación en la toma de decisiones y el derecho de acceso a la justicia, tanto en vía administrativa como jurisdiccional, para oponerse a las acciones u omisiones que vulneren la normativa medioambiental.

El derecho de acceso a la información se erige en un presupuesto de los otros dos recogidos en el Convenio de Aarhus: participación y acceso a la justicia.

La incorporación del Convenio de Aarhus al acervo comunitario ha traído consigo la aprobación de dos reglamentos, así como de dos directivas y una decisión europeas. Por su relación con la materia objeto de este comentario, hemos de mencionar de forma expresa en esta sede la Directiva 2003/4/CE del Parlamento Europeo y del Consejo, relativa al acceso del público a la información medioambiental.

La referida normativa europea, a su vez, ha sido objeto de transposición por los diferentes Estados miembros de la Unión; en el caso de España, a través de la Ley 27/2006, de 18 de julio, reguladora de los derechos de Acceso a la Información, Participación Pública y Acceso a la Justicia en Materia de Medio Ambiente (en adelante, LAI), que sustituye a la anterior Ley 38/1995, de 12 de diciembre, sobre libertad de acceso a la información en materia ambiental.

Obviamente, más allá de la voluntad del legislador, todo este entramado jurídico quedará en *papel mojado* si no va acompañado de un fuerte compromiso y grado de concienciación por parte de los propios ciudadanos, concienciación a la que difícilmente se podrá aspirar sin unas correctas campañas de información, educación y sensibilización por parte de los poderes públicos. La información se convierte, así, en una herramienta imprescindible para poder intervenir *con conocimiento de causa* en los asuntos medioambientales. La información es poder.

2. Normativa estatal y autonómica andaluza en materia de transparencia y derecho de acceso a la información pública

En la actualidad, el derecho de acceso a la información pública, con carácter general, se regula por la Ley 19/2013, de 9 de diciembre, de transparencia, acceso a la información pública y buen gobierno (Fernández Luque, Fernández Ramos, Guichot Reina, Pérez Conchillo o Pérez Monguió), siguiendo el modelo apuntado años atrás para el campo de la información ambiental. Otras Comunidades Autónomas, como Andalucía, también cuentan con legislación específica a este respecto.

El derecho de acceso a la información pública, aunque no se ha configurado como un derecho fundamental, resulta imprescindible para consolidar una sociedad democrática y pluralista. Como dijo el juez Brandeis, «la luz del sol es el mejor de los desinfectantes». La transparencia y el acceso a la información pública fomentan la integridad, eficacia, eficiencia y responsabilidad de las diferentes autoridades públicas, pues, como ha estudiado con detalle Guichot, no cabe duda de que el sometimiento a la mirada ajena tiene claros efectos motivadores para la Administración.

Por todo ello, frente a toda resolución expresa o presunta en materia de acceso desde la ciudadanía se podrá interponer una reclamación ante el Consejo de Transparencia y Buen Gobierno, con carácter potestativo y previo a su impugnación en vía contencioso-administrativa. Si la resolución expresa o presunta que se cuestiona viene de la mano de una Administración autonómica en la que se haya implantado una autoridad homóloga, será a ella a la que habrá que acudir de acuerdo con la normativa específica que la discipline. Es lo que sucede en Andalucía, donde actúa el Consejo de Transparencia y Protección de Datos de Andalucía.

Ahora bien, de acuerdo con la Disposición Adicional 2.ª de la Ley 19/2013, de 9 de diciembre: «Se regirán por su normativa específica, y por esta Ley con carácter supletorio, aquellas materias que tengan previsto un régimen jurídico específico de acceso a la información». En consecuencia, las Leyes —generales— en materia de Transparencia son de aplicación con carácter supletorio frente a la LAI en lo que atañe al acceso a la información ambiental, ya que aquí prima la LAI como norma específica. Así las cosas, las referidas autoridades en materia de transparencia (Consejo de Transparencia y Buen Gobierno o Consejo de Transparencia y Protección de Datos de Andalucía) no pueden actuar en cuestiones que afecten a la información ambiental, pues existe para este sector un régimen específico de recursos que no contempla su intervención (Guichot).

3. Ley 27/2006, de 18 de julio, reguladora de los derechos de Acceso a la Información, Participación pública y Acceso a la Justicia en Materia de Medio Ambiente: difusión activa y pasiva de la información medioambiental

Volvamos al campo medioambiental, entre los objetivos de la LAI se encuentran, a nuestros efectos, regular el derecho de acceso de la ciudadanía a la «información ambiental» (entendida ésta en sentido laxo, esto es, toda aquella que pueda afectar o incidir en el medio ambiente) que obre en poder de las autoridades públicas (o en el de otros sujetos que la posean en su nombre), así como garantizar la difusión y puesta a disposición de los ciudadanos de la información ambiental, de manera paulatina y con el grado de amplitud, sistemática y tecnología más amplio posible (art. 1 LAI).

Esta norma quiere evitar que se deniegue cualquier tipo de información con trascendencia en este campo por parte de los órganos de gobierno, las Administraciones Públicas, los órganos consultivos, las corporaciones de Derecho público, así como las personas, físicas o jurídicas, que ejerzan funciones públicas (como los notarios y los registradores de la propiedad). Sólo quedan excluidos expresamente los órganos y entidades que actúen como órganos jurisdiccionales o legislativos.

A estos efectos, y en esta misma línea se mueve la Ley 21/2013, de 9 de diciembre, de Evaluación Ambiental (LEA). Se consideran personas interesadas no sólo todas aquellas en quienes concurran cualesquiera de las circunstancias previstas en la LPAC, también las personas jurídicas sin ánimo de lucro que, de conformidad con el artículo 23 (acción popular en materia de medio ambiente) de la LAI, cumplan los siguientes requisitos (esto es, se está habilitando aquí a las ONG ambientalistas): *a*) que tengan entre los fines acreditados en sus estatutos la protección del medio ambiente en general o la de alguno de sus elementos en particular; *b*) que se hubieran constituido legalmente al menos dos años antes del ejercicio de la acción y que vengan ejerciendo de modo activo las actividades necesarias para alcanzar los fines previstos en sus estatutos; *c*) que según sus estatutos desarrollen su actividad en un ámbito territorial que resulte afectado por la actuación, o en su caso, omisión administrativa.

El acceso a la información comprende una doble vertiente, este derecho engloba tanto una difusión «activa» (aquella en la que, en especial, haciendo uso de las tecnologías de la información y de la comunicación, se lleva a cabo un traslado «activo» y «sistemático» de la información ambiental a la ciudadanía), como una difusión «pasiva» o «previa solicitud» (donde las autoridades públicas atienden a las demandas que en materia de información ambiental les plantee la ciudadanía).

4. Difusión activa de la información medioambiental: el caso de REDIAM en Andalucía

Si atendemos al espíritu de las diferentes normas en materia de transparencia dictadas hasta la fecha, paulatinamente la difusión activa ha de ir ganando terreno. Como apuntaba Max Weber: «el Gobierno burocrático es, por su misma tendencia, un gobierno que excluye la publicidad». Es necesario dejar atrás estos esquemas del pasado y no ver más la provisión de información por parte de la Administración al ciudadano como una carga, dando el salto de la información pasiva a la activa.

Una buena muestra de este nuevo enfoque, al que tanto ha contribuido el Derecho de la Unión Europea, lo constituyen los mapas de ruidos o los múltiples procedimientos a los que la LEA o las leyes de contratación pública obligan a dar publicidad. No obstante, aún queda mucho por hacer.

La LAI contempla una serie de obligaciones a cumplir por las Administraciones Públicas con el fin de conseguir el objetivo de una difusión activa de la información ambiental (arts. 6 a 9); destacan dos de ellas:

1. Las Administraciones Públicas elaborarán y publicarán, como mínimo cada año, un informe de coyuntura sobre el estado del medio ambiente —labor de la que se ocupa a nivel estatal el Ministerio de Medio Ambiente (hoy Ministerio para la Transición Ecológica y el Reto Demográfico)— y, cada cuatro años, un informe completo. Estos informes serán de ámbito nacional y autonómico —y, en su caso, local— e incluirán datos sobre la calidad del medio ambiente y las presiones que éste sufra, así como un sumario no técnico que sea comprensible para el público (art. 8 LAI).

2. En caso de amenaza inminente para la salud humana o para el medio ambiente ocasionada por actividades humanas o por causas naturales, las autoridades públicas difundirán inmediatamente toda la información que permita al público que pueda resultar afectado la adopción de las medidas nece-

sarias para prevenir o limitar los daños que pudieran derivarse de dicha amenaza, salvo cuando concurran causas de defensa nacional o seguridad pública (art. 9 LAI).

En Andalucía, hemos de destacar el trabajo pionero en este campo del *SinambA* (Sistema de información geográfica-ambiental de Andalucía), así como de su heredera, REDIAM, la *Red de Información Ambiental de Andalucía*, creada por la Ley 7/2007, de 9 de julio, de Gestión Integrada de la Calidad Ambiental, e incardinada en la *Red Europea de Información y Observación sobre el Medio Ambiente* (EIONET) que impulsa y coordina la Agencia Europea de Medio Ambiente (AEMA).

De acuerdo con los postulados del marco jurídico europeo e interno aquí puesto en valor, esta red, adscrita a la Consejería de Medio Ambiente (hoy Consejería de Sostenibilidad, Medio Ambiente y Economía Azul) de la Junta de Andalucía, tiene como objeto la recolección, coordinación y sistematización, en un formato normalizado, de la información (bases de datos alfanuméricas, cartografía digital o imágenes procedentes de sensores remotos, que se interrelacionan entre sí espacial y temporalmente) de la que se dispone sobre el estado del medio ambiente y los recursos naturales de la Comunidad Autónoma de Andalucía.

REDIAM pretende erigirse, así, en una herramienta que permita una correcta planificación y gestión de las actuaciones ambientales, así como satisfacer las demandas e inquietudes de la ciudadanía, esto es, mejorar el conocimiento y la gestión del medio ambiente en Andalucía, produciendo y compartiendo información ambiental.

Con el fin de integrar y coordinar los sistemas de información existentes y garantizar el flujo de información ambiental disponible, la Consejería de Medio Ambiente ha suscrito convenios de colaboración con Universidades, centros de investigación, empresas u organizaciones sociales, y ha fomentado políticas de colaboración con otras Administraciones Públicas. La red, además, se coordina con otras estrategias, programas o planes oficiales, como el Plan Estadístico o el Plan Cartográfico Andaluz.

5. Difusión pasiva de la información medioambiental: derechos y garantías procedimentales de los solicitantes

En cuanto al acceso a la información ambiental previa solicitud (esto es, la llamada difusión pasiva), la LAI asiste a los solicitantes de información ambiental de una serie de derechos (art. 3 LAI), a saber:

a) A acceder a la información ambiental que obre en poder de las autoridades públicas (o en el de otros sujetos en su nombre), sin que para ello estén obligados a declarar un interés determinado, cualquiera que sea su nacionalidad, domicilio o sede.

b) A ser informados, así como asesorados para su correcto ejercicio, de los derechos que les otorga la LAI.

c) A ser asistidos en su búsqueda de información.

d) A recibir la información que soliciten en los plazos máximos que se establecen en la norma (en conexión con el art. 10 LAI).

e) A recibir la información ambiental solicitada en la forma o formato elegidos (en conexión con el art. 11 LAI).

f) A conocer los motivos por los cuales no se les facilita la información, total o parcialmente, y también aquellos por los cuales no se les facilita dicha información en la forma o formato solicitados.

g) A conocer el listado de las tasas y precios que, en su caso, sean exigibles para la recepción de la información solicitada, así como las circunstancias en las que se puede exigir o dispensar el pago.

A estos derechos hemos de sumar las propias garantías del procedimiento (art. 10.2 LAI). Así, por ejemplo, cuando una solicitud de información ambiental esté formulada de manera imprecisa, la autoridad pública asistirá al solicitante para concretar su petición. Del mismo modo, cuando la autoridad pública compelida no posea la información requerida remitirá la solicitud a la que la posea o, al menos, cuando esto no sea posible, indicará al solicitante aquella autoridad a la que, según su conocimiento, haya de dirigirse.

La autoridad pública competente para resolver facilitará la información solicitada —o comunicará, por escrito o electrónicamente, según lo indicado por el autor de la solicitud, los motivos por los que no facilita la misma, junto a los procedimientos de recurso previstos— lo antes posible, teniendo en cuenta el calendario especificado por el propio solicitante de la información.

En cualquier caso, la LAI contempla unos plazos máximos para resolver este tipo de solicitudes [art. 10.2.*c*)]: con carácter general, un mes desde la recepción de la solicitud en el registro de la autoridad pública competente para resolverla, y dos meses, si el volumen y la complejidad de la información son tales que resulta imposible cumplir el plazo antes indicado (deberá informarse al solicitante de la ampliación del plazo, así como de las razones que justifican esta ampliación).

En cuanto a la forma o formato de la información (art. 11 LAI), la autoridad pública competente para resolver la solicitud deberá satisfacer la misma en la forma o formato determinados por el solicitante, a menos que: 1) la información ya haya sido difundida en otra forma o formato al que el solicitante pueda acceder fácilmente (se le informará de dónde puede acceder a dicha información o se le remitirá ésta en el formato disponible); o 2) que la autoridad pública considere razonable poner a disposición del solicitante la información en otra forma o formato y así lo justifique. En todo caso, estos formatos serán de fácil reproducción y acceso mediante telecomunicaciones informáticas o por otros medios electrónicos.

La negativa de la autoridad pública a facilitar la información solicitada en la forma o formato requeridos deberá comunicarse y motivarse, en el plazo máximo de un mes desde la recepción de la solicitud en el registro de la autoridad pública competente para resolver, haciendo saber al solicitante la forma o formatos en que, en su caso, se podría facilitar la información solicitada, así como los recursos que procedan.

En la contestación a las solicitudes sobre información ambiental relativas a sustancias, energía, ruido, radiaciones o residuos (incluidos los residuos radiactivos), emisiones, vertidos y otras liberaciones en el medio ambiente, las autoridades públicas deberán informar también, si así se les solicita y siempre que esta información se encuentre disponible, del lugar donde el ciudadano puede conocer: 1) el método de medición (incluido el método de análisis, de muestreo y de tratamiento previo de las muestras) utilizado para la obtención de dicha información, así como 2) la referencia al procedimiento normalizado empleado.

En otro orden de cosas, la LAI establece un amplio número de excepciones a la obligación de las autoridades públicas de facilitar la referida información ambiental (art. 13 LAI), a saber: 1) que la información solicitada a la autoridad pública no obre en poder de ésta o en el de otra entidad en su nombre; 2) que la solicitud sea manifiestamente irrazonable; 3) que la solicitud esté formulada de manera excesivamente general; 4) que la solicitud se refiera a material en curso activo de elaboración o a documentos o datos inconclusos (en la denegación se informará al solicitante de la autoridad que está preparando el material, así como del tiempo previsto para terminar su elaboración); o 5) que la solicitud se refiera a comunicaciones internas, teniendo en cuenta el interés público atendido por la revelación.

Además, las solicitudes de información ambiental podrán también denegarse si la revelación de la información solicitada puede afectar negativamente a cualquiera de los siguientes extremos (art. 13.2 LAI), interpretados de una manera «restrictiva», ponderando en cada caso concreto el interés público que trae consigo su divulgación con el interés atendido con su denegación (art. 13.4 LAI): 1) a la confidencialidad, prevista legalmente, de los procedimientos de las autoridades públicas; 2) a las relaciones internacionales, a la defensa nacional o a la seguridad pública; 3) a causas o asuntos sujetos a procedimiento o investigación judicial o disciplinaria; 4) a la confidencialidad, prevista legalmente, de datos de carácter comercial e industrial, a fin de proteger intereses económicos legítimos; 5) a los derechos de propiedad intelectual e industrial; 6) al carácter confidencial de los datos personales; 7) a los intereses o a la protección de un tercero que haya facilitado voluntariamente la información solicitada sin estar obligado a ello (en estos tres casos, salvo que el titular de estos datos haya consentido su tratamiento, revelación o divulgación); y/o 8) a la protección del medio ambiente, en particular, a la localización de las especies amenazadas o a la de sus lugares de reproducción. Estas excepciones no ampararán la denegación de información relativa a emisiones en el medio ambiente. La negativa a facilitar la información solicitada se notificará al solicitante indicando los motivos de la denegación.

La LEA, en su artículo 15, aborda la regulación de la confidencialidad que deben mantener las Administraciones Públicas en relación con la documentación aportada por el promotor; con ello, según afirma, busca solucionar los problemas que se han planteado ante solicitudes de acceso a documentos de procedimientos aún no finalizados. Las Administraciones Públicas que intervienen en los procedimientos de evaluación ambiental deberán respetar la confidencialidad de las informaciones aportadas por el promotor que, de conformidad con la normativa aplicable tengan dicho carácter, teniendo en cuenta, en todo caso, la protección del interés público. El promotor deberá indicar qué parte de la información contenida en la documentación presentada considera que debería gozar de confidencialidad. La Administración competente decidirá sobre la información que, según la legislación vigente, esté exceptuada del secreto comercial o industrial y sobre la información amparada por la confidencialidad.

La información ambiental solicitada que obre en poder de las autoridades públicas (o en el de otro sujeto en su nombre) se pondrá parcialmente a disposición del solicitante cuando sea posible separar del texto de la información solicitada la información cuya exclusión esté amparada por la LAI (art. 14 LAI).

Las autoridades públicas pondrán a disposición de los solicitantes de información ambiental el listado de las tasas y precios públicos y privados que sean de aplicación a tales solicitudes (razonable, en consonancia con los costes reales de la producción del material en cuestión), así como los supuestos en los que no proceda pago alguno. No obstante, el acceso a las listas o registros públicos de información ambiental será gratuito, así como el examen *in situ* de la información solicitada.

6. El trámite de información pública: su incidencia en la evaluación ambiental

Por último, hemos de referenciar también aquí el importante papel que juega en pro de la participación de la ciudadanía el trámite de información pública regulado con carácter general en el artículo 83 LPAC. No es un trámite generalizado, se practica sólo cuando está previsto por la legislación vigente, como sucede en este sector, por ejemplo, por parte de la LEA para el procedimiento de evaluación ambiental estratégica ordinaria o el procedimiento de evaluación de impacto ambiental ordinaria.

Este trámite se inicia con el anuncio del proyecto que —total o parcialmente— se somete a información pública en el diario oficial que corresponda, para que cualquier persona física o jurídica pueda examinarlo en el lugar de exhibición que allí se indique (al menos, ha de estar a disposición de la ciudadanía en la sede electrónica de la Administración implicada) y pueda formular alegaciones. Cuando se configura como un trámite preceptivo (esto es, obligatorio), como sucede en los dos casos apuntados por la LEA, su ausencia o su práctica manifiestamente incorrecta deben determinar en todo caso la anulabilidad de la resolución que se adopte.

Nos encontramos ante una fórmula de participación en el procedimiento abierta a cualquier persona y no sólo a los interesados en sentido estricto. Por eso dice la LPAC que ni la incomparecencia en este trámite precluye el derecho de los interesados a interponer recurso contra la resolución definitiva ni la comparecencia en el mismo otorga a nadie de por sí la condición de interesado en el procedimiento, a otros efectos. Ahora bien, quienes presenten alegaciones tienen derecho a una respuesta razonada, que podrá ser común para todas aquellas alegaciones que planteen cuestiones sustancialmente iguales.

A todo lo dicho, hay que añadir que la Administración podrá establecer otras formas, medios y cauces de participación de las personas, directamente o a través de las organizaciones y asociaciones reconocidas por la ley en el procedimiento en el que se dictan los actos administrativos.

IV. ACTIVIDADES PRÁCTICAS

Actividad 1.—Realice una solicitud de información a la Consejería de Medio Ambiente de la Junta de Andalucía con el fin de conocer la efectividad práctica del procedimiento de difusión pasiva de información ambiental.

En consonancia con el marco jurídico que regula la Administración electrónica (LPAC), utilice para cursar su petición, preferentemente, la vía telemática (requiere de certificado digital). También se admiten las solicitudes en papel.

Para más información, visite la web institucional: https://www.juntadeandalucia.es/medioambiente/portal/acceso-rediam/area-conocimiento/como-puedo/como-puedo-solicitar-informacion-ambiental

Se recomienda que para realizar esta petición, utilice el «Modelo de Solicitud de Información Ambiental» recogido en la página web de la Consejería de Medio Ambiente.

Estas consultas se tramitarán por parte de la persona titular de la Viceconsejería de la Consejería de Medio Ambiente de la Junta de Andalucía.

Actividad 2.—En conexión con el ejercicio precedente, donde abordamos el derecho de acceso a la información ambiental en nuestra Comunidad Autónoma, analice ahora la Resolución del Defensor del Pueblo Andaluz, de 11 de noviembre de 2011, formulada en la queja número 11/4372, dirigida a la Consejería de Economía, Innovación y Ciencia de la Junta de Andalucía (en concreto, a su Delegación Provincial en Huelva).

Puede consultar esta resolución en la web del Defensor del Pueblo Andaluz, *on line* en: http://www.*defensor-and.es*/

Esta queja trae causa de la negativa de esta Delegación Provincial a permitir ejercer a *Ecologistas en Acción* su derecho de acceso a la información ambiental (en este caso, en relación con el expediente de transmisión/reapertura de una explotación minera), al entender la Administración que éste no es propiamente un expediente de tramitación ambiental, a la luz de lo recogido en la LAI.

Podemos calificar esta actuación, de acuerdo con el Defensor del Pueblo de Andalucía, como una vulneración de los artículos 28.3 (derecho a acceder a la información medioambiental de que disponen los poderes públicos) y 31 (derecho a una buena administración) del Estatuto de Autonomía para Andalucía. A la luz de la resolución referida, responda al siguiente cuestionario guiado:

A) Describa los hechos que dieron lugar a esta resolución del Defensor del Pueblo Andaluz.

B) Señale qué concepto de «información ambiental» baraja la Administración objeto de esta queja. ¿Comparte este concepto restringido de información ambiental? Según el Defensor del Pueblo de Andalucía, ¿cuál es el contenido del derecho de acceso a la información ambiental?

C) ¿En qué sentido han de interpretarse las excepciones al derecho de acceso a la información ambiental? ¿Cómo ha de proceder la Administración cuando se encuentre ante una de estas excepciones?

D) Localice algunas de las resoluciones administrativas dictadas hasta la fecha ante reclamaciones en el campo de la información ambiental.

V. AUTOEVALUACIÓN

1. El derecho de acceso de la ciudadanía a la «información ambiental» se fundamenta, a nivel constitucional, por encima de todos...

a) En el artículo 45 CE (derecho al medio ambiente).
b) En el artículo 24 CE (derecho a la tutela judicial efectiva).
c) En el artículo 105 CE (derecho de acceso a archivos y registros).

2. La Ley 27/2006, de 18 de julio, reguladora de los derechos de Acceso a la Información, Participación Pública y Acceso a la Justicia en Materia de Medio Ambiente...

a) Quedó derogada por la Ley 19/2013, de 9 de diciembre, de transparencia, acceso a la información pública y buen gobierno.
b) Dio nacimiento al Consejo de Transparencia y Buen Gobierno.
c) Dispone que la Ley 19/2013, de 9 de diciembre, de transparencia, acceso a la información pública y buen gobierno será de aplicación, con carácter supletorio, al acceso a la información ambiental.

3. La Ley 27/2006, de 18 de julio, reguladora de los derechos de Acceso a la Información, Participación Pública y Acceso a la Justicia en Materia de Medio Ambiente parte de los postulados contenidos en...

a) El Convenio de Aarhus.
b) La Declaración de Río.
c) El Protocolo de Kioto.

4. De acuerdo con la Ley 27/2006, de 18 de julio, reguladora de los derechos de Acceso a la Información, Participación Pública y Acceso a la Justicia en Materia de Medio Ambiente, dentro de las instituciones obligadas a suministrar información ambiental se encuentran...

a) Los órganos consultivos.
b) Las asambleas legislativas.
c) Los órganos judiciales.

5. La Ley 27/2006, de 18 de julio, reguladora de los Derechos de Acceso a la Información, Participación Pública y Acceso a la Justicia en materia de Medio Ambiente asiste a los solicitantes de información ambiental de una serie de derechos, entre ellos...

a) El derecho a acceder, sin pagar tasa alguna, a la información ambiental que obre en poder de las autoridades públicas.
b) El derecho a ser informados, así como asesorados para su correcto ejercicio, de los derechos que les otorga esta Ley.
c) El derecho a acceder a los expedientes, sobre los que tengan un interés directo que afecten a la protección del medio ambiente.

6. Las solicitudes de información ambiental podrán denegarse si la revelación de la información solicitada puede afectar a...

a) Los intereses de la Administración a la que se solicita la información.
b) La conservación del medio ambiente por referirse a los lugares de reproducción de especies amenazadas.
c) La protección de datos de las posibles empresas involucradas.

7. La autoridad pública competente para resolver la solicitud deberá satisfacer la misma en la forma o formato determinados por el solicitante, a menos que...

a) La información ya haya sido difundida en otra forma o formato al que el solicitante pueda acceder fácilmente.
b) La autoridad pública, sin necesidad de justificación alguna al respecto, considere razonable poner a disposición del solicitante la información en otra forma o formato.
c) Quien solicite la información no demuestre un interés legítimo al respecto que justifique atender su petición.

8. Cuando la solicitud de información ambiental se refiera a material en curso activo de elaboración o a documentos o datos inconclusos...

a) La autoridad pública no estará obligada a facilitar la referida información ambiental.
b) La autoridad pública informará al solicitante de la autoridad que está preparando el material, así como del tiempo previsto para terminar su elaboración.
c) Ambas opciones son correctas.

9. La Red de Información Ambiental de Andalucía se encuentra adscrita a...

a) La Consejería de Medio Ambiente de la Junta de Andalucía.
b) El Ministerio de Medio Ambiente del Gobierno de España.
c) La Agencia Europea de Medio Ambiente.

10. La Red de Información Ambiental de Andalucía fue creada por...

a) La Ley 7/2007, de 9 de julio, de Gestión Integrada de la Calidad Ambiental.
b) La Ley 27/2006, de 18 de julio, reguladora de los derechos de Acceso a la Información, Participación Pública y Acceso a la Justicia en Materia de Medio Ambiente.
c) La Ley 19/2013, de 9 de diciembre, de transparencia, acceso a la información pública y buen gobierno.

VI. MATERIAL DIDÁCTICO

1. Lecturas recomendadas

Burgos Garrido, B., «El derecho de acceso a la información pública en cuestiones ambientales. La influencia del convenio de Aarhus en el Derecho europeo», en *Europa, società aperta* (coord. por M. D'amico *et al.*), vol. 2, 2022, pp. 891-936.

Fernández Luque, J. M., «El marco jurídico de la transparencia en España», *Revista de la Escuela Jacobea de Posgrado*, n.º 12, 2017, pp. 123-152 [Recurso electrónico, *on line* en: https://revista.jacobea.edu.mx/].

Fernández Ramos, S., y Pérez Monguió, J. M.ª, *El derecho al acceso a la información pública en España*, Aranzadi, Cizur Menor (Navarra), 2017.

Guichot Reina, E., «La competencia de las Autoridades de control para conocer de reclamaciones en materia de información ambiental, de reutilización y archivística», *Revista Española de la Transparencia*, n.º 4, Primer Semestre 2017, pp. 13-29.

— (coord.), *Transparencia, acceso a la información pública y buen gobierno. Estudio de la Ley 19/2013, de 9 de diciembre*, Tecnos, Madrid, 2014.

Lozano Cutanda, B., y Alli Turrillas, J.-C., *Administración y Legislación Ambiental*, Dykinson, Madrid, 2016.

Lozano Cutanda, B., y Gutiérrez-Alviz Conradi, F. (dirs.), *Examen de la nueva Ley de acceso a la información, participación pública y acceso a la Justicia en materia de medio ambiente*, Estudios de Derecho Judicial, Consejo General del Poder Judicial, Madrid, 2008.

Magariños Compaired, A., *Libertad de acceso a la información ambiental: las dificultades del caso europeo*, Instituto Nacional de Ecología, México, D.F., 2000 [Recurso electrónico, *on line* en: http://0-site.ebrary.com.adrastea.ugr.es/lib/univgranada/Doc?id=10316883].

Moreira Madueño, J. M., *El sistema de información geográfica-ambiental de Andalucía: del SinambA a la Red de Información Ambiental de Andalucía*, Asociación de Geógrafos Espa-

ñoles, Madrid, 2006 [Recurso electrónico, *on line* en: http://0-site.ebrary.com.adrastea.ugr.es/lib/univgranada/Doc?id=10306967].
Oficina de la Agenda 21 local de Zaragoza, *Derecho de acceso a la información ambiental: documentos básicos*, Zaragoza, 2006.
Pérez Conchillo, E., *Transparencia y derecho de acceso a la información pública: configuración y naturaleza constitucional*, Aranzadi, Pamplona, 2023.
Pigrau Solé, A. (dir.) *et al.*, *Acceso a la información, participación pública y acceso a la justicia en materia de medio ambiente: diez años del convenio de Aarhus*, Atelier, Barcelona, 2008.

2. Normativa de referencia

2.1. *Internacional y comunitaria*

— Convenio de la Comisión Económica para Europa de Naciones Unidas sobre acceso a la información, la participación del público en la toma de decisiones y el acceso a la justicia en materia de medio ambiente, hecho en Aarhus el 25 de junio de 1998 (*BOE* n.º 40, de 16 de febrero de 2005).

— Directiva 2003/4/CE del Parlamento Europeo y del Consejo, de 28 de enero de 2003, sobre el acceso del público a la información ambiental y por la que se deroga la Directiva 90/313/CEE del Consejo (*DOL* n.º 41, de 14 de febrero de 2003).

— Directiva 2003/35/CE del Parlamento Europeo y del Consejo, de 26 de mayo de 2003, por la que se establecen medidas para la participación del público en determinados planes y programas relacionados con el medio ambiente y por la que se modifican, en lo que se refiere a la participación pública y el acceso a la justicia, las Directivas 85/337/CEE y 96/61/CE (*DOL* n.º 156, de 25 de junio de 2003).

2.2. *Estatal*

— Ley 27/2006, de 18 de julio, por la que se regula los derechos de acceso a la información, de participación pública y de acceso a la justicia en materia de medio ambiente (*BOE* n.º 171, de 19 de julio de 2006).

— Ley 19/2013, de 9 de diciembre, de transparencia, acceso a la información pública y buen gobierno (*BOE* n.º 295, de 10 de diciembre de 2013).

— Real Decreto 919/2014, de 31 de octubre, por el que se aprueba el Estatuto del Consejo de Transparencia y Buen Gobierno (*BOE* n.º 268, de 5 de noviembre de 2014).

— Orden AAA/1601/2012, de 26 de junio, por la que se dictan instrucciones sobre la aplicación en el Departamento de la Ley 27/2006, de 18 de julio, por la que se regulan los derechos de acceso a la información, de participación pública y de acceso a la justicia en materia de medio ambiente (*BOE* n.º 172, de 19 de julio de 2012).

— Orden PRE/1.597/2014, de 5 de septiembre, por la que se establecen las cuantías y se dictan normas sobre la gestión y el cobro de la tasa por suministro de información ambiental en el ámbito de la Administración General del Estado y sus Organismos Públicos (*BOE* n.º 219, de 9 de septiembre de 2014).

2.3. *Andaluza*

— Estatuto de Autonomía para Andalucía (art. 28.3).

— Ley 7/2007, de Gestión Integrada de la Calidad Ambiental (deroga a la Ley 7/1994 de Protección Ambiental) [*BOJA* n.º 143, de 20 de julio de 2007].

— Decreto 347/2011, de 22 de noviembre, por el que se regula la estructura y funcionamiento de la Red de Información Ambiental de Andalucía y el acceso a la información ambiental (*BOJA* n.º 237, de 2 de diciembre de 2011).

— Ley 1/2014, de 24 de junio, de Transparencia Pública de Andalucía (*BOJA* n.º 124, de 30 de junio de 2014).

— Decreto 289/2015, de 21 de julio, por el que se regula la organización administrativa en materia de transparencia pública en el ámbito de la Administración de la Junta de Andalucía y sus entidades instrumentales (*BOJA* n.º 152, de 6 de agosto de 2015).

— Decreto 434/2015, de 29 de septiembre, por el que se aprueban los Estatutos del Consejo de Transparencia y Protección de Datos de Andalucía (*BOJA* n.º 193, de 2 de octubre de 2015).

3. Sitios web

— Agencia Europea de Medio Ambiente (AEMA): https://www.eea.europa.eu/es

— Consejo de Transparencia y Buen Gobierno: http://www.consejodetransparencia.es

— Consejo de Transparencia y Protección de Datos de Andalucía: http://www.ctpdandalucia.es

— Defensor del Pueblo Andaluz: http://www.defensordelpuebloandaluz.es/

— Ministerio para la Transición Ecológica y el Reto Demográfico: https://www.miteco.gob.es/es.html

— Red de Información Ambiental de Andalucía (REDIAM): https://www.juntadeandalucia.es/medioambiente/portal/acceso-rediam

— Red Europea de Información y Observación sobre el Medio Ambiente (EIONET): http://www.eionet.europa.eu/

4. Otros documentos de interés

Documento 1.—Vídeo institucional de presentación de la Red de Información Ambiental de Andalucía (REDIAM): https://www.youtube.com/watch?v=eOLAWR0zvLA&feature=youtu.be

Documento 2.—Mesa 2: Hacia una gestión pública más transparente. ¿Cuál es el camino?, *Jornadas «Transparencia pública en Andalucía. Más transparencia, más democracia»*, Sevilla, 6 y 7 de marzo de 2013: http://www.youtube.com/watch?v=6-8GnT7guac

Documento 3.—Fernández Ramos, S. y Pérez Monguió, J. M.ª: *Guía ciudadana para el ejercicio del derecho de acceso a la información ambiental en Andalucía*, Consejería de Medio Ambiente y Ordenación del Territorio, Sevilla, 2014, *on line* en: http://www.juntadeandalucia.es/medioambiente/guiaciudadana

CAPÍTULO 6

TÉCNICAS E INSTRUMENTOS ESTIMULATORIOS PARA LA PROTECCIÓN DEL MEDIO AMBIENTE

FÁTIMA E. RAMALLO LÓPEZ
Profesora de Derecho Administrativo
Universidad de Granada

I. PALABRAS CLAVE

Técnicas e instrumentos de fomento; subvenciones; crédito oficial; exenciones fiscales; beneficios tributarios; normalización; ecoetiqueta.

II. OBJETIVOS DIDÁCTICOS

1. Conocer e interpretar la legislación, la jurisprudencia y la Administración ambiental en materia de fomento ambiental.
2. Conocer las técnicas existentes para estimular la realización y puesta en práctica de medidas de protección ambiental.
3. Conocer los principales instrumentos de fomento para la protección preventiva del ambiente.

III. CONTENIDO DOCENTE

1. INTRODUCCIÓN: LA ACTIVIDAD DE LAS ADMINISTRACIONES PÚBLICAS

Según la doctrina clásica dentro de los distintos tipos de actividad administrativa se distinguen principalmente tres formas de actuación de las Administraciones Públicas: La actividad de *policía* o de limitación, la actividad de *fomento*, y la actividad de *servicio público* o de prestación.

La policía englobaría todas las actuaciones o decisiones administrativas que implican limitaciones o restricciones de los derechos; el servicio público agruparía todas las prestaciones que la Administración organiza directa o indirectamente, para ofrecerlas a los ciudadanos y mejorar, por tanto, sus condiciones de vida y derechos. Y, por último, la actividad de fomento que incluiría todos los instrumentos y técnicas de que se sirve la Administración para estimular la actividad de los propios ciudadanos o facilitar el cumplimiento de objetivos y fines de interés público.

Sin embargo, en la actualidad se puede afirmar que estas formas de entender la actividad administrativa se encuentran ampliamente superadas. La posición del Estado, en relación con la sociedad, ha sufrido una notoria transformación desde finales del siglo XX y comienzos del XXI, lo que ha provocado cierta dificultad a la hora de pretender encajar las actuales técnicas de actuación administrativa en la triple categoría diseñada por Jordana de Pozas. Por tanto, a esta trilogía clásica se han añadido luego algunas más como pueden ser, entre otras, las siguientes:

— la sancionadora (GARCÍA DE ENTERRÍA y T. R. FERNÁNDEZ);
— la actividad arbitral o de mediación (PARADA);
— actividad de planificación y programación;
— actividad jurídica (acto administrativo, reglamento, contrato, arbitraje), material (construcción de una carretera), y real o técnica (prevención y extinción de incendios, seguridad ciudadana, enseñanza, investigación científica, archivo de documentos, análisis de productos, etc.);
— acción administrativa de producción directa de bienes y dación de los mismos en el mercado, de carácter y contenido económicos, en concurrencia con los particulares (VILLAR PALASÍ y ARIÑO ORTIZ).

Sin perjuicio de lo anterior, dentro de las tres formas clásicas de división de la actividad administrativa por los efectos que su materialización tiene sobre los ciudadanos estudiamos en esta lección la actividad de fomento que, en una definición clásica de la misma, se caracteriza por ser «aquella modalidad de intervención administrativa que consiste en dirigir la acción de los particulares hacia fines de interés general mediante el otorgamiento de incentivos diversos, sin usar la coacción ni crear servicios públicos» (PARADA VÁZQUEZ). Contraponiéndose así la actividad de fomento a la de servicio público en que la «Administración realiza directamente y con sus propios medios el fin perseguido; mientras que en el fomento se limita a estimular a los particulares para que sean ellos, por su propia voluntad, desarrollando una actividad determinada, quienes suplan indirectamente el fin que la Administración persigue» (JORDANA DE POZAS).

De esta definición inicial, interesa destacar tres notas: una positiva, dirigir la actividad de los ciudadanos hacía fines de interés general; pero otras dos de carácter negativo, por un lado, no usar la coacción, por otro, no crear servicios públicos. Por otra parte, las medidas de fomento, incentivación y estímulo de conductas privadas destacan por ser menos costosas y una verdadera alternativa allí donde las técnicas clásicas de intervención unilateral del poder público se revelan ineficientes para prevenir e inducir los resultados sociales pretendidos.

2. Las técnicas de fomento en materia ambiental

El empleo de las técnicas de fomento en materia ambiental encuentra su fundamento en el artículo 45 de la Constitución Española, que establece que los poderes públicos tienen encomendada la función de «defender y restaurar el medio ambiente, apoyándose en la indispensable solidaridad colectiva». De conformidad con este precepto, la Administración Pública está obligada a crear un marco jurídico que estimule a los particulares a desarrollar sus actividades con incidencia o impacto en el medio de forma equilibrada y sostenible, más allá del establecimiento de otras medidas de regulación y control, limitativas o de policía que constriñen al cumplimiento de este fin público.

Mirando al sector privado empresarial, es lógico pensar que no asuma *motu proprio* el coste de las medidas preventivas y de protección ambiental que vayan más allá de las exigencias legales, es por ello por lo que se hace necesaria la intervención de la Administración como garante de los intereses públicos a través de este tipo de técnicas estimulatorias o de fomento mediante las que se pretende evitar que el potencial destructivo de la civilización moderna conduzca a un deterioro irreversible de nuestro ecosistema mediante instrumentos que ofrecen incentivos directos por conductas respetuosas.

Estos incentivos pueden consistir en medidas positivas o negativas. Dentro del primer grupo encontramos principalmente tres modalidades:

— Las jurídicas que otorgan prestaciones, bienes o ventajas a favor de quien realice la actividad que se trata de estimular, como puede ser obtener la condición de beneficiario en procedimientos de expropiación forzosa para la implantación de huertas solares, otorgamiento de concesiones o también pueden implicar una dispensa o reducción de cargas y de obligaciones legales o reglamentarias.

— Las ayudas económicas que implican un beneficio patrimonial tales como subvenciones, beneficios y desgravaciones fiscales (para empresas y particulares que realicen inversiones energías renovables, tecnologías limpias, eficiencia energética, reducción de emisiones etc.), crédito oficial, bonos verdes, conciertos económicos, préstamos a bajo interés o a fondo perdido (una variedad de instrumentos financieros destinados a financiar proyectos ambientales y sostenibles como infraestructuras verdes, transporte limpio y energías renovables), subsidios a las exportaciones a otros países menos rigurosos en materia de contaminación u otros instrumentos de carácter financiero.

— Medidas honoríficas como pueden ser premios, distinciones, así como ecoauditorías, ecoetiquetas y otros distintivos ambientales (en este último grupo encontraríamos un conjunto de certificaciones que tratan de reconocer a las empresas que cumplen con altos estándares de gestión ambiental).

Los diferentes instrumentos de financiación pública ambiental pueden enmarcarse en programas, fondos, líneas de ayuda, etc. También pueden ser tanto estatales, de la mano de programas del Ministerio para la Transición Ecológica y el Reto Demográfico o de otros departamentos ministeriales, así como de la extensa labor llevada a cabo por las Comunidades Autónomas y las entidades locales, con diferentes programas y líneas de ayuda. Asimismo, podemos encontrar este tipo de instrumentos de financiación en el ámbito comunitario, entre los que destaca, el Programa LIFE, el único instrumento financiero de la Unión Europea dedicado, de forma exclusiva, al medio ambiente y a la acción por el clima que desde 1992 ha desarrollado más de 5.400 proyectos en toda la Unión Europea, actualmente tenemos vigente el período 2021-2027 [Reglamento (UE) 2021/783 del Parlamento Europeo y del Consejo, de 29 de abril de 2021, por el que se establece un Programa de Medio Ambiente y Acción por el Clima (LIFE)]. Además, en el ámbito comunitario también destacan otros programas no específicos donde encontramos diferentes partidas ambientales como son las incluidas en los Fondos Estructurales y el Fondo de Cohesión, o el Fondo Europeo de Desarrollo Regional y los programas ambientales incluidos en el Programa Marco de I + D Horizonte 2021-2027.

Dentro de las medidas negativas, que constituyen obstáculos o cargas que se crean para dificultar por medios indirectos aquellas actividades contrarias u opuestas a las que la Administración quiere fomentar, principalmente nos encontramos con los impuestos ecológicos o lo que también ha venido a denominarse fiscalidad ambiental. A título de ejemplo podemos señalar los impuestos al carbono que gravan el nivel de emisiones de CO_2, las barreras arancelarias que gravan productos elaborados en países con menores exigencias ambientales, o en general todo tipo de impuestos de modificación de conductas o de recuperación de costes de gestión. Este tipo de impuestos suelen aparecer en todos los ordenamientos apoyando los mecanismos preventivos, especialmente cuando se trata de instalaciones en funcionamiento, cuya adaptación a modelos de gestión más sostenibles origina costos adicionales para las empresas, que no se traducen en mejoras de la productividad.

Existen detractores de estas medidas de incentivo fiscal que denuncian que con estos impuestos se permite la compra del derecho a contaminar, pero en nuestra opinión, es más bien disuasoria que discriminatoria. Ciertamente, el tributo ha de ser lo suficientemente elevado como para que el agente contaminante llegue a la conclusión de que es desventajoso económicamente seguir contaminando, lo que le motivará a introducir mejoras desde el punto de vista ambiental en el desarrollo de su actividad pero, al mismo tiempo, se procura que dicha carga fiscal no resulte excesivamente gravosa, pues ello produciría ciertamente problemas de equidad en la aplicación del tributo y tendría un efecto contrario al desincentivar y llegar a paralizar la actividad productiva por falta de rentabilidad. Por tanto, y en la medida que el derecho a contaminar tendría un coste extra olvidado, lo cierto es que, de un análisis de la aplicación de este tipo de tributos, se puede concluir que produce más beneficios que distorsiones en el sistema.

3. Incentivos económicos de carácter ambiental

De entre todas las medidas señaladas, y dada la elevada heterogeneidad que podemos encontrar entre las técnicas de tipo jurídico y honorífico, nos centraremos en desarrollar en este apartado dos de los clásicos y más conocidos instrumentos públicos de intervención estimulatoria de tipo económico como son las subvenciones y el crédito oficial, dejando a un lado la amplia variedad de instrumentos fiscales que también se han regulado en esta materia.

Los incentivos económicos ocupan un lugar relevante entre las medidas de fomento de la actividad de los particulares hacia fines considerados de interés general. En cuanto a las clases de estímulos económicos, la doctrina distingue entre las ayudas indirectas, aquellos que no significan un desembolso inmediato sino más bien una pérdida de ingresos (exenciones y desgravaciones fiscales) y las ayudas directas, que son aquellas que comportan una efectiva salida de dinero público a favor de un particular u otra administración. Dentro de esta última clase están los anticipos (préstamos reintegrables a bajo o nulo interés), subvenciones (incentivo económico sin obligación de reembolso) primas (premios en base a circunstancias objetivas), subsidios (vejez, familia numerosa), becas y premios.

En particular, los incentivos económicos de carácter ambiental se desarrollan principalmente en dos líneas de acción: *a*) incentivos para la inversión, con el objetivo de fomentar todas aquellas actividades que faciliten directamente la mejora de la calidad del medio ambiente, cómo puede ser la adquisición de tecnologías sostenibles como sistemas de reciclaje, tratamiento de aguas y producción de energía limpia, las ayudas para las instalaciones de energías renovables o para la conversión de instalaciones que conlleven un ahorro energético, o para la compra de vehículos eléctricos (como ejemplo podríamos citar los sucesivos planes RENOVE, PIVE y MOVES24); y *b*) incentivos para la adopción de medidas horizontales de apoyo; entre los que podríamos incluir los incentivos para la investigación y el desarrollo de energías renovables, de tecnologías de reducción de emisiones, y soluciones innovadoras para la sostenibilidad, o para el desarrollo de proyectos de conservación ambiental así como para la formación técnica del personal de las empresas y otros programas educativos y campañas de sensibilización.

El régimen de la actividad de fomento por medio de estímulos económicos está dominado por el principio de legalidad ya que, tanto la CE como las Leyes Generales Tributaria y Presupuestaria, exigen que todo beneficio fiscal y las obligaciones que emanen del Estado deban recogerse en una Ley.

3.1. *Las subvenciones*

Desde la perspectiva administrativa, las subvenciones son una de las técnicas de fomento de tipo económico más empleadas ya que supone estimular determinados comportamientos considerados de interés general e incluso un procedimiento de colaboración entre la Administración Pública y los particulares para la gestión de actividades de interés público. De esta forma, distintas Administraciones Públicas disponen de instrumentos de subvención y ayuda financiera y de financiación para contribuir al fomento de las políticas medioambientales, y la adopción de prácticas sostenibles que reduzcan el impacto ambiental negativo y promuevan un desarrollo económico compatible con la protección del medio ambiente, dirigidas tanto a las propias administraciones como a empresas privadas y particulares.

En cuanto a su régimen jurídico, de acuerdo con la Ley 38/2003, de 18 de noviembre, General de subvenciones, se entiende por subvención toda disposición dineraria realizada por cualquier Administración Pública a favor de personas públicas o privadas que cumplan los siguientes Requisitos:

— Que la entrega se realice sin contraprestación directa de los beneficiarios.

— Que la entrega esté sujeta al cumplimiento de un determinado objetivo, la ejecución de un proyecto, la realización de una actividad, la adopción de un comportamiento singular, ya realizados o por desarrollar, o la concurrencia de una situación, debiendo el beneficiario cumplir las obligaciones materiales y formales que se hubieran establecido.

— Que el proyecto, la acción, conducta o situación financiada tenga por objeto el fomento de una actividad de utilidad pública o interés social o de promoción de una finalidad pública.

Sus características vienen perfiladas por los siguientes rasgos:

a) Acto reglado y no íntegramente discrecional.
b) Principios:

— Publicidad, transparencia, concurrencia, objetividad, igualdad y no discriminación.
— Eficacia en el cumplimiento de los objetivos fijados por la Administración otorgante.
— Eficiencia en la asignación y utilización de los recursos públicos.
— Cuando los objetivos que se pretenden conseguir afecten al mercado, su orientación debe dirigirse a corregir fallos claramente identificados y sus efectos deben ser mínimamente distorsionadores.

c) Consignación presupuestaria previa.
d) Principio de riesgo compartido: no libera de aportación y riesgo al beneficiario.

Finalmente, es importante destacar que el empleo de todo este tipo de medidas de estímulo, deben pasar por el tamiz del control de la Comisión Europea de acuerdo con los artículos 107 a 109 del Tratado de Funcionamiento de la Unión Europea donde se regulan las reglas del mercado interior y del derecho comunitario de la competencia, así como de las Directrices comunitarias sobre ayudas de Estado en materia de protección del medio ambiente.

3.2. *Crédito oficial*

Existen diversas entidades financieras públicas que prestan apoyo a las inversiones medioambientales, entre las que destaca Instituto de Crédito Oficial (ICO), entidad pública empresarial adscrita al Ministerio de Economía, Comercio y Empresa a través de la Secretaría de Estado de Economía y Apoyo a la Empresa. Pero en esta ocasión no estamos hablando ni de subvenciones ni ayudas sino de auténticos créditos bancarios, que se realiza de forma directa o a través de entidades colaboradoras que pueden ser entidades financieras privadas o públicas nacionales, internacionales o multinacionales. La particularidad de estos préstamos es que se ofrecen a muy bajo interés ya que tienen por objetivo impulsar y apoyar inversiones cuyo fin sea considerado de interés general, además ICO estudia directamente la operación, concede el préstamo y en ocasiones, asume el riesgo.

Entre los sectores prioritarios del ICO figuran el asesoramiento financiero y la propia financiación de la inversión en proyectos que supongan una mejora del impacto medioambiental de la actividad productiva (procesos de racionalización de uso y distribución de agua, tratamiento de residuos, nuevas fuentes de generación de energía limpia y eficiencia energética, etc.). A este respecto, es de destacar el apoyo decisivo que está prestando el ICO financiando proyectos que promueven la transición ecológica y la sostenibilidad medioambiental del tejido empresarial y social en colaboración con los Fondos Next Generación de la Unión Europea. Dentro de este tipo de operaciones se encuentran las operaciones que favorecen la movilidad sostenible; el desarrollo de energías renovables y el hidrógeno renovable; la eficiencia energética y sostenibilidad de edificios; la economía circular, el tratamiento de aguas; la regeneración y renovación urbana y rural, etc.

4. Nuevos instrumentos de fomento

Además de los instrumentos de fomento tradicionales, que parten de la propia actividad de la Administración Pública, están adquiriendo un importante auge un grupo de técnicas provenientes del mundo empresarial, a las que podemos llamar nuevos instrumentos de fomento ambiental. Y es que, en efecto, en la actualidad, la preocupación ambiental de consumidores y usuarios provoca que se demande cada vez más la sostenibilidad de las actuaciones del sector empresarial. Esta demanda se ha traducido en instrumentos que podríamos denominar de fomento colaborativo con la Administración Pública como son: La certificación ambiental por la implementación de sistemas de gestión medioambiental (SGMA), la normalización, y la ecoetiqueta.

Estos instrumentos de fomento, si bien no siempre nacen desde las Administraciones Públicas son estimulados por estas ya que las organizaciones que se acogen a ellas obtienen unas ventajas, como:

— Mejora de las relaciones con las autoridades, permitiendo acceder a subvenciones, ayudas fiscales, permisos autorizaciones, etc.
— Puede vincularse a la normativa ambiental simplificando o reduciendo obligaciones o trámites administrativos por considerarse ya cumplidos con la implantación de dichos sistemas.

— Ventajas en la contratación pública.
— Ventajas competitivas: mejora la imagen de la organización de cara a clientes, accionistas, socios, etc.
— Nuevas oportunidades de negocio.
— Mejora en las relaciones con los consumidores y aumento de la confianza del consumidor.
— Motivación de los empleados: aumento de la sensibilización y mayor formación e información de los trabajadores.

Así, además de alcanzar una gestión ambiental de calidad y el cumplimiento de la legislación ambiental existente, también conlleva beneficios cuantificables que se traducen fundamentalmente la reducción de costes gracias a:

— Reducción de los consumos de recursos naturales (energía, agua y materias primas).
— Minimización de los residuos generados.
— Recuperación de subproductos, mediante el nuevo empleo en el proceso propio, o en otros procesos.

4.1. *La normalización. Certificaciones de SGMA*

Las *certificaciones de SGMA* son fruto de la llamada *normalización* desarrollada por la ISO (International Organization for Standarization) pasando a formar parte de lo que en Derecho Ambiental Internacional se ha definido como «Ley Blanda» (*Soft Law*) frente a la «Ley Dura» (*Hard Law*). La «Ley Dura» la constituye las regulaciones legales (leyes, decretos...), mientras que la «Ley Blanda», que ha venido desarrollándose durante los últimos veinte años, surgiendo como consecuencia de la rápida evolución de la economía mundial y del avance de la ciencia y la tecnología, está representada por normas informales de aplicación voluntaria.

Existe una amplia tipología de normas ISO, en lo que nos interesa en este tema, solo señalaremos la ISO 14000 que busca ofrecer a las empresas de cualquier tipo y tamaño los elementos necesarios para alcanzar un determinado estándar de calidad de gestión medioambiental en el sector que sean y de cuyo contenido nos ocuparemos en tema siguiente.

Junto a la Organización Internacional de Normalización, nacida el 23 de febrero de 1947, han proliferado en casi todos los países organismos nacionales de normalización sin vinculación pública que se ocupan de la aplicación de las normas ISO así como de redactar y aprobar sus propias normas de estandarización de productos y seguridad para las empresas u organizaciones. A título de ejemplo: Alemania, *Deutsches Institut für Normung* (DIN); Estados Unidos de América, *American National Standards Institute* (ANSI); Francia, *Association Française de Normalisation* (AFNOR); Italia, *Ente Nazionale Italiano di Unificazione* (UNI); Japón, *Japanese Industrial Standars Committee* (JISC); Reino Unido, *British Standards Institution* (BS); Suiza, *Swiss Association for Standardization* (SNV). En España existe la Asociación Española de Normalización y Certificación (AENOR).

A modo de breve valoración, hay que subrayar que la adopción de estas normas industriales no es obligatoria; aun así, son muchas las que tienen aceptación universal o casi universal. Por ello, la normalización industrial puede dejar fuera del mercado a numerosos fabricantes de la noche a la mañana, lo que evidencia la poderosa influencia que tiene actualmente.

Aunque es verdad que algunas normas están diseñadas en forma deficiente o imprecisa, pueden ser objeto de malas interpretaciones y pueden ser utilizadas de forma abusiva como una barrera al comercio internacional (las llamadas «ecobarreras»), los beneficios de la normalización son muchos, pese a esos defectos. No solamente una empresa puede comprar confiadamente productos de otras, con independencia del país que se produzcan, sino que las empresas que no se ajusten «voluntariamente» a estas normas pueden quedar «fuera de juego» en los mercados.

Es indiscutible la influencia que ejercen los llamados «estándares éticos» en materia de protección ambiental. Nos referimos a instrumentos como el Proyecto de Código de las Naciones Unidas sobre Conducta de Empresas Multinacionales; o, por ejemplo, a las Recomendaciones de la Organización para la Cooperación Económica y el Desarrollo sobre Prevención de la Contaminación Transfronteriza (ACOSTA GIRALDO)

Conviene indicar que el SGMA ISO 14000 no contiene estándares ambientales, es decir, no contiene límites en las cantidades que una industria o empresa puede contaminar, verter o emitir. Solamente crea «estándares» para una metodología de gestión que le permita considerar sus impactos ambientales.

Tampoco debe perderse de vista que una empresa puede estar certificada con el SGMA, aunque viole el Derecho ambiental. En ocasiones, conseguir la certificación ISO 14000 es una forma evitar posibles conflictos, ya que se aparenta un funcionamiento perfecto. Además, algunas empresas certificadas con ISO 14000 están en la creencia de que la obtención de la certificación por una organización independiente puede significar que su empresa no causa ningún daño al ambiente y no es así. Por ello, habría que revisar la independencia de las organizaciones que se ocupan de certificar.

4.2. *Ecoetiqueta*

Siguiendo a Martín Mateo, las ecoetiquetas conectan con las exigencias de calidad de las sociedades modernas, objetivo también abordado, como hemos visto, por los dispositivos de normalización de productos industriales. Pero, como ésta, no solo persiguen el progreso económico y la eliminación de los obstáculos comerciales, sino también, la protección del ambiente, la salud, la seguridad y la tutela de los consumidores.

Así pues, las ecoetiquetas se insertan en los mecanismos de mercado, responden a las modernas tendencias liberalizadoras, que pretenden incorporar a los precios los costos ambientales de la producción y distribución.

No obstante, dentro de los instrumentos preventivos para la protección del ambiente se presentan como un instrumento de mercado de considerable valor estratégico. Tienen un claro carácter voluntario, lo que las distingue de otros instrumentos como las ecotasas o impuestos ecológicos. Quiere ello decir, que las ecoetiquetas no tienen estrictamente naturaleza coactiva, no se imponen como los reglamentos, pero en buena medida pueden producir a la larga los mismos efectos, ya que las preferencias de los consumidores pueden decantarse hacia los productos que tengan ese signo de calidad ambiental, penalizando a los productores que no merezcan esa consideración ambiental.

Las ecoetiquetas se enmarcan con nitidez dentro de las técnicas de fomento selectivo, aunque aquí no medien premios u honores. Asimismo, la utilización de un distintivo común para los bienes recuerda a las marcas de calidad, si bien hay sensibles diferencias con algunas de ellas, como las «denominaciones de origen» o los «productos nacionales».

Existen ecoetiquetas comunitarias europeas que comparten con los distintivos ambientales nacionales objetivos comunes:

— Estimular características ambientalmente progresivas en los productos ofrecidos al público.

— Responder a las demandas de los consumidores ecológicamente motivados.

— Garantizar oficialmente la bondad relativa desde esta perspectiva de los bienes distinguidos.

— Tranquilizar a los competidores sobre la objetividad del procedimiento.

Tanto las ecoetiquetas nacionales como las comunitarias se conceden y se utilizan con apoyo en las normas nacionales e internacionales de iniciativa privada, indispensables para identificar y evaluar los requisitos exigidos para valorar el impacto ambiental de los productos.

Para conseguir estos propósitos, el modelo comunitario se fijó en el Reglamento (CE) n.º 880/92 del Consejo, de 23 de marzo de 1992, relativo a un sistema comunitario de concesión de etiqueta ecológica, aunque en la actualidad se tiene que considerar el Reglamento (CE) n.º 66/2010 del Parlamento Europeo y del Consejo, de 25 de noviembre de 2009, relativo a la etiqueta ecológica de la UE, y el Reglamento (UE) 2018/848 del Parlamento Europeo y del Consejo, de 30 de mayo de 2018, sobre producción ecológica y etiquetado de los productos ecológicos, dichos reglamentos, en lo esencial, siguen manteniendo las siguientes características, como ya expusiera para el primero MARTÍN MATEO:

— *Progreso sobre las exigencias legales:* no se trata de establecer un mecanismo de control sobre las normas ya existentes (ambientales, sanitarias o de seguridad), sino de ir más allá.

— *Competitividad:* No se acredita que el producto sea limpio, inocuo o no contaminante en absoluto, sino que es menos perjudicial que otros en el mercado. Es más, la ecoetiqueta puede concederse a varios bienes del mismo grupo que destaquen por distintas razones: menor consumo de energía, menor producción de residuos, etc.

— *Voluntariedad:* el sistema solo funciona a instancia de los interesados y no puede ser impuesto a éstos directamente. Aunque sí de forma indirecta, si la Administración, por ejemplo, da prioridad a sus adquisiciones en los pliegos de contratación administrativa, o en la concesión de ayudas para mejorar a productos con estas cualificaciones.

— *Compatibilidad:* se prevé una etiqueta única y eficaz, pero compatible con la concesión de etiquetas nacionales para productos.

— *Ciclo integral:* el objeto es constatar que un producto tiene repercusiones reducidas sobre el medio, sea preexistente, nuevo o sustitutivo, mencionándose en la matriz de valoración las frases: previa a la producción, producción, distribución, incluyendo el embalaje, utilización y eliminación.

— *Conservación de otras ventajas:* la mejora ambiental que se pretende no puede ser a costa de otras conquistas y progresos relacionados con la seguridad de los trabajadores, del propio producto y con su aptitud para el consumo.

El Reglamento (CE) 66/2010 fija las normas para el establecimiento y aplicación del sistema voluntario de etiqueta ecológica de la UE y se aplicará a todo bien o servicio suministrado para distribución, consumo o utilización en el mercado comunitario, ya sea mediante pago o de forma gratuita.

No todos los productos pueden ser candidatos a la obtención de la ecoetiqueta. Se excluyen en su artículo 2 los medicamentos para uso humano definidos en la Directiva 2001/83/CE, de 6 de noviembre de 2001, por la que se establece un código comunitario sobre medicamentos para uso humano, ni a los medicamentos veterinarios definidos en la Directiva 2001/82/CE, de 6 de noviembre de 2001, por la que se establece un código comunitario sobre medicamentos veterinarios, ni a ningún tipo de productos sanitarios.

Tras la modificación operada en 2010 ya no se excluyen:

— Alimentos y bebidas. No obstante, para los grupos de alimentos y piensos, debe efectuarse un estudio para asegurarse de que los criterios sean viables y de que puede garantizarse el valor añadido. Por lo que respecta a los alimentos y piensos, así como a los productos agrarios no procesados incluidos en el ámbito del Reglamento (CE) n.º 834/2007 del Consejo, de 28 de junio de 2007, sobre producción y etiquetado de los productos ecológicos, deberá tenerse en cuenta la opción de que únicamente puedan acogerse a la etiqueta ecológica de la UE los productos certificados como ecológicos, para evitar la confusión entre los consumidores.

— Sustancias o preparados clasificados como peligrosos si no cumplían los objetivos del entonces artículo 1 del Reglamento.

— Productos fabricados mediante procedimientos que puedan causar daños apreciables a las personas o el medio ambiente.

— Productos que no se ajusten a las exigencias comunitarias en materia de sanidad, seguridad y medio ambiente.

El principal derecho derivado de la concesión de la ecoetiqueta es precisamente la utilización de este atributo mediante el empleo del logotipo que aparece reproducido en el Anexo II del Reglamento. No obstante, su utilización deberá contener las especializaciones adjuntas al contrato suscrito en función del concreto producto, que serán claramente visibles.

Por el contrario, el titular se obliga a garantizar que el producto cumple con todas las condiciones establecidas en el contrato. Por ello, en caso de incumplimiento del contrato, deberá indemnizar a aquellos que sufran perjuicios y dará lugar a la suspensión del uso de la etiqueta.

La ecoetiqueta puede utilizarse durante el tiempo establecido en el contrato, que no podrá superar al de la validez de los criterios y al de las categorías de los productos, por lo que el plazo será aproximadamente de tres años.

Sorprendentemente, los organismos competentes para la concesión de la ecoetiqueta no responden de los daños o perjuicios irrogados al titular o a terceros.

En cuanto a la ecoetiqueta española, se crea por acuerdo de la Asociación Española de Normalización (AENOR). La Marca «AENOR N - MEDIO AMBIENTE», que una vez obtenida obliga a la utilización de un determinado anagrama en los productos certificados, se inserta en el contexto de las funciones ordinarias de normalización y certificación que AENOR tiene encomendadas mediante el Real Decreto 2.200/1995, de 28 de diciembre, por el que se aprobaba el Reglamento de la Infraestructura para la Calidad y la Seguridad Industrial en España, y donde se nombra a AENOR como responsable de la elaboración de las normas españolas (Normas UNE) y representante de los intereses españoles en los organismos de normalización europeos e internacionales.

La Marca AENOR N - SOSTENIBLE certifica el cumplimiento de una serie de requisitos ecológicos aplicados a un producto o servicio. Es el caso de la certificación de los Centros encargados de la recogida y recuperación de papel y cartón y de los Centros de tratamiento de vehículos al final de su vida útil. Otras marcas de criterios ecológicos desarrolladas por AENOR se aplican a los detergentes, como la marca AISE, y a la producción hortofrutícola como Leaf Marque y Tesco Nurture y la marca N de Lucha biológica contra plagas.

La citada Marca acredita que los productos que la ostentan son conformes con las Normas UNE y que los criterios ecológicos y especificaciones fijadas en los Anexos de la reglamentación, se han respetado en una fabricación controlada en cuanto a sus repercusiones ambientales y con un control de seguimiento por el Comité Técnico de Certificación Medioambiental.

IV. ACTIVIDADES PRÁCTICAS

Actividad 1.—Supuesto práctico: elabore un cuadro clasificatorio de las distintas medidas de fomento en materia ambiental que encuentre actualmente en la red, deberá separar aquellas medidas provenientes de las distintas Administraciones Públicas (Estado, Comunidades Autónomas, municipio). Una vez realizada la clasificación, valore, según el objetivo previsto en cada medida, su eficacia, y en su caso proponga una medida alternativa que considere más oportuna.

V. AUTOEVALUACIÓN

Elija cuál es la opción correcta de las tres que se le plantean en el siguiente elenco de preguntas:

1. Respecto de la posible actividad de las Administraciones Públicas:

a) Exclusivamente realiza actividad de fomento.

b) Solamente se dedica a la trilogía clásica: policía, fomento, servicio público.

c) Realiza múltiples actividades de distinto tipo.

2. Por actividad de fomento se entiende:

a) Cuando la Administración incentiva la actividad privada que coincide en sus fines con los intereses públicos que persigue.
b) Aquella por la que la Administración satisface directamente una necesidad pública, mediante la prestación de un servicio a los administrados.
c) Toda la actividad de la Administración de tipo ejecutivo.

3. Las técnicas de fomento en materia ambiental en España:

a) Son un mandato constitucional.
b) Tienen carácter voluntario, teniendo los gobiernos potestad para adoptarlas o no.
c) Sólo está obligado a adoptarlas el Estado, pero no las Comunidades Autónomas.

4. Dentro de los clásicos instrumentos de fomento en materia ambiental están:

a) Las subvenciones, el crédito oficial, las exenciones fiscales, los préstamos a bajo interés, las ayudas y los subsidios a la exportación.
b) Las sanciones, las medidas coercitivas y las complementarias.
c) Las medidas compensatorias, las indemnizatorias y las reparadoras.

5. La Normalización consiste en elaborar, difundir y aplicar normas. Las normas desarrolladas por ISO son:

a) De obligado cumplimiento por todos, como es la característica propia de las normas.
b) Voluntarias, ya que proceden de un organismo no gubernamental (ONG).
c) Por supuesto, depende de la norma a aplicar en cuestión.

6. La actividad de fomento se caracteriza en nuestro Estado constitucional por:

a) Ser una actividad enteramente discrecional de la Administración.
b) Constituir una forma de actividad en que la Administración actúa de forma graciable respecto de la actividad de los particulares.

c) Consistir en una actividad que no exige contraprestación directa por los particulares.

7. No es un principio que rige el sistema de subvenciones:

a) Contraprestación directa de los beneficiarios.
b) Eficacia en el cumplimiento de los objetivos fijados por la Administración otorgante.
c) Eficiencia en la asignación y utilización de los recursos públicos.

8. No son ayudas económicas:

a) Subvenciones, beneficios y desgravaciones fiscales.
b) Crédito oficial, bonos verdes, conciertos económicos, préstamos a bajo interés o a fondo perdido.
c) Ecoauditorías, ecoetiquetas y otros distintivos ambientales.

9. Qué productos pueden ser candidatos a la obtención de la ecoetiqueta europea:

a) Naturalmente, todos los productos europeos.
b) Todos los industriales, a excepción de los eléctricos y electrónicos.
c) Todos, a excepción de los que se excluyan normativamente.

10. El crédito oficial es:

a) Un instrumento financiero por el que otorgan préstamos a muy bajo interés
b) Un instrumento financiero dirigido a estimular la prestación de servicios públicos por los particulares
c) Una ayuda pública que se concede a fondo perdido

VI. MATERIAL DIDÁCTICO

1. Lecturas recomendadas

Alenza García, J. F., *Manual de Derecho ambiental*, Universidad Pública de Navarra, Navarra, 2001.

Álvarez García, V., «La protección del medio ambiente mediante las técnicas de normalización industrial y de la certificación», en *REDA*, n.º 105, 2000.

Betancor Rodríguez, V., *Instituciones de Derecho Ambiental*, La Ley, Madrid, 2001.

Dopazo Fraguio, P., *El etiquetado ecológico. Empresa y consumo,* en Ponencias del IV Congreso nacional de ADAME (Derecho Ambiental y Consumo), Alicante, diciembre, 1993.

— *El régimen jurídico de las marcas de calidad ambiental: etiqueta ecológica y tutela ambiental,* Exlibris, Madrid, 2001.

Esteve Pardo, J., *Derecho del medio ambiente,* Marcial Pons, Madrid, 2005.

— *Lecciones de Derecho Administrativo,* Marcial Pons, Madrid, 2011.

Fernández de Gatta Sánchez, D., «Auditorías y sistemas de gestión medioambientales en la Unión Europea», en *Noticias de la Unión Europea,* n.º 228, 2004.

García Gil, M., *Subvenciones y ayudas de la Unión Europea para las Pimes,* Biblioteca Politécnica de la Universidad de Granada, 2002.

Jordano Fraga, J., *La protección del derecho a un ambiente adecuado,* Bosch, Barcelona, 1996.

Lozano Cutanda, B., *Derecho ambiental administrativo,* La Ley, Madrid, 2010.

— «El futuro de la "flor europea": la nueva etiqueta ecológica de la UE», *Revista Catalana de Dret Ambiental,* n.º 1, 2010.

Martín Mateo, R., *Tratado de Derecho Ambiental,* Trívium, Madrid, 1995.

Moiche Bokobo, S., *Gravámenes e incentivos fiscales ambientales,* Marcial Pons, Madrid, 2000.

Sanz Rubiales, I., *Sobre la naturaleza jurídica de la etiqueta ecológica,* en el vol. col. «El Derecho Administrativo en el umbral del siglo xxi. Homenaje al Profesor Dr. D. Ramón Martín Mateo», tomo III, Tirant lo Blanch, Valencia, 2000.

VV.AA., *El etiquetado ecológico: verde por dentro, verde por fuera,* coordinado por Barral Uriarte, J., y García Guerra, E., Madrid, 2002.

2. Normativa

2.1. *Unión Europea*

— Reglamento (UE) n.º 1293/2013 del Parlamento Europeo y del Consejo, de 11 de diciembre de 2013, relativo al establecimiento de un Programa de Medio Ambiente y Acción por el Clima (LIFE) y por el que se deroga el Reglamento (CE) n.º 614/2007.

— Reglamento (CE) n.º 66/2010, del Parlamento Europeo y del Consejo de 25 de noviembre de 2009, relativo a la etiqueta ecológica de la UE.

— Reglamento (CE) n.º 1980/2000, del Parlamento Europeo y del Consejo de 17 de julio de 2000, relativo a un sistema comunitario revisado de concesión de etiqueta ecológica.

— Reglamento (UE) 2018/848 del Parlamento Europeo y del Consejo, de 30 de mayo de 2018, sobre producción ecológica y etiquetado de los productos ecológicos

— Decisión de la Comisión, de 10 de noviembre de 2000, relativa a un contrato tipo sobre las condiciones de utilización de la etiqueta ecológica comunitaria.

— Decisión de la Comisión, de 10 de noviembre de 2000, por la que se establecen los cánones de solicitud y anuales de la etiqueta ecológica.

— Decisión (UE) 2017/175 de la Comisión, de 25 de enero de 2017, relativa al establecimiento de los criterios de la etiqueta ecológica de la UE para el alojamiento turístico.

2.2. *Estatal*

— Ley 38/2003, de 17 de noviembre, General de Subvenciones.

— Real Decreto 887/2006, de 21 de julio, por el que se aprueba el Reglamento de la Ley 38/2003, de 17 de noviembre, General de Subvenciones.

— Ley 16/2013, de 29 de octubre, por la que se establecen determinadas medidas en materia de fiscalidad medioambiental y se adoptan otras medidas tributarias y financieras.

— Decreto Legislativo 1/2010, de 2 de marzo, por el que se aprueba el Texto Refundido de la Ley General de la Hacienda Pública de la Junta de Andalucia.

— Real Decreto 234/2013, de 5 de abril, por el que se establecen normas para la aplicación del Reglamento (CE) n.º 66/2010 del Parlamento Europeo y del Consejo, de 25 de noviembre de 2009, relativo a la etiqueta ecológica de la Unión Europea.

— Real Decreto 2200/1995 de 28 de diciembre que aprueba el Reglamento de la Infraestructura para la Calidad y la Seguridad Industrial en España.

— Real Decreto 390/2021, de 1 de junio, por el que se aprueba el procedimiento básico para la certificación de la eficiencia energética de los edificios.

— Real Decreto 219/2004, de 6 de febrero, por el que se modifica el Real Decreto 1.326/1995, de 28 de julio, por el que se regula el etiquetado energético de frigoríficos, congeladores y aparatos combinados electrodomésticos.

3. Páginas web y enlaces de utilidad

— Ayudas integrantes del Programa LIFE: http://ec.europa.eu/environment/life/index.htm

— Información sobre ayudas publicadas en el *BOE*: https://www.boe.es/buscar/ayudas/subvenciones_informacion.php

— Ministerio para la transición ecológica y el reto demográfico: https://www.miteco.gob.es. En esta página se puede acceder a las ayudas y otras medidas de estímulo en materia ambiental.

— Junta de Andalucía, Consejería de Sostenibilidad, Medio Ambiente y Economía Azul: https://www.juntadeandalucia.es/medioambiente/portal/home

— Subvenciones de la Junta de Andalucía: http:// https://www.juntadeandalucia.es/servicios/sede/tramites/procedimientos.html

— «El proceso de normalización en materia ambiental: aciertos y debilidades»: http://www.monografias.com/trabajos91/normatividad/normatividad.shtml

— Página de información al consumidor sobre productos con ecoetiqueta: http://ec.europa.eu/ecat/

CAPÍTULO 7

LA PARTICIPACIÓN PRIVADA EN LA PROTECCIÓN AMBIENTAL: LAS CERTIFICACIONES AMBIENTALES, AGENDA 2030, LA EDUCACIÓN AMBIENTAL, EL VOLUNTARIADO AMBIENTAL Y LA PARTICIPACIÓN

Carolina Cárdenas Páiz
Unidad de Calidad Ambiental
Universidad de Granada

I. PALABRAS CLAVE

Sistemas de Gestión Ambiental; protección ambiental; Agenda 2030; educación ambiental; voluntariado ambiental; formación ambiental; sensibilización.

II. OBJETIVOS DIDÁCTICOS

1. Conocer los conceptos de Sistema de Gestión Ambiental, Agenda 2030, Educación Ambiental y Voluntariado Ambiental.
2. Conocer las diferentes fases en la implantación de Sistemas de Gestión Ambiental y su normativa o metodología de referencia.
3. Capacitar al alumno para distinguir entre las distintas herramientas de protección ambiental y su aplicabilidad.
4. Comprender la importancia de acciones de educación y voluntariado ambiental como base para la consecución de objetivos ambientales en todos los ámbitos.

III. CONTENIDO DOCENTE

1. Introducción

En la actualidad cada vez son más las organizaciones, tanto públicas como privadas, las que optan por desarrollar e implantar medidas de protección ambiental de carácter voluntario, que aumenten la visibilidad de su compromiso con el logro de objetivos ambientales, son las llamadas certificaciones ambientales, aplicables a diferentes ámbitos de la gestión ambiental de las organizaciones.

De entre estas herramientas, destacamos los Sistemas de Gestión Ambiental y el programa Agenda 2030.

El sistema de gestión ambiental se define como la *parte del sistema de gestión usada para gestionar aspectos ambientales, cumplir los requisitos legales y otros requisitos y abordar los riesgos y oportunidades (ISO 14001:2015)*, aplicables a todo tipo de organizaciones tanto públicas como privadas.

El programa Agenda 2030 de la de Naciones Unidas (NU, en adelante), aprobado en 2015, contiene 17 objetivos de desarrollo sostenible (ODS, en adelante) y 169 metas que comprenden el documento «Transformando nuestro mundo: la Agenda 2030 para el Desarrollo Sostenible», adoptado formalmente en la Cumbre de Naciones Unidas para la adopción de la agenda de desarrollo posterior a 2015, es por tanto, la continuación de los Objetivos de Desarrollo del Milenio (2000-2015).

Como novedad, la Agenda 2030 sitúa, por primera vez, a las empresas y no solo los gobiernos y la sociedad civil como agentes claves en el desarrollo. Los ODS se distribuyen en 5 esferas: personas, planeta, paz, prosperidad y alianzas, comprendiendo los tres ámbitos del desarrollo sostenible, ambiental, social y económico e insta a gobiernos, empresas y ciudadanos a adoptar medidas para lograr el cumplimiento de los ODS.

Las ventajas que se pueden obtener mediante la aplicación de herramientas de este tipo son muy variadas y dependen de la naturaleza de la organización y del contexto en el que ésta, se desenvuelva. A modo de ejemplo, podemos citar las siguientes ventajas, agrupadas por el ámbito en el que se manifiestan las mejoras:

a) Social

— Mejora de la imagen pública de la organización.

— Incremento de la formación, conciencia y sensibilización ambiental, al considerarse las cuestiones relevantes para las partes interesadas internas y externas de las organizaciones.

b) Ambiental

— Disminución de los impactos ambientales asociados a su actividad, incidiendo positivamente en el estado del medio ambiente en todos los niveles.
— El control o influencia sobre la forma en que la organización diseña, fabrica, distribuye, consume y lleva a cabo la disposición final de productos o servicios, usando una perspectiva de ciclo de vida que pueda prevenir que los impactos ambientales sean involuntariamente trasladados a otros puntos del ciclo de vida.

c) Económico y de mercado

— Mejora de la competitividad de la organización y apertura de nuevos mercados. No obstante, hay que destacar que los sistemas de gestión ambiental no están previstos para incrementar ni cambiar los requisitos legales que se aplican a una organización, según el texto de la Norma ISO 14001:2015.
— Reducción o eliminación del pago de sanciones por infracciones administrativas debidas a incumplimientos de requisitos legales con contenido ambiental.
— Mejora de eficiencia de los procesos de la organización, mediante un mayor y mejor control, lo que repercute en una disminución de los costes asociados a la ineficiencia del control de inventario, gestión de residuos, consumos energéticos y de materias primas, entre otros.

De forma paralela a la implantación de este tipo de instrumentos que mejoran el comportamiento ambiental de las organizaciones, existen otro tipo de herramientas que sirven de apoyo para la consecución de los anteriores, o bien, pueden aplicarse independientemente de aquéllos, con el objetivo de lograr mejoras en el desempeño ambiental a través de una mayor sensibilización y un aumento de los conocimientos ambientales.

La educación y capacitación ambiental de trabajadores, que desempeñan tareas asociadas a aspectos ambientales o la asimilación de conceptos ambientales por parte del ciudadano, posibilitan una mayor comprensión de lo que se espera de ellos para mejorar el medio ambiente, de las razones por las cuales debemos asumir nuestra responsabilidad individual y de las consecuencias ambientales y legales de no hacerlo. Sin duda, estos hechos contribuirán a una mejora de la eficacia de las políticas globales de protección del medio ambiente y desarrollo sostenible.

Esta conexión de lo particular con lo global se logra mediante acciones de educación ambiental, tal y como establece el ODS 4: Garantizar una educación inclusiva, equitativa y de calidad y promover oportunidades de aprendizaje durante toda la vida para todos, concretamente en la meta 4.7: «*De aquí a 2030, asegurar que todos los alumnos adquieran los conocimientos teóricos y prácticos necesarios para promover el desarrollo sostenible, entre otras cosas mediante la educación para el desarrollo sostenible y los estilos de vida sostenibles* [...]», hace referencia a la necesidad de incorporar criterios de sostenibilidad en los planes de estudio, a todos los niveles, para lograr un desarrollo justo y equitativo para todas las personas, protegiendo al planeta.

Muy ligado al concepto de educación ambiental aparece el voluntariado ambiental, que se define como aquel que persigue disminuir el impacto negativo del ser humano sobre el medio ambiente y poner en valor el patrimonio natural existente, las especies animales y vegetales, los ecosistemas y los recursos naturales realizando, entre otras, acciones de protección y recuperación de la flora y fauna, la biodiversidad natural de los distintos hábitats y la defensa del medio forestal; de conservación y mejora del agua, de los ríos y otros elementos del medio natural; de educación y sensibilización medioambiental; de protección de los animales; y cualesquiera otras que contribuyan a proteger, conservar y mejorar el medio ambiente según el artículo 6 de la Ley 45/2015, de 14 de octubre, de Voluntariado (*BOE* n.º 247, de 15 de octubre de 2015) mediante las cuales el voluntario, entre otros beneficios, obtiene formación, información, orientación, apoyo y, en su caso, los medios materiales necesarios para el ejercicio de las funciones que les sean encomendadas, siendo condicionantes de la acción voluntaria la no retribución económica y la imposibilidad de que el trabajo voluntario sustituya a un trabajo remunerado. La importancia de la educación y el voluntariado ambiental se pone de manifiesto por la aprobación del Plan de Acción de Educación Ambiental para la Sostenibilidad (en adelante, PAEAS), que establece los objetivos y las líneas de acción en materia de educación ambiental para la sostenibilidad (EAS, en adelante) a desarrollar entre los años 2021 y 2025.

Y en la incorporación de estas herramientas en el articulado de la normativa sectorial de protección del medio ambiente, encontrando algunas referencias en la Ley 7/2022, de 8 de abril, de Residuos y Suelos Contaminados para una Economía Circular, en cuyo articulado se hace referencia a la educación ambiental como finalidad del impuesto sobre depósito de residuos en vertederos, la incineración y la co-incineración de residuos, así como ejemplo de instrumentos económicos y otras medidas para incentivar la aplicación de la jerarquía de residuos, en su anexo V. En la Ley 34/2007, de 15 de noviembre, de calidad del aire y protección de la atmósfera, queda establecido que tanto el Estado como las Comunidades Autónomas, en sus respectivos campos de actuación, fomentarán la formación y la sensibilización del público para mejorar la protección atmosférica, especialmente se promoverá el movimiento asociativo y de voluntariado, la difusión de campañas de sensibilización pública y concienciación sobre los hábitos de vida de la ciudadanía y la orientación al consumidor sobre productos más eficientes desde el punto de vista energético y menos contaminantes. En Andalucía podemos tomar como ejemplo el contenido de la Ley 7/2007, de 9 de julio, de Gestión Integrada de la Contaminación Ambiental de Andalucía, que incluye entre sus fines y principios la promoción de la educación ambiental, y dedica el Capítulo IV a la Educación Ambiental para la sostenibilidad. La Ley 2/2011, de 4 de marzo, de Economía Sostenible, hace también referencia a la educación ambiental en el Título III de Sostenibilidad Ambiental, por ejemplo, en la Sección 3.ª relativa a la formación, investigación y transferencia de resultados en el sistema universitario.

Con objeto de dar soporte a actividades de educación y voluntariado ambiental, así como a la implantación de instrumentos voluntarios de protección ambiental en organizaciones, se crean diversas redes y grupos de trabajo en los distintos niveles, internacional, europeo, nacional y autonómico que tienen como objetivo el intercambio de conocimiento y buenas prácticas ambientales para lograr con éxito la aplicación de estas medias en pro de la sostenibilidad ambiental, así como para difundir los éxitos logrados con las mismas y animar y fomentar su implantación en todo tipo y tamaño de organizaciones.

Algunas de estas redes son:

— Centro Nacional de Educación Ambiental (CENEAM), centro de recursos al servicio y en apoyo de todos aquellos colectivos, públicos y privados, que desarrollan programas y actividades de educación ambiental dependiente del Ministerio de Agricultura, Alimentación y Medio Ambiente.

— REVERSA, red de ciudades verdes y sostenibles de Andalucía, con el objetivo de apoyar a los municipios para lograr el Pacto Verde Europeo y la Agenda 2030.

— Red Española para el Desarrollo Sostenible (REDS), sede del grupo de trabajo Sustainable Development Solutions Network (SDSN) en España, pretende impulsar la implantación de la Agenda 2030 en España.

— Red de Entidades Locales para la Agenda 2030, amparada por la Federación Española de Municipios y Provincias (FEMP), para implantar la Agenda 2030 en el ámbito local.

Con objeto de establecer el marco normativo vinculado a este tipo de herramientas vamos a diferenciarlas en:

— Certificaciones ambientales.
— Agenda 2030.
— Educación y Voluntariado Ambiental.

2. Certificaciones Ambientales

Tienen su origen en la Conferencia de Naciones Unidas sobre Medio Ambiente y Desarrollo celebrada en Rio de Janeiro en el año 1992, cuando se encomienda la Organización Internacional de Estandarización (ISO) que desarrolle un esquema normativo que permita a las organizaciones desarrollar, implantar y certificar un Sistema de Gestión cuyo objeto fuera la mejora continua de su desempeño ambiental mediante un sistema que fuera certificable (visible) de forma similar al esquema de los Sistemas de Gestión de la Calidad (ISO 9000).

La primera versión de la Norma ISO 14001 sobre Sistemas de Gestión Ambiental vio la luz en el año 1996 y ha sufrido dos modificaciones posteriores, en 2004 y 2015.

En el año 1993 surge en el ámbito europeo el *Reglamento (CE) 1.836/1993, de 29 de junio, por el que se permite a las empresas del sector industrial adherirse con carácter voluntario a un sistema comunitario de gestión y auditorías ambientales*. Este reglamento ha sufrido varias modificaciones posteriores, siendo la última versión la aprobada según Reglamento (CE) n.º 1221/2009 del Parlamento Europeo y del Consejo, relativo a la participación voluntaria de organizaciones en un sistema comunitario de gestión y auditoría medioambientales (EMAS), modificado en su anexo IV, presentación de informes ambientales por el Reglamento (UE) 2018/2026 de la Comisión de 19 de diciembre de 2018. En esta última revisión del Reglamento EMAS se modifican algunas cuestiones que lo acercan más al esquema ISO, por ejemplo, el registro EMAS se abre a la adhesión de organizaciones de fuera de la Comunidad.

El esquema de implantación de un Sistema de Gestión Ambiental es similar en ambas normas, no obstante, el Reglamento EMAS sí añade una serie de requisitos a la implantación de un Sistema de Gestión Ambiental basado en ISO 14001:2015; estos requisitos son:

1. Obligación de realizar una revisión ambiental inicial para aquellas organizaciones que no dispongan de un sistema de gestión ambiental previo.
2. Estricto cumplimiento de los requisitos legales de aplicación a la organización en materia ambiental y anticipación respecto de la aprobación de requisitos de carácter ambiental, minimizando el riesgo tanto de incumplimiento como de contaminación.
3. Realización de una declaración ambiental que, una vez validada por un verificador ambiental, será puesta a disposición del público para garantizar la transparencia de las acciones de la organización relacionadas con los aspectos ambientales significativos.

4. Impulso y reconocimiento de la participación de los trabajadores, de forma obligatoria, como garantía de la eficacia del sistema de gestión ambiental implantado.
5. Determinación de la periodicidad del ciclo de auditorías con una duración de tres años.

La nueva versión de la Norma ISO 14001:2015 también añade una serie de requisitos que se recogen en el Reglamento EMAS; cuyas ventajas son:

— Incrementa la presencia de gestión ambiental en todos y cada uno de los procesos de la organización. Incluyendo un análisis de riesgos y oportunidades de la organización, asociados a sus principales procesos y los aspectos ambientales identificados.
— Pone un mayor énfasis en el equipo de gobierno.
— Añade la proactividad en la protección de daños ambientales, por ejemplo, uso sostenible de recursos y mitigación del cambio climático.
— Incrementa la mejora del desempeño ambiental.
— Considera el ciclo de vida al identificar y evaluar los aspectos ambientales.
— Añade la necesidad de establecer una estrategia de comunicación.

La estructura de la Norma ISO 14001:2015, es la siguiente:

1. Liderazgo:

a) Liderazgo y compromiso.
b) Política ambiental.
c) Roles, responsabilidades y autoridades de la organización.

2. Planificación:

a) Acciones para abordar riesgos y oportunidades.
b) Objetivos ambientales y planificación para lograrlos.

3. Apoyo:

a) Recursos.
b) Competencia.
c) Toma de conciencia.
d) Comunicación interna/externa. Generalidades.
e) Información documentada. Generalidades. Creación y actualización. Control de la información documentada.

4. Operación:

a) Planificación y control operacional.
b) Preparación y respuesta ante emergencias.

5. Evaluación del desempeño:

a) Seguimiento, medición, análisis y evaluación.
b) Auditoría interna.
c) Revisión por la dirección.

6. Mejora:

a) Generalidades.
b) No conformidad y acción correctiva.
c) Mejora continua.

El reglamento EMAS, conserva la estructura de la Norma ISO 14001:2015. Las normas y guías de consulta son las siguientes:

ISO 14001:2015 sobre Sistemas de Gestión Ambiental. Requisitos con orientaciones para su uso —Reglamento (CE) 1221/2009 del Parlamento Europeo y del Consejo, de 25 de noviembre de 2009, *relativo a la participación voluntaria de organizaciones en un sistema comunitario de gestión y auditoría medioambientales* (EMAS) y por el que se derogan el Reglamento (CE) n.º 761/2001 y las Decisiones 2001/681/CE y 2006/193/CE de la Comisión—.

Posteriormente se han incorporado nuevas normas que enfatizan diferentes aspectos de la gestión ambiental de las organizaciones y que responden a las necesidades de regulación normativa de determinadas actividades y la obtención de un reconocimiento global por parte del público en general, de la sostenibilidad de estas acciones. Estas normas son:

— Certificación de Eventos Sostenibles: UNE -ISO 20121:2013.
— Huella de Carbono:

  • ISO 14064:2019.
  • ISO 14067:2018.

— Ecodiseño: ISO 14006.
— Plástico reciclado: UNE-EN 15343:08.
— Huella Hídrica: ISO 14046:2014.
— Gestión de la Eficiencia Energética: ISO 50001.
— Costes de flujo de materiales: ISO 14053:2021.

3. Agenda 2030

La Agenda 2030 es un plan de acción mundial para lograr el desarrollo sostenible, que contiene 17 objetivos y 169 metas que comprenden todos los ámbitos del desarrollo, conectando iniciativas en el nivel local, nacional e internacional. Para su seguimiento se diseñaron 232 indicadores a partir de datos estadísticos que, siempre que sea posible, deben ir desglosados por: ingresos, sexo, edad, raza, origen étnico, estatus migratorio, discapacidad y ubicación geográfica y otras características, de conformidad con los Principios Fundamentales de las Estadísticas Oficiales, según recomendación del Departamento de Asuntos Económicos y Sociales de Naciones Unidas.

En España, el Instituto Nacional de Estadística (INE en adelante), recoge y muestra el resultado de los indicadores para España. Para lograr un seguimiento lo más preciso posible del cumplimiento de los 17 ODS, es necesario que aporten información al sistema las Comunidades Autónomas, Entidades y Gobiernos Locales, así como las actuaciones, si es el caso, de organismos de la sociedad civil.

Vemos, por tanto, que la responsabilidad para el cumplimiento de los ODS recae sobre todos los agentes sociales, tanto públicos como privados.

Sin embargo, a pesar de que son numerosas las iniciativas públicas y privadas para contribuir a su consecución, al ser objetivos de cumplimiento voluntario y no normalizados, su grado de implantación y aplicación es diferente según el contexto interno y externo de la organización. Para lograr una participación de sectores estratégicos en la Agenda 2030 y avanzar hacia la consecución de los ODS, en España se ha optado por aplicar medidas transversales e integradas en dos niveles fundamentales, por un lado, con la formulación de políticas palanca y por otro lado, con el establecimiento de compromisos gubernamentales.

Las políticas palanca surgen porque es necesario incentivar la ruptura de comportamientos sectoriales rígidos que dificultan el cumplimiento de los ODS, acelerando su implantación de forma continua en el tiempo e implicando a todos los actores. Se identificaron, de forma preliminar las siguientes áreas donde es necesario formular este tipo de políticas, siendo objeto de revisión y adaptación. Estas áreas son:

— Prevención y lucha contra la pobreza, la desigualdad y la exclusión social.
— Igualdad de oportunidades.
— Agenda urbana española.
— Economía Circular.
— Ley de Cambio Climático y Transición Energética.

— Investigación científica y técnica para los ODS.
— Economía Social.
— Plan de Gobierno Abierto.
— Recuperar la Cooperación Española al Servicio de los ODS.

En referencia a los compromisos asumidos para el cumplimiento de los ODS, destacamos los siguientes:

— Ser referentes y motores de aplicación de la Agenda 2030 en el mundo.
— Impulsar alianzas para el cumplimiento de los ODS con todos los sectores.
— Impulsar la educación para el desarrollo sostenible, comunicación, la cultura y la formación y capacitación de los trabajadores públicos para la consecución de la Agenda 2030.
— Alinear la compra pública con los ODS y los presupuestos de los departamentos ministeriales.
— Legislar teniendo en cuenta los ODS.
— Informar.

De forma paralela se han editado guías y recomendaciones para la aplicación de los ODS en entidades locales, empresas e instituciones, que identifican, por ejemplo, nuevas oportunidades de negocio. Destacamos, de manera general, los siguientes pasos:

— Formarse sobre los ODS y ver cómo afectan a la institución/empresa.
— Realizar un estudio previo, incluyendo el contexto interno y externo para determinar prioridades específicas de actuación.
— Establecer objetivos y metas de cumplimiento e indicadores de seguimiento.
— Revisar el cumplimiento de los objetivos y,
— Comunicación de los resultados.

Con todos los datos resultantes de la aplicación de los ODS, los gobiernos nacionales informan de forma voluntaria a Naciones Unidas sobre el cumplimiento de los ODS. Estos informes son la base para la revisión periódica por Naciones Unidas y su adaptación, si fuera necesario.

4. Educación y voluntariado ambiental

La educación y el voluntariado ambiental no son herramientas de mejora ambiental reguladas normativamente, son más bien competencias de carácter programático, no obstante, existen referencias a las mismas en varias de las directrices normativas sectoriales referentes a los aspectos ambientales. La Ley de Voluntariado a nivel estatal establece claramente qué actividades son susceptibles de ser desarrolladas por programas de voluntariado, las obligaciones y derechos del voluntario, de las entidades que desarrollan la actividad voluntaria y del papel de las distintas administraciones en la organización y gestión de la acción voluntaria.

Es importante destacar el auge de la educación y el voluntariado ambiental a nivel internacional, desde los años 70 y su interrelación con el resto de las herramientas de mejora del desempeño ambiental de organizaciones y comunidades. Así queda de manifiesto, como se ha visto anteriormente, en instrumentos de planificación y programáticos, así como en la legislación relacionada con el medio ambiente.

Algunos de los hitos relacionados con el desarrollo de la educación ambiental y herramientas de participación como el voluntariado, son los que se enumeran a continuación:

— Seminario Internacional de Educación Ambiental. Belgrado. 1975. Se establecen las metas y los objetivos de la educación ambiental, así como una serie de recomendaciones sobre diversos aspectos relativos a su desarrollo.

— Conferencia Intergubernamental sobre Educación Ambiental. Tbilisi. 1977. Se definen la naturaleza, y los principios pedagógicos de la educación ambiental, así como las grandes orientaciones que deben regir su desarrollo en el ámbito nacional e internacional.

— Congreso Internacional sobre Educación y Formación relativas al Medio Ambiente. Moscú. 1987. Se ponen en acción las orientaciones anteriores y se aprueba la Estrategia Internacional de Acción en materia de Educación y Formación Ambiental para el decenio de 1990.

— Conferencia de las Naciones Unidas sobre el Medio Ambiente y Desarrollo. Río de Janeiro. 1992. Se plantea la reorientación de la educación ambiental hacia el desarrollo sostenible y se pone de relieve el carácter fundamental que la relación desarrollo-medio ambiente tiene para la educación ambiental. Es preciso remarcar que, paralelamente a la Conferencia oficial, se desarrolló el Foro Internacional de ONG y Movimientos Sociales, donde la sociedad civil manifestó su percepción y sus planteamientos sobre el reto que tiene ante sí la educación ambiental actualmente. En el Capítulo 36 de la Agenda 21 titulado, Fomento de la Educación, la Capacitación y la Toma de Conciencia. En el que se describen tres áreas programáticas: Reorientación de la educación hacia el desarrollo sostenible, aumento de la conciencia del público, fomento de la capacitación.

— Conferencia Internacional sobre Medio Ambiente y Sociedad: Educación y Conciencia Pública para la Sostenibilidad. Tesalónica. 1997. Clarificación del concepto y de los mensajes claves de la educación para la sostenibilidad e inicio de un inventario de buenas prácticas de cara a elaborar un programa de trabajo sobre educación, conciencia y formación.

En España, el movimiento en torno a la educación ambiental se materializó en el año 1999 en la publicación del Libro Blanco de la Educación Ambiental editado por el Ministerio de Medio Ambiente, Medio Rural y Marino y el programa de trabajo para impulsar la aplicación de la educación ambiental es el PAEAS 2021-2025, cuyo objetivo es impulsar un cambio cultural necesario para la transición ecológica.

IV. ACTIVIDADES PRÁCTICAS

Actividad 1.—Diseñe de forma simplificada qué documentación sería necesaria para que un sistema de gestión ambiental cumpla con los requisitos de la Norma ISO 14001:2015. ¿Qué cambios realizarías en la documentación para que además cumpliera con las directrices del Reglamento EMAS? Justifica tu respuesta.

Datos para la realización de la actividad:

— Estructura organizativa: Pequeña empresa dedicada a la fabricación, distribución y venta de perfumes.

Aspectos ambientales directos identificados en situaciones normales:

— Generación de residuos en dependencias generales:

• Papel, cartón, plásticos, envases y embalajes, envases de productos de limpieza, envases de productos de mantenimiento.

— Generación de residuos de laboratorio:

• Reactivos de laboratorio y sus envases, cadáveres de animales de experimentación, muestras de sangre, cultivos, jeringuillas, lancetas.

— Consumo de agua.

— Generación de agua residual: laboratorio, aseos y limpieza.
— Consumo de energía eléctrica.
— Consumo de butano/propano/gas natural.

Actividad 2.—La Red de Entidades Locales para la Agenda 2030 de la FEMP tiene por objetivo principal la coordinación de acciones entre los gobiernos locales para lograr una mejor aplicación de la Agenda 2030. Haz una búsqueda en internet y consulta:

a) Los principales hitos para adherirse a la red.
b) 3 municipios por provincia que tienen implantada una Agenda 2030.

V. AUTOEVALUACIÓN

1. Los sistemas de gestión ambiental son aplicables:

a) A la empresa privada.
b) A todo tipo de organizaciones.
c) A organizaciones ubicadas en el territorio de la Unión Europea.

2. La Agenda 2030 es aplicable a:

a) Municipios, principalmente.
b) Ayuntamientos y Diputaciones Provinciales.
c) Todo tipo de organizaciones.

3. El ODS relacionado con la educación es el:

a) ODS 4.
b) ODS 17.
c) ODS 1.

4. La Educación Ambiental:

a) Es una herramienta fundamental para lograr un cambio de valores en pro del desarrollo sostenible.
b) Se concibe principalmente como una estrategia de negocio.
c) Está orientada a la mejora de la sensibilización ambiental de los escolares.

5. El voluntariado ambiental:

a) Es una actividad altruista no regulada legalmente.
b) Se incluye como mecanismo de participación para la implantación de sistemas de gestión ambiental en las organizaciones.
c) Puede ser organizado por entidades que cumplan los requisitos establecidos en la normativa de referencia.

6. ¿En qué año fue revisada la Norma ISO 14001 sobre Sistemas de Gestión Ambiental?

a) 1993.
b) 2001.
c) 2015.

7. Dentro de la estructura de los Sistemas de Gestión Ambiental, ¿en qué apartado se incluye el requisito de capacitación, formación y toma de conciencia?

a) Apoyo.
b) Liderazgo.
c) Verificación.

8. De las siguientes áreas, ¿cuál no es susceptible de aplicación de políticas palanca para el cumplimiento de los ODS en España?

a) Igualdad de oportunidades.
b) Educación
c) Transición energética.

9. Una de las diferencias existentes entre la implantación de un sistema de gestión ambiental siguiendo el esquema ISO 14001:2015 y otro siguiendo el esquema EMAS III, es:

a) Alcance, el Reglamento EMAS III solo permite la adhesión de organizaciones ubicadas en el territorio de la Unión Europea.
b) Participación, el Reglamento EMAS III obliga a la participación de agentes sociales en la planificación del sistema de gestión ambiental.
c) Publicidad, el Reglamento EMAS III obliga a la publicación de declaraciones ambientales de la organización.

10. En el año 1977 tuvo lugar en Tbilisi una conferencia sobre:

a) Educación ambiental.
b) Instrumentos públicos de protección ambiental.
c) Desarrollo de indicadores ambientales para mejorar la comparabilidad entre los diferentes Estados.

VI. MATERIAL DIDÁCTICO

1. Lecturas recomendadas

Betancor Rodríguez, A., y Larrinaga González, C., *EMAS: análisis, experiencias e implantación,* Ecoiuris, Madrid, 2004.

De Castro, R., *Voluntariado ambiental. Claves para la acción proambiental comunitaria,* Monografías de Educación Ambiental, 2000.

García Gómez, J., y Nando Rosales, J., *Estrategias Didácticas en Educación Ambiental,* Algibe, 2000.

Gutiérrez, J., Benayas, J. *et al.*, «Educación para el desarrollo sostenible: Evaluación de retos y oportunidades del decenio 2005-2014», *Revista iberoamericana de educación,* n.º 40, 2006, pp. 25-69.

Heras, I., Díaz de Junguitu, A. *et al.*, «Evolución de la Adhesión al Reglamento EMAS en Europa y España», *Revista Ambienta,* enero de 2008.

Marías Martínez, D., «La educación ambiental, un reto para la Universidad española del siglo xxi», *Revista Cuenta y Razón,* Fundación de Estudios Sociológicos, 2002.

Martínez Huertas, J. F., *Manual de Educación Ambiental,* UNESCO, 1996.

Novo, M., *La educación ambiental. Bases éticas, conceptuales y metodológicas,* UNESCO, 1997.

2. Normativa de referencia

2.1. *Internacional, serie de normas ISO 14001*

— UNE EN ISO 14001:2015: sistemas de gestión ambiental. Requisitos con orientaciones para su uso.

— UNE EN ISO 19011:2011: directrices para la auditoría de los sistemas de gestión de la calidad o ambiental.

— UNE 66177:2005: sistemas de gestión. Guía para la integración de los sistemas de gestión.

— UNE 150301:2003: gestión ambiental del proceso de diseño y desarrollo eco diseño.

— UNE ISO/TR 14062:2007 IN: gestión ambiental. Integración de los aspectos ambientales en el diseño y desarrollo de productos (ISO/TR 14062:2002).

— UNE EN ISO 14020:2002: etiquetas ecológicas y declaraciones ambientales. Principios generales (ISO14020:2000).

— UNE EN ISO 14021:2002: etiquetas ecológicas y declaraciones medioambientales. Auto declaraciones medioambientales (etiquetado ecológico tipo II) (ISO 14021:1999).

— UNE EN ISO 14024:2001: etiquetas ecológicas y declaraciones medioambientales. Etiquetado ecológico tipo I. Principios y procedimientos (ISO 14024:1999).

— UNE EN ISO 14025:2007: etiquetas y declaraciones ambientales. Declaraciones ambientales tipo III. Principios y procedimientos (ISO 14025:2006).

— UNE 150041:1998 EX: análisis del ciclo de vida simplificado.

— UNE EN ISO 14040:2006: gestión ambiental. Análisis del ciclo de vida. Principios y marco de referencia (ISO 14040:2006).

— UNE EN ISO 14044:2006: gestión ambiental. Análisis del ciclo de vida. Requisitos y directrices (ISO 14044:2006).

— UNE EN ISO 14031:2000: gestión ambiental. Evaluación del comportamiento medioambiental. Directrices generales (ISO 14031:1999).

— UNE EN ISO 14063:2006: gestión ambiental. Comunicación ambiental. Directrices y ejemplos (ISO 14063:2006).

— UNE EN ISO 14050:2005: gestión ambiental. Vocabulario.

— UNE 150008:2008: análisis y evaluación del riesgo ambiental.

— UNE 150011:2005: gestión ambiental: guía para la evaluación de los costes ambientales. Costes ambientales internos.

2.2. *Comunitaria*

— Reglamento EMAS III: Reglamento (CE) 1221/2009 del Parlamento Europeo y del Consejo de 25 de noviembre, relativo a la participación voluntaria de organizaciones en un sistema comunitario de gestión y auditoría medioambientales (EMAS), y por el que se derogan el Reglamento (CE) n.º 761/2001 y las Decisiones 2001/681/CE y 2006/193/CE de la Comisión.

— Reglamento (UE) 2018/2026 de la Comisión, de 19 de diciembre de 2018, que modifica el anexo IV del Reglamento (CE) n.º 1221/2009 del Parlamento Europeo y del Consejo, relativo a la participación voluntaria de organizaciones en un sistema comunitario de gestión y auditoría medioambientales (EMAS).

2.3. *Estatal*

— Ley 45/2015, de 14 de octubre, de voluntariado (*BOE*, n.º 247 de 15 de octubre de 2015).

3. Sitios web

— http://ec.europa.eu/environment/emas/index_en.htm - Página web de la Comisión Europea sobre el Reglamento EMAS.

— http://www.aenor.es/aenor/certificacion/mambiente/iso14001.asp - Página web de AENOR (Agencia Española de Normalización) en lo que respecta a sistemas de gestión ambiental basados en la Norma ISO 14001:2004. Descripción del proceso, ayudas, enlaces y noticias, entre otra documentación.

— https://www.miteco.gob.es/es/ceneam/programas-de-educacion-ambiental.html - Programas de Educación y Voluntariado Ambiental oficiales recogidos por el Ministerio de Medio ambiente, rural y Marino (actual Ministerio de Agricultura, Alimentación y Medio Ambiente).

— https://www.miteco.gob.es/es/calidad-y-evaluacion-ambiental/temas/sistema-comunitario-de-ecogestion-y-ecoauditoria-emas.html - Página web de aplicación del Reglamento EMAS en España.

— https://redagenda2030.es/ - Red de Entidades Locales para la Agenda 2030 de la FEMP.

— https://www.un.org/sustainabledevelopment/es/development-agenda/ - Sitio de Naciones Unidas para la Agenda 2030.

— https://www.mdsocialesa2030.gob.es/agenda2030/documentos/eds-cast-acce.pdf Estrategia - Agenda 2030 de España.

— https://www.miteco.gob.es/es/ceneam/plan-accion-educacion-ambiental.html - Plan de Acción para la Educación Ambiental, PAEAS 2021-2025.

CAPÍTULO 8

EL DERECHO SANCIONADOR: ÁMBITO PENAL Y ÁMBITO ADMINISTRATIVO

M.ª Asunción Torres López
Catedrática de Derecho Administrativo
Universidad de Granada

A) *INTRODUCCIÓN: MANIFESTACIONES DEL* IUS PUNIENDI *DEL ESTADO*

Artículo 25.1 CE: *Nadie puede ser condenado o sancionado por acciones u omisiones que en el momento de producirse no constituyan delito, falta o infracción administrativa, según la legislación vigente en aquel momento.*

La Constitución española distingue en su artículo 25 dos ámbitos: el penal y el administrativo, siendo ambos manifestaciones del Ordenamiento Punitivo del Estado. Nos encontramos ante dos Derechos sancionadores que operan en ámbitos distintos: el Derecho Sancionador Penal y el Derecho Sancionador Administrativo.

La potestad sancionadora constituye una importantísima manifestación del poder jurídico de las Administraciones Públicas para el cumplimiento de sus fines. Es una potestad de signo represivo, que se ejercita a partir de una vulneración o perturbación de reglas establecidas. Pero también es de signo preventivo, pues establecer todo un cuadro de sanciones, junto al conjunto de prescripciones de una norma, implica una amenaza latente para quien, sin atender pacífica y voluntariamente al cumplimiento de tales prescripciones, las infringe deliberadamente.

Por otra parte, en materia medioambiental, el artículo 45 CE establece que:

1. Todos tienen el derecho a disfrutar de un medio ambiente adecuado para el desarrollo de la persona, así como el deber de conservarlo.

> 2. Los poderes públicos velarán por la utilización racional de todos los recursos naturales, con el fin de proteger y mejorar la calidad de la vida y defender y restaurar el medio ambiente, apoyándose en la indispensable solidaridad colectiva.
> 3. Para quienes violen lo dispuesto en el apartado anterior, en los términos que la Ley fije se establecerán sanciones penales o, en su caso, administrativas, así como la obligación de reparar el daño causado.

De modo que, se prevé tanto el ejercicio de la potestad sancionadora por parte de las Administraciones Públicas en caso de infracciones administrativas, como la imposición de penas, en caso de ilícitos penales por los Jueces y Tribunales de la Jurisdicción Penal.

B) *LA POTESTAD SANCIONADORA DE LA ADMINISTRACIÓN*

I. PALABRAS CLAVE

Potestad sancionadora; legalidad; culpabilidad; presunción de inocencia; *non bis in idem*; irretroactividad; proporcionalidad; sanción; multa; reparación; restauración ambiental.

II. OBJETIVOS DIDÁCTICOS

1. Conocer el concepto de potestad sancionadora de la Administración Pública para su aplicación en los sectores ambientales.
2. Adquirir el conocimiento de los principios de la potestad sancionadora para determinar la graduación de las sanciones.
3. Asumir que el procedimiento sancionador es una garantía esencial para el ciudadano.

III. CONTENIDO DOCENTE

1. Concepto de potestad sancionadora de la Administración y los principios

La potestad sancionadora de las Administraciones Públicas está sometida al principio de legalidad, como, en general, toda su actuación: artículos 103 y 106 CE. La Jurisprudencia del Tribunal Supremo se ha referido, en numerosas ocasiones, a la potestad sancionadora de la Administración, y ha determinado que debe realizarse a través de la ley formal: «la atribución a las Administraciones Públicas de la facultad para sancionar ha de realizarse a través de ley formal y con este estricto significado ha de entenderse la palabra «legislación vigente» utilizada por el artículo 25 CE, estando sometida al principio de legalidad, entendido de esta manera, no sólo la investidura o habilitación de la potestad sancionadora, sino también la tipificación de las infracciones y la determinación de las sanciones» (SSTS de 20 de enero y 26 de junio de 1987, 18 de enero de 1990, 7 de noviembre de 1991 y 24 de septiembre de 1992). En el mismo sentido, las SSTC de 3 de octubre de 1984, 7 de abril de 1987 y 17 de julio de 1995, o también de 11 de julio de 2013.

La potestad sancionadora de la Administración está sujeta a una reserva de ley que es incompatible tanto con la regulación reglamentaria de las infracciones y sanciones carentes de habilitación legal, como con la tipificación de los ilícitos administrativos y las correspondientes consecuencias sancionadoras por norma de rango legal vacía de contenido material propio. Es el legislador el que tiene la obligación de regular los tipos de infracción administrativa y las sanciones correspondientes para dar cumplimiento al principio de reserva de ley.

En el ámbito local, el ejercicio de la potestad sancionadora por los Ayuntamientos a través de ordenanza (norma reglamentaria), ha de someterse a la reserva de ley del artículo 25 CE, en el sentido matizado por el Tribunal Constitucional, quien deriva de este precepto dos exigencias mínimas:

1. De un lado, la Ley debe fijar los criterios mínimos de antijuridicidad conforme a los cuales los Ayuntamientos pueden establecer tipos de infracciones; se trata de criterios y no de definición de tipos.
2. De otro lado, la Ley reguladora de cada materia ha de establecer las clases de sanciones que pueden establecer las ordenanzas municipales; no se exige tampoco que la Ley establezca una clase específica de sanción para cada grupo de ilícitos, sino una relación de posibles sanciones que cada Ordenanza puede determinar en función de la gravedad de los ilícitos administrativos que ella misma especifica.

Una primera precisión a tener en cuenta es que la variadísima legislación específica y sectorial en materia de medio ambiente contempla en su articulado un apartado referido a las infracciones y sanciones administrativas. Ello permite que en casos de incumplimiento de la normativa, pueda la Administración ejercer su poder represivo a través de la imposición de una sanción.

El ejercicio de esta potestad está sometido a unos principios y reglas, que no son sino los mismos principios que rigen en el ámbito sancionador penal, si bien, en algunos casos, con ciertas matizaciones (arts. 25 ss. LRJSP).

Ya nos hemos referido al *principio de legalidad*. Junto a él, muy conectado con éste, el *principio de tipicidad*, que exige que todas las conductas que constituyan infracción administrativa estén perfectamente delimitadas y descritas en la ley. Ello implica, como en el ámbito penal, que no se puedan sancionar conductas similares a las descritas en la norma, esto es, se prohíbe la analogía. También han de estar contempladas en la ley las sanciones a imponer. Si bien, una vez descritos en la ley los elementos esenciales de las infracciones y de las sanciones, se permite la colaboración reglamentaria, de manera que la Administración cuando desarrolle la ley, pueda también graduar las sanciones, dentro de los límites establecidos en la ley.

El *principio de responsabilidad* exige que sólo puedan ser sancionadas por hechos constitutivos de infracción administrativa las personas físicas y jurídicas que resulten responsables de los mismos aun a título de simple inobservancia. En cualquier caso, se exige cierto grado de culpabilidad en el infractor, aunque éste sea mínimo.

De manera que hasta tanto la culpa no se pruebe, rige el *principio de presunción de inocencia* o presunción de no existencia de responsabilidad administrativa mientras no se demuestre lo contrario. Los hechos declarados probados por resoluciones judiciales penales firmes vincularán a las Administraciones Públicas respecto de los procedimientos sancionadores que sustancien. Además, los hechos constatados por funcionarios a los que se reconoce la condición de autoridad, y que se formalicen en documento público observando los requisitos legales pertinentes, tendrán valor probatorio sin perjuicio de las pruebas que en defensa de los respectivos derechos o intereses puedan señalar o aportar los propios administrados.

Uno de los principios fundamentales de la actuación de la Administración Pública y, en concreto, en el ejercicio de la potestad sancionadora, es el *principio de proporcionalidad*, que exige que en la determinación normativa del régimen sancionador, así como en la imposición de sanciones por las Administraciones Públicas se deberá guardar la debida adecuación entre la gravedad del hecho constitutivo de la infracción y la sanción aplicada, considerándose especialmente como criterios para la graduación de la sanción a aplicar: la existencia de intencionalidad o reiteración; la naturaleza de los perjuicios causados; o la reincidencia, por comisión en el término de un año de más de una infracción de la misma naturaleza cuando así haya sido declarado por resolución firme.

En ningún caso, una sanción administrativa puede consistir en la privación de libertad.

Uno de los problemas más destacados en cuanto a la eficacia del sistema represivo, consiste en que para el infractor puede resultar más beneficioso el cumplimiento de la sanción que el cumplimiento de la norma. Sobre todo en materia medioambiental, en la que las grandes empresas no tienen mayor inconveniente en cumplir con la sanción económica que corresponda a la infracción cometida. Por ello la Ley permite que el establecimiento de sanciones pecuniarias prevea esta circunstancia (art. 28 LRJSP).

Por otra parte, sólo serán aplicables las disposiciones sancionadoras vigentes en el momento de producirse los hechos que constituyan infracción administrativa. De manera que rige el *principio de irretroactividad* de las disposiciones sancionadoras no favorables. En otro caso, esto es, cuando la disposición sancionadora favorece al presunto infractor, tendrán efecto retroactivo (art. 26 LRJSP).

Para imponer una sanción, la Administración ha de seguir el procedimiento legalmente establecido, en otro caso incurriría en arbitrariedad con la consecuencia de la nulidad de la sanción. La *garantía del procedimiento* se deriva de la exigencia de distinguir dos fases: la instrucción a cargo de un órgano administrativo, en la que se debe dar al interesado trámite de alegaciones y prueba y en la que el órgano hace la propuesta de resolución; la resolución, en la que otro órgano distinto, con la documentación derivada de la instrucción, dicta la resolución sancionadora.

Finalmente, no podrán sancionarse los hechos que hayan sido sancionados penal o administrativamente, en los casos en que se aprecie identidad del sujeto, hecho y fundamento (art. 31 LRJSP). Es el denominado *principio non bis in idem* cuya aplicación impide que un mismo hecho sea sancionado por la Administración y además por un órgano jurisdiccional, por dos Administraciones distintas o, incluso, por la misma Administración en más de una ocasión. Si ante una infracción ambiental se abre procedimiento sancionador y proceso penal, el administrativo ha de suspenderse hasta que termine el proceso penal. Si hay sentencia condenatoria, no hay sanción administrativa. Si hay sentencia absolutoria, puede continuar el procedimiento administrativo, teniendo en cuenta que los hechos probados en la sentencia penal vinculan a la Administración Pública.

En materia medioambiental, como hemos indicado, una de las peculiaridades es la asociación a la sanción del deber de reparar:

Artículo 45.3 CE:

3. Para quienes violen lo dispuesto en el apartado anterior, en los términos que la Ley fije se establecerán sanciones penales o, en su caso, administrativas, así como la obligación de reparar el daño causado.

Cuando el daño ambiental es consecuencia de la comisión de una infracción, las leyes que regulan la potestad sancionadora determinan expresamente la obligación de restaurar, junto con la sanción a imponer.

El régimen sancionador prevé también unos plazos de prescripción de infracciones y sanciones. Salvo que la norma sectorial disponga otra cosa, se aplica el régimen general determinado en el artículo 30 LRJSP, según el cual, las infracciones muy graves prescribirán a los tres años, las graves a los dos años y las leves a los seis meses; y las sanciones impuestas por faltas muy graves prescribirán a los tres años, las impuestas por faltas graves a los dos años y las impuestas por faltas leves al año. Y el plazo de prescripción de las infracciones comenzará a contarse desde el día en que la infracción se hubiera cometido, interrumpiendo la prescripción la iniciación, con conocimiento del interesado, del procedimiento sancionador, y reanudándose el plazo de prescripción si el expediente sancionador estuviera paralizado más de un mes por causa no imputable al presunto responsable.

2. Apunte sobre el marco normativo

El marco normativo es variado en función del sector concreto en que nos encontremos. Como hemos indicado, junto a la normativa general en materia ambiental, sea estatal o autonómica, cada ley sectorial incorpora su propio régimen sancionador, tipificando las conductas constitutivas de infracción administrativa y sus correspondientes sanciones.

Como norma básica reguladora de los principios del procedimiento sancionador, sea cual sea la materia sobre la que se proyecte, la Ley de Régimen Jurídico del Sector Público (arts. 25 ss.) y la Ley del procedimiento administrativo común de las Administraciones Públicas (arts. 53, 56, 77 y 85 con carácter específico). Los regímenes sancionadores de las leyes sectoriales deben adecuarse a lo establecido en estas normas.

Los tipos de sanciones suelen abarcar desde la suspensión de un derecho o autorización para el ejercicio de un derecho o de una actividad, hasta la imposición del pago de una multa a quien se declare culpable de la infracción. Por regla general, las infracciones se clasifican en muy graves, graves y leves, a cada una de las cuales se le asocian determinadas sanciones. En el caso de la imposición de multas, teniendo en cuenta que en ocasiones es más beneficioso para el infractor (empresa) el pago de la multa que la comisión de la infracción, las leyes recogen la cláusula por la que se evita esta circunstancia y es también lo que ha provocado que muchas de ellas contemplen multas de cuantías exorbitantes. O también, casos en los que se imponen como sanción medidas rescisorias consistentes en la suspensión o retirada del título que habilita a la realización de la actividad, debido al potencial peligro que entraña o la generación de residuos o vertidos.

La aplicación de las sanciones respetará en todo caso el principio de proporcionalidad. Y suele contemplarse medidas o criterios que permitan la graduación de las sanciones, en su grado superior, medio o inferior. Así, por ejemplo, la intencionalidad o la reiteración, el daño a la salud de las personas, el beneficio obtenido por la comisión de la infracción; etc.

3. Referencia al marco jurisprudencial

La Jurisprudencia del Tribunal Supremo, en los variadísimos y numerosos casos que resuelve en relación con la imposición de sanciones en materia ambiental, la principal pretensión consiste en la anulación de la sanción, de una parte, y, en la imposición de la misma, con la necesidad de reposición al estado original, de otra parte. Si procede o no imponer la sanción, dependerá de que efectivamente se cumplan los principios para poder imponerla: legalidad y tipicidad de la sanción; culpabilidad del presunto infractor, proporcionalidad en la imposición de la sanción, etc. Así también en los variados casos resueltos por otros tribunales de justicia, además de los pronunciamientos del Tribunal Constitucional sobre los principios de la potestad sancionadora.

En este sentido, como ejemplo, podemos citar las siguientes Sentencias:

1. Sobre el principio de legalidad y el ejercicio de la potestad sancionadora por las Administraciones Locales, STS, Sala C-A, 30 noviembre 2010 (Recurso de Casación n.º 5179/2008): Se planteaba si el régimen sancionador contemplado en vía reglamentaria municipal en relación con la actividad consistente en la gestión de purines y lodos de depuración, puede encontrar acomodo, bien en la legislación sectorial, bien, con carácter subsidiario, en alguno de los criterios de antijuridicidad incorporados a la Ley Reguladora de las Bases del Régimen Local.

Retoma la doctrina del Tribunal Constitucional y la Jurisprudencia del Tribunal Supremo al respecto, según la cual la dulcificación del rigor del principio de legalidad sancionadora en lo que se refiere a su relación con la potestad reglamentaria local, no puede servir para admitir remisiones en blanco, que supondrían una dejación del legislador en su función de regulación de los derechos fundamentales que le viene atribuida constitucionalmente, en particular en materia sancionadora (art. 25.1 CE).

También, la STS, Sala C-A, de 23 noviembre 2010 (Recurso de Casación n.º 3321/2007).

2. Sobre el principio *non bis in idem* y la calificación de los hechos:

— Doctrina del Tribunal Constitucional: SSTC 77/1983, de 3 de octubre y 25/1984, de 21 de mayo, según la cual, cuando el ordenamiento permite una dualidad de procedimientos y en cada uno de ellos ha de llevarse a cabo el enjuiciamiento y la calificación de unos mismos hechos, ese enjuiciamiento y esa calificación en el plano jurídico se pueden hacer con independencia si resultan de la aplicación de normativas diferentes, pero no puede ocurrir lo mismo en lo que se refiere a la apreciación de los hechos, pues es claro que unos mismos hechos no pueden existir y dejar de existir para los órganos del Estado.

— STS, Sala C-A, de 22 de febrero de 2011 (Recurso contencioso-administrativo n.º 587/2009): Probado en proceso penal la realización de vertidos que no causaron daños al dominio público hidráulico; vinculación de los hechos en el procedimiento sancionador e imposición de sanción en tal ámbito.

3. Sobre el principio de culpabilidad: Tribunal Superior de Justicia de Murcia, Sala C-A, Sentencia n.º 725/2010 de 17 septiembre; Tribunal Superior de Justicia de Castilla y León, Burgos, Sala C-A, Sentencia n.º 751/2010 de 19 noviembre: la responsabilidad administrativa no es una responsabilidad objetiva, pues requiere la existencia de dolo o culpa en la conducta sancionable. El principio de culpabilidad supone imputación y dolo o culpa en la acción sancionable.

4. Sobre el principio de proporcionalidad: STS, Sala C-A, de 4 noviembre 2011 (Recurso de Casación n.º 6062/2010): Se discute la Orden Ministerial de 16 de enero de 2008 por la que se establecen los criterios técnicos para la valoración de los daños al dominio público hidráulico y las normas sobre toma de muestras y análisis de vertidos de aguas residuales; Tribunal Superior de Justicia de Madrid, Sala C-A, Sentencia n.º 942/2011 de 2 junio: existiendo una licencia de actividad y funcionamiento para el emplazamiento señalado en el caso presente consiste en evaluar si procede la clausura de la totalidad de la actividad, o si en aplicación del principio de proporcionalidad es posible limitar la clausura y precinto a los elementos industriales no autorizados; STS, Sala C-A, de 2 de junio de 2010 (Recurso contencioso-administrativo n.º 476/2008): Vertidos realizados desde un aliviadero de la red de saneamiento a arroyo, sin que lo sea con carácter continuo e ininterrumpido y efectuado cuando las aguas residuales se sumaban a las pluviales y el colector llegaba al máximo de su capacidad. La infracción sancionable no es muy grave sino menos grave; se vulnera el principio de proporcionalidad, al no haberse respetado los criterios señalados en la Ley del Suelo para graduar las infracciones y sanciones, pues es evidente que el vertido de aguas residuales junto a las pluviales no lleva a ningún componente químico por ser residenciales y se hace a un arroyo que normalmente carece de caudal, sin que la calidad de las aguas esté calificada.

IV. ACTIVIDADES PRÁCTICAS

Actividad 1.—Identifique el régimen de infracciones y sanciones en los siguientes ámbitos sectoriales, en el Estado y en la Comunidad Autónoma de Andalucía (o, en su caso, en la Comunidad Autónoma en la que radique la Universidad donde el estudiante realice sus estudios):

a) Contaminación acústica:

— Ley 37/2003, de 17 de noviembre, del Ruido.
— Ley 7/2007, de 9 de julio, de Gestión Integrada de la Calidad Ambiental en Andalucía.
— Decreto 6/2012, de 17 de enero, por el que se aprueba el Reglamento de Protección contra la Contaminación Acústica en Andalucía (o bien la norma correspondiente a la Comunidad Autónoma en la que radique la Universidad en la que el estudiante realice sus estudios).
— Ordenanza del Ruido correspondiente a un Ayuntamiento.

b) Pesca:

— Ley 3/2001, de 26 de marzo, de Pesca Marítima.
— Ley 1/2002, de 4 de abril, de Pesca, Marisqueo y Acuicultura Marina de Andalucía (o bien la norma correspondiente a la Comunidad Autónoma en la que radique la Universidad en la que el estudiante realice sus estudios).

c) Ley 41/2010, de 29 de diciembre, de Protección del Medio Marino, artículo 36.

Actividad 2.—Determine cuáles son los criterios de proporcionalidad a seguir en la imposición de sanciones en los siguientes ámbitos sectoriales:

a) Ley 8/2003, de 28 de octubre, de Flora y Fauna silvestres de Andalucía (o bien la norma correspondiente a la Comunidad Autónoma en la que radique la Universidad en la que el estudiante realice sus estudios).
b) Ley 43/2003, de 21 de noviembre, de Montes.

Orientación: la búsqueda de la legislación debe hacerse a través de las bases de datos de legislación y jurisprudencia; entre éstas, la base de datos de Aranzadi, a la que los alumnos matriculados en la Universidad de Granada pueden acceder a través de la página web *www.ugr.es*

Actividad 3.—El procedimiento sancionador como garantía. Tramite un expediente sancionador en relación con un determinado sector de protección ambiental. A continuación se expone como ejemplo un caso concreto: Expediente sancionador Ayuntamiento de Granada.

Orientación: Los expedientes sancionadores han de instruirse por el órgano que tenga la competencia para ello, que, dependiendo del ámbito competencial en el que nos encontremos podrá corresponder a la Administración del Estado, la Administración de la Comunidad Autónoma o la Administración Local, y dentro de cada una de estas Administraciones al órgano que en concreto tenga atribuida la potestad sancionadora, pudiendo ser esta potestad delegable en otro órgano. La consecuencia de imponer una sanción por un órgano que no tenga la competencia puede dar lugar a la nulidad de la sanción. De modo que el alumno debe identificar dentro de la norma sectorial a quién corresponde la potestad sancionadora y dentro de qué Administración Pública, debiendo separar claramente las fases de instrucción y resolución.

Supuesto: expediente sancionador en materia de gestión de residuos urbanos

El Ayuntamiento de Granada ha regulado en su Ordenanza Municipal de Limpieza y Ornato Público y Gestión de residuos urbanos, determinadas actividades o actuaciones de los ciudadanos en el ámbito de la gestión de los residuos que puedan tener efectos perjudiciales sobre el medio ambiente, y ha tipificado como infracciones (art. 37) una serie de conductas o actos relacionados con este sector.

El procedimiento sancionador en este ámbito sectorial se tramita conforme a lo establecido en las normas generales que regulan el procedimiento sancionador y en la referida Ordenanza.

Pongamos por ejemplo, una infracción muy grave consistente en el abandono de residuos de construcción o demolición mezclados (domésticos y peligrosos) en suelo no urbanizable a las afueras de la ciudad, denunciado por la Policía Local que detectó el vertido de dichos residuos en un barranco identificando *in situ* a los autores del vertido.

Normalmente, el procedimiento se inicia mediante un acuerdo de incoación (firmado por el Alcalde, aunque se ha delegado la competencia en el Concejal de Medio Ambiente), fundamentado en un acta de inspección o denuncia de la Policía Local y en el que se nombra instructor de dicho expediente a un funcionario técnico del Área de Medio Ambiente. En caso de que la infracción pudiera considerarse subsumible en un tipo penal, se daría traslado al Ministerio Fiscal, quedando en suspenso la tramitación del expediente sancionador.

El acuerdo de iniciación del procedimiento ha de notificarse a los autores del vertido y al funcionario encargado de la instrucción del expediente. Es posible la adopción de medidas provisionales tendentes a asegurar el objeto del procedimiento sancionador como, por ejemplo, la reparación del daño causado mediante la retirada de los residuos depositados.

De conformidad con las normas generales que regulan el procedimiento sancionador, se advierte en dicha incoación que tal acuerdo podrá considerarse propuesta de resolución si no se aportan alegaciones en el procedimiento y se le otorgaría trámite de audiencia. Si no se presentan alegaciones, directamente el instructor redacta la propuesta de resolución que se notifica al interesado otorgándole trámite de audiencia por plazo de 15 días, previo a la resolución del expediente. Pero normalmente los presuntos responsables de la infracción suelen presentar alegaciones a dicho procedimiento. Dichas alegaciones se remiten al inspector denunciante o Policía Local a efectos de recabar la ratificación de la denuncia e informe sobre el contenido de las mismas. Si el informe es favorable o estimatorio de las alegaciones formuladas, el instructor del expediente redacta una propuesta de resolución estimatoria de las alegaciones y de archivo de las actuaciones, que también se notificaría a los interesados en el procedimiento.

Posteriormente, se redactaría la resolución. En el caso de que la denuncia se ratifique y las alegaciones se informen desfavorablemente, el instructor redacta una propuesta de resolución en la que se propone la imposición de la correspondiente multa (que se gradúa conforme a lo establecido en la propia Ordenanza, a los principios de proporcionalidad, igualdad y a los criterios de agravación o atenuación establecidos en la Ordenanza y en la Ley) y asimismo se impone el pago del coste de reparación del daño ambiental causado, conforme a la evaluación de los trabajos de reparación realizada por la empresa concesionaria del servicio o la encargada de la reparación.

V. AUTOEVALUACIÓN

1. El principio de legalidad impide que:

a) Un reglamento pueda regular el régimen sancionador de una determinada manera.

b) Un reglamento con cobertura legal pueda contener la regulación de un régimen sancionador.

c) Una ordenanza local precise las sanciones a imponer para las infracciones administrativas tipificadas en una ley, de entre todas las descritas en la propia ley.

2. El principio de tipicidad significa que:

a) Tanto las infracciones como las sanciones han de estar perfectamente descritas en la Ley.
b) No es posible sancionar acciones que sean análogas a las tipificadas en la Ley.
c) Ambas respuestas son correctas.

3. Una infracción prescribe cuando:

a) Transcurre el plazo para la prescripción de las infracciones determinado en la Ley sin haberse iniciado el procedimiento sancionador.
b) Transcurre el plazo para la prescripción de las infracciones determinado en la Ley iniciado el procedimiento sancionador, sin haber concluido éste en plazo.
c) Transcurre el plazo para la prescripción de las infracciones determinado en la Ley, bien porque no se ha iniciado el procedimiento sancionador, bien porque habiéndose iniciado éste se paraliza por causa imputable a la Administración.

4. Los plazos de prescripción de infracciones y sanciones son los establecidos en:

a) La Ley 40/2015, de 1 de octubre, del Régimen Jurídico del Sector Público.
b) Las correspondientes leyes sectoriales.
c) Las correspondientes leyes sectoriales y en su defecto en la Ley 40/2015, de 1 de octubre, del Régimen Jurídico del Sector Público.

5. El principio de proporcionalidad significa que:

a) Ante la comisión de una infracción administrativa, la Administración puede imponer la sanción que estime conveniente entre las permitidas en la Ley, ya sea en su grado mínimo, medio o máximo.
b) Ante la comisión de una infracción administrativa, la Administración impondrá la sanción teniendo en cuenta la debida adecuación entre la gravedad del hecho constitutivo de la infracción y la sanción aplicada, en función de los criterios que para la graduación de las sanciones se establecen en la ley.
c) Ante la comisión de una infracción administrativa, la Administración únicamente podrá imponer la sanción en su grado medio.

6. La comisión de una infracción administrativa en materia ambiental siempre implica:

a) La privación de libertad.
b) La obligación de reparar el daño causado.
c) Ambas respuestas son correctas.

7. El procedimiento sancionador:

a) Garantiza la existencia de dos fases ante órganos distintos: la instrucción y la resolución.
b) Es el cauce que debe seguir la Administración para poder imponer una sanción ante la comisión de una infracción administrativa.
c) Ambas respuestas son correctas.

8. El día inicial del cómputo (*dies a quo*) para la prescripción de las sanciones es:

a) El día siguiente en que adquirió firmeza la resolución sancionadora.
b) El día en que se cometió la infracción.
c) El día en que se dictó la resolución sancionadora.

9. La caducidad del procedimiento sancionador por causa imputable a la Administración:

a) No causa por sí sola la prescripción de la infracción.
b) Causa la prescripción de la infracción.
c) Es un modo de declarar la inocencia del autor de la infracción administrativa.

10. ¿Cuántos procedimientos sancionadores existen en nuestro ordenamiento jurídico?

a) Existe un procedimiento general y cuatro procedimientos especiales en materia medio ambiental.
b) Existe un solo procedimiento sancionador regulado en la Ley 40/2015, de 1 de octubre, del Régimen Jurídico del Sector Público.
c) Existen tantos procedimientos sancionadores como materias, ya que la competencia para regular el procedimiento la tiene quien ostenta la competencia material o sustantiva.

VI. MATERIAL DIDÁCTICO

1. Lecturas recomendadas

CHAMORRO GONZÁLEZ, J. M., «Derecho Administrativo Sancionador Ambiental: Aspectos problemáticos», en AA.VV. *Incidencia medioambiental y Derecho Sancionador*, Consejo General del Poder Judicial, 2006, pp. 199-230.

ESTEVE PARDO, J., *Derecho del medio ambiente*, Marcial Pons, pp. 52-56.

LOZANO CUTANDA, B., y ALLI TURRILLAS, J.-C., *Administración y legislación ambiental*, Dykinson, 2011, pp. 355-377.

TORRES LÓPEZ, M. A., «La potestad sancionadora de los municipios andaluces en materia de ruido», *Diario de Derecho Municipal*, Iustel, 3/02/2012.

TRAYTER JIMÉNEZ, J. M., «Protección del medio ambiente. Sanciones administrativas y competencias locales», en ESTEVE PARDO (coord.), *Derecho del medio ambiente y Administración Local*, Fundación Democracia y Gobierno Local, Barcelona, 2006, pp. 159-200.

2. Sitios web

— Página web del Ministerio para la Transición Ecológica y el Reto Demográfico https://www.miteco.gob.es/es/calidad-y-evaluacion-ambiental/legislacion.html. En esta página se puede acceder a la legislación general y sectorial en materia de protección ambiental.

— Página web de la Junta de Andalucía, Consejería de Sostenibilidad, Medio Ambiente y Economía Azul: http://www.juntadeandalucia.es/organismos/medioambienteyordenaciondelterritorio.html

C) *DERECHO SANCIONADOR PENAL EN EL ÁMBITO AMBIENTAL*

I. PALABRAS CLAVE

Delitos contra el medio ambiente; penas; prisión; multa; inhabilitación especial; medidas reparadoras; legalidad; tipicidad; culpabilidad, presunción de inocencia; proporcionalidad.

II. OBJETIVOS DIDÁCTICOS

1. Conocer el sistema represivo penal para diferenciar las manifestaciones del *ius puniendi* del Estado: de un lado el ámbito de las infracciones administrativas, de otro, el ámbito de los delitos.
2. Diferenciar la potestad sancionadora de la Administración Pública y la imposición de penas por delitos ambientales por parte de los Jueces y Tribunales de la Jurisdicción Penal.

3. Conocer el principio *non bis in idem* para su aplicación en el proceso penal y procedimiento sancionador administrativo.

III. CONTENIDO DOCENTE

El ámbito en el que con más intensidad se desenvuelve el Derecho sancionador en materia ambiental es el jurídico-administrativo, a través del ejercicio de la potestad sancionadora de la Administración Pública, teniendo en cuenta que toda la legislación general y sectorial sobre medio ambiente, contempla el oportuno régimen de infracciones y sanciones. Si bien, la extraordinaria evolución que ha tenido el «derecho a un medio ambiente adecuado», y la preocupación por su preservación, en todos los niveles de protección, internacional, comunitario, estatal, regional y local, ha llevado a que se tipifiquen en el Código Penal, conductas especialmente atentatorias al medio ambiente, y consideradas altamente reprochables por la sociedad, y como consecuencia de ello se eleva su calificación al rango de delito, trascendiendo del ámbito administrativo al ámbito penal.

En el ámbito penal los principios de legalidad, tipicidad, presunción de inocencia, irretroactividad, *non bis in idem*, prohibición de la analogía, se aplican en términos estrictos, sin que quepa en modo alguno, ningún tipo de flexibilidad, como sí sucede en el ámbito administrativo, al que se han extrapolado tales principios con ciertas matizaciones.

La tipificación de este tipo de delitos específicos contra el medio ambiente, es consecuencia de la evolución referida, y fruto de ciertas modificaciones de nuestro Código Penal vigente, aprobado por Ley Orgánica 10/1995, de 23 de noviembre (así las modificaciones llevadas a cabo por Ley Orgánica 5/2010, de 22 de junio; Ley Orgánica 15/2003, de 25 de noviembre y Ley Orgánica 4/2023, de 27 de abril).

El Código Penal contempla en el Título XVI (arts. 319 a 340) los llamados «delitos relativos a la ordenación del territorio y el urbanismo, la protección del patrimonio histórico y el medio ambiente». En el siguiente cuadro nos referimos a las conductas delictivas, sus penas y las matizaciones en su aplicación. Si bien, junto a estos delitos específicos, en el Título XVII, dentro de los denominados «delitos contra la seguridad colectiva», se alude también a algunos de contenido ambiental o ecológico: energía nuclear, incendios forestales.

A continuación se expone el cuadro sistemático de conductas delictivas, penas y matizaciones.

TÍTULO XVI CP: DELITOS RELATIVOS A LA ORDENACIÓN DEL TERRITORIO Y EL URBANISMO, LA PROTECCIÓN DEL PATRIMONIO HISTÓRICO Y EL MEDIO AMBIENTE					
DELITOS SOBRE LA ORDENACIÓN DEL TERRITORIO Y EL URBANISMO					
Artículo CP	*Conducta*	*Responsable*	*Penas*	*Si el responsable es persona jurídica*	*Matizaciones*
Artículo 319	Obras de urbanización, construcción o edificación no autorizables en suelos destinados a viales, zonas verdes, bienes de dominio público o lugares que tengan legal o administrativamente reconocido su valor paisajístico, ecológico, artístico, histórico o cultural, o por los mismos motivos hayan sido considerados de especial protección.	Promotores, constructores, técnicos directores de las obras.	— Prisión: de 1 año y 6 meses a 4 años. — Multa de 12 a 24 meses. — Inhabilitación especial para profesión u oficio por tiempo de 1 a 4 años. — Si las obras se llevan a cabo en suelo no urbanizable se impondrá la pena de prisión de 1 a 3 años, multa de 12 a 24 meses e inhabilitación especial para profesión u oficio por tiempo de 1 a 4 años. — En todo caso, si el beneficio obtenido por el delito fuese superior a la cantidad resultante, la multa será del tanto al triplo del montante de dicho beneficio.	— Se impondrá la pena de multa de 1 a 3 años, salvo que el beneficio obtenido por el delito fuese superior a la cantidad resultante en cuyo caso la multa será del doble al cuádruple del montante de dicho beneficio.	— Jueces o tribunales, podrán ordenar, a cargo del autor del hecho, la demolición de la obra y la reposición a su estado originario de la realidad física alterada, sin perjuicio de las indemnizaciones debidas a terceros de buena fe. Y podrá condicionar temporalmente la demolición a la constitución de garantías que aseguren el pago de las indemnizaciones, disponiendo, en todo caso, el decomiso de las ganancias que provengan del delito. — Los jueces y tribunales, teniendo en cuenta las reglas del artículo 66 bis, podrán imponer las penas recogidas en las letras *b*) a *g*) del apartado 7 del artículo 33: *b*) La inhabilitación absoluta. *c*) Las inhabilitaciones especiales por tiempo superior a cinco años. *d*) La suspensión de empleo o cargo público por tiempo superior a cinco años. *e*) La privación del derecho a conducir vehículos a motor y ciclomotores por tiempo superior a ocho años. *f*) La privación del derecho a la tenencia y porte de armas por tiempo superior a ocho años. *g*) La privación del derecho a residir en determinados lugares o acudir a ellos, por tiempo superior a cinco años.

(*Cont.*)

Delitos contra los recursos naturales y el medio ambiente					
Artículo CP	*Conducta*	*Responsable*	*Penas*	*Si el responsable es persona jurídica*	*Matizaciones*
Artículo 325	Provocación o realización, directa o indirecta de emisiones, vertidos, radiaciones, extracciones o excavaciones, aterramientos, ruidos, vibraciones, inyecciones o depósitos, en la atmósfera, el suelo, el subsuelo o las aguas terrestres, subterráneas o marítimas, incluido el alta mar, con incidencia incluso en los espacios transfronterizos, así como las captaciones de aguas que, por sí mismos o conjuntamente con otros, cause o pueda causar daños sustanciales a la calidad del aire, del suelo o de las aguas, o a animales o plantas.	Cualquier persona.	— Prisión de 6 meses a 2 años. — Multa de 10 a 14 meses. — Inhabilitación especial para profesión u oficio por tiempo de 1 a 2 años.	Si el responsable es persona jurídica, se impondrá la pena (art. 328 CP): — Multa de 1 a 3 años o del doble al cuádruple del perjuicio causado cuando la cantidad resultante fuese más elevada, si el delito cometido por la persona física tiene prevista una pena de más de 2 años de privación de libertad. — Multa de 6 meses a 2 años, o del doble al triple del perjuicio causado si la cantidad resultante fuese más elevada, en el resto de los casos.	— Si las conductas del tipo causan grave daño al equilibrio de los sistemas naturales, la pena será de prisión de 2 a 5 años y multa de 8 a 24 meses; e inhabilitación especial para profesión u oficio de 1 a 3 años. — Si las conductas del tipo causan riesgo grave para la salud de las personas, la pena será de prisión en su mitad superior, pudiéndose imponer la superior en grado. — Se aplicará la pena inferior en grado cuando se hayan cometido por imprudencia grave (art. 331CP)
Artículo 326	Recoger, transportar, valorizar, transformar, eliminar o aprovechar residuos, o no controlar o vigilar adecuadamente tales actividades, de modo que causen o puedan causar daños sustanciales a la calidad del aire, del suelo o de las aguas, o a animales o plantas, muerte o lesiones graves a personas, o puedan perjudicar gravemente el equilibrio de los sistemas naturales.	Cualquier persona.	— Prisión de 6 meses a 2 años. — Multa de 10 a 14 meses. — Inhabilitación especial para profesión u oficio por tiempo de 1 a 2 años.	Si el responsable es persona jurídica, se impondrá la pena (art. 328 CP), igual que en el caso anterior.	— Quien, fuera del supuesto que describe la conducta, traslade una cantidad no desdeñable de residuos, tanto en el caso de uno como en el de varios traslados que aparezcan vinculados, en alguno de los supuestos a que se refiere el Derecho de la Unión Europea relativo a los traslados de residuos, será castigado con una pena de 3 meses a 1 año de prisión, o multa de 6 a 18 meses e inhabilitación especial para profesión u oficio por tiempo de 3 meses a 1 año. — Se aplicará la pena inferior en grado cuando se hayan cometido por imprudencia grave (art. 331CP).

(*Cont.*)

Artículo CP	*Conducta*	*Responsable*	*Penas*	*Si el responsable es persona jurídica*	*Matizaciones*
Artículo 326 bis	Explotación de instalaciones en las que se realice una actividad peligrosa o en las que se almacenen o utilicen sustancias o preparados peligrosos de modo que causen o puedan causar daños sustanciales a la calidad del aire, del suelo o de las aguas, a animales o plantas, muerte o lesiones graves a las personas, o puedan perjudicar gravemente el equilibrio de los sistemas naturales.	Cualquier persona titular de la instalación.	— Prisión de 6 meses a 2 años. — Multa de 10 a 14 meses. — Inhabilitación especial para profesión u oficio por tiempo de 1 a 2 años.	(art. 328 CP), igual que en el caso anterior.	— Si las conductas del tipo causan grave daño al equilibrio de los sistemas naturales, la pena será de prisión de 2 a 5 años y multa de 8 a 24 meses; e inhabilitación especial para profesión u oficio de 1 a 3 años. — Si las conductas del tipo causan riesgo grave para la salud de las personas, la pena será de prisión en su mitad superior, pudiéndose imponer la superior en grado. — Se aplicará la pena inferior en grado cuando se hayan cometido por imprudencia grave (art. 331 CP).
Artículo 327	Los hechos referidos en los artículos 325, 326 y 326 bis serán castigados con la pena superior en grado cuando en la comisión de cualquiera de los hechos descritos en el artículo 326 bis concurra alguna de las siguientes circunstancias: — Que la industria o actividad funcione clandestinamente, sin haber obtenido la preceptiva autorización o aprobación administrativa de sus instalaciones. — Que se haya desobedecido las órdenes expresas de la autoridad administrativa de corrección o suspensión de las actividades tipificadas en el art. 326 bis. — Que se haya obstaculizado la actividad inspectora de la Administración. — Que se haya producido un riesgo de deterioro irreversible o catastrófico. — Que se produzca una extracción ilegal de aguas en período de restricciones.				
Artículo 329	1. Informe favorable para la concesión de licencias manifiestamente ilegales que autoricen el funcionamiento de las industrias o actividades contaminantes referidas en los artículos anteriores. 2. Con motivo de las labores de inspección, se silencie la infracción de leyes o disposiciones normativas de carácter general que las regulen. 3. Omisión de la realización de inspecciones de carácter obligatorio. Artículo 329.2: quien resuelva o vote a favor de la concesión de una licencia a sabiendas de su injusticia.	Autoridad o funcionario público.	— Inhabilitación especial para empleo o cargo público por tiempo de 9 a 15 años (art. 404 CP). — Prisión de 6 meses a 3 años. — Multa de 8 a 24 meses.		— Se aplicará la pena inferior en grado cuando se hayan cometido por imprudencia grave (art. 331 CP).

(*Cont.*)

DELITOS RELATIVOS A LA PROTECCIÓN DE LA FLORA, FAUNA Y ANIMALES DOMÉSTICOS					
Artículo CP	*Conducta*	*Responsable*	*Penas*	*Si el responsable es persona jurídica*	*Matizaciones*
Artículo 330	Daño grave de alguno de los elementos que han servido para calificar un espacio natural protegido.	Cualquier persona.	— Prisión de 1 a 4 años. — Multa de 12 a 24 meses.		— Se aplicará la pena inferior en grado cuando se hayan cometido por imprudencia grave (art. 331 CP).
Artículo 332	1. Cortar, talar, arrancar, recolectar, adquirir, poseer o destruir especies protegidas de flora silvestre o traficar con ellas, sus partes, derivados de las mismas o con sus propágulos. 2. Destrucción o alteración grave de su hábitat.	Cualquier persona.	— Prisión de 6 meses a 2 años. — O multa de 8 a 24 meses. — Inhabilitación especial para profesión u oficio por tiempo de 6 meses a 2 años.		— Se impondrá la pena en su mitad superior si se trata de especies o subespecies catalogadas en peligro de extinción. — Si los hechos se cometen por imprudencia grave la pena será de prisión de 3 meses a 1 año o multa de 4 a 8 meses, e inhabilitación especial para profesión u oficio por tiempo de 3 meses a 2 años. — No será punible la conducta cuando afecte a una cantidad insignificante de ejemplares y no tenga consecuencias relevantes para el estado de conservación de la especie.
Artículo 333	Introducir o liberar especies de flora o fauna no autóctona, de modo que perjudique el equilibrio biológico, contraviniendo las leyes o disposiciones de carácter general protectoras de las especies de flora o fauna.	Cualquier persona.	— Prisión de 4 meses a 2 años. — O multa de 8 a 24 meses. — Inhabilitación especial para profesión u oficio por tiempo de 1 a 3 años.		
Artículo 334	1. Caza, pesca, adquisición, posesión o destrucción de especies protegidas de fauna silvestre o destruya o altere gravemente su hábitat.	Cualquier persona.	— Prisión de 6 meses a 2 años. — O multa de 8 a 24 meses. — Inhabilitación especial para profesión u oficio e inhabilitación especial para el ejercicio del derecho a cazar o pescar por tiempo de 2 a 4 años.		— Se impondrá la pena en su mitad superior si se trata de especies o subespecies catalogadas en peligro de extinción.

(*Cont.*)

Artículo CP	*Conducta*	*Responsable*	*Penas*	*Si el responsable es persona jurídica*	*Matizaciones*
Artículo 334					— Si se cometen los hechos por imprudencia grave, se impondrá la pena de prisión de 3 meses a 1 año o multa de 4 a 8 meses. Además de la inhabilitación especial para profesión u oficio e inhabilitación especial para el ejercicio del derecho a cazar o pescar por tiempo de 3 meses a 2 años.
Artículo 335.1	Caza o pesca de especies distintas de las indicadas en el artículo anterior, cuando esté expresamente prohibido por las normas específicas sobre su caza o pesca.	Cualquier persona.	— Multa de 8 a 12 meses. — Inhabilitación especial para el ejercicio del derecho a cazar o pescar por tiempo de 2 a 5 años.		
Artículo 335.2	Caza o pesca o realización de actividades de marisqueo relevantes sobre especies distintas de las indicadas en el apartado anterior en terrenos públicos o privados ajenos, sometidos a régimen cinegético especial, sin el debido permiso de su titular o sometidos a concesión o autorización marisquera o acuícola sin el debido título administrativo habilitante.	Cualquier persona.	— Multa de 4 a 8 meses — Inhabilitación especial del derecho a cazar o pescar o realizar actividades de marisqueo por tiempo de 1 a 3 años, además de las penas que pudiera corresponder por la comisión del delito descrito en el apartado primero de este artículo.		— Si las conductas producen graves daños al patrimonio cinegético de un terreno sometido a régimen cinegético especial o a la sostenibilidad de los recursos en zonas de concesión o autorización marisquera o acuícola, se impondrá la pena de prisión de 6 meses a 2 años e inhabilitación especial para el ejercicio de los derechos de cazar, pescar y realizar actividades de marisqueo por tiempo de 2 a 5 años.
Artículo 336	El empleo, sin estar legalmente autorizado, para la caza o pesca de veneno, medios explosivos u otros instrumentos o artes de similar eficacia destructiva o no selectiva para la fauna.	Cualquier persona.	— Prisión de 4 meses a 2 años. — O multa de 8 a 24 meses. — Inhabilitación especial para profesión u oficio e inhabilitación especial para el ejercicio del derecho a cazar o pescar por tiempo de 1 a 3 años.		— Se impondrá la pena de prisión en su mitad superior si el daño causado fuera de notoria importancia.

Por otro lado, la modificación operada por la Ley Orgánica 3/2003, de 28 de marzo, incorporó un nuevo Título XVI bis, en el que se tipifican los «delitos contra los animales».

En este Título se prevén dos conductas delictivas en relación con los animales:

1. La causación a los animales domésticos, amansados, domesticados o que vivan temporal o permanentemente bajo el control humano de lesiones que requieran tratamiento veterinario para el restablecimiento de su salud. El artículo 340 bis establece para los autores de estos delitos la pena de prisión de 2 a 18 meses o multa de 6 a 12 meses, con la pena adicional de inhabilitación especial de 1 a 3 años para el ejercicio de profesión, oficio o comercio que tenga relación con los animales y para la tenencia de animales. La pena será de prisión de 3 a 12 meses o multa de 3 a 6 meses si las lesiones se causan a animales vertebrados no incluidos en el supuesto anterior.

En el apartado 2 del artículo 340 bis se indican una serie de circunstancias agravantes que implicarán la imposición de las referidas penas en su mitad superior (utilización de armas u objetos peligrosos, enseñamiento, que la lesión implique la pérdida de un órgano o sentido, que el causante de la lesión sea el propietario o cuidador del animal, etc.).

Por otro lado, si dichos hechos originan la muerte del animal, las penas procedentes serán la de prisión de 12 a 24 meses y la inhabilitación lo será entre 2 a 4 años; quedan reducidas a prisión de 6 a 18 meses o multa de 18 a 24 meses e inhabilitación de 2 a 4 años cuando se trate de animal vertebrado no incluido en el primer apartado (art. 340 bis.3).

2. El abandono de un animal vertebrado que se encuentre bajo la responsabilidad del autor cuando dicho abandono implique peligro para su vida o integridad. En esta ocasión, el artículo 340 ter castiga dicha conducta con una pena de multa de 1 a 6 meses o con trabajos en beneficio de la comunidad de 31 a 90 días, así como inhabilitación de 1 a 3 años para el ejercicio de profesión, oficio o comercio relacionado con los animales y con la tenencia de animales.

Para la consideración y delimitación de estas conductas delictivas respecto de las simples infracciones administrativas habrá que tener en cuenta lo dispuesto respecto al régimen de la tenencia de los animales en la Ley, especialmente en cuanto a las obligaciones y prohibiciones específicas con respecto a los animales de compañía que se establecen en los artículos 26, 27 y siguientes de la referida Ley, así como con la tipificación de infracciones que se realiza en los artículos 72 a 75.

IV. ACTIVIDADES PRÁCTICAS

Actividad 1.—Práctica-comentario de texto: Delitos relativos a la protección de la flora y fauna: El caso de la manzanilla real.

Sentencia n.º 510/2001, de 16 de noviembre, del Juzgado de lo Penal n.º 3 de Granada 2001 (Magistrado-juez: ZURITA MILLÁN).

ANTECEDENTES DE HECHO

PRIMERO.—Los presentes autos fueron incoados en virtud de denuncia formulada por la Fiscalía del TSJA con fecha 3 de noviembre de 1998, registrándose bajo el n.º de D.P. 650/98, transformándose en P.A. n.º 11/99, dándose traslado al Ministerio Fiscal, que formuló acusación por un delito relativo a la protección de la flora y la fauna, solicitando se impusiera al acusado la pena de 2 años y 3 meses de prisión.

SEGUNDO.—Dado traslado de la acusación a la Defensa, emitió sus conclusiones en disconformidad con el Ministerio Fiscal, interesando se decretara la libre absolución del acusado.

TERCERO.—Remitidas las presentes actuaciones a este Juzgado de lo Penal, se celebró vista oral el día 15 de noviembre de 2001 a las 8.50 horas, con asistencia del acusado y en cuyo acto y con carácter previo el Ministerio Fiscal puso de manifiesto que por entender concurría en los hechos un error de prohibición vencible del artículo 14.3 del CP, solicitaba se impusiera la pena de 5 meses de multa con cuota diaria de 300 pesetas, al tiempo que no solicitaba indemnización alguna [...].

HECHOS PROBADOS: Probado y así se declara que alrededor de las 16 horas del día 5 de agosto de 1998, el acusado Miguel G. L., mayor de edad y sin antecedentes penales, pastor de profesión, que vive en unión de su esposa y dos hijos menores en término municipal de Capileira, a unos 2.300 metros de altitud y en un cortijo distante de la citada localidad unos diez kilómetros, fue sorprendido por agentes del servicio de vigilancia de la Consejería de Medio Ambiente de la Junta de Andalucía cuando, transitando por el lugar conocido como «Raspones de Río Seco» del Parque Nacional de Sierra Nevada, portaba 190 gramos de la planta denominada «Artemisia granatensis Boiss», vulgarmente conocida como manzanilla real, planta catalogada en el Decreto 104/1994, de 10 de mayo, de la Consejería de Cultura y Medio Ambiente de la Junta de Andalucía, como especie en peligro de extinción y que el acusado había arrancado con la finalidad de aprovechar para su familia los efectos medicinales que a la misma se le suponen, en una zona en la que el rebaño del mismo pasta frecuentemente y en la más absoluta ignorancia de que se tratara de una especie en peligro de extinción o que su recolección constituyera una actuación ilícita.

FUNDAMENTOS DE DERECHO

PRIMERO.—A la relación de hechos probados se ha llegado habiendo partido del principio de presunción de inocencia [...].

En primer término hay que establecer que la exclusión o atenuación de la pena en los casos de error de prohibición, como es el enjuiciado conforme a las tesis formuladas por Acusación pública y Defensa, dependerá de si el autor incurrió o no realmente en error y, en el primer supuesto, de si pudo evitar o no el mismo, esto es, si estuvo o no a su alcance adquirir un conocimiento correcto de la situación jurídica en la que obró. Partiendo de tan elemental idea, para un importante sector doctrinal el error evitable de prohibición podría definirse como aquella situación en la que el sujeto, hallándose en condiciones de conocer —al menos de forma potencial— el carácter antijurídico de su conducta, no lo ha conocido, sin embargo, por causas a él achacables. Por su parte, el error inevitable o invencible de prohibición se dará en aquella hipótesis en la que el sujeto no ha podido acceder al mensaje normativo en tanto que no se encuentra en condiciones de captarlo ni siquiera potencialmente.

A fin de despejar la duda en orden a la evitabilidad o no del error es necesario comenzar por comprobar si el autor tuvo razones para pensar en la ilicitud de su comportamiento, esto es, si las circunstancias de hecho ofrecieron al autor motivos suficientes para llegar a la conclusión de la compatibilidad de su acción con el ordenamiento jurídico.

El juicio sobre el carácter vencible o invencible del error requiere, en fin, la investigación de si el autor tuvo a su disposición medios adecuados para alcanzar el conocimiento del injusto y si le era exigible recurrir a ellos, comprobación de circunstancias que exige moverse en un terreno extremadamente dificultoso en cuanto que ello pertenece al ámbito más íntimo de la conciencia de cada persona.

La doctrina jurisprudencial (por todas, SSTS de 12/5/00, 16/1/01 y 14/5/01), tras poner de relieve la grave dificultad que supone la apreciación tanto de la existencia del error como el carácter vencible o invencible del mismo, por pertenecer en último término al arcano íntimo de la conciencia de cada individuo, declara que no cabe invocar el error cuando se utilizan vías de hecho desautorizadas por el ordenamiento jurídico, que todo el mundo sabe y a todos consta que están prohibidas, por lo que no es posible conjeturar o invocar tales errores en infracciones de carácter natural (*mala in se*) o elemental cuya ilicitud es «notoriamente evidente y de comprensión y constancia generalizada», ni cuando la ilicitud de la conducta resulta evidente para cualquier persona aun sin conocimientos jurídicos elementales, llegando a afirmar que, para excluir el error, no se requiere que el agente tenga seguridad respecto a su proceder antijurídico, bastando que tenga conciencia de una alta probabilidad de antijuridicidad.

Más en concreto la jurisprudencia se ha hecho eco de una serie de criterios delimitadores, de entre los que cabe destacar por su relevancia en el caso que enjuiciamos, el de la atención a las circunstancias subjetivas y ambientales en las que el autor se desenvuelve, así como sus características profesionales, psicológicas y culturales, y es que ello es de todo punto de vista lógico en tanto en cuanto el principio de responsabilidad establece que las personas serán responsables por la corrección de sus decisiones dentro de los límites de su capacidad ético-social.

Pues bien, en los hechos enjuiciados sabido es que el acusado Miguel G. y desde un primer momento, manifestó que desconocía por completo la prohibición de arrancar la planta en cuestión, que por ello mismo la cogió para el consumo de sus hijos, ello al igual que hace con otra serie de plantas a las que se atribuyen, con mayor o menor rigor científico, efectos medicinales o, en general, beneficiosos para la salud. Y, frente a tan concreta afirmación del acusado, los agentes de Medio Ambiente que declararon en el juicio oral pusieron de manifiesto creer que el Sr. Gallegos López podía tener conocimiento de la prohibición de arrancar la planta en cuestión, pues en su momento se difundió que se trataba de una planta en peligro de extinción. Lo cierto, sin embargo, es que ninguna seguridad ofrecieron los agentes en orden al conocimiento que el acusado pudiera o no tener de las concretas circunstancias que rodeaban a la planta que el arrancó y por cuya actuación se ve sometido a procedimiento penal.

Pero, de cualquier manera, si alguna duda pudiera caber en orden a la veracidad de la versión ofrecida por Miguel a lo largo de todo el procedimiento, la misma se ve clarificada en gran medida y, en todo caso, la más elemental de las lógicas, de la que el Derecho no puede en modo alguno ser ajeno, nos ha de dirigir directamente hacia un pronunciamiento absolutorio como el que ya se ha adelantado. Como resulta evidente, el principio de legalidad es por completo contrario al arbitrio judicial; esto es, la sumisión del juez a las Leyes [constituye] la mejor garantía de los ciudadanos frente al poder judicial. Pero también lo es, y aún en mayor medida, al legalismo obtuso y mecánico que se aplica sin atención alguna a las reglas de la equidad y de la lógica que deben imperar en cualquier actividad humana de la que pretenda predicarse el valor de «justa». y siendo ello así, que lo es, cabe seguidamente preguntarse si una persona de las condiciones socioculturales de Miguel Gallegos, que no posee instrucción alguna y que vive semi-aislado del resto de la sociedad, puede estimar ilícito arrancar unas plantas que él mismo manifiesta no diferenciar de cualquier manzanilla común, que no cree —según nos dijo— sea tan escasa y, sobre todo, y aquí radica la verdadera paradoja de la cuestión con reenvío al párrafo que ya antes destacamos en «negrita», que sin la menor limitación puede comerse, no ya por las cabras monteses que en número extraordinariamente alto campan por el parque nacional de Sierra Nevada, sino por sus propios animales domesticados cuando en aquella, como en otras zonas de similares características, son llevados por Miguel a pastar sin limitación de tipo alguno y que, como es obvio, se comen la manzanilla real y cuanta planta les plazca, se hallen en peligro de extinción, sean plantas vulnerables a la alteración de su hábitat, o queden comprendidas en cuanto catálogo se confeccione por el hombre.

Quiere decirse con ello que la posible reprochabilidad penal de la conducta del acusado al amparo del artículo 332 del CP exige, como no puede ser de otra forma, interpretación racional del precepto, acorde con la perspectiva de su finalidad político-criminal, es decir, que si la protección de las especies o subespecies de flora amenazada constituye el objeto del delito, no parece en modo alguno acorde a las reglas de la lógica el que éste pueda existir cuando el lugar en el que radican tales especies no goza de protección alguna o, cuando menos, la misma no impide ni se concreta —y hasta en ocasiones se facilita a cambio del canon correspondiente—, en que una persona dedicada al pastoreo pueda llevar a pastar su rebaño a aquellos parajes en los que se encuentran las especies protegidas. Exigir la menor conciencia de antijuricidad a quien ve cómo los animales que componen su rebaño se comen las plantas protegidas sin obstáculo alguno, cuando él mismo arranca aquellas para obtener de ellas efectos beneficiosos —cuando menos subjetivos— para su salud o la de su familia, se antoja verdaderamente excesivo y, en todo caso, desdibuja de todo colorido penal una conducta como la enjuiciada, conducta que sin deber en modo alguno ser minimizada desde el punto de vista de la extraordinaria importancia de que ha de ser dotada la protección del medio ambiente, sí ha de ser desde luego relativizada en su ponderación con cuanto atentado medioambiental es posible advertir con extraordinaria frecuencia, cuestión ésta, sin embargo, que no resulta ser objeto de la presente resolución.

[...]

FALLO

Que absuelvo a Miguel G. L., del delito contra la protección de la flora y fauna por el que venía siendo acusado, declarando de oficio las costas procesales.

Preguntas orientadas para el comentario de este texto:

a) Describa los hechos que dan origen a este pronunciamiento judicial.
b) ¿De qué delito se le acusa al pastor de Capileira? Señale dónde se encuentra tipificada esta conducta en nuestro Código Penal y cuál es el bien jurídico protegido por esta norma.
c) ¿En qué consiste el «error inevitable o invencible»? ¿Qué consecuencias prácticas comporta esta circunstancia para el acusado?
d) Valoración personal del fallo judicial.

V. AUTOEVALUACIÓN

1. Ante un delito ambiental los Jueces y Tribunales impondrán la pena inferior en grado a las previstas:

a) Cuando el culpable proceda voluntariamente a la reparación del daño causado.
b) Siempre que sea la primera vez que comete el delito.
c) Cuando fueran varios los culpables.

2. Ante un delito ambiental se impondrán las penas superiores en grado a las previstas:

a) Sólo en el caso de que el culpable sea mayor de edad.
b) Cuando la conducta definida afecte a algún espacio natural protegido.
c) Sólo cuando haya reiteración.

3. El principio de legalidad penal significa que:

a) Siempre y cuando una ley defina las conductas y las sanciones, puede un reglamento desarrollar el régimen sancionador.
b) Sólo por una Ley orgánica, que exige una mayoría cualificada en el Parlamento, pueden regularse los delitos, las faltas y las correspondientes sanciones.

c) Se recojan en la ley únicamente las conductas constitutivas de delito o falta, pero no las constitutivas de infracción administrativa.

4. El comercio o tráfico con las especies de fauna silvestre:

a) Es un delito que puede cometer cualquier persona.
b) Es un delito al que se le puede imponer la pena de prisión.
c) Ambas respuestas son correctas.

5. La provocación o realización de vertidos en el suelo, el subsuelo o las aguas terrestres:

a) Sólo constituye delito si se produce de forma directa.
b) puede causarla cualquier persona, sea física o jurídica.
c) Conlleva la pena de prisión de 6 a 11 años.

6. Las medidas reparadoras:

a) Sólo se pueden imponer cuando expresamente se recoja como pena asociada al tipo delictivo concreto.
b) Podrán imponerse en todo caso, a cargo del autor del hecho, con el fin de restaurar el equilibrio ecológico perturbado.
c) Sólo se pueden exigir en el ámbito administrativo.

7. ¿Puede una persona jurídica, una empresa, ser culpable de un delito ambiental?

a) Nunca. Sólo se puede exigir responsabilidad a las personas físicas.
b) No, solamente se les puede imputar faltas penales.
c) Puede serlo en aquellos casos expresamente contemplados en el Código Penal.

8. Las penas asociadas a los delitos ambientales:

a) Sólo pueden consistir en multas.
b) Pueden consistir en multas o en prisión, además de otras según el tipo penal.
c) Ninguna respuesta es correcta.

9. El empleo de medios explosivos para la caza o pesca (veneno):

a) Constituye siempre un delito.
b) Es una conducta delictiva siempre que no se esté legalmente autorizado.

c) Puede ser castigado con una pena de 20 años de prisión.

10. La introducción o liberación de especies de flora o fauna no autóctona:

a) Constituye un delito siempre que se realice contraviniendo las normas protectoras de las especies de flora y fauna.
b) Constituye un delito cuando, además de lo anterior, perjudique el equilibrio biológico.
c) Ambas respuestas son correctas.

VI. MATERIAL DIDÁCTICO

1. Lecturas recomendadas

Esteve Pardo, J., «Protección penal y accesoriedad administrativa en la nueva regulación para la protección del medio ambiente», en AA.VV. *Incidencia Medioambiental y Derecho Sancionador*, Consejo General del Poder Judicial, 2006, pp. 119-138.

Lozano Cutanda, B., y Alli Turrillas, J.-C., *Administración y legislación ambiental, Dykinson*, 2011, pp. 355-377.

Prats Canut, M., y Marquès i Banqué, M., «La responsabilidad penal de los funcionarios en materia ambiental», en Esteve Pardo, J. (coord.), *Derecho del Medio Ambiente y Administración Local*, Fundación Democracia y Gobierno Local, Barcelona, 2006, pp. 461-480.

CAPÍTULO 9

LA RESPONSABILIDAD AMBIENTAL

Estanislao Arana García
Catedrático de Derecho Administrativo
Universidad de Granada

I. PALABRAS CLAVE

Responsabilidad por daños ambientales; reparación de daños ambientales; responsabilidad civil derivada de delito o falta; sistema de responsabilidad extracontractual: responsabilidad civil; responsabilidad patrimonial de la Administración Pública; Ley de Responsabilidad Medioambiental.

II. OBJETIVOS DIDÁCTICOS

1. Aprender los sistemas de responsabilidad extracontractual tradicionales para conocer las vías a seguir para la reparación de los daños ambientales y conocer sus deficiencias.
2. Estudiar el sistema de responsabilidad patrimonial de la Administración Ambiental cuando el daño es causado por ésta para saber si surge el deber de indemnizar.
3. Analizar el nuevo sistema de responsabilidad regulado en la Ley de Responsabilidad Medioambiental con la pretensión de regular la responsabilidad de los operadores de prevenir, evitar y reparar los daños medioambientales, para advertir su eficacia o ineficacia.

III. CONTENIDO DOCENTE

1. El concepto de responsabilidad por daños al medio ambiente: Quién, cómo, cuándo, por qué

Son muchas las preguntas sobre la responsabilidad a formular y a todas ellas el estudiante ha de dar respuesta con conocimiento de nuestro sistema jurídico, pues sólo en la medida en que la norma lo establezca, así podrá o no exigirse o imputarse la responsabilidad a un sujeto por los daños al medio ambiente.

¿Quién es el responsable de un daño al medio ambiente? ¿Cómo se puede imputar la responsabilidad a un sujeto? ¿Cuándo es posible exigir responsabilidad a un sujeto por este tipo de daños? Existiendo un daño al medio ambiente, ¿es posible que no pueda exigirse responsabilidad por ello? ¿Qué tipo de daños al medio ambiente son indemnizables?

El sistema o, mejor dicho, los sistemas de responsabilidad por daños reconocidos en nuestro Derecho, identifican unos daños, cualificados por su certeza, cuantificación, individualización; un, o unos, autor del daño; la relación acción-efecto, relación de causalidad entre la acción imputable a su autor y la producción del daño; el surgimiento de la responsabilidad por daño a su autor debido a la relación de causalidad; y la indemnización del daño. Junto a ello, las posibles causas de exoneración de la responsabilidad, supuestos en los que el daño deba ser soportado jurídicamente, o en los que concurra causa de fuerza mayor, por ejemplo.

Para poder concretar los supuestos de responsabilidad por daños al medio ambiente, la primera tarea a realizar es la de determinar cuándo se produce un daño al medio ambiente del que pueda surgir la responsabilidad imputable a un sujeto y por tanto, sea indemnizable. Ante un daño al medio ambiente, debe especificarse el concepto de víctima de ese daño, con el fin de indemnizarlo. Y éste es uno de los mayores problemas a la hora de tipificar los daños al medio ambiente susceptibles de ser indemnizados por responsabilidad.

Además, debe diferenciarse el sistema de responsabilidad aplicable. Esto es, en nuestro Derecho, hemos de diferenciar el ámbito privado del ámbito público. Hemos de diferenciar, de un lado, el sistema de responsabilidad civil extra contractual, aplicable a los sujetos privados por las acciones que realicen cuya consecuencia sea un daño al medio ambiente. De otro lado, la denominada responsabilidad patrimonial de la Administración derivada de los daños al medio ambiente. En este caso, se está discutiendo la responsabilidad de un sujeto público, la Administración Pública, como garante de la preservación del medio ambiente, de manera que cuando se den los requisitos legales y pueda probarse una relación de causalidad entre la acción de la Administración y el daño al medio ambiente, siendo éste antijurídico, surgirá la responsabilidad de la Administración, quién deberá indemnizar por el daño causado. Ahora bien, ¿a quién? Porque en muchas ocasiones será difícil individualizar el daño en un sujeto o grupo de sujetos y sólo son indemnizables los daños ciertos, individualizados en relación a una persona o grupo de personas y evaluables económicamente.

Aún existe otro sistema de responsabilidad que es el que se deriva de la comisión de un delito, siendo de aplicación en estos casos el Derecho Penal, o bien, de la comisión de una infracción administrativa.

Finalmente, y como eje central de este capítulo, nos referiremos a la Ley de Responsabilidad Medioambiental, que viene a completar y cubrir las insuficiencias de nuestro tradicional sistema de responsabilidad y que tiene su causa en la Directiva 2004/35/CE, del Parlamento Europeo y del Consejo, sobre responsabilidad ambiental en materia de prevención y restauración de los daños ambientales. Directiva que se incorpora en nuestro Derecho a través de la Ley 26/2007, de 23 de octubre, de Responsabilidad Medioambiental, modificada por la Ley 11/2014, de 3 de julio. Así como por el Real Decreto-ley 7/2021 de 27 de abril cuyo artículo 15 modifica el artículo 42, apdo. 1.*a*), y por la Ley 33/2015, de 21 de septiembre, cuya Disposición Final 1.ª1 modifica el artículo 2, apdo. 1.*b*) y cuya Disposición Final 1.ª2 modifica el artículo 45, apdo. 3.

La justificación del sistema de responsabilidad deriva del mandato del artículo 45 CE, según el cual los poderes públicos son responsables de la defensa y la restauración del medio ambiente a través de un sistema que haga posible la obligación de reparar el daño causado a todo aquél que atente contra la utilización racional de los recursos naturales.

2. La responsabilidad civil derivada de delito o de infracción administrativa

La comisión de un delito por daño al medio ambiente o de una infracción administrativa conlleva la responsabilidad civil y se deriva expresamente del deber legal de reparación o restauración del medio ambiente alterado como consecuencia de tal delito o infracción administrativa.

En el Código Penal está previsto este deber de reparación del daño causado en la regulación que establece de los ilícitos de este tipo. Así, de aplicación general, los artículos 109 y 110 del Código Penal prevén la reparación de los daños y perjuicios causados por el autor del ilícito penal, responsabilidad que incluye la restitución, la reparación del daño derivado de delito y la indemnización de los perjuicios materiales y morales. Con carácter más específico de aplicación común a los delitos ambientales, el artículo 339 CP prevé la ordenación por el Juez al autor del hecho de adoptar las medidas necesarias encaminadas a restaurar el equilibrio ecológico perturbado, así como de cualquier otra medida cautelar necesaria para la protección de los bienes tutelados.

3. El sistema de responsabilidad civil extracontractual

Cuando los daños al medio ambiente no tienen su origen en un delito, la responsabilidad se puede imputar a través del sistema de responsabilidad civil extracontractual.

El régimen jurídico viene establecido en el Código Civil, y se refiere a los supuestos en que los daños son causados por los sujetos privados. El caso será resuelto en su caso por los Tribunales de la Jurisdicción Civil.

En concreto, el artículo 1.902 CC establece que: «el que por acción u omisión causa un daño a otro, interviniendo culpa o negligencia, está obligado a reparar el mal causado». De manera que para que surja la responsabilidad por daño medioambiental son necesarios los siguientes requisitos:

1. Que un particular cause un daño por culpa o negligencia y que haya prueba de tal acción u omisión.
2. El daño producido ha de ser efectivo.
3. Entre la acción u omisión y el daño ha de existir una relación de causalidad y haya prueba de ello.

Este sistema sirve cuando efectivamente la acción u omisión de un particular cause un daño al medio ambiente con claros perjuicios en otro sujeto privado o en sus bienes, supuestos en los que hay lesión real de derechos privados. El problema surge cuando no es fácil identificar tales perjuicios, aunque el daño al medio ambiente es real, pero no se pueden identificar unos daños específicos en los derechos privados de otro, personales o patrimoniales.

4. El sistema de responsabilidad patrimonial de la Administración Pública

En los supuestos en los que el daño ambiental no deriva de infracción administrativa surge el sistema de responsabilidad patrimonial de la Administración, siendo ésta a la que se le imputa el daño causado siempre y cuando se cumpla con los requisitos legales establecidos en los artículos 32 y siguientes de la Ley 40/2015, de 1 de octubre, de Régimen Jurídico del Sector Público y 67 de la Ley 39/2015, de 1 de octubre, del Procedimiento Administrativo común de las Administraciones Públicas.

Estamos en los supuestos en los que la responsabilidad se imputa a un sujeto público, responsable y garante, en este caso, de la preservación del medio ambiente y de hacer cumplir con el mandato constitucional del artículo 45 CE. Si bien, el sistema arranca cuando se cumplen los requisitos legales.

A diferencia del sistema de responsabilidad civil extracontractual en el que se exige una acción culposa o negligente, el sistema de responsabilidad patrimonial de la Administración se caracteriza por ser un sistema objetivo, en el que, en principio y salvo excepciones, no se exige que la acción u omisión causante del daño sea una acción culposa o negligente, sino que basta con que ésta cause un daño dentro del funcionamiento de los servicios públicos de los que es garante la Administración Pública, y que no exista el deber jurídico de soportar este daño.

Dice el artículo 32.1 de la Ley 40/2015: «Los particulares tendrán derecho a ser indemnizados por las Administraciones Públicas correspondientes, de toda lesión que sufran en cualquiera de sus bienes y derechos, siempre que la lesión sea consecuencia del funcionamiento normal o anormal de los servicios públicos salvo en los casos de fuerza mayor o de daños que el particular tenga el deber jurídico de soportar de acuerdo con la Ley».

Para poder exigir responsabilidad a las Administraciones Públicas se exigen los siguientes requisitos:

1. Se produzca una lesión como consecuencia del funcionamiento normal o anormal de los servicios públicos; esto es, medie o no culpa o negligencia del funcionario en concreto que presta el servicio.
2. El daño alegado ha de ser efectivo, evaluable económicamente e individualizado con relación a una persona o grupo de personas.
3. No exista el deber jurídico de soportar el daño (p. ej.: las cargas tributarias, que producen un menoscabo patrimonial del particular como consecuencia del funcionamiento normal del servicio público tributario, pero, sin embargo, existe el deber jurídico de soportar ese daño; distinto sería cuando se impone una carga tributaria por error de la Administración, caso en el que no existe ese deber jurídico de soportar el daño, y podría abrirse el sistema de responsabilidad patrimonial).
4. Exista una relación de causalidad probada entre la lesión causada y el funcionamiento del servicio público, que permita imputar el daño a la Administración, con independencia de que exista o no culpa o negligencia. La prueba de este nexo causal es el título de imputación de la responsabilidad a la Administración. Aun en los casos en los que en la producción del daño contribuye la acción de un tercero o de la propia víctima junto con la de la Administración, no se rompe el nexo causal, siempre y cuando la acción u omisión de la Administración sea suficiente o adecuada para la producción del daño. En algunos casos se produce una suerte de reparto de la responsabilidad que influye en la indemnización menor que corresponde abonar a la Administración por su parte de responsabilidad; y en otros, pocos, se ha llegado a exonerar a la Administración de responsabilidad.

Se sigue el procedimiento de reclamación previsto en la Ley 39/2015 y en caso de denegación o silencio, se interpone un recurso contencioso-administrativo ante los Tribunales de la Jurisdicción Contencioso-Administrativa.

Aun cumplidos estos requisitos, es posible que se exonere a la Administración de responsabilidad en los siguientes supuestos:

1. Cuando el daño se produzca por fuerza mayor. Supuesto que debe distinguirse del caso fortuito, en los que sí responde la Administración. En ambos casos se trata de acciones causadas por hechos irresistibles, insuperables, imprevisibles, como consecuencia de los cuales se produce el daño. Pero en el caso de la fuerza mayor la acción tiene su origen fuera del ámbito del funcionamiento del servicio público (causas naturales: terremoto que hace que el médico que opera en el quirófano cause una herida al paciente con el bisturí); mientras que cuando se trata de caso fortuito, la acción tiene su origen dentro del ámbito del funcionamiento del servicio público (cuando la herida causada al paciente por el médico en el caso anterior, no se debe a un terremoto, sino a un desprendimiento fortuito de parte del techo del quirófano).
2. El artículo 34.1 de la Ley 40/2015, contempla un caso específico; dice así: «Sólo serán indemnizables las lesiones producidas al particular provenientes de daños que éste no tenga el deber jurídico de soportar de acuerdo con la Ley. No serán indemnizables los daños que se deriven de hechos o circunstancias que no se hubiesen podido prever o evitar según el estado de los conocimientos de la ciencia o de la técnica existentes en el momento de producción de aquéllos, todo ello sin perjuicio de las prestaciones asistenciales o económicas que las leyes puedan establecer para estos casos».

En aquellos sectores cuya evolución depende del estado de la ciencia o de la técnica, si se produce un daño, aun cumpliéndose los requisitos para exigir responsabilidad a la Administración, ésta no va a imputarse si la acción u omisión entra dentro de los parámetros normales de actuación conforme al estado de la ciencia o técnica en el momento de producirse. En el ámbito sanitario, no habrá responsabilidad del sistema público sanitario, cuando la actuación médica siguió los protocolos y *lex artis*. Sólo habrá imputación cuando se pruebe la mala praxis, lo que equivale a exigir en estos casos la culpa o negligencia en la actuación.

En caso de que la reclamación por responsabilidad no sea atendida, serán los Tribunales de la Jurisdicción Contencioso-Administrativa los encargados de resolver el correspondiente recurso Contencioso-Administrativo contra la desestimación expresa o presunta de la reclamación en vía administrativa.

¿Qué problemas encontramos cuando se trata de imputar la responsabilidad a la Administración por daños al medio ambiente?

La acción u omisión causante del daño ha de tener su origen en el ámbito de funcionamiento del servicio público que configura el artículo 45 CE, que obliga a los poderes públicos a velar por la utilización racional de todos los recursos naturales, con el fin de proteger y mejorar la calidad de vida y defender y restaurar el medio ambiente. De modo que cuando no se adoptan las medidas para que la utilización de los recursos naturales sea racional o no se ejerzan las potestades para defender o restaurar el medio ambiente, o aun adoptándose las medidas adecuadas, se produce el daño ambiental, surge la responsabilidad de la Administración siempre y cuando el daño producido sea un daño antijurídico. Además, éste ha de ser efectivo, evaluable económicamente e individualizado en una persona o grupos de personas; y debe probarse la relación de causalidad entre la acción de la Administración y el daño producido.

Sin embargo, este sistema de responsabilidad no es suficiente ni aplicable a todos los casos en los que se produce un daño ambiental, en tanto en cuanto que en muchas ocasiones, no es posible individualizar el daño en relación a una persona o grupo de personas, aunque el daño ambiental sea real y efectivo.

5. La Ley 26/2007, de 23 de octubre, de Responsabilidad Medioambiental (LRA). Caracteres del sistema que instaura

Los sistemas de responsabilidad tradicionales giran en torno a la reparación de los daños personales o patrimoniales que se causen como consecuencia del daño al medio ambiente, de manera que si no es posible individualizar el daño es difícil imputar la responsabilidad a un sujeto, aun cuando el daño al medio ambiente es real y efectivo.

La LRA gira en torno al concepto de restauración del medio ambiente o recurso natural dañado o alterado, más que a la reparación de daños personales o patrimoniales, cubriendo de esta manera el hueco que dejaban los anteriores sistemas. Ante un daño al medio ambiente real y efectivo, no es preciso individualizar ese daño en relación a una persona o grupo de personas para que surja la responsabilidad, sino que se pretende que cuando un sujeto cause un daño de este tipo se le imponga la obligación de la restauración al estado originario o natural.

5.1. *Ámbito subjetivo. ¿A quién se le aplica la Ley?*

El ámbito subjetivo de la Ley se refiere al operador económico o profesional que con su actividad sea susceptible de causar daños medioambientales y al cual se le va a imponer la obligación de restaurar el daño a su estado originario o natural. Dice el artículo 1 LRA: «Esta Ley regula la responsabilidad de los operadores de prevenir, evitar y reparar los daños ambientales, de conformidad con el artículo 45 de la Constitución y con los principios de prevención y de "quien contamina paga"».

El concepto de operador lo define como «cualquier persona física o jurídica, pública o privada, que desempeñe una actividad económica o profesional o que, en virtud de cualquier título, controle dicha actividad o tenga un poder económico determinado sobre su funcionamiento técnico. Para su determinación se tendrá en cuenta lo que la legislación sectorial, estatal o autonómica, disponga para cada actividad sobre los titulares de permisos o autorizaciones, inscripciones registrales o comunicaciones a la Administración» (art. 2.10 LRA).

La LRA excluye expresamente a las Administraciones contratantes del concepto de operador, de manera que en los supuestos en que sea la Administración la que contrate o conceda un servicio o actividad a un empresario privado, será éste en todo caso el operador económico a efectos de la LRA.

En todo caso, el operador no estará obligado a sufragar los costes de las medidas de prevención, de evitación y reparación cuando su actividad dañosa derive directamente de una orden dada por la autoridad pública competente.

La LRA se aplica a los daños medioambientales y a las amenazas inminentes de que tales daños ocurran, cuando hayan sido causadas por las actividades económicas o profesionales que se determinan en el Anexo III de la misma Ley, aunque no exista dolo, culpa o negligencia. Tratándose de actividades distintas a las allí enumeradas, si se causa un daño medioambiental con dolo, culpa o negligencia, se exigirán las medidas de prevención, evitación y de reparación; si no media dolo, culpa o negligencia, sólo se exigirán las medidas de prevención o evitación.

Las Comunidades Autónomas tienen competencia para ampliar el número de actividades, así como los sujetos que se someten al régimen de la LRA.

5.2. *Ámbito objetivo. ¿A qué tipo de daños medioambientales se refiere la Ley?*

La Ley se refiere a los denominados daños ambientales que la misma enumera, entendiendo por tales los daños a las especies silvestres y a los hábitats; los daños a las aguas, superficiales o subterráneas; los daños a la ribera del mar y de las rías; y los daños al suelo (art. 2 LRA). Teniendo en cuenta las definiciones que de cada concepto acoge la Ley.

Se excluyen expresamente del ámbito de la responsabilidad los daños a particulares, y los daños patrimoniales que no tengan la condición de daños ambientales, aunque sean consecuencia de los mismos hechos que dan origen a la responsabilidad medioambiental (art. 5 LRA).

El concepto de daño ambiental que define la Ley hace referencia, en relación con cada categoría, al «cambio adverso y mensurable de un recurso natural o el perjuicio de un servicio de recursos naturales, tanto si se produce directa como indirectamente».

5.3. *¿Cuál es el plazo para poder exigir la responsabilidad con base en la LRA?*

LRA establece en su artículo 4 un plazo de treinta años desde que tuvo lugar la emisión, el suceso o el incidente que causó el daño medioambiental, pasado el cual no será posible exigir la responsabilidad.

Este plazo tan amplio se justifica porque en la mayoría de las ocasiones existe una gran diferencia de tiempo entre el momento en que se produce la acción dañosa y el momento en que se tiene conocimiento del daño.

5.4. *La prueba de la relación de causalidad entre la actividad desarrollada por el operador económico y el daño medioambiental producido*

Un requisito esencial para poder imputar la responsabilidad a un sujeto es la prueba de la relación de causalidad entre la actividad desarrollada por éste y el daño causado. La LRA establece una presunción de causalidad en relación a las actividades incluidas en el Anexo III, lo que impone al operador la carga de la prueba en contrario. Respecto del resto de actividades nada dice la Ley, cabe interpretar que al tratarse de actividades que entrañan un menor riesgo, sea el que reclama al que corresponda la carga de la prueba.

5.5. *Causas de exoneración de la responsabilidad*

La LRA establece una serie de excepciones a su aplicación en los casos de daños ambientales o amenazas inminentes producidos por (art. 3.4 LRA):

1. Un acto derivado de un conflicto armado, de hostilidades, de guerra civil o de una insurrección

2. Un fenómeno natural de carácter excepcional, inevitable e irresistible.
3. Las actividades cuyo principal propósito sea servir a la defensa nacional o a la seguridad internacional, y las actividades cuyo único propósito sea la protección contra los desastres naturales.

Además, la LRA no se aplica a:

1. Los daños medioambientales ni a las amenazas inminentes de que tales daños se produzcan cuando tengan su origen en un suceso cuyas consecuencias en cuanto a responsabilidad o a indemnización estén establecidas por alguno de los Convenios Internacionales a los que alude.
2. Los riesgos nucleares, daños medioambientales o amenazas inminentes de que tales daños se produzcan, causados por actividades que empleen materiales cuya utilización esté regulada por normativa derivada del Tratado Constitutivo de la Comunidad Europea de la Energía Atómica, ni a los incidentes o actividades cuyo régimen de responsabilidad esté establecido en alguno de los convenios internacionales a los que alude.

Por último, nos referimos a dos causas de exoneración de la responsabilidad del operador, que derivan del ámbito de actuación de éste:

— De un lado, referida en otro apartado, los supuestos en que la acción que causa un daño es consecuencia de una orden o instrucción de la autoridad pública competente [art. 14.2.*a*) LRA].
— De otro lado, los supuestos en que el operador pruebe que el daño medioambiental fue causado por una actividad, una emisión, o la utilización de un producto que, en el momento de realizarse o utilizarse, no eran considerados como potencialmente perjudiciales para el medio ambiente con arreglo al estado de los conocimientos científicos o técnicos existentes en aquél momento [art. 14.2.*b*) LRA].

5.6. *El procedimiento para exigir la responsabilidad*

La LRA establece la regulación básica, que se fundamenta en el régimen común del procedimiento administrativo establecido en la Ley 39/2015, y que se aplica supletoriamente; las Comunidades Autónomas podrán introducir ciertas matizaciones para sus respectivos ámbitos territoriales.

La resolución se ha de pronunciar sobre dos aspectos. De una parte, sobre la declaración de la responsabilidad del operador; de otra parte, confirmada la existencia del daño medioambiental, sobre las medidas de prevención y de reparación a adoptar, y ello con independencia de que se haya declarado o no al sujeto responsable. Los sujetos que han de ejecutar estas medidas serán, en función de las circunstancias, el operador y la Administración.

Esta resolución es recurrible ante los Tribunales de la Jurisdicción Contencioso-Administrativa.

5.7. *La importancia de la evaluación del daño ambiental a efectos de la determinación de la responsabilidad de la LRA*

Para asegurar la reparación de los daños ambientales que puedan ocasionarse por las actividades, la LRA dispone la obligatoriedad para el operador en los casos de las actividades que, con carácter general, sean susceptibles de ocasionar daños cuya reparación supere los 300.000 euros, de constituir una garantía financiera, bien a través de una póliza de seguro, de un aval o de la constitución de reserva técnica mediante dotación de un fondo ad-hoc con materialización en inversiones financieras respaldadas por el sector público. Dicha garantía se define en función de una evaluación de los riesgos y de los costes de reparación, por lo que adquiere gran importancia en esta materia la determinación del riesgo ambiental o de la extensión del daño que se pueda causar.

En este sentido, el RD 2.090/2008, de 22 de diciembre, por el que se aprueba el reglamento de desarrollo parcial de la LRA, establece el marco metodológico para determinar el daño medioambiental producido y, en función de su alcance, establecer las medidas de reparación necesarias en cada caso. Conforme al mismo, la determinación del daño ambiental se fundamenta en el *Modelo de Oferta de Responsabilidad Ambiental* (metodología para el cálculo de costes de reposición, que permitirá monetizar los escenarios de riesgo identificados por los operadores en los análisis de riesgos medioambientales de su instalación). Para hacer operativa esta metodología, la Dirección General de Calidad y Evaluación Ambiental y Medio Natural ha desarrollado una aplicación informática (aplicación M.O.R.A.), que aplica los instrumentos de carácter voluntario actualmente previstos para esta evaluación: los *análisis de riesgos medioambientales sectoriales* y las *tablas de baremos*. Los Análisis de riesgos medioambientales sectoriales pueden consistir bien en modelos de informes de riesgos ambientales tipo (MIRAT), o bien en guías metodológicas para el análisis de riesgo (Tablas de baremos). Las tablas de baremos están previstas para los sectores o pequeñas y medianas empresas que, por su alto grado de homogeneidad, permitan la estandarización de sus riesgos ambientales. Los operadores podrán elaborar sus análisis de riesgos medioambientales tomando como base estas herramientas que hayan sido informadas favorablemente por la Comisión Técnica de Prevención y Reparación de daños para cada sector. Este RD ha sido modificado por RD 183/2015, de 13 de marzo, que ha hecho nuevas referencias a los criterios técnicos de evaluación de los daños ambientales y al régimen jurídico de las garantías financieras.

IV. ACTIVIDADES PRÁCTICAS

Actividad 1.—Teniendo en cuenta las diferentes categorías de recursos naturales que enumera la Ley de Responsabilidad Medioambiental, el alumno debe determinar en cada una de ellas, cuándo el daño producido como consecuencia de la actividad de un operador, es susceptible de generar responsabilidad ambiental.

El material necesario es la Ley 26/2007, de 23 de octubre, de Responsabilidad Medioambiental.

Actividad 2.—De las siguientes actividades que se enumeran, el alumno debe identificar aquellas en las que su autor entra dentro del concepto de operador al que se refiere la Ley de Responsabilidad Medioambiental, a efectos de imputar responsabilidad por daños medioambientales. En caso de que no entre dentro de su ámbito de aplicación, es posible que la actividad cause un daño ambiental, ¿cómo se podría reparar ese daño? ¿Cuál sería el procedimiento adecuado?

a) Actividad de pesca y caza deportiva.
b) Actividad consistente en la depuración de aguas para consumo humano.
c) Actividad de recolección de frutos silvestres, setas, espárragos, etc. con fines de ocio.
d) Actividad de incineración de residuos.

Actividad 3.—¿Cuál es el ámbito temporal de aplicación de la Ley de Responsabilidad Medioambiental? El alumno debe responder teniendo en cuenta lo dispuesto en la LRA, y realizando un análisis de la lectura de la Sentencia del Tribunal de Justicia de la Unión Europea (Gran Sala), de 9 de marzo de 2010 (TJCE\2010\70). En esta sentencia se analiza:

«Supuesto de responsabilidad medioambiental en relación con la prevención y reparación de daños medioambientales: Directiva 2004/35/CE: aplicabilidad *ratione temporis*: aplicación a daños causados después del 30 de abril de 2007, una vez transcurrido el plazo de transposición de la Directiva, no a los anteriores a esa fecha ni a los que se hayan producido después de dicha fecha cuando se deriven de una actividad específica realizada y concluida antes de la misma: órgano jurisdiccional nacional: determinación: daños que quedan fuera del ámbito de aplicación de la Directiva: aplicación del Derecho nacional: límites: respeto de las normas del Tratado y del Derecho derivado; "Determinación de las medidas reparadoras": requisito, exigencia de un nexo causal, determinación, supuestos.»

Orientación: La sentencia debe obtenerse a través de las bases de datos Aranzadi, disponibles para los estudiantes matriculados en la Universidad, a través del acceso a biblioteca.

V. AUTOEVALUACIÓN

1. La Ley de Responsabilidad Medioambiental:

a) Sustituye los sistemas tradicionales de responsabilidad establecidos en nuestro ordenamiento jurídico en materia medioambiental.
b) Complementa los sistemas tradicionales de responsabilidad establecidos en nuestro ordenamiento jurídico en materia medioambiental.
c) Ninguna respuesta es correcta.

2. ¿Cuál es el plazo para poder exigir la responsabilidad con base en la Ley de Responsabilidad Ambiental?

a) Dos años desde que se causó el daño medioambiental.
b) Treinta años desde que tuvo lugar la acción que causó el daño medioambiental.
c) Siete años desde que se manifiesta el daño medioambiental.

3. La imputación de responsabilidad a un operador económico:

a) Exige la prueba de la relación de causalidad entre la actividad desarrollada por el operador económico y el daño medioambiental producido.
b) Presume la relación de causalidad en relación a las actividades incluidas en el Anexo III de la Ley de Responsabilidad Ambiental.
c) Ambas respuestas son correctas.

4. No existe responsabilidad medioambiental del operador económico:

a) Cuando pruebe que el daño medioambiental fue causado por una actividad, una emisión, o la utilización de un producto que, en el momento de realizarse o utilizarse, no eran considerados como potencialmente perjudiciales para el medio ambiente con arreglo al estado de los conocimientos científicos o técnicos existentes en aquel momento.

b) Cuando el daño medioambiental derive de un fenómeno natural de carácter excepcional, inevitable e irresistible.

c) Ambas respuestas son correctas.

5. ¿Qué tipos de daños ambientales cubre la Ley de Responsabilidad Medioambiental?

a) Sólo los daños personales y patrimoniales que puedan individualizarse en relación a una persona o grupo de personas.

b) Sólo los daños medioambientales cuando se deriven de daños personales o patrimoniales.

c) Los daños ambientales y las amenazas inminentes de que tales daños ocurran a las especies silvestres y a los hábitats; a las aguas, superficiales o subterráneas a la ribera del mar y de las rías, y los daños al suelo.

6. El operador económico está obligado a sufragar los costes de las medidas de prevención, de evitación y de reparación:

a) Siempre y en todo caso.

b) Sólo cuando su actividad dañosa derive directamente de una orden dada por la autoridad pública competente.

c) Ninguna respuesta es correcta.

7. La incorporación al ordenamiento español de la Directiva 2004/35/CE, del Parlamento Europeo y del Consejo, sobre responsabilidad ambiental en materia de prevención y restauración de los daños ambientales se produce por:

a) Ley 26/2007, de 23 de octubre, de Responsabilidad Medioambiental.

b) El Código Penal.

c) Ambas respuestas son correctas.

8. La reparación de los daños y perjuicios causados por el autor del ilícito penal está prevista:

a) En la Ley 26/2007, de 23 de octubre, de Responsabilidad Medioambiental.

b) En el Código Penal.

c) En el Código Civil.

9. Para poder exigir responsabilidad a las Administraciones Públicas se requiere, entre otras cuestiones:

a) Que un particular la reclame cuando se haya producido una lesión al medio ambiente por el funcionamiento normal o anormal de los servicios públicos.
b) Que se haya producido una lesión a un particular en su persona o patrimonio por el funcionamiento normal o anormal de los servicios públicos.
c) Que se haya producido cualquier tipo de daño ambiental por el funcionamiento de los servicios públicos.

10. Pueden ampliar el número de actividades y de sujetos que se someten al régimen de la Ley de Responsabilidad Ambiental:

a) Las Comunidades Autónomas.
b) Los municipios.
c) Los municipios y las Comunidades Autónomas.

VI. MATERIAL DIDÁCTICO

1. Lecturas recomendadas

Álvarez González, E. M., y Ávila Rodríguez, C. M., «Determinación y Valoración del Daño Ambiental», *Administración de Andalucía, Revista Andaluza de Administración Pública*, n.º 81, 2011, pp. 47 a 100.

Conde Antequera, J., *El deber jurídico de restauración ambiental*, Comares, Granada, 2004.

— «El deber de restauración derivado de la existencia de responsabilidad del sujeto particular causante del daño ambiental por la infracción administrativa», *Revista Aragonesa de Administración Pública*, n.º 24, 2004, pp. 83-131.

Esteve Pardo, J., *Ley de Responsabilidad Medioambiental. Comentario sistemático*, Marcial Pons, 2008.

Jordano Fraga, J., «Responsabilidad por daños al medio ambiente», en Esteve Pardo, J. (coord.), *Derecho del Medio Ambiente y Administración Local*, Fundación Democracia y Gobierno Local, Barcelona, 2006, pp. 427-459.

Lozano Cutanda, B. (coord.), *Comentarios a la Ley de Responsabilidad Ambiental. Ley 26/2007, de 23 de octubre*, Thomson-Civitas, 2008.

Lozano Cutanda, B., y Alli Turrillas, J.-C., *Administración y Legislación Ambiental. Manual y Materiales complementarios*, Dykinson, 9.ª ed., 2016, pp. 208 ss.

Zambonino Pulito, M., «El sistema de responsabilidad ambiental: estudio de su régimen y límites», en *Revista General de Derecho Administrativo*, n.º 18, 2008.

2. Normativa de referencia

2.1. *Comunitaria*

— Directiva 2004/35/CE del Parlamento Europeo y del Consejo, de 21 de abril de 2004, sobre responsabilidad medioambiental en relación con la prevención y reparación de daños medioambientales. Si bien ha de tenerse en cuenta la remisión que esta Directiva hace a otras más concretas en cuanto a la definición de ciertos términos. Así, la Directiva 79/409/CE, sobre la protección de aves silvestres, y la Directiva 92/43/CE, relativa a la conservación de los hábitats naturales y de la fauna y flora silvestres.

2.2. *Estatal*

— Ley 39/2015, de 1 de octubre, del Procedimiento Administrativo Común de las Administraciones Públicas, artículo 137, y Ley 40/2015, de 1 de octubre, del Sector Público, artículos 32 a 37, que regulan el régimen jurídico de la responsabilidad patrimonial de la Administración Pública.

— Ley 26/2007, de 23 de octubre, de Responsabilidad Medioambiental. Si bien muchos términos a los que se refiere esta Ley se definen por remisión a otras normas medio ambientales. Es el caso de la Ley de Aguas (Real Decreto Legislativo 1/2001) o la Ley de Costas 22/1988, de 28 de julio.

— Ley 11/2014, de 3 de julio, por la que se modifica la Ley 26/2007, de 23 de octubre, de Responsabilidad Medioambiental.

— Real Decreto 2.090/2008, de 22 de diciembre, por el que se aprueba el reglamento de desarrollo parcial de la LRA.

— Real Decreto 183/2015, de 13 de marzo, por el que se modifica el RD 2.090/2008, de 22 de diciembre.

II

PARTE ESPECIAL

CAPÍTULO 10

RÉGIMEN JURÍDICO DE LOS RESIDUOS

Carolina Cárdenas Páiz
Unidad de Calidad Ambiental. Universidad de Granada

I. PALABRAS CLAVE

Economía circular, residuo; residuo peligroso; residuo urbano; residuos especiales; sistema integrado de gestión; gestión de residuos; valorización; vertedero, gestor de residuos.

II. OBJETIVOS DIDÁCTICOS

1. Conocer el concepto de residuo para ser capaz de distinguirlo de otros conceptos como el de materia prima o el de subproducto.
2. Capacitar al alumnado para distinguir las diferentes clases de residuos (urbano, peligroso, especial) y asociar a cada tipología el régimen jurídico correspondiente.
3. Conocer las diferentes fases en la gestión de los residuos para valorar la posible participación de las personas, entidades o Administraciones en las mismas.
4. Comprender las obligaciones de las personas y entidades que intervienen en alguna de las fases de la producción o gestión de los residuos para entender las responsabilidades correspondientes a cada una de ellas.
5. Conocer la distribución competencial en materia de residuos y los diferentes instrumentos de intervención pública sobre su gestión para ser capaces de distinguir las Administraciones y entidades a las que solicitar la prestación de servicios o actuaciones, cuando proceda.
6. Conocer el concepto de Economía Circular y los principales objetivos y tendencias marcadas por la Unión Europea (en adelante, UE) para su consecución.

III. CONTENIDO DOCENTE

1. Introducción

Para hacer un estudio del régimen jurídico aplicable a los residuos es preciso plantear inicialmente la diversidad de tratamiento previsto en función de la tipología o clasificación que se hace de éstos y la importancia que tiene la distinción del concepto de residuo de otros conceptos afines como el de «subproducto» o materia prima secundaria. También es preciso conocer la posibilidad, prevista en la Ley, de que se produzca el «fin de la condición de residuo» y las consecuencias que de ello se derivan desde un punto de vista jurídico, incluyendo el concepto de economía circular, introducido por la UE en el marco jurídico de residuos en el año 2015 con la intención de dotar de mayor coherencia en el tratamiento de los residuos y el uso de recursos naturales en todos los Estados miembros.

De acuerdo con la legislación española, en la Ley 7/2022, de 8 de abril, de residuos y suelos contaminados para una economía circular (en adelante, LR) se considera residuo como «*cualquier sustancia u objeto que su poseedor deseche o tenga la intención o la obligación de desechar*».

La importancia económica y ambiental de los residuos y, como decimos, la vinculación de un determinado régimen jurídico a la inclusión de determinadas materias en tal concepto hace imprescindible distinguirlos de otros conceptos cercanos como el de subproducto o plantear la posibilidad de que el residuo deje de serlo. De este modo, la derogada Ley 22/2011, de 28 de julio, de residuos y suelos contaminados, incorporó conceptos en el marco jurídico de los residuos que siguen vigentes y vienen recogidos en los artículos 4 y 5 de la LR tales como «subproductos», sustancias u objetos, resultantes de un proceso de producción, cuya finalidad primaria no sea la producción de esa sustancia u objeto. Una substancia u objeto puede ser considerada como subproducto, y no residuo, siempre y cuando se cumplan todas las siguientes condiciones: *a*) que se tenga la seguridad de que la sustancia u objeto va a ser utilizado ulteriormente; *b*) que la sustancia u objeto se pueda utilizar directamente sin tener que someterse a una transformación ulterior distinta de la práctica industrial habitual; *c*) que la sustancia u objeto se produzca como parte integrante de un proceso de producción; y, *d*) que el uso ulterior cumpla todos los requisitos pertinentes relativos a los productos así como a la protección de la salud humana y del medio ambiente, sin que produzca impactos generales adversos para la salud humana o el medio ambiente. Y en cuanto al fin de la condición de residuo, se determina que se da tal situación cuando determinados tipos de residuos que hayan sido sometidos a una operación de valorización, incluido el reciclado, podrán dejar de ser considerados como tales, a los efectos de lo dispuestos en esta Ley, siempre y cuando cumplan todas las siguientes condiciones: *a*) que las sustancias u objetos resultantes se usen habitualmente para finalidades específicas; *b*) que exista un mercado o una demanda para dichas sustancias u objetos; *c*) que las sustancias u objetos resultantes cumplan los requisitos técnicos para finalidades específicas, la legislación existente y las normas aplicables a los productos; y, *d*) que el uso de la sustancia u objeto resultante no genere impactos adversos para el medio ambiente o la salud.

La clasificación de los residuos, determinante de su regulación, de su gestión y de las obligaciones que corresponden a productores, poseedores, gestores y Administraciones con competencias sobre los mismos, es también variada en función de los criterios que se adopten. La clasificación de los residuos que vamos a utilizar ahora se fundamenta en el régimen jurídico específico aplicable a los mismos. De este modo distinguimos entre *residuos municipales* los residuos mezclados y los recogidos de forma separada de origen doméstico, incluidos el papel y cartón, vidrio, metales, plásticos, biorresiduos, madera, textiles, envases, residuos de aparatos eléctricos y electrónicos, residuos de pilas y acumuladores, residuos peligrosos del hogar y residuos voluminosos, incluidos los colchones y los muebles, así como los residuos mezclados y los residuos recogidos de forma separada procedentes de otras fuentes, cuando estos residuos sean similares en naturaleza y composición a los residuos de origen doméstico, los *residuos peligrosos* (determinados como tales por una serie de características, previstas por la norma, que los configuran como potenciales creadores de riesgos para las personas o el medio ambiente, así como los recipientes y envases que los contienen). No obstante, la doctrina y la normativa ofrecen diversas clasificaciones de los residuos en función de su lugar de generación, de su naturaleza o de sus características específicas determinantes de su regulación especial.

Partiendo de esta dificultad de conceptuación de los residuos y de la diversa clasificación de residuos (y teniendo en cuenta que, en ocasiones, es difícil encuadrar o incluir determinadas de estas materias), vamos a plantear algunas cuestiones generales sobre las obligaciones derivadas de la producción y posesión de los residuos, la responsabilidad de los sujetos que intervienen en las diversas fases de la gestión de los mismos y la jerarquización en las opciones de gestión y tratamiento de éstos que establece la normativa vigente, como aspectos básicos del régimen jurídico establecido para la protección ambiental y de la salud de las personas frente a las repercusiones que pudieran tener tales residuos, en el marco de la Economía Circular.

La Economía Circular queda definida en el LR como «*sistema económico en el que el valor de los productos, materiales y demás recursos de la economía dura el mayor tiempo posible, potenciando su uso eficiente en la producción y el consumo, reduciendo de este modo el impacto medioambiental de su uso, y reduciendo al mínimo los residuos y la liberación de sustancias peligrosas en todas las fases del ciclo de vida, en su caso mediante la aplicación de la jerarquía de residuos»*.

En este sentido la legislación sobre residuos impulsa la circularidad de la economía, incluyendo instrumentos e incentivos para lograr los objetivos de la UE en materia de reciclaje y recuperación de los materiales contenidos en los residuos. La UE tiene el objetivo de alcanzar la neutralidad climática en el año 2050, apoyándose principalmente en El Pacto Verde Europeo y el Plan de Acción para la Economía Circular, así como en el cumplimiento de los Objetivos de Desarrollo Sostenible de la Agenda 2030. Para ello se fijan medidas relativas a aquellos sectores que utilizan más recursos y que tienen un potencial elevado de circularidad para introducir los materiales derivados de los residuos: electrónica y TIC, baterías y vehículos, envases y embalajes, plásticos, productos textiles, construcción y vivienda y alimentos.

2. Marco normativo

En primer lugar es preciso hacer una breve mención al marco normativo fundamental actualmente existente para la regulación de los residuos. La complejidad del sistema normativo referido a los residuos (en cuanto se refiere a regulaciones específicas de materias concretas o de operaciones de gestión determinadas) impiden que podamos abordar en este trabajo todas las normas existentes.

La Comisión Europea aprueba en 2015 el Plan de Acción sobre Economía Circular: Cerrar el círculo: un plan de acción de la UE para la economía circular [COM (2015) 614 final] y en 2018, la Directiva 2018/851, del Parlamento Europeo y del Consejo, de 30 de mayo de 2018, por la que se modifica la Directiva 2008/98/CE sobre residuos. Esta Directiva se incorpora al ordenamiento jurídico español con la aprobación de la Ley 7/2022, de 8 de abril, de residuos y suelos contaminados para una Economía Circular que deroga la anterior Ley 22/2011, de residuos y suelos contaminados y las referentes a residuos tóxicos y peligrosos en los apartados que estaban vigentes. Siendo la norma que establece el régimen jurídico básico de los residuos en España, tanto para los residuos peligrosos como para los que no lo son o para aquellos que, además, son objeto de una regulación específica.

Existen también normas específicas que regulan cada uno de los flujos de residuos y que está prevista su adecuación a la LR, en un plazo de cuatro años desde su entrada en vigor, a grandes rasgos y sin entrar en modificaciones posteriores, la normativa en este ámbito la podemos centrar en las siguientes normas reglamentarias: Real Decreto 1055/2022, de 27 de diciembre, de envases y residuos de envases. Real Decreto 265/2021, de 13 de abril, sobre vehículos al final de su vida útil y por el que se modifica el Reglamento General de Vehículos, aprobado por Real Decreto 2822/1998, de 23 de diciembre. Real Decreto 731/2020, de 4 de agosto, por el que se modifica el Real Decreto 1619/2005, de 30 de diciembre, sobre la gestión de neumáticos fuera de uso. Real Decreto 710/2015, de 24 de julio, por el que se modifica el Real Decreto 106/2008, de 1 de febrero, sobre pilas y acumuladores y la gestión ambiental de sus residuos. Real Decreto 110/2015, de 20 de febrero, sobre aparatos eléctricos y electrónicos. Real Decreto 105/2008, de 1 de febrero, por el que se regula la producción y gestión de los residuos de construcción y demolición. Real Decreto 679/2006, de 2 de junio, por el que se regula la gestión de aceites industriales usados y el Real Decreto 1619/2005, de 30 de diciembre, sobre la gestión de neumáticos fuera de uso

Los residuos peligrosos quedan clasificados según las características recogidas en el anexo I de la LR.

Además de la normativa específica para la regulación de otros residuos excluidos del ámbito de aplicación de la LR, como los residuos radiactivos, las emisiones a la atmósfera, los cadáveres de animales, aguas residuales, residuos mineros, etc.

Y es importante mencionar también, en materia de residuos, las normas que regulan aspectos determinados de su gestión, como, entre otros, el depósito en vertedero, regulado por el Real Decreto 646/2020, de 7 de julio, la incineración de residuos regulada en el Real Decreto 815/2013, de 18 de octubre, por el que se aprueba el Reglamento de emisiones industriales o el Real Decreto 553/2020, de 2 de junio, por el que se regula el traslado de residuos en el interior del territorio del Estado

Todas las Comunidades Autónomas, por su parte, disponen de normativa adicional o de desarrollo de la normativa básica estatal. En la Comunidad Autónoma Andaluza, se ha aprobado la Ley 3/2023, de 30 de marzo, de Economía Circular de Andalucía, pendiente de desarrollo reglamentario que propiciará la adaptación del Reglamento de Residuos de Andalucía, el Decreto 73/2012, de 22 de marzo, al nuevo régimen jurídico de los residuos y que continúa vigente en aquellos apartados en que no contradiga a la Ley 3/2023.

Es imprescindible mencionar, asimismo, la importancia del planeamiento en esta materia. Además del carácter normativo de los planes sobre residuos, éstos se configuran como instrumentos programáticos que adquieren un valor vinculante para la acción pública en materia de gestión de residuos. En la actualidad, estamos en período de revisión y actualización del Plan Estatal Marco de Gestión de Residuos (PEMAR 2016-2022) para adaptarlo a los cambios legislativos. La versión inicial del Plan Estatal Marco de Gestión de Residuos (PEMAR) 2023-2035, ha sido sometido a consulta e información pública y está pendiente de aprobación. Mientras que, en Andalucía continúa vigente el Plan Integral de Residuos de Andalucía (PIRE). Hacia una Economía Circular en el Horizonte 2030 (Decreto 131/2021, de 6 de abril).

Finalmente, es preciso hacer una especial mención a las Ordenanzas municipales en materia de gestión de residuos urbanos (normalmente unidas a la regulación de los servicios de limpieza pública), en cuanto que en ellas se dispone la regulación de las obligaciones de productores, poseedores y gestores de este tipo de residuos y las condiciones de presentación de los residuos en cada ámbito territorial municipal.

Toda esta normativa encuentra justificación en el potencial de los residuos para causar impactos negativos sobre la salud humana y el medio ambiente asociados a su generación y gestión, por lo que su objeto será regular la gestión de tales residuos impulsando medidas que prevengan, eviten o minimicen tales impactos.

3. Los principios generales de la normativa y de la política de gestión de los residuos

Como subsistema que es del Derecho Ambiental, serán aplicables al Derecho de los residuos los principios del ordenamiento ambiental. No obstante, en algunos de los casos podemos realizar algunas consideraciones específicas respecto a la concreción de estos principios en la normativa de residuos.

Probablemente, el principio fundamental en esta materia sea el *principio de prevención*. Por prevención, en materia de residuos, se entiende el conjunto de medidas destinadas a evitar la generación de residuos o a conseguir su reducción, o la de la cantidad de sustancias peligrosas o contaminantes presentes en ellos.

Esta idea de prevención es la que encabeza el orden de prioridad de los objetivos de gestión que constituyen la llamada «*jerarquía de residuos*», que se erige, asimismo, en principio informador del desarrollo de las políticas y de la legislación en materia de gestión de los residuos. Este orden de prioridad es el siguiente: *a*) prevención; *b*) preparación para la reutilización; *c*) reciclado; *d*) otro tipo de valorización, incluida la valorización energética; *e*) eliminación.

Respecto a cualquiera de las posibilidades de gestión y de las políticas de residuos que se adopten ha de regir el *principio de gestión inocua*, que impone la adopción de las medidas necesarias para asegurar que la gestión de los residuos se realice, en todas su fases y facetas, sin poner en peligro la salud humana y sin dañar al medio ambiente.

Los *principios de autosuficiencia y proximidad* son manifestación del principio de corrección en la fuente misma, en cuanto a la formación o creación de las instalaciones necesarias en cada territorio en el que se produzcan residuos para su tratamiento y/o eliminación, y en cuanto a que dicho tratamiento o eliminación se realice en las instalaciones adecuadas más próximas, evitando movimientos innecesarios de residuos.

También queda regulada la obligación de suministrar información sobre la producción de los residuos y la gestión recibida por éstos para dotar de contenido al *principio de transparencia*. Este deber de información se plantea tanto respecto a las personas o entidades que producen, poseen o gestionan los residuos como respecto a las garantías que las Administraciones Públicas han de aportar para que sea efectivo el derecho de acceso a la información y de *participación* en materia de residuos.

En cuanto a la aplicabilidad del principio *quien contamina paga* en materia de residuos, junto a las manifestaciones que posteriormente observaremos en el ámbito de la responsabilidad por incumplimiento de las obligaciones de productores, poseedores o gestores, ésta tendría por finalidad lograr que los costos ambientales ocasionados por la generación de los residuos fueran asumidos por los propios responsables de su producción. También encuentra manifestación este principio en la incorporación del coste de la posterior gestión de estos residuos al coste de producción de los objetos o productos que luego se convierten en dichos residuos, lo que tendrá incidencia, por lo tanto, en el precio de venta del producto. Ello constituye el fundamento de los denominados Sistemas Colectivos de Responsabilidad Ampliada del Productor (en adelante, SCRAP).

4. Competencias administrativas en materia de residuos

Las competencias sobre residuos se reparten entre las Administraciones Públicas estatal, autonómica y local en función de criterios territoriales y materiales. En este último caso, existe la posibilidad de que se originen conflictos de competencias en aplicación de la normativa sectorial reguladora de aspectos concretos o de espacios concretos en la gestión de los residuos, como por ejemplo la legislación de espacios naturales, de aguas, de carreteras, de costas, etc., que han de resolverse atendiendo al criterio de especialidad y a las normas específicas contenidas en la Ley de residuos.

Las competencias en materia de residuos son competencias en medio ambiente y, por tanto, vienen establecidas en la Constitución Española, artículos 149.1.23.ª y 148.1.9.ª, en los que se recoge respectivamente que corresponde al Estado aprobar la «*legislación básica sobre protección al medio ambiente, sin perjuicio de las facultades de las Comunidades Autónomas para dictar normas adicionales de protección*» y a las Comunidades Autónomas, *la gestión en materia de protección del medio ambiente.*

Desde el punto de vista de la competencia normativa, todas las Administraciones territoriales gozan de competencias para dictar normas y planes respecto a las materias que la Ley de residuos les asigna (art. 12 LR) y en su propio ámbito territorial, así como de la competencia para ejercer la potestad de vigilancia e inspección y la sancionadora en el ámbito de dichas competencias.

Sin embargo, en el ámbito de la gestión de los residuos, salvo las competencias que corresponden a diversos organismos y administraciones estatales derivadas de esas normas sectoriales que mencionábamos, la mayor parte de las competencias de gestión se reparten entre las Administraciones autonómicas y locales. De este modo, el artículo 12.4.*b*) y *c*) de la LR disponen que corresponde a las Comunidades Autónomas la autorización de las actividades de producción y gestión de residuos y el 12.5.*a*) atribuye a las Entidades Locales la prestación del servicio obligatorio de recogida, transporte y tratamiento de los residuos domésticos y la gestión de los residuos comerciales no peligrosos.

Partiendo de este marco de distribución competencial, el principal criterio seguido por la normativa específica o sectorial de residuos para repartir las competencias de gestión entre administración autonómica y local es el de la naturaleza de los residuos, atribuyendo a las Comunidades Autónomas la gestión en materia de residuos peligrosos y dejando a las entidades locales la gestión en materia de residuos domésticos (tradicionalmente denominados residuos urbanos). Corresponde a las Entidades locales, además, según la LR, regular las obligaciones de productores y poseedores de residuos domésticos (incluidos peligrosos domésticos) y de residuos cuyas características dificulten su gestión en cuanto a la forma de presentación y entrega de dichos residuos a los servicios municipales de recogida.

No obstante este reparto competencial indicado, es preciso hacer mención de la incidencia que en el ámbito de la gestión de residuos ha tenido la regulación de los SCRAP como fórmulas asociativas constituidas entre los agentes económicos que operen en los sectores interesados para que asuman, de este modo, la gestión integral de determinados tipos de residuos y la responsabilidad sobre la misma.

También es preciso destacar la incidencia que la normativa de transposición de la Directiva europea de Servicios ha tenido en el ámbito de las competencias para la autorización de las actividades de servicios de recogida, transporte y gestión de residuos, traducida en una exención de determinadas autorizaciones y en la potenciación de controles administrativos posteriores a la puesta en funcionamiento de las actividades y de la inscripción o registro de dichas actividades.

5. Obligaciones derivadas de la producción, posesión y gestión de los residuos

Las obligaciones del productor o poseedor inicial de los residuos vienen recogidas, de forma general, en el Título III de la LR. Concretamente el artículo 20 hace referencia a las obligaciones del productor u otro poseedor inicial relativas a la gestión de sus residuos que, resumidamente son:

a) Realizar el tratamiento de residuos por sí mismo, siempre que disponga de la correspondiente autorización administrativa, encargar el tratamiento a un negociante o entidad o empresa, todos ellos debidamente registrados, o entregar los residuos a una entidad pública o privada de recogida de residuos, incluidas las entidades de economía social, para su tratamiento; todo ello en los términos y con las condiciones que se establezcan en las ordenanzas municipales. Y, en el caso de que no opte por la entrega de los residuos a los servicios públicos, deberá acreditar documentalmente su correcta gestión.

b) Separar los residuos en origen por tipos de materiales en los términos y condiciones que reglamentariamente se determinen y siempre que esta obligación sea técnica, económica y medioambientalmente factible y adecuada, para cumplir los criterios de calidad necesarios para los sectores de reciclado correspondientes.

c) Identificar los residuos y suministrar información: a las empresas autorizadas para llevar a cabo la gestión de los residuos la información que precisen para su adecuado tratamiento y eliminación; a las Entidades locales sobre aquellos residuos que les entreguen y que presenten características especiales que puedan producir trastornos en el transporte, recogida, valorización o eliminación; y a la administración ambiental competente, de forma inmediata, en caso de desaparición, pérdida o escape de residuos peligrosos o de aquellos que por su naturaleza o cantidad puedan dañar al medio ambiente.

d) Para el caso específico de producción de residuos peligrosos, se deberán observar los requisitos específicos, entre ellos, se citan como obligaciones para grandes productores de residuos peligrosos, es decir, aquellos que generen una cantidad de residuos peligrosos al año superior a 10.000 kilogramos: la obligación de presentar un estudio de minimización de residuos ante el organismo competente de la Comunidad Autónoma; y suscribir una garantía financiera que cubra sus responsabilidades atendiendo a sus características de peligrosidad y potencial de riesgo.

e) Obligaciones relativas al almacenamiento, mezcla, envasado y etiquetado de residuos (art. 21 LR): mantener los residuos almacenados en condiciones adecuadas de higiene y seguridad observando los plazos previstos para ello en la legislación vigente que no excederán de seis meses para el caso de residuos peligrosos y de dos años para residuos no peligrosos cuando sean destinados a valorización o un año cuando su destino final sea la eliminación; no mezclar, ni diluir residuos peligrosos con otras categorías de residuos peligrosos ni con otros residuos, sustancias o materiales; almacenar, envasar y etiquetar los residuos peligrosos en el lugar de producción antes de su recogida y transporte.

Como novedad de la LR, la responsabilidad del productor del residuo no finaliza con la entrega a un gestor autorizado, sino que debe acreditarse documentalmente la realización del tratamiento completo del residuo de acuerdo con la legislación vigente.

En cuanto a las obligaciones de los gestores de residuos, éstas vienen establecidas en el artículo 23 LR, si bien no hemos de olvidar que el principio de gestión inocua (enunciado en el art. 7) determina la obligación genérica de que las operaciones de gestión de residuos se han de llevar a cabo sin poner en peligro la salud humana y sin utilizar procedimientos ni métodos que puedan perjudicar al medio ambiente.

En el apartado 5, el artículo 23 LR determina las obligaciones que, con carácter general, son exigibles a todos los tipos de gestores de residuos:

a) Mantener los residuos almacenados en las condiciones que fije su autorización y sólo durante el tiempo previsto en función de la tipología de residuo (menos de dos años respecto a los residuos no peligrosos cuando se destinen a valorización y de un año cuando se destinen a eliminación, y menos de seis meses en el caso de los residuos peligrosos). Durante su almacenamiento los residuos peligrosos deberán estar envasados y etiquetados.

b) Constituir una fianza en el caso de residuos peligrosos y cuando así lo exijan las normas que regulan la gestión de residuos específicos o las que regulan operaciones de gestión. Dicha fianza tendrá por objeto responder frente a la Administración del cumplimiento de las obligaciones que se deriven del ejercicio de la actividad y de la autorización o comunicación.

c) Suscribir un seguro o constituir una garantía financiera equivalente en el caso de entidades o empresas que realicen operaciones de tratamiento de residuos peligrosos y cuando así lo exijan las normas que regulan la gestión de residuos específicos para cubrir las responsabilidades que deriven de estas operaciones.

d) No mezclar residuos peligrosos con otras categorías de residuos peligrosos ni con otros residuos, sustancias o materiales.

En el apartado 4 se dispone que la obligación de los negociantes y agentes serán cumplir con lo declarado en su comunicación de actividades y con las cláusulas y condiciones asumidas contractualmente y asegurar que se lleve a cabo una operación completa de tratamiento de los residuos que adquieran, lo que deberán acreditar documentalmente al productor u otro poseedor inicial de dichos residuos. Además, el artículo 35 les impone la obligación de presentar una comunicación previa al inicio de sus actividades ante el órgano ambiental competente de la Comunidad Autónoma.

El apartado 2 establece las obligaciones de los gestores dedicados a la recogida y transporte de los residuos, junto a la comunicación previa correspondiente. Dichas obligaciones son:

a) Recoger los residuos y transportarlos cumpliendo las prescripciones de las normas de transportes, las restantes normas aplicables y las previsiones contractuales.

b) Mantener los residuos peligrosos envasados y etiquetados durante su recogida y transporte con arreglo a las normas internacionales y comunitarias vigentes.

c) Entregar los residuos para su tratamiento a entidades o empresas autorizadas, y disponer de una acreditación documental de esta entrega.

Y, en el apartado 1, se establecen las obligaciones de los gestores que realicen el tratamiento de residuos, consistentes básicamente en efectuar dicho tratamiento conforme a lo previsto en su autorización y acreditarlo documentalmente, así como gestionar adecuadamente los residuos que, a su vez, se produzcan como consecuencia de dicha actividad. Estos gestores han de obtener la autorización a que se refiere el artículo 27 LR del órgano ambiental competente de la Comunidad Autónoma donde están ubicadas las instalaciones de tratamiento, que normalmente quedan integradas en la Autorización Ambiental Integrada, en el caso de Andalucía.

Es preciso indicar que, además de estas obligaciones básicas previstas en la LR, la normativa específica para cada flujo de residuos establece obligaciones adicionales tanto para productores como para gestores de residuos.

6. Responsabilidades derivadas de la producción, posesión y gestión de los residuos

Una manifestación del principio de responsabilidad en el ámbito material de la gestión de los residuos viene dada por la extensión del régimen de las obligaciones y responsabilidades de los productores a los productos que posteriormente se van a convertir en residuos (la denominada *responsabilidad ampliada del productor del producto*). Mediante esta ampliación de la responsabilidad se pretende promover la prevención y mejorar la reutilización, el reciclado y la valorización de los residuos desde la fase de generación de los productos que posteriormente adquieren esta condición.

La legislación establece también que estas obligaciones de productores de objetos que posteriormente serán residuos, así como los objetivos previstos para la gestión de cada tipología de residuo, pueden abordarse de forma individual o colectiva mediante asociacionismo entre productores de productos susceptibles de convertirse en residuos, bien a través de la creación de sistemas de devolución y retorno de residuos reutilizables o reciclables o bien mediante el establecimiento de los SCRAP. Paralelamente se define la posibilidad de que tanto los productores como los SCRAP participen de la financiación de los sistemas de recogida selectiva implantados por los municipios o bien que realicen esta recogida de manera independiente, estableciendo vías diferentes para su recogida selectiva y posterior aprovechamiento.

Los SCRAP están regulados en la LR y por las normas específicas de cada flujo de residuos y han supuesto la adaptación de los Sistemas Integrados de Gestión de residuos previamente existentes.

Los SCRAP son entidades sin ánimo de lucro en las que los productores delegan su responsabilidad ampliada como productor del producto que dará lugar a residuo. En la actualidad, los principales SCRAP constituidos en España son: ECOEMBES (envases ligeros), ECOVIDRIO (envases de vidrio), SIGRE (medicamentos), SIGNUS (neumáticos), SIGFITO (envases de productos agrarios), SIGAUS (aceites usados), ECOPILAS (pilas y acumuladores) y varios en el ámbito de los residuos eléctricos y electrónicos, tales como AMBILAMP, ECOASIMELEC, ECOLUM, ECOTIC, ERP, etc.

Como novedades legislativas, se amplía esta responsabilidad ampliada a productores de envases comerciales e industriales, incluyendo también las plataformas de comercio electrónico y todos los productores que estén en otro Estado miembro o tercer país e introduzcan productos en el mercado nacional, así como la responsabilidad relativa a recuperación de envases de la fracción resto, limpieza de vías públicas, playas y zonas recreativas.

Por otro lado, el principio de responsabilidad se plasma también en el hecho de que los residuos tendrán siempre un titular responsable, cualidad que corresponderá al productor, poseedor o gestor de los mismos y en la obligación de restauración ambiental de los titulares del suelo declarado contaminado y de los causantes de la contaminación.

La LR determina que la responsabilidad de los productores u otro poseedor inicial de residuos concluye cuando se hayan cedido para su gestión en los términos establecidos legalmente para cada tipo de residuo y se pueda acreditar documentalmente la realización de un ciclo completo de tratamiento del residuo. Esta cesión se debe acreditar documentalmente y cumpliendo los requisitos legales.

La LR prevé un régimen de solidaridad en cuanto a la exigibilidad de responsabilidad en esta materia; es decir, se regula la posibilidad de exigir a cualquiera de las personas a las que se atribuya conjuntamente el cumplimiento de las obligaciones en materia de producción o gestión de residuos, sin perjuicio de las acciones de repetición que puedan a corresponder a cada una de ellas, concretamente, en los siguientes casos: cuando el productor, el poseedor inicial o el gestor de residuos los entregue a persona física o jurídica distinta de las señaladas en la Ley o cuando sean varios los responsables y no sea posible determinar el grado de participación de cada uno en la realización de la infracción.

La LR considera infracciones, entre otras, el ejercicio de alguna de las actividades descritas en la Ley sin la preceptiva comunicación o autorización o con ella caducada o suspendida; el incumplimiento de las obligaciones previstas en la Ley, incluidas las de suministrar información, documentación o datos exigidos por la normativa aplicable; el abandono, vertido o eliminación incontrolado de los residuos; la mezcla de diferentes categorías de residuos, la entrega, venta o cesión de residuos a personas físicas o jurídicas distintas de las señaladas en la Ley, así como la aceptación de los mismos en condiciones distintas de las que se indiquen en las correspondientes autorizaciones y comunicaciones. El grado de dichas infracciones (leves, graves o muy graves) dependerá del peligro para la salud o el medio ambiente que hayan conllevado, del lugar en el que se desarrollen.

Las sanciones previstas en el artículo 109 de la LR podrán imponerse por las Administraciones competentes para ejercer la potestad sancionadora, sin perjuicio de la posibilidad de adoptar medidas de carácter provisional encaminadas a evitar el mantenimiento de los riesgos o daños para la salud y el medio ambiente que pudieran conllevar tales infracciones y de la obligación de reposición de la situación alterada a su estado originario e indemnización de los daños y perjuicios causados.

Además, en esta materia está prevista la posibilidad de acordar la publicación en los medios de comunicación social y en diarios oficiales de las sanciones impuestas por la comisión de infracciones graves y muy graves y el nombre de los responsables.

IV. ACTIVIDADES PRÁCTICAS

Actividad 1.*—Ejercicio práctico*: consulta los pasos necesarios para inscribirse como pequeño productor de residuos peligrosos en la Junta de Andalucía y responde a las siguientes preguntas: ¿cuál es el organismo competente al que hay que dirigir la solicitud? ¿Qué documentación adicional hay que presentar para solicitar la inscripción como gran productor de residuos peligrosos? ¿Cuáles son los trámites administrativos que se derivan de la inscripción en el registro como productor de residuos peligrosos? Una vez consultada la legislación sobre residuos peligrosos, relaciona la documentación que se deriva de su gestión y que debe conservar el productor o poseedor inicial de los mismos. Por ejemplo el documento de control y seguimiento de residuos peligrosos.

Actividad 2.*—Visitas institucionales*: se plantea la posibilidad de realizar las siguientes visitas institucionales, a efectos de recabar información sobre las diversas actividades de gestión o tratamiento de residuos y sobre el ejercicio de las competencias administrativas en esta materia:

— visitar las unidades administrativas del Ayuntamiento de la ciudad encargadas del ejercicio de las competencias municipales en materia de residuos;
— visitar un punto limpio del municipio;
— visitar una planta de tratamiento y compostaje de residuos urbanos.

Actividad 3.—Confecciona un cuadro explicativo de los distintos SCRAP, en el que se haga referencia al residuo que es objeto de su gestión, la normativa específica que los regula y el sistema de funcionamiento adoptado.

V. AUTOEVALUACIÓN

1. El principio general que tiene en cuenta el conjunto de medidas destinadas a evitar la generación de residuos o a conseguir su reducción, o la de la cantidad de sustancias peligrosas o contaminantes presentes en ellos, se denomina:

a) Principio de precaución.
b) Principio de prevención.
c) Principio de proximidad y autosuficiencia.

2. La jerarquía en los tratamientos de residuos que se recoge en la Ley de Residuos y Suelos Contaminados para una Economía Circular, es:

a) Prevención, preparación para reutilización, reciclado, otro tipo de valorización y eliminación.
b) Prevención, reciclado y eliminación.
c) Recuperación, reparación, reutilización y reciclaje.

3. En lo que respecta a la distribución de competencias en materia de residuos, el control de las autorizaciones de los productores de residuos peligrosos será competencia de:

a) Las Entidades locales.
b) El ministerio con competencias ambientales.
c) El organismo competente de las Comunidades Autónomas.

4. La responsabilidad del productor de residuos peligrosos finaliza:

a) Con la celebración de un contrato/convenio de recogida con un gestor autorizado.
b) Al finalizar el tratamiento del residuo peligroso.
c) En el acto de entrega del residuo a un gestor autorizado, acreditada documentalmente y siguiendo las disposiciones legales.

5. El período de almacenamiento de residuos determinado en la legislación es:

a) Como máximo, seis meses en el caso de los residuos peligrosos.
b) Un año como máximo para residuos urbanos destinados a valorización.
c) Las dos anteriores son ciertas.

6. La Lista Europea de Residuos se encuentra en:

a) La Ley 22/2011, de 28 de julio, de Residuos y Suelos Contaminados.
b) La Decisión 2014/955/UE.
c) La Orden MAM 304/2002, de 8 de febrero.

7. La regulación de las obligaciones de productores, poseedores y gestores de residuos municipales y las condiciones de presentación de los residuos en cada ámbito territorial municipal se establece en:

a) La Ley 7/2022, de 8 de abril, de Residuos y Suelos Contaminados para una Economía Circular.
b) El Plan provincial de gestión de residuos urbanos, en cada caso.
c) Las correspondientes Ordenanzas Municipales.

8. Las obligaciones del productor o poseedor inicial de los residuos vienen recogidas, de forma general:

a) En el Título III de la Ley 7/2022, de 8 de abril, de Residuos y Suelos Contaminados, para una Economía Circular.

b) En las Ordenanzas Municipales.
c) En el Plan provincial de gestión de residuos urbanos, en cada caso.

9. Se consideran grandes productores de residuos peligrosos:

a) Aquellos que generen una cantidad de residuos peligrosos al año superior a 10.000 kilogramos.
b) Aquellos que generen una cantidad de residuos peligrosos al mes superior a 10.000 kilogramos.
c) Aquellos que generen residuos peligrosos en el ámbito de una actividad industrial (residuos no domésticos o asimilados), independientemente de la cantidad de que se trate.

10. Ecovidrio es:

a) Un Sistema de Gestión Medioambiental para la fabricación del vidrio.
b) La entidad encargada de la actividad material de reciclado del vidrio.
c) Un Sistema Colectivo de Responsabilidad Ampliada del Productor.

VI. MATERIAL DIDÁCTICO

1. Lecturas recomendadas

Alenza García, J. F., «Reflexiones críticas sobre la nueva Ley de Residuos», *Actualidad Administrativa*, n.º 11, 1999, pp. 275-296 (también en *Revista Electrónica de Derecho Ambiental*, n.º 3, www.cica.es/aliens/gimadus).

Arana García, E., y Conde Antequera, J., «Residuos Municipales», en *Competencias ambientales de las Entidades Locales de Andalucía* (coord. Vera Jurado, D. J.), CEMCI, Granada, 2009, pp. 493-576.

López Ramón, F., «Problemas del régimen general de los residuos», *Revista Española de Derecho Administrativo*, n.º 108, 2000, pp. 501-532.

Martín Mateo, R., y Rosa Moreno, J., *Nuevo ordenamiento de la basura*, Trivium, Madrid, 1998.

Martínez Martínez, M.ª F., *La ordenación jurídica de los residuos urbanos*, Comares, Granada, 2002.

Ortega Bernardo, J., *La intervención pública en la gestión de los residuos*, Madrid, Montecorvo, 2002.

Palomar Olmeda, A. y Descalzo González, A., *Estudios sobre la Ley de residuos y suelos contaminados para una economía circular*, Aranzadi, 2022.

Patón García, G., *Fiscalidad de residuos orientada a una economía circular: Análisis tras la Ley 7/2022, de abril, de residuos y suelos contaminados para una economía circular*, Aranzadi, 2022.

Santamaría Arinas, R. J., «A vueltas (todavía) de los conceptos jurídicos de residuo y residuo peligroso», *Revista Aragonesa de Administración Pública*, n.º 21 (diciembre 2002), pp. 177-208.

— *Régimen jurídico de la producción y gestión de residuos*, Monografía asociada a la *Revista Aranzadi de Derecho Ambiental* n.º 11, Thomson-Aranzadi, Navarra, 2007.

SERRANO PAREDES, Olga, «La Directiva 2006/12/CE, de 5 de abril, relativa a los residuos: algunas cuestiones controvertidas: los conceptos de residuo, valoración y eliminación», *Revista Aranzadi de Derecho Ambiental*, n.º 11, 2007, pp. 65-88.

2. SITIOS WEB

— https://www.juntadeandalucia.es/medioambiente/portal/areas-tematicas/sensibilizacion-formacion/sensibilizacion-educacion-para-la-sostenibilidad/andalucia-ecocampus/recapacicla-universidad - Programa de Educación Ambiental sobre Residuos y Reciclaje. Junta de Andalucía. RECAPACICLA.

— https://www.miteco.gob.es/es/calidad-y-evaluacion-ambiental/temas/prevencion-y-gestion-residuos.html - Espacio web que recopila toda la información, buenas prácticas y resultados de la gestión de residuos en España.

— https://www.miteco.gob.es/content/dam/miteco/es/calidad-y-evaluacion-ambiental/planes-y-estrategias/pemaraprobado6noviembrecondae_tcm30-170428.pdf - PEMAR 2016-2020.

— http://www.boe.es/boe/dias/2009/02/26/pdfs/BOE-A-2009-3243.pdf - Plan Nacional Integrado de Residuos.

— https://www.miteco.gob.es/es/calidad-y-evaluacion-ambiental/temas/prevencion-y-gestion-residuos/enlaces/pagina_enlaces_comunidades_autonomas.html - Enlaces a páginas web sobre residuos de todas las Comunidades Autónomas españolas.

— https://www.miteco.gob.es/es/calidad-y-evaluacion-ambiental/temas/prevencion-y-gestion-residuos/enlaces/enlaces_entidades_relacionadas_gestion_residuos.html - Enlaces a páginas web de entidades relacionadas con la gestión de residuos.

— https://www.miteco.gob.es/es/calidad-y-evaluacion-ambiental/planes-y-estrategias/planes-y-programas.html - Página del Ministerio por la que se accede a todos los planes autonómicos en materia de residuos.

— http://ec.europa.eu/environment/waste/index.htm - Comisión Europea para los residuos.

— http://www.aspapel.es/ - Asociación Nacional de Fabricantes de Pasta, Papel y Cartón.

— http://www.repacar.org - Asociación Española de Recuperadores de Papel y Cartón.

— http://www.ecovidrio.es/ - Ecovidrio

— https://www.juntadeandalucia.es/temas/empresas/obligaciones/medioambiente/paginas/gestion-residuos.html - Página web de la Consejería de Medio Ambiente de la Junta de Andalucía en materia de residuos.

3. Otros documentos de interés

Documento 1.—RE-MUJERES: Corto sobre la problemática socio-ambiental ligada al concepto de residuo y sus alternativas para reducir su cantidad, reutilizarlos o reciclados contado por mujeres.

Documento 2.—LA TRAGEDIA ELECTRÓNICA: Documental de RTVE sobre el negocio de la venta de residuos electrónicos http://www.rtve.es/alacarta/videos/documentos-tv/documentos-tv-tragedia-electronica/2593274/

Documento 3.—LA UNIÓN EUROPEA Y LA ECONOMÍA CIRCULAR: Revisar la página de la Comisión Europea en la que se enlaza con diversos documentos oficiales sobre las medidas de la Unión hacia la Economía circular (https://ec.europa.eu/commission/priorities/jobs-growth-and-investment/towards-circular-economy_es). Después, visualizar la «Jornada de Economía Circular. El compromiso de las Ciudades» y el documental sobre economía circular del programa «El escarabajo verde», en https://www.youtube.com/watch?v=sSRUwdWo47I, y resumir las ideas fundamentales del «Paquete de Economía Circular» de la Unión Europea.

CAPÍTULO 11

CONTAMINACIÓN ACÚSTICA

Francisco Miguel Bombillar Sáenz
Profesor Titular de Universidad de Derecho Administrativo
Universidad de Granada

I. PALABRAS CLAVE

Ruido; contaminación acústica; calidad acústica; área acústica; mapas de ruidos; zonas de protección acústica especial; zonas de situación acústica especial; planes de acción en materia de contaminación acústica; Tribunal Europeo Derechos Humanos; derecho a la intimidad y a la inviolabilidad del domicilio; Ayuntamientos; responsabilidad patrimonial.

II. OBJETIVOS DIDÁCTICOS

1. Conocer y analizar la legislación, la jurisprudencia y la Administración ambiental en materia de contaminación acústica.
2. Capacitar profesionalmente para el análisis, la evaluación y la resolución desde el punto de vista jurídico de los principales problemas que surgen en torno a la contaminación acústica.
3. Capacitar para manejar la normativa y la jurisprudencia en materia de lucha contra el ruido y para exigir la aplicación de las medidas legales previstas contra las agresiones al ambiente y la salud provocadas por la contaminación acústica.

III. CONTENIDO DOCENTE

1. Introducción: el problema del ruido

La contaminación acústica, el ruido, es un problema de primer orden en nuestra sociedad desarrollada. En especial, al impedir nuestro descanso nocturno, el ruido se ha erigido, sin discusión, en uno de los mayores factores generadores de estrés en nuestra vida diaria. Las autoridades sanitarias —y, en especial, la Organización Mundial de la Salud— ya han alertado sobre los efectos nocivos del ruido sobre nuestra salud (alteraciones del sueño, pérdida de audición, aumento del riesgo de padecer enfermedades cardiovasculares o interferencias en la comunicación).

No es de extrañar, pues, que la Ley de Salud Pública de Andalucía, aprobada en 2011, con el fin de proteger la salud de la población ante los riesgos ambientales, siendo uno de ellos el ruido, abogue por la promoción y protección de la calidad acústica de los entornos.

Durante mucho tiempo, la inactividad de la Administración (singularmente, de los Ayuntamientos) de cara a la represión de las emisiones sonoras nocivas para la salud y la tibieza de los pronunciamientos de condena de los Tribunales de Justicia han dejado desamparados a los ciudadanos que sufren las molestias de esta lacra, en particular, a aquellos que habitan en las zonas de ocio nocturno de los grandes núcleos urbanos, junto a aeropuertos o fábricas, así como en el centro histórico de ciudades por las que discurre un importante número de turistas (dando lugar a fenómenos como el de la *turismofobia*).

El Tribunal Europeo de Derechos Humanos se ha convertido en el gran aliado de la ciudadanía en la lucha contra el ruido, al entroncar la contaminación acústica con el derecho a la intimidad y a la inviolabilidad del domicilio del artículo 8 del Convenio Europeo de Derechos Humanos —en España, este derecho se proclama en el artículo 18 de nuestra Constitución—. El Tribunal de Estrasburgo ha propiciado con su labor —en relación con España, véanse los asuntos *López Ostra*, *Moreno Gómez*, *Martínez Martínez* o, el último de ellos, *Cuenca Zarzoso*— una mayor sensibilización de nuestros órganos jurisdiccionales internos ante esta lacra.

Estos pronunciamientos judiciales se apoyan sobre un *corpus* normativo que aquí vamos a desgranar en sus hitos fundamentales, a nivel europeo, en la Directiva sobre Ruido Ambiental (de 2002) y, en el plano interno, en la Ley del Ruido (de 2003).

2. Marco legislativo: la Ley 37/2003, de 17 de noviembre, del Ruido

La Unión Europea viene obligada a alcanzar con sus políticas comunitarias en materia de medio ambiente una mayor protección de la salud de las personas (en la actualidad, véase el art. 191 del Tratado de Funcionamiento de la Unión Europea). Siguiendo las recomendaciones de la OMS, tanto la Comisión Europea como el Parlamento Europeo han abogado por adoptar medidas de cara a la reducción del ruido ambiental.

Estas recomendaciones desembocaron en la aprobación de la Directiva 2002/49/CE del Parlamento Europeo y del Consejo, de 25 de junio de 2002, sobre evaluación y gestión del ruido ambiental. Esta Directiva —conocida como la Directiva sobre Ruido Ambiental (Moral Soriano)— pretende evitar, prevenir o reducir los efectos nocivos y molestias causados por la exposición al «ruido ambiental» (sonido exterior no deseado o nocivo generado por actividades humanas, donde se incluye el producido por los medios de transporte, las aglomeraciones o las actividades industriales), en, entre otras, las zonas urbanizadas, los parques públicos o las proximidades de centros escolares y hospitales (lugares de especial protección).

La normativa tolera, sin embargo, otro tipo de ruidos, como el toque manual de las campanas, considerado parte del patrimonio cultural inmaterial (Orden PCI/1319/2018, de 7 de diciembre), aunque se ha suscitado jurisprudencia contradictoria al respecto (Ruiz de Apocada Espinosa).

Para alcanzar el objetivo de una mayor protección frente al ruido, la Directiva comunitaria contempla tres grandes medidas a adoptar por los Estados miembros: 1) la elaboración de «mapas de ruido», 2) el suministro de información a la población sobre el ruido ambiental y sus efectos, y 3) la adopción de planes de acción con vistas a prevenir y reducir el ruido ambiental a la luz de los referidos mapas de ruidos.

En España, hasta hace bien poco, en el campo del Derecho Administrativo, la única norma estatal a esgrimir en la lucha contra el ruido, aunque no versaba propiamente sobre esta cuestión, fue el Decreto 214/1961, de 30 de noviembre, por el que se aprobaba el Reglamento de Actividades Molestas, Insalubres, Nocivas y Peligrosas (RAMINP). Este reglamento fue derogado, con algunas excepciones, por la Ley 34/2007, de 15 de noviembre, de Calidad del Aire y Protección de la Atmósfera.

En 2003, en transposición de la mencionada Directiva europea, y de acuerdo con los artículos 43 y 45 de nuestra Constitución, donde se proclaman el derecho a la protección de la salud y el derecho a la protección del medio ambiente, el Estado español aprobó, por fin, su norma de cabecera en la lucha contra la contaminación acústica: la Ley del Ruido (LR), la Ley 37/2003, de 17 de noviembre (Alenza García, Arana García, Torres López y Lozano Cutanda).

En el plano civil (Monestier Morales), orden en el que tradicionalmente se han dilucidado estas cuestiones, hemos de tener en cuenta la normativa en materia de inmisiones sonoras y relaciones de vecindad; y, en concreto, los artículos 590 y 1.908 del Código Civil, el artículo 7.2 de la Ley de Propiedad Horizontal y el artículo 27.2 de la Ley de Arrendamientos Urbanos.

Por lógicas limitaciones de espacio, no podemos entrar aquí a analizar el tratamiento normativo dado a la contaminación acústica en las previsiones de la referida normativa civil en cuanto a relaciones de vecindad, en la normativa laboral sobre limitación del ruido en el ambiente de trabajo, en las disposiciones técnicas para la homologación de productos, en el Código Técnico de la Edificación y/o en las ordenanzas municipales de convivencia ciudadana (poniendo el foco, en los últimos tiempos, en las despedidas de soltero) o planeamiento urbanístico.

Tampoco podemos olvidar la incidencia del artículo 325 del Código Penal, tras la última reforma de 2015, estableciendo penas de prisión de seis meses a dos años, para quienes, contraviniendo las leyes u otras disposiciones de carácter general protectoras del medio ambiente, provoquen o realicen directa o indirectamente ruidos que, por sí mismos o conjuntamente con otros, causen o puedan causar daños sustanciales a la calidad del aire, del suelo o de las aguas, o a animales o plantas. Paradójicamente, al hilo de este apunte, la Ley 7/2023, de 28 de marzo, de protección de los derechos y el bienestar de los animales, no ataja la eterna polémica en torno a la incidencia negativa que el ruido ligado a cohetes y petardos puede provocar en los perros.

El grueso de la Ley del Ruido se dicta al amparo de las competencias exclusivas que al Estado otorga el artículo 149.1, en sus apartados 16.*a*) y 23.*a*), de la Constitución, en materia de bases y coordinación general de la sanidad y de legislación básica sobre protección del medio ambiente; sin perjuicio de la competencia de las Comunidades Autónomas para desarrollar la legislación básica estatal, y de los Ayuntamientos (Torres López) para aprobar, en el marco de esta normativa, ordenanzas sobre ruido.

En Andalucía, respetando la referida Ley estatal, el marco normativo de la lucha contra el ruido está constituido por la Ley 7/2007, de Gestión Integrada de la Calidad Ambiental (GICA) y, a nivel reglamentario, por el Decreto 6/2012, de 17 de enero, por el que se aprueba el Reglamento de Protección contra la Contaminación Acústica en Andalucía.

Esta norma reglamentaria andaluza de 2012 modifica el Reglamento para la Protección de la Calidad del Cielo Nocturno frente a la contaminación lumínica y el establecimiento de medidas de ahorro y eficiencia energética; y viene a derogar el Decreto 326/2003, de 25 de noviembre, donde se recogía el anterior Reglamento de Protección contra la Contaminación Acústica, así como los artículos 1 a 10 de la Orden de 29 de junio de 2004, sobre técnicos acreditados y actuación subsidiaria de la Consejería de Medio Ambiente en materia de Contaminación Acústica.

La Ley del Ruido no se limita a transponer en nuestro país la Directiva sobre Ruido Ambiental, su alcance y contenido es más ambicioso: pretende dotar de mayor cohesión a la regulación de la contaminación acústica en España. La Ley tiene como objeto prevenir, vigilar y reducir la contaminación acústica, y así evitar y paliar los efectos del ruido sobre la salud humana, los bienes o el medio ambiente (art. 1).

Esta ley ha sido desarrollada por el Real Decreto 1.513/2005, de 16 de diciembre, en lo referente a la evaluación y gestión del ruido ambiental; y, como consecuencia de la incompleta transposición por la norma citada de las obligaciones marcadas por el Derecho de la Unión, por el Real Decreto 1.367/2007, de 19 de octubre, en lo referente a zonificación acústica, objetivos de calidad y emisiones acústicas.

Siguiendo el mandato de la Ley del Ruido, el Gobierno está llamado a marcar los objetivos de «calidad acústica» (TORRES LÓPEZ o VALCÁRCEL FERNÁNDEZ) aplicables a cada tipo de «área acústica», de manera que se garantice en toda España un nivel mínimo y homogéneo de protección frente al ruido. Las Comunidades Autónomas, por su parte, atendiendo a los criterios de delimitación establecidos por el Gobierno a nivel reglamentario, han de fijar los tipos de áreas acústicas (arts. 7 a 10 LR), en atención al uso predominante del suelo. Estas áreas acústicas, en otro orden de cosas, pasan a integrarse en los correspondientes «mapas de ruido». En este marco apuntado, las Comunidades Autónomas y los Ayuntamientos pueden establecer valores límite más rigurosos (arts. 11 a 13 LR).

También queda en manos del Gobierno fijar los tipos, contenido y formato de los «mapas de ruido» (arts. 14 a 16 LR), así como su presentación al público. Nos encontramos ante otra medida que trae causa de la Directiva destinada a proporcionar información y criterios de actuación a la Administración. Estos instrumentos cartográficos permiten una evaluación global de la contaminación acústica de una determinada zona, la realización de predicciones globales para la misma y, lo más importante, la adopción de planes de acción y de medidas correctoras adecuadas.

Mientras que los mapas de la cartografía de calidad acústica representan los objetivos de calidad acústica «ideales» para cada área acústica en que se divide el territorio español, los mapas de ruido muestran la situación acústica «real» en la que se encuentran dichas zonas en el momento presente, con el fin de planificar las medidas de prevención y corrección de la contaminación acústica que lleven a alcanzar los umbrales «ideales».

Los Ayuntamientos ocupan un lugar clave en la lucha contra la contaminación acústica y, por ende, en la defensa de los derechos de los ciudadanos afectados por esta lacra, así se lo reconoce la Ley del Ruido. En el marco de lo previsto por esta norma, y respetando los límites mínimos fijados por el Estado en materia de inmisiones y emisiones, los Ayuntamientos están habilitados para la aprobación de Ordenanzas locales (art. 6 LR), la creación de nuevas infracciones y sanciones (art. 28 LR), o la sanción de aquellas emisiones que superen los límites establecidos (art. 30 LR), de acuerdo con las previsiones del Capítulo V de la Ley del Ruido (arts. 27 a 31). En este sentido, la Ley Reguladora de Bases de Régimen Local, en la redacción dada a la misma por la Ley de Racionalización y Sostenibilidad de la Administración Local, establece expresamente que el Municipio ejercerá en todo caso como competencias propias, en los términos de la legislación estatal y autonómica, la protección contra la contaminación acústica en las zonas urbanas [art. 25.2.*b*)].

3. Marco jurisprudencial: la doctrina del TEDH en la lucha contra la contaminación acústica

En los últimos años, bajo el liderazgo del Tribunal Europeo de Derechos Humanos (TEDH), ha aumentado la sensibilidad de nuestros órganos jurisdiccionales internos en la lucha contra el ruido (Alenza García o Aguirre i Font), lo que ha desembocado en un mayor número de condenas a la Administración (en especial, los Ayuntamientos) por responsabilidad patrimonial, por inactividad, por no haber salvaguardado de manera adecuada los derechos de los ciudadanos afectados por la contaminación acústica. No en vano, España es el segundo país más ruidoso del mundo (OMS).

Más allá de los múltiples efectos nocivos sobre la salud ligados al ruido, el TEDH ha esgrimido que el ruido excesivo supone una vulneración de nuestros derechos fundamentales (en concreto, a la vida privada, a la integridad física y moral, a la intimidad personal y familiar y a la inviolabilidad del domicilio). El Tribunal de Estrasburgo, interpretando el artículo 8 del Convenio de Roma, ha considerado que el domicilio es el reducto último de la intimidad personal y familiar, un lugar que debe estar a salvo de toda intromisión o injerencia no consentida, incluida la contaminación acústica.

A la vista de los casos analizados por el TEDH y nuestros órganos jurisdiccionales internos, podemos afirmar que la mayor parte de los pronunciamientos judiciales en este campo abordan la contaminación acústica generada en torno a los siguientes tres focos de ruidos: 1) las actividades industriales (estaciones depuradoras, factorías químicas o fábricas que llevan a cabo trabajos nocturnos, como es el caso de una conocida cervecera en la ciudad de

Granada); 2) el tráfico aéreo de los grandes aeropuertos internacionales (como Heathrow o Barajas); o, fundamentalmente, 3) los locales de las zonas de ocio nocturno de los principales núcleos urbanos [se engloban también aquí las molestias que se derivan de la concentración de gente en la calle, ocasionadas por las personas que se desplazan en grupo, en el marco de fenómenos como el *botellón* (Requena López, Martín Morales y Guillén López), que dan origen a una contaminación múltiple]. Un 27,3 por 100 de las quejas presentadas al Defensor del Pueblo a este respecto en 2005 se circunscribían a los bares y pubs.

En particular, hemos de prestar una especial atención a los siguientes pronunciamientos del Tribunal Europeo de Derechos Humanos, en los que este Tribunal entiende que se ha producido una violación del artículo 8 del Convenio de Roma, al considerar que las emisiones sonoras —y de otro tipo— objeto de estos litigios suponen una violación del domicilio de los afectados: el asunto *López Ostra c. el Reino de España*, STEDH de 9 de diciembre de 1994 (n.º 496/1994), en relación con una estación depuradora de aguas y desechos cerca de un domicilio particular en Lorca (Murcia); el asunto *Guerra c. Italia*, STEDH de 19 de febrero de 1998 (n.º 875/1998), que trae causa del establecimiento de una factoría química de alto riesgo a pocos kilómetros de un municipio italiano; el asunto *Hatton y otros c. el Reino Unido*, STEDH de 2 de octubre de 2001 (n.º 567/2001), en donde los demandantes denuncian el ruido producido por el tráfico aéreo del aeropuerto de Heathrow; el asunto *Moreno Gómez c. el Reino de España*, STEDH de 16 de noviembre de 2004 (n.º 4143/02), en donde se aborda la denuncia presentada por una profesora que sufre los ruidos ocasionados por los locales de una zona de ocio nocturno de Valencia (es más, el TEDH condena aquí a España, en contra de lo dictaminado por la Sentencia del Tribunal Constitucional de 24 de mayo de 2001, n.º 119/2001, que consideró que no estaban acreditados los daños y perjuicios alegados). En suma, año a año, se ha construido una sólida línea jurisprudencial en torno a las zonas acústicamente saturadas, que se ha enriquecido y mantenido hasta nuestros días con solvencia, con pronunciamientos como *Cuenca Zarzoso c. el Reino de España*, STEDH de 16 de enero de 2018 (n.º 23383/12).

Uno de los últimos y más importante pronunciamientos del TEDH en los que se ha visto involucrado el Estado español tuvo lugar el pasado 18 de octubre de 2011: el asunto *Martínez Martínez c. el Reino de España*. Por su interés y actualidad, lo reseñamos de manera más extensa en el apartado de actividades prácticas de esta ficha didáctica.

En esta misma dirección, aunque no sin altibajos, sobre la base de los derechos a la vida privada, a la integridad física y moral, a la intimidad personal y familiar y a la inviolabilidad del domicilio (arts. 15 y 18 de la Constitución), se han pronunciado las Salas de lo Contencioso-Administrativo de los diferentes Tribunales Superiores de Justicia, así como la propia Sala Tercera del Tribunal Supremo.

Los últimos pronunciamientos judiciales en materia de contaminación acústica, analizados con acierto por Navarro Azpíroz, nos muestran un cambio de tendencia a la hora de exigir responsabilidades en este campo. La ciudadanía se decanta cada vez más por denunciar a la propia Administración (a los Ayuntamientos) por responsabilidad patrimonial, esto es, por la vía contencioso-administrativa, por inactividad, por falta de una actividad municipal suficiente o eficiente, por falta de previsión y control en la aplicación de la normativa vigente, de modo que se le imputa a la Administración el daño causado por actividades de particulares sujetas a control público; abandonando la tradicional reclamación por la vía civil al local o empresa generadores del ruido.

No obstante, no podemos pasar por alto el hecho de que contra la contaminación acústica caben reclamaciones en los cuatro órdenes jurisdiccionales (civil, penal, laboral y, el que aquí nos ocupa, el contencioso-administrativo).

IV. ACTIVIDADES PRÁCTICAS

Actividad 1.—En el aula, y bajo la supervisión del equipo docente, proceda al visionado del documental *Ruido de fondo*, del programa *El Escarabajo Verde* de La 2 (vid. *infra*), de fecha 10 de noviembre de 2011, *on line* en RTVE.es: http://www.rtve.es/alacarta/videos/el-escarabajo-verde/escarabajo-verde-ruido-fondo/1247290

Se recomienda al equipo docente contar para esta actividad con la presencia de un representante de las asociaciones vecinales de la localidad afectadas por la contaminación acústica, con un técnico especialista en la lucha contra el ruido de la concejalía de medio ambiente de la Administración municipal, con un miembro de la Policía Local encargado de velar por el cumplimiento de esta normativa, con un integrante de la asociación *Juristas contra el Ruido* o con un representante de una empresa local especializada en el campo de la acústica.

Tras la proyección, responda al siguiente cuestionario guiado:

A) Los vecinos del barrio de los Austrias de Madrid consideran que la Ley 28/2005, de 26 de diciembre, de medidas sanitarias frente al tabaquismo y reguladora de la venta, el suministro, el consumo y la publicidad de los productos del tabaco (*Ley Antitabaco*) ha aumentado el nivel de ruido ambiente que sufren los vecinos de las zonas de ocio nocturno de los grandes núcleos urbanos. ¿Comparte usted esta opinión? ¿Qué argumentos cree que pueden sostener esta postura?

B) Busque cuál es el horario de apertura y cierre que el Ayuntamiento de su localidad ha establecido para los locales de ocio nocturno (bares, pubs, discotecas...). ¿Cree que debería adelantarse el horario de cierre de estos negocios?

C) ¿Conoce a qué cantidad asciende en su localidad la sanción por la comisión de una infracción leve, grave o muy grave de la normativa en materia de ruidos? ¿Cree que estas cantidades respetan el principio de proporcionalidad que rige en materia sancionadora? ¿Estas sanciones tienen la capacidad de disuadir a los infractores para que no cometan nuevas infracciones?

D) El abogado Jorge Pinedo, de la asociación *Juristas contra el Ruido*, sostiene que la propia sociedad española ha relegado la contaminación acústica a un segundo plano frente a otro tipo de contaminaciones (radioactiva, atmosférica, hídrica...). ¿Comparte usted esta visión? Según su criterio, ¿el ruido es un problema de primer orden en nuestra sociedad occidental?

E) ¿Estaría dispuesto a sufrir una subida de impuestos con el fin de soterrar las grandes arterias de tráfico rodado de su ciudad de residencia y, de este modo, reducir los índices de contaminación acústica de la misma? ¿Cree que esta medida sería eficiente y, más aún, respetuosa con el medio ambiente?

F) Valore de forma global este documental.

Actividad 2.—Analice la doctrina del Tribunal Europeo de Derechos Humanos (TEDH) de cara a la protección y tutela de la ciudadanía frente al ruido. Estudie, en particular, los siguientes asuntos en los que es parte nuestro Estado:

a) *López Ostra c. el Reino de España*, STEDH de 9 de diciembre de 1994 (n.º 0496/1994).

b) *Moreno Gómez c. el Reino de España*, STEDH de 16 de noviembre de 2004 (n.º 4143/02).

c) *Martínez Martínez c. el Reino de España*, STEDH de 18 de octubre de 2011.

d) *Cuenca Zarzoso c. el Reino de España*, STEDH de 16 de enero de 2018 (n.º 23383/12).

Tras su lectura, responda al siguiente cuestionario guiado (tomando como modelo el supuesto resuelto: *Martínez Martínez c. el Reino de España*, partiendo del comentario realizado por García Ureta):

A) Describa los hechos que dieron origen a estos pronunciamientos judiciales y la postura que al respecto adoptaron las Autoridades españolas.

B) Señale qué derechos proclama el artículo 8 del Convenio Europeo de Derechos Humanos y las implicaciones que estos derechos comportan, a juicio del Tribunal, en relación con los asuntos referidos.

C) Identifique, atendiendo a los cuatro pronunciamientos judiciales aquí expuestos, a los responsables de los hechos ocurridos.

D) Valore estos fallos judiciales.

Supuesto resuelto: Martínez Martínez c. el Reino de España (STEDH de 18 de octubre de 2011).

A) Un vecino de Cartagena demanda ante el TEDH a las autoridades españolas (lo que, a estos efectos, incluye tanto a la Administración como a los propios Tribunales nacionales, que no se pronunciaron sobre el fondo del asunto) por su desidia a la hora de hacer frente a los ruidos producidos por una discoteca, situada a escasos metros de su domicilio particular, que cuenta con un local cerrado y una terraza (principal foco de la contaminación acústica alegada).

Pese al informe desfavorable al respecto del servicio de medio ambiente de la Región de Murcia, la concejalía de medio ambiente del Ayuntamiento de Cartagena no duda en autorizar esta actividad en 2002. Y ello cuando el SEPRONA (Guardia Civil), a instancias del recurrente, ya había constatado en dos ocasiones que el nivel de ruidos de la terraza de este local de ocio excedía en 28.5 decibelios el permitido por el Decreto murciano 48/1998, de 30 de julio, de protección del medio ambiente frente al ruido.

El vecino recurre esta autorización ante el Juzgado de lo Contencioso-Administrativo n.º 2 de Cartagena, que, en 2003, le da parcialmente la razón, por mor del procedimiento seguido a este respecto por el Ayuntamiento de dicha localidad. La Corporación municipal acude entonces en apelación al Tribunal Superior de Justicia de Murcia que, en 2005 (STSJ de Murcia 136/05, de 25 de febrero de 2005), falla parcialmente a favor del Consistorio, entendiendo que el Juzgado *a quo* no ha llevado a cabo una correcta aplicación del referido reglamento de 1998 a la hora de enjuiciar la autorización municipal dada a la terraza exterior de esta discoteca.

A juicio del TSJ murciano, la terraza de esta discoteca, como espacio abierto exterior, se rige por una normativa distinta a la de su local cerrado interior; esto es, por los Anexos I y II y no por el artículo 9 del Decreto 48/1998. En este sentido, y de acuerdo con esta interpretación del mencionado reglamento, este Tribunal mantiene la nulidad de la autorización municipal en relación con la terraza, como local interior, por carecer ésta de vestíbulos y ventanas cerradas, estimando, por el contrario, el recurso de apelación en cuanto a lo que se refiere al otorgamiento de licencia de actividad al aire libre.

Todo ello, sin embargo, sin entrar, ni el Juzgado de lo Contencioso ni el TSJ, en el fondo del asunto, esto es: la contaminación acústica («ésta es una cuestión que no puede ser analizada por nosotros al exceder los estrictos límites de lo planteado en el procedimiento», FJ 2 de la referida sentencia del TSJ murciano).

Tras solicitar este vecino la ejecución de la sentencia, que sólo podía implicar el cierre del local interior, acude en amparo ante el Tribunal Constitucional, invocando los artículos 14 y 24 de la Constitución, pero éste, en 2007, mediante providencia de inadmisión, rechaza entrar a analizar el recurso por entender que el mismo carece de relevancia constitucional, lo que abre al recurrente las puertas del TEDH.

B) El Tribunal de Estrasburgo, de acuerdo con el artículo 8.1 del Convenio Europeo de Derechos Humanos y la jurisprudencia aparejada al mismo, donde se proclama el derecho de toda persona al respeto de su vida privada y familiar, así como a la inviolabilidad de su domicilio, ha considerado que el domicilio es el reducto último de la intimidad personal y familiar, del que se ha de poder disfrutar con total tranquilidad, un lugar que debe estar a salvo de toda intromisión o injerencia no consentida, incluida la contaminación acústica (recordemos los asuntos *López Ostra*, *Guerra*, *Hatton* o, por supuesto, *Moreno Gómez*).

El TEDH no admite, sin embargo, como aquí se recuerda, alegaciones a este respecto de tipo hipotético, esto es, es necesario probar por los recurrentes que la injerencia en cuestión sobrepasa los límites aceptables fijados por la normativa aplicable o que ésta supone un serio perjuicio para los moradores del domicilio que sufre la contaminación acústica.

Así, en el asunto *Ruano Morcuende*, de 2005, en el que se aborda el controvertido mundo de las radiaciones electromagnéticas, el TEDH —sin negar sus efectos negativos sobre la salud de la demandante— no concibió como una injerencia o intromisión no consentida las radiaciones y vibraciones emitidas por un transformador, pues éstas estaban expresamente previstas en la normativa vigente y con ellas se perseguía una finalidad legítima (suministrar energía eléctrica a una parte de la población). De igual modo, en *Fagerskiöld c. Suecia* y *FURLEPA c. Polonia*, de 2008, el TEDH no entró en el análisis de estas causas, por no haber procedido los recurrentes, a través de los correspondientes certificados médicos, a una determinación individualizada del daño que la contaminación acústica les había ocasionado.

Mientras que en el asunto *Moreno Gómez*, el TEDH utilizó como elemento probatorio de esta injerencia el hecho de que la zona hubiese sido declarada como «acústicamente saturada» por el propio Ayuntamiento de Valencia, en el caso de autos se acude al informe en contra de la autorización municipal emitido por los servicios de medio ambiente de la Región de Murcia, a las mediciones llevadas al efecto por el SEPRONA constatando el incumplimiento de la normativa aplicable, así como a los diferentes partes médicos alegados por el afectado, en donde se demuestra la relación causal entre el ruido excesivo al que se había expuesto el recurrente y su familia y las afecciones crónicas que, en consecuencia, éstos padecían (en particular, su hija celiaca, cuyo estado de salud se agravó a raíz de su exposición a esta contaminación acústica).

C) En el asunto *Martínez Martínez*, el TEDH identifica como responsables de los hechos ocurridos a las autoridades nacionales españolas implicadas en este asunto, esto es, al Ayuntamiento de Cartagena y también a los órganos jurisdiccionales que abordaron esta causa (el Juzgado de lo Contencioso-Administrativo n.º 2 de Cartagena y el TSJ de Murcia), así como al propio Tribunal Constitucional.

El Ayuntamiento no adoptó ninguna medida para paliar el exceso de ruido procedente de la terraza del establecimiento cuestionado, es más, le otorgó una autorización para operar en contra del criterio del servicio de medio ambiente de la Región de Murcia.

Especialmente dura es la crítica que el TEDH realiza contra nuestros Tribunales, quienes omitieron pronunciarse a este respecto (el TSJ incluso dejó constancia de esta negativa por escrito), aunque lo que estaba en juego era una supuesta violación de los derechos fundamentales del recurrente y su familia, lo que éste planteó en cada uno de sus recursos contencioso-administrativos ante estos órganos jurisdiccionales, y cuando ello era un elemento esencial de cara a la resolución del proceso.

Aún más llama la atención el hecho de que el propio Tribunal Constitucional, una vez más, como sucediera en *López Ostra* y *Moreno Gómez*, no apreciase esta posible violación de un derecho fundamental susceptible de amparo, negando relevancia constitucional a este asunto; pese a la asentada y reiterada doctrina al respecto del TEDH, y aunque el recurrente había alegado la vulneración de estos derechos en las instancias anteriores.

En base a todo ello, el TEDH condena en el asunto *Martínez Martínez* al Reino de España. El Gobierno español, con el fin de intentar salvar esta condena, alegó *ex novo* (por lo que la alegación no pudo ser tenida en cuenta por el TEDH) que la vivienda del recurrente era ilegal, pues se encontraba construida en un solar que no estaba destinado a uso residencial, lo que le privaría, según el erróneo criterio de nuestro Gobierno, de protección.

D) Una vez más, el TEDH ha esgrimido que el ruido excesivo supone una vulneración de nuestros derechos fundamentales (en concreto, a la vida privada, a la integridad física y moral, a la intimidad personal y familiar y a la inviolabilidad del domicilio). El Tribunal de Estrasburgo ha considerado que el domicilio es el reducto último de la intimidad personal y familiar, un lugar que debe estar a salvo de toda intromisión o injerencia no consentida, incluida la contaminación acústica.

El TEDH se consagra como el gran aliado de la ciudadanía en la lucha contra el ruido, exigiendo, una vez más, a los Poderes públicos de nuestro Estado, sea en el ámbito administrativo o en el jurisdiccional, que velen por que se respeten los derechos recogidos en el Convenio de Roma de los vecinos afectados por la contaminación acústica.

Actividad 3.—En relación con el ruido generado por el tráfico aeroportuario (Valcárcel Fernández), analice el litigio mantenido por los habitantes de la Urbanización de Ciudad Santo Domingo de Madrid (con más de 3.000 vecinos afectados, 500.000 si contabilizamos a los habitantes de las localidades próximas) frente al aeropuerto de Barajas. Véase a este respecto la STS de 13 de octubre de 2008 (Rec. 1553/2006), así como la STS dictada en el procedimiento de ejecución, de 15 de abril de 2011 (Rec. 5773/2009). ¿Piensa que el interés nacional debe prevalecer aquí sobre el de estos ciudadanos y que, por tanto, deben mantenerse las rutas y el número de vuelos programados por este aeropuerto, que representa el 10 por 100 del PIB de la Comunidad de Madrid?

Actividad 4.—Cuantifique el nivel de ruido de su zona de residencia a la luz del «mapa de ruidos» elaborado por el Ayuntamiento de su localidad. ¿Qué nivel de ruido (en decibelios) soporta su calle? ¿Comparte los datos que arrojan estos estudios? ¿Cuántos sonómetros existen en su localidad? ¿Dónde se sitúan éstos?

Actividad 5.—Recopile recortes de prensa donde se aborde la problemática de la contaminación acústica en su lugar de residencia. Si es posible, busque las resoluciones administrativas y judiciales que se hayan ocupado de estos asuntos.

Actividad 6.—Compare la sensibilidad de los medios de comunicación en torno al problema del ruido con el transcurrir de los años. Tome como pautas para llevar a cabo este estudio comparativo, entre otros factores, el número de páginas dedicadas a esta cuestión en la prensa escrita o el enfoque neutral o subjetivo adoptado al respecto por los autores de las crónicas periodísticas.

V. AUTOEVALUACIÓN

1. La protección y tutela de la ciudadanía frente al ruido es liderada por:

a) El Tribunal Constitucional.
b) El Tribunal Europeo de Derechos Humanos.
c) El Tribunal de Justicia de la Unión Europea.

2. El último pronunciamiento del Tribunal Europeo de Derechos Humanos en el campo de la contaminación acústica que ha afectado a España ha sido:

a) *Moreno Gómez c. el Reino de España.*
b) *López Ostra c. el Reino de España.*
c) *Cuenca Zarzoso c. el Reino de España.*

3. El Tribunal Europeo de Derechos Humanos ha esgrimido que el ruido excesivo supone, principalmente, una vulneración de nuestro derecho fundamental:

a) A la vida.
b) A la inviolabilidad del domicilio.
c) A la protección de la salud.

4. El Tribunal Europeo de Derechos Humanos ha salvaguardado los derechos de los ciudadanos europeos frente al ruido generado en torno a:

a) Las zonas de ocio nocturno de los grandes núcleos urbanos.
b) El tráfico aéreo de los grandes aeropuertos internacionales.
c) Ambas opciones son correctas.

5. La Ley del Ruido, Ley 37/2003, de 17 de noviembre, fue aprobada:

a) Por el Parlamento Europeo.
b) Por el Parlamento de Andalucía.
c) Por las Cortes Generales.

6. La Directiva 2002/49/CE, sobre Ruido Ambiental:

a) Ha sido transpuesta en España por la Ley del Ruido de 2003.
b) Aún no se ha transpuesto en nuestro Ordenamiento jurídico.
c) Fue derogada por el Decreto de la Junta de Andalucía contra la contaminación acústica.

7. La Directiva sobre Ruido Ambiental contempla, entre otras, las siguientes medidas:

a) La elaboración de «mapas de ruido».
b) La adopción de planes de acción con vistas a prevenir y reducir el ruido ambiental a la luz de los referidos mapas de ruidos.
c) Ambas opciones son correctas.

8. El reglamento de referencia de la Comunidad Autónoma andaluza en materia de lucha contra la contaminación acústica:

a) Fue aprobado por el Gobierno andaluz en el año 2012.
b) Fue aprobado por el Gobierno de España en el año 2012.
c) Fue aprobado por el Parlamento de Andalucía en el año 2012.

9. Los mapas de ruido pretenden mostrar:

a) La situación acústica «real» de una determinada zona.
b) La situación acústica «ideal» de una determinada zona.
c) Los lugares donde es posible emplazar establecimientos ruidosos.

10. La ciudadanía se decanta cada vez más por denunciar a los Ayuntamientos por falta de una actividad municipal suficiente en la lucha contra el ruido por la vía:

a) Civil.
b) Penal.
c) Contencioso-administrativa.

VI. MATERIAL DIDÁCTICO

1. Lecturas recomendadas

Aguirre i Font, J. M.ª, «Ruido: una política europea de difícil aplicación local», en *Observatorio de Políticas Ambientales* (coord. F. López Ramón), CIEMAT, Madrid, 2019, pp. 907-930.

Alenza García, J. F. (dir.), *El derecho contra el ruido*, Civitas, Cizur Menor (Navarra), 2013.

Arana García, E., «La flexible valoración de la prueba por el Tribunal Europeo de Derechos Humanos en procesos sobre el ruido: el asunto Moreno Gómez de 16 de noviembre de 2004», *Revista Española de Derecho Europeo*, n.º 14 (2005), pp. 283 ss.

Arana García, E., y Torres López, M. A. (coords.), *Régimen jurídico del ruido: una perspectiva integral y comparada*, Comares, Granada, 2004.

— «Inspección y régimen sancionador», en Arana García, E., y Torres López, M. A. (coords.), *Régimen jurídico del ruido: una perspectiva integral y comparada*, Comares, Granada, 2004, pp. 125 ss.

Blanquer, D., *Contaminación acústica y calidad de vida*, Tirant lo Blanch, Valencia, 2004.

Cano Murcia, A., *Régimen Jurídico de la Contaminación Acústica*, Aranzadi, Cizur Menor (Navarra), 2004.

Egea Fernández, J., «Ruido ambiental, intimidad e inviolabilidad del domicilio: STC 119/2001, de 24 de mayo», *In Dret*, n.º 1 (2002); *on line* en: http://www.indret.com/pdf/077_es.pdf

García Ureta, A., «El ruido ante el Tribunal Europeo de Derechos Humanos. Otra llamada de atención a la jurisdicción contencioso-administrativa (y también al Tribunal Constitucional): Comentario a Martínez Martínez *v.* España, sentencia del TEDH de 18 de octubre de 2011», *Actualidad Jurídica Ambiental*, 21 de noviembre de 2011; *on line* en: http://www.actualidadjuridicaambiental.com/wp-content/uploads/2011/11/2011_11_Garcia_Ureta_Com_Trib_Constitucional_Ruido.pdf

González-Varas Ibáñez, S., «El ruido: la sentencia del TSJ de Valencia de 7 de marzo de 1997», *Revista de Estudios de la Administración Local y Autonómica*, n.º 276 (1998), pp. 237 ss.

Lozano Cutanda, B. (dir.), *Comentarios a la Ley del Ruido. Ley 37/2003, de 17 de noviembre*, Civitas, Madrid, 2004.

Martín-Retortillo Baquer, L., «El ruido: reciente respuesta legal y jurisprudencial», *Foro. Nueva época*, n.º 1 (2005), pp. 11 ss.; *on line* en: http://www.ucm.es/BUCM/revistas/der/16985583/articulos/FORO0505110011A.PDF

— «La defensa frente al ruido ante el Tribunal Constitucional (Auto de 13 de octubre de 1987, sobre la clausura de un bar en Sevilla)», *Revista de Administración Pública*, n.º 115 (1988), pp. 220 ss.

— «El ruido de los grandes aeropuertos en la jurisprudencia del Tribunal Europeo de Derechos Humanos», *Derecho del medio ambiente*, Centro de Estudios Jurídicos de la Administración de Justicia, n.º 16 (1995), pp. 117 ss.

Monestier Morales, J.-L., *Defensa jurídico-civil frente al ruido: prevención, reparación, evaluación, efectos y reducción*, Aranzadi-Thomson Reuters, Cizur Menor (Navarra), 2011 [La Tesis Doctoral que dio origen a esta monografía puede consultarse *on line* en el repositorio de la Universidad de Granada: http://0-hera.ugr.es.adrastea.ugr.es/tesisugr/18972779.pdf].

Moral Soriano, L., «La directiva de ruido ambiental: el nuevo marco para la actuación comunitaria», en Arana García, E., y Torres López, M. A. (coords.), *Régimen jurídico del ruido: una perspectiva integral y comparada*, Comares, Granada, 2004, pp. 1 ss.

Navarro Azpíroz, G., «Responsabilidad patrimonial de los Ayuntamientos por inactividad administrativa ante situaciones de ruido», *Diario La Ley*, n.º 7709, Sección Tribuna, 5 de octubre de 2011.

Perera Meleo, P., «Falsa leyenda: Madrid es la ciudad más ruidosa después...», *Revista de Acústica*, vol. 42, n.os 1 y 2, pp. 68 ss.

Requena López, T., «El ruido y las nueces: la sentencia del Tribunal Europeo de Derechos Humanos Moreno Gómez *versus* España», *Revista de Derecho Constitucional Europeo*, n.º 4 (julio-diciembre de 2005), pp. 587 ss.; *on line* en: http://www.ugr.es/~redce/REDCE4/articulos/19requena.htm

Requena López, T.; Martín Morales, R., y Guillén López, E., *El régimen constitucional de «la movida»*, Universidad de Granada, Granada, 2001.

Ruiz de Apocada Espinosa, Á., «De campanarios y relojes: el Derecho y la jurisprudencia frente a un agresor acústico menor», *Revista de Derecho Urbanístico y Medio Ambiente*, n.º 319 (2018), pp. 85-129.

Torres López, M. A., «La calidad acústica», en Arana García, E., y Torres López, M. A. (coords.), *Régimen jurídico del ruido: una perspectiva integral y comparada*, Comares, Granada, 2004, pp. 57 ss.

— «Las competencias locales en materia de contaminación acústica», en Vera Jurado, D. (coord.), *Competencias ambientales de las Entidades Locales de Andalucía*, CEMCI-Diputación de Granada, 2009, pp. 315 ss.

Valcárcel Fernández, P., «Contaminación acústica y desarrollo sostenible en el marco de la actividad aeroportuaria. Algunas soluciones. En particular: ¿servidumbres acústicas en la lucha contra el ruido?», *Desarrollo sostenible y protección del Medio Ambiente*, Civitas, Madrid, 2002, pp. 207-254.

— «Búsqueda de la calidad acústica en la LR: instrumentos de planeamiento y parámetros de objetivación», en LOZANO CUTANDA, B. (dir.), *Comentarios a la Ley del Ruido. Ley 37/2003, de 17 de diciembre*, Civitas, Madrid, 2004.

2. NORMATIVA DE REFERENCIA

2.1. *Comunitaria*

— Directiva 2002/49/CE del Parlamento Europeo y del Consejo, de 25 de junio de 2002, sobre evaluación y gestión del ruido ambiental [*DO* L 189, de 18 de julio de 2002].

2.2. *Estatal*

— Ley 37/2003, de 17 de noviembre, del ruido [*BOE* n.º 276, de 18 de noviembre de 2003].

— Real Decreto 1.513/2005, de 16 de diciembre, por el que se desarrolla la Ley 37/2003, de 17 de noviembre, del Ruido, en lo referente a la evaluación y gestión del ruido ambiental [*BOE* n.º 301, de 17 de diciembre de 2005].

— Real Decreto 1.367/2007, de 19 de octubre, por el que se desarrolla la Ley 37/2003, de 17 de noviembre, del Ruido, en lo referente a zonificación acústica, objetivos de calidad y emisiones acústicas [*BOE* n.º 254, de 23 de octubre de 2007].

2.3. *Andaluza*

— Ley 7/2007, de Gestión Integrada de la Calidad Ambiental (deroga la Ley 7/1994 de Protección Ambiental) [*BOJA* n.º 143, de 20 de julio de 2007].

— Decreto 6/2012, de 17 de enero, por el que se aprueba el Reglamento de Protección contra la Contaminación Acústica en Andalucía, y se modifica el Decreto 357/2010, de 3 de agosto, por el que se aprueba el Reglamento para la Protección de la Calidad del Cielo Nocturno frente a la contaminación lumínica y el establecimiento de medidas de ahorro y eficiencia energética [*BOJA* n.º 24, de 6 de febrero de 2012].

— Orden de 29 de junio de 2004, sobre técnicos acreditados y actuación subsidiaria de la Consejería de Medio Ambiente en materia de Contaminación Acústica [*BOJA* n.º 133, de 8 de julio de 2004]. Sus artículos 1 a 10 han sido derogados por el referido Decreto 6/2012, de 17 de enero.

3. Sitios web

— Éste fue el portal web de referencia en la lucha contra la contaminación acústica hasta el fallecimiento de su autor: Francisco Morales Delgado, militante activo en la lucha contra el ruido, cofundador de la asociación *Juristas contra el Ruido* y presidente de la asociación *Granada contra el Ruido*: www.ruidos.org

— Juristas Contra el Ruido: http://www.juristas-ruidos.org/

— Tribunal Europeo Derechos Humanos: http://www.echr.coe.int

— Sistema de Información sobre Contaminación Acústica del Ministerio para la Transición Ecológica y el Reto Demográfico: http://sicaweb.cedex.es/

— Ordenanza Municipal de Protección del Medio Ambiente Acústico en Granada (Excmo. Ayuntamiento de Granada): https://granada.org/inet/wordenanz.nsf/wwtod/C2F0691A6604CA0FC12572DC001C5923

— Mapa de ruidos de la ciudad de Granada y Mapa estratégico de ruidos de la ciudad de Granada: https://www.granada.org/inet/wambiente.nsf/e8775285938c88b1c1256e28006ef0bc/52a5a5f8c5e4419dc12583f40036c945!OpenDocument

4. Otros documentos de interés

Documento 1*.—Ruido de fondo*, un documental del programa *El Escarabajo Verde* de La 2, de fecha 10 de noviembre de 2011, *on line* en RTVE.es: http://www.rtve.es/alacarta/videos/el-escarabajo-verde/escarabajo-verde-ruido-fondo/1247290/

Documento 2*.—Ruido, mucho ruido*, un documental del programa *Los Reporteros* de Canal Sur, de 9 de octubre de 2010, *on line* en: http://www.youtube.com/watch?v=3nPurzR0RW0

CAPÍTULO 12

LA PROTECCIÓN DE LOS ESPACIOS NATURALES

IGNACIO JIMÉNEZ SOTO
Profesor Titular de Derecho Administrativo
Catedrático de Derecho Administrativo
Universidad de Granada

I. PALABRAS CLAVE

Protección del medio ambiente; Espacios Naturales Protegidos (ENP); competencias en el ámbito estatal y Comunidades Autónomas; clasificación y características; los Planes de Ordenación de Recursos Naturales (PORN); los Planes Rectores de Uso y Gestión (PRUG); actividades permitidas, prohibidas y régimen de autorización.

II. OBJETIVOS DIDÁCTICOS

1. Comprender la intervención administrativa de los poderes públicos para proteger y preservar determinados espacios naturales.
2. Conocer los diferentes instrumentos normativos de protección en función del interés ecológico de los bienes naturales.
3. Saber el régimen jurídico aplicable a las diversas actividades que se pueden realizar en los espacios naturales protegidos.
4. Interpretar y aplicar toda la normativa de protección ambiental de los espacios naturales protegidos en el conjunto de políticas de sostenibilidad, dentro de un ecodesarrollo que no perjudique a las generaciones venideras.

III. CONTENIDO DOCENTE

1. INTRODUCCIÓN: LAS DIFERENTES LÍNEAS DE PROTECCIÓN DE LA NATURALEZA Y SUS RECURSOS

Es evidente que, a lo largo de la historia de la humanidad, la protección del medio ambiente no se ha presentado en todas la épocas y en los diferentes lugares del planeta con la misma intensidad; entre otras razones porque buena parte de las causas que degradan nuestro ambiente, o bien no existían, o todavía no habían alcanzado los niveles de la actualidad, como sucede con todos los avances de la tecnología industrial, por poner un ejemplo, o llanamente porque no han sido objeto de interés de los poderes públicos por muy diversas razones, desde económicas a sociales. Sin embargo, esta misma evidencia nos muestra cómo desde que el hombre se preocupa por el medio ambiente son muchos y muy diversos los sectores materiales sobre los que se proyecta su protección, y que en opinión de ESTEVE PARDO se pueden aglutinar en dos grandes líneas: la primera es la que se orienta a la protección de la naturaleza y sus recursos, siendo su principal característica la de tener una orientación marcadamente protectora con la pretensión de mantener los recursos en sus condiciones ecológicas particulares, introduciendo las necesarias modulaciones para que, en el caso de ser admisible su explotación, ésta se desarrolle de manera racional y sostenible, en esta línea se encuentran las regulaciones sobre recursos naturales —montes y recursos forestales, aguas, costas, fauna, flora, espacios naturales—. La segunda línea se caracteriza por que no hay una pretensión protectora sino interventora, actuando sobre los sujetos y elementos contaminantes para controlar, contener, rechazar e incluso sancionar conductas que no son admisibles, como sucede con la contaminación acústica, hidrológica, atmosférica, lumínica, etc.

Ahora bien, que haya dos líneas no quiere decir que éstas no puedan converger, y un buen ejemplo de ello lo vamos a ver en los Espacios Naturales Protegidos (ENP), donde se trata de conservar y proteger una zona determinada por sus altos valores ecológicos con sus correspondientes normas protectoras, así como la posibilidad de intervenir mediante técnicas de control, limitaciones, prohibiciones, etc.

No obstante, esta impronta proteccionista ha sido articulada por el Derecho a lo largo de la historia de diversas formas: los recursos naturales, sobre todo en la Edad Media, en torno a fórmulas de titularidad colectiva, en los bosques, ríos, pastos de montaña, etc.; la transformación a lo largo del siglo XIX entre la sociedad y los recursos naturales, como consecuencia del ascenso de la burguesía con sus intereses comerciales e industriales, que supuso un golpe irreparable al patrimonio natural del país; o la presencia ecológica en el

Derecho que empieza en la últimas décadas del siglo XX, y que es la que predomina en la actualidad, reflejada en la legislación, en la gestión pública y en la jurisprudencia, sin olvidar que en esta concepción del Derecho, el tercer sector, a través de las ONG, ha tenido mucho que ver en la socialización de una cultura ecológica, impensable hace unas décadas, que ha presionado, y sigue presionando por preservar los bienes naturales.

Es en esta última fase donde surge un Derecho Ambiental definido por DE MIGUEL PERALES como «aquella parte del ordenamiento jurídico destinada a la regulación de las actividades humanas que pueden tener impacto sobre el medio ambiente, así como a la protección del propio medio ambiente»; definición —una de las numerosas que se pueden encontrar en la doctrina— que nos introduce en uno de los instrumentos más poderosos que tienen los poderes públicos como es la protección del medio ambiente a través de la declaración y, por tanto regulación, de los Espacios Naturales Protegidos.

2. LOS ESPACIOS NATURALES PROTEGIDOS

Si anteriormente hemos comentado que la presencia ecológica en el Derecho surge con fuerza a partir de la década de los ochenta en el siglo pasado, ello no quiere decir que no existieran antes normas protectoras de los Espacios Naturales, y, así, en el caso concreto de España, los Parques Nacionales tuvieron una temprana regulación en el año 1916, a través de la Ley de 7 de diciembre.

Sin embargo, con el transcurso de los años y con la transformación constitucional de nuestro Estado, nos referimos al Estado autonómico, la materia ambiental no se desarrolla de una manera pacífica en los linderos del Derecho, precisamente por la amplitud del concepto en el que se incluyen materias como: minas, minerales, la ordenación del territorio, urbanismo, agricultura, ganadería, agua, flora, fauna, residuos, paisajes, ruidos, etc.; lo que lleva a LÓPEZ MENUDO a analizar la indefinición del concepto, para llegar a una interpretación constitucional tras el análisis riguroso de numerosos pronunciamientos culminados, que nos conducen al reparto de competencias Estado-Comunidades Autónomas, donde de partida, el propio texto constitucional no ofrece directamente su definición por lo que, en la búsqueda de una definición, se ha llegado a numerosas definiciones que la doctrina ha ofrecido conforme a un amplísimo abanico, en el que se encuentran desde interpretaciones jurídicas rigurosas apegadas al texto constitucional, hasta propuestas de corte voluntarista carentes de base sólida.

No obstante, aun con las deficiencias que el texto presenta, la Constitución, en su artículo 45, al disponer el derecho de todos a disfrutar de un medio ambiente adecuado, imponiendo a los poderes públicos la obligación de velar por la utilización racional de los recursos naturales, supuso un impulso evidente en materia de protección del medio ambiente. Se puede apreciar al constatar cómo la interpretación de este artículo, en palabras de LÓPEZ RAMÓN, tiende a una continua ampliación de su significado, donde en un primer momento se destacó el valor normativo del precepto pese a estar incluido en los principios rectores de la política social y económica; de ahí, se ha pasado a un intenso trabajo doctrinal, que ha ido buscando deducir más consecuencias en la línea de configurar derechos colectivos y subjetivos del medio ambiente, llegándose incluso a relacionar la protección constitucional del medio ambiente con la misma caracterización del Estado, conforme a la fórmula del Estado Ecológico de Derecho.

Ahora bien, este impulso no va a presentarse con la misma claridad a la hora del reparto competencial en materia de medio ambiente, entre otras razones, por la propia transversalidad del concepto, así como por la ubicación del término «protección», donde el Estado se va a atribuir la competencia básica, 149.1.23.ª CE, sin perjuicio de las facultades de las Comunidades Autónomas de establecer normas de protección, que tanto juego ha dado a la doctrina constitucional a la hora de determinar la extensión del concepto básico.

Además del tema competencial, el término medio ambiente y su protección se verán continuamente focalizados por un conjunto de normas procedentes de Tratados Internacionales y Directivas Comunitarias, normas de ámbito estatal así como de carácter autonómico, sin olvidar las de los municipios que por su cercanía al ciudadano también desempeñan un papel importante.

Entre estas normas destacamos, por lo que afecta a nuestro ámbito de estudio, la Ley 42/2007, de 13 de diciembre, del Patrimonio Natural y la Biodiversidad, y la Ley 33/2015, de 21 de septiembre, que la modifica, para adecuar la legislación española a la normativa europea. Entre otras materias sobre el derecho del mar derivadas del Protocolo de Nagoya ratificado por España el 3 de junio de 2014, el Reglamento del Parlamento Europeo y del Consejo n.º 511/2014, de 16 de abril de 2014 y la Directiva 2009/147/CE del Parlamento Europeo y del Consejo, de 30 de noviembre de 2009, al igual que la doctrina del Tribunal Constitucional, STC 87/2013, de 11 de abril: «En el ejercicio de la competencia autonómica sobre espacios naturales protegidos en el mar territorial es excepcional y sólo se justifica cuando las propias características y circunstancias objetivas del espacio natural a proteger demanden una gestión unitaria», así como la simplificación de los instrumentos para el conocimiento, planificación del patrimonio natural y la biodiversidad.

Norma que establece el régimen jurídico básico de la conservación, uso sostenible, mejora y restauración del patrimonio natural y de la biodiversidad, destacando entre sus instrumentos de conocimiento y planificación los Planes de Ordenación de los Recursos Naturales (PORN): «instrumento específico para la delimitación, tipificación, integración en red y determinación de su relación con el resto del territorio, de los sistemas que integran el patrimonio y los recursos naturales de un determinado ámbito especial, con independencia de otros instrumentos que pueda establecer la legislación autonómica» —art. 17.1—.. Estos planes son informados por los órganos colegiados de participación en cada Comunidad Autónoma, como sucede, a título de ejemplo, con las Juntas Rectoras de los Parques Naturales de Andalucía, previstos en el artículo 20 de la Ley 2/1989, de 18 de julio, por la que se aprueba el Inventario de Espacios Naturales de Andalucía (RENPA), modificada en su artículo 20 por la Ley 2/1995, de 1 de junio, y en el Decreto 239/1997, de 15 de octubre, por el que se regula la constitución, composición y funciones de las Juntas Rectoras de los Parques Naturales, en cuyo contenido podemos encontrar desde la determinación de las limitaciones de uso y actividades que han de establecerse para la conservación de los espacios naturales, así como la concreción de aquellas actividades que habrán de someterse a la Evaluación de Impacto Ambiental, correspondiendo su aprobación al Consejo de Gobierno, en este caso, de la Junta de Andalucía.

Asimismo, la Ley estatal prevé que el Ministerio de Medio Ambiente elabore las directrices para que: «la ordenación de los recursos naturales a las que, en todo caso, deberán de ajustarse los Planes de Ordenación de los Recursos Naturales que aprueben las Comunidades Autónomas...» —art. 17.2— sean desarrollados posteriormente por los Planes Rectores de Uso y Gestión (PRUG), que son aprobados mediante Decreto de la Comunidad Autónoma, donde se pormenorizan las directrices de los PORN, contemplando con minuciosidad las prescripciones que debe seguir la Administración competente a la hora de gestionar el parque, los aprovechamientos, usos prohibidos y permitidos y la medida de realizarlos, todo ello en el Marco del Plan Estratégico Estatal del Patrimonio Natural y de la Biodiversidad —art. 12—.

Definición de Espacios Naturales Protegidos (ENP), según la Ley 42/2007 y sus modificaciones por la Ley 33/2015 , en su artículo 28, para tener esta condición se requiere que sea una zona de territorio nacional, que comprenda las aguas continentales y las aguas marítimas bajo soberanía o jurisdicción nacional, incluida la zona económica exclusiva y la plataforma continental; que cumplan, previa declaración como tales, atendiendo a sus características, como puede ser por Ley estatal en el caso de los Parques Nacionales, o Ley o Decreto en las Comunidades Autónomas, uno de los requisitos siguientes: *a*) contener sistemas o elementos naturales representativos, singulares, frágiles, amenazados o de especial interés ecológico, científico, paisajístico, geológico o educativo; *b*) estar dedicados especialmente a la protección y el mantenimiento de la diversidad biológica de la geodiversidad y de los recursos naturales y culturales asociados.

En función de los bienes y valores a proteger y de los objetivos de gestión, la Ley realiza la siguiente clasificación:

— El artículo 31.1 define los *Parques*: «son áreas naturales, que, en razón de la belleza de sus paisajes, la representatividad de sus ecosistemas o la singularidad de su flora, de su fauna o de su diversidad geológica, incluidas sus formaciones geomorfológicas, poseen unos valores ecológicos, estéticos, educativos y científicos cuya conservación merece una atención preferente».Es una modalidad de protección donde no se distingue entre parques nacionales y parques naturales, aunque están ambos implícitos en la categoría, si bien se utilizan para proteger amplias áreas del territorio. En el caso de Andalucía, —Comunidad Autónoma que citaremos numerosas veces a título de ejemplo, por tener la red de carácter regional más importante en número y superficie de la Unión Europea, pues un total del 30 por 100 del territorio nacional protegido se encuentra en Andalucía— los parques naturales, por regla general tienen una extensión superior a 10.000 hectáreas, ocupando la mayor extensión protegida superior al 85 por 100, y su declaración compete al Consejo de Gobierno de la Junta de Andalucía, sin olvidar que, ya en su día, la Ley 2/1989, de 18 de julio, por la que se crea la Red de Espacios Naturales Protegidos, declaraba 17 parques naturales.

Por lo que respecta a los Parques Nacionales, son los espacios más emblemáticos de la geografía española, siendo, por lo tanto, una modalidad de parque que se singulariza por su declaración y gestión; gestión, que ha sido objeto de numerosas polémicas tanto doctrinales como jurisprudenciales, en las que ha pasado por una gestión exclusiva por parte del Estado a través de la Ley 4/1989, que fue rechazada por la STC 102/1995, que originó la Ley 41/1997, propiciando una gestión compartida Estado-Comunidad Autónoma, hasta que Andalucía y Aragón la recurrieron, y la STC 194/2004, estimó que la gestión corresponde en exclusiva a las Comunidades Autónomas.

Las actividades que se pueden realizar en estos ENP dependerán de los respectivos PORN y PRUG de cada parque, que por su importancia, serán objeto de estudio y análisis más pormenorizado.

— El artículo 32.1 define las *Reservas Naturales*: «son espacios naturales, cuya creación tiene como finalidad la protección de ecosistemas, comunidades o elementos biológicos que, por su rareza, fragilidad, importancia o singularidad merecen una valoración especial». En términos generales suele tratarse de lugares concretos de reducida extensión, no más de 100 hectáreas, y su declaración se hace por Ley del Parlamento Andaluz, como así realizó la Ley 2/1989, que declaró 14.

Se caracteriza por sus niveles de protección a ultranza, a diferencia de los anteriores, no se trata de armonizar y compatibilizar, sino de prohibir cualquier actividad que pueda causar alteración en los elementos ambientales, por lo que pocas serán las actividades deportivas o lúdicas que se puedan realizar, por no decir prácticamente ninguna, salvo la de acceso con previa autorización.

— *Áreas marinas protegidas* que vienen definidas en el artículo 33.1: «son espacios naturales designados para la protección de ecosistemas, comunidades o elementos biológicos o geológicos del medio marino, incluidas las áreas intermareal y submareal, que en razón de su rareza, fragilidad, importancia o singularidad, merecen una protección especial...», e independientemente de las figuras que se utilicen para su protección, estos espacios podrán incorporarse a la Red de Áreas Marinas Protegidas de España reguladas en la Ley 41/2010, de 29 de diciembre, de protección del medio marino, donde se establecen los criterios mínimos comunes de gestión aplicables a las áreas marinas incluidas en dicha Red.

— Los *Monumentos naturales* tienen su definición en el artículo 34: «1. Son espacios o elementos de naturaleza constituidos básicamente por formaciones de notoria singularidad, rareza o belleza, que merecen ser objeto de una protección especial»; y continúa: «2. Se considerarán también Monumentos Naturales los árboles singulares y monumentales, las formaciones geológicas, los yacimientos paleontológicos y mineralógicos, los estratotipos y demás elementos de la gea que reúnan un interés especial por la singularidad o importancia de sus valores científicos, culturales o paisajísticos», por lo que se trata de enclaves muy concretos del medio natural, no superiores a 10 hectáreas, por regla general, y cuya declaración corresponde al Consejo de Gobierno mediante Decreto, aunque en el caso de Andalucía, la Ley 2/1989 declaró 30. La regla que preside el régimen jurídico de estos ENP que se concreta en el Decreto de creación, es el «Principio de Uso Público», que significa garantizar el acceso de la ciudadanía al espacio, siempre que dicho acceso no ponga en peligro los valores del monumento.

— Los *Paisajes protegidos* encuentran su definición en el artículo 35.1: «son partes del territorio que las Administraciones competentes, a través del planeamiento aplicable, por sus valores naturales, estéticos y culturales, y de acuerdo con el Convenio del paisaje del Consejo de Europa, consideren merecedoras de una protección especial». La constitución de los mismos es competencia del Consejo de Gobierno mediante Decreto, donde se determinará su régimen jurídico así como en el PORN que abarque la zona, prohibiendo aquellas actividades que supongan una transformación sustancial del aspecto del Paisaje o alteren sus elementos.

Junto a estas modalidades o categorías, las Comunidades Autónomas tienen competencias para crear sus propias figuras de ENP, además de las vistas anteriormente con carácter básico, en el caso de Andalucía se definen en la Ley 2/1989, y suponen en concreto cuatro modalidades más:

— Los *parajes naturales*, que según el artículo 2.*a*) son: «aquellos espacios que se declaren como tales en atención a las excepcionales exigencias (cualificadas) de sus singulares valores, con la finalidad de atender a la conservación de su flora, fauna, constitución morfológica, especial belleza u otros componentes de muy destacado rango natural». Presentan un régimen jurídico de mayor permisividad que con las Reservas al no existir prohibiciones de acceso, debiendo concretarse tanto con su Ley de creación como por el PORN de cada uno de ellos.

— Los *parques periurbanos*, de indudable importancia en las actividades de esparcimiento de numerosos ciudadanos, son aquellos espacios naturales que a tenor de lo dispuesto en el artículo 2.*b*) están: «situados en las proximidades de un núcleo urbano, hayan sido o no creados por el hombre, que sean declarados como tales con el fin de adecuar su utilización a las necesidades recreativas de las poblaciones, en función de las cuales se declaran». Son espacios, de reducidas dimensiones, en torno a una media de 200 hectáreas, que permiten la conservación de la naturaleza y su disfrute ordenado y respetuoso, siendo su declaración a través de Orden del Consejero de Medio Ambiente, y habrá que estar atentos al correspondiente PORN.

— Las *reservas naturales concertadas*, establecidas en el artículo 2.*c*) son: «aquellos predios que, sin reunir los objetivos que caracterizan las figuras declarativas previstas en los apartados anteriores y en la legislación básica estatal, merezcan una singular protección, y que sus propietarios insten de la Administración ambiental la aplicación en los mismos de un régimen de protección concertado». Se realiza mediante Acuerdo del Consejo de Gobierno autorizando al Consejero de Medio Ambiente a celebrar convenio de colaboración con el interesado; se trata por lo tanto de una categoría residual que no merezcan otro nivel de protección.

A título meramente enunciativo hay que citar las *zonas de importancia comunitaria* que surgen como consecuencia de la política ambiental de la Unión Europea, a través de la Directiva 79/409/CEE, de 2 de abril, conocida como Directiva «Aves» para la conservación de la avifauna europea, que tiene como efecto la constitución por los Estados miembros de «Zonas de Especial Protección para las Aves» (ZEPA). Más tarde surgió la necesidad de tener unos objetivos más amplios, por lo que se dictó la Directiva 92/43CEE, de 21 de mayo, relativa a la conservación de los Hábitats Naturales y de la Flora y Fauna Silvestre que, entre otros objetivos, tiene como finalidad la Red Ecológica Natura 2000, que contempla dos tipos de espacios: las ZEPA y las llamadas Zonas Especiales de Conservación (ZEC). Las directivas fueron transpuestas a nuestro ordenamiento por la Ley 4/1989 y por el Real Decreto 1.997/1995, de 7 diciembre; y en Andalucía se tomó la decisión de crear una modalidad específica de ENP para todos aquellos espacios andaluces que formen parte de la Red Natura 2000; son las denominadas Zonas de Importancia Comunitaria, modificando el artículo 2 de la Ley 2/1989, por el artículo 121 de la Ley 18/2003, de 29 de diciembre, formando parte tanto las ZEPA como las ZEC de la Red de Espacios Naturales de Andalucía. La declaración se realiza por Decreto del Consejo de Gobierno, donde se recoge su régimen jurídico.

3. Usos y actividades en los Espacios Naturales Protegidos. La especial relevancia de los Parques Naturales y nacionales

Si tuviéramos que atribuir espacios físicos en la naturaleza, predominantes, donde los ciudadanos desarrollan buena parte de sus actividades de ocio, esparcimiento, recreación, etc., éstos serían sin lugar a dudas los Parques Naturales, tanto por el nivel cuantitativo de los mismos en todo el Estado, como por su relevancia en las actividades que permiten: senderismo, escalada, espeleología, bicicleta de montaña, carreras de orientación, parapente, ala delta, descenso de barrancos, piragüismo, natación, descenso de cañones, rafting, excursiones a caballo, etc., así como el régimen de las zonas de acampadas y prácticas de vivaqueo, además de todas las actividades del turismo ecológico. Actividades que, no en pocas ocasiones, estarán sujetas a ordenación a través de los instrumentos de planificación.

Un buen ejemplo, lo constituyen recientemente los Mapas de Uso Público que, en los Parques Naturales de Andalucía, se ha instalado en los diferentes municipios por los que transcurre el ENP, a cargo del Fondo Europeo Agrícola de Desarrollo Rural de la Unión Europea, destinado a impulsar el progreso de las zonas despobladas.

A la hora de determinar el régimen jurídico de estas actividades, ya hemos tenido la oportunidad de referirnos a los principales instrumentos, como son los PORN y PRUG, aprobados por Decreto de los Consejos de Gobierno de las Comunidades Autónomas, a los cuales hemos de remitirnos para saber el uso que podemos hacer en tales espacios. Es importante tener en cuenta, que estos instrumentos tienen la consideración de Planes con Incidencia en el Territorio, por lo que habrá que estar atentos a la Ley 7/2021, de 1 de diciembre, de impulso para la sostenibilidad del territorio de Andalucía; en concreto, el capítulo III (art. 48), Planes y actuaciones con incidencia en el territorio, que establece otras disposiciones referentes al uso del ENP, como es el caso del Acuerdo de 18 de julio de 2023, del Consejo de Gobierno de la Junta de Andalucía, por el que se aprueba la formulación de la revisión de los PORN y los PRUG de los Parques Naturales de Sierra de Baza y Sierra de Huétor en la provincia de Granada, lo que demuestra la mutabilidad del régimen aplicable a estos espacios, debido a los procesos dinámicos a los que están sometidas la planificación de los mismos.

Merece especial atención la Comunidad Autónoma de Andalucía, como ya comentamos anteriormente, porque en ella se encuentra una amplia muestra de ecosistemas, resultado de la evolución natural y de la forma de aprovechar los recursos por parte de los seres humanos que han poblado y pueblan su territorio, donde la gran diversidad biológica, geológica y paisajística hace que se considere a esta región una de las más ricas y mejor conservadas de Europa, como demuestra la Red de Espacios Naturales Protegidos de Andalucía (RENPA), la cual constituye un perfecto ejemplo de «eco desarrollo», es decir, la posibilidad de permitir las actuaciones humanas en la naturaleza sin deteriorar el medio ambiente, para que puedan disfrutar de ella tanto las generaciones presentes como las venideras.

La RENPA es, sin duda, la red de carácter regional de espacios protegidos de las más importante en número y superficie de la Unión Europea, al estar constituida, por (311) espacios naturales protegidos, de los que 175 se corresponden con la legislación autonómica y nacional: Parques Nacionales (3), Parques Naturales (24), Periurbanos (21), Parajes Naturales (32), Paisajes Protegidos (2), Monumentos Naturales (60), Reservas Naturales (28), y Reservas Naturales Concertadas (5). Con estas figuras de protección cerca del 30 por 100 del territorio andaluz se encuentra protegido, lo que supone que el 32,4 por 100 de todo el territorio nacional protegido se encuentra en Andalucía, según datos del Portal ambiental de la Junta de Andalucía en 2023, que sitúa a la cabeza de la media española con el 27 por 100 y siete puntos por encima de la Unión Europea; la primera posición en porcentaje territorial la ocupa Canarias con el 40,57 por 100, seguida de la Rioja 35,83 por 100 y Cataluña con 32 por 100, según datos del Ministerio para la Transición Ecológica y el Reto Demográfico de 2023. Si bien Andalucía es la Comunidad Autónoma con mayor superficie protegida. Como se puede apreciar el número de espacios protegidos va aumentando con el paso del tiempo, lo cual es suficientemente indicativo del crecimiento de la sensibilidad, por cuidar el medio ambiente.

Por último, hay que indicar que, si bien los espacios de la RENPA son todos aquellos que, situados en Andalucía, se encuentran protegidos en virtud de la normativa autonómica, estatal, comunitaria o convenios y normativas internacionales, la mayoría de las figuras de protección internacional recaen en espacios naturales con alguna figura legal de protección estatal o autonómica, por lo que, en este sentido, hay que señalar que en Andalucía podemos destacar 9 Reservas de la Biosfera —entre las que se encuentra la Primera Reserva de la Biosfera Intercontinental, declarada por la UNESCO el 27 de octubre de 2006, con una superficie de 907.185 hectáreas, la mitad de Andalucía, 20 sitios Ramsar; 4 Zonas Especialmente Protegidas de Importancia para el Mediterráneo (ZEPIM); 63 Zonas de Especial Protección para las Aves (ZEPA); 176 Zonas Especiales de Conservación (ZEC); y, 4 Geoparques—. Si bien, estos últimos no tienen la calificación de ENP, es indudable que el reconocimiento de la UNESCO a la declaración por el Instituto Geológico y Minero de España, que se hace a un territorio muy relevante geológicamente, por su gran valor arqueológico y cultural, constituye de hecho un espacio protegido, al gozar de un alto grado de protección, para permitir el desarrollo de estrategias sostenibles.

Si a ello unimos la importancia que tiene en la economía andaluza el turismo, ya que buena parte de éste viene a disfrutar de sus montes, sierras, ríos, playas, etc., es ciertamente lógica la actitud de los poderes públicos de conservar los espacios naturales a través de instrumentos jurídicos de gran protección, como sucedió con el Decreto 15/2011, de 1 de febrero, por el que se establece el régimen general de planificación de los usos y actividades en los parques naturales y se aprueban medidas de agilización de procedimientos administrativos.

Es una norma, este Decreto, que se dicta al amparo de la bóveda de varias disposiciones con rango de Ley, como son: la Ley 1/2008, de 27 de noviembre, de impulso a la actividad económica y de agilización de procedimientos administrativos; igualmente, la Ley 17/2009, de 23 de noviembre, sobre el libre acceso a las actividades de servicios y su ejercicio; la Ley 3/2010, de 21 de mayo, por la que se modifican diversas leyes para la transposición en Andalucía de la Directiva 2006/123/CE, de 12 de diciembre de 2006, del Parlamento Europeo y del Consejo relativa a los servicios en el mercado interior; y la Ley 2/1989, de 18 de julio, que aprueba el inventario de la RENPA. De la misma forma que, transcurridos veinte años de la aprobación de esta última Ley, en aras de la corresponsabilidad en la defensa del medio ambiente, en los términos establecidos en el artículo 3.*b*) de la Ley 7/2007, de 9 de julio, de Gestión Integrada de la Calidad Ambiental, que enuncia el principio de responsabilidad compartida de las Administraciones Públicas, las empresas y la sociedad en general, se hace necesaria una norma que establezca un régimen común de utilización de actividades en los parques naturales de Andalucía. Sin embargo, esta loable intención de la Administración andaluza en cuanto a la unificación de usos y actividades en los Parques Naturales, iba a verse ampliamente empañada, en cuanto permitía que las disposiciones del Decreto prevalecieran sobre las normas generales establecidas en los respectivos PORN y PRUG, lo cual vulneraba el carácter preferente de estos instrumentos de planificación sobre el planeamiento urbanístico —art. 19.2 Ley 42/2007—; así lo entendieron varias asociaciones ecologistas (Ecologistas en Acción, Sociedad Española de Ornitología), ya que con esta norma se facultaba a la Consejería de Medio Ambiente de la Junta de Andalucía a modificar los PORN y los PRUG para adecuarlos a los planes urbanísticos y modificar los límites de los parques naturales de forma arbitraria. Es decir, a juicio de las asociaciones, el Decreto vulneraba el principio de jerarquía normativa, por lo que se presentaron recursos ante el Tribunal Superior de Justicia de Andalucía, que fueron estimados, primero parcialmente en cuanto a las facultades del Consejero de Medio Ambiente, y luego con otro pronunciamiento anulando el Decreto en su totalidad (SSTS de 3 de junio de 2005 y 23 de febrero de 2016). Ni que decir tiene que en la memoria de las asociaciones recurrentes estaba muy presente el caso del complejo hotelero del Algarrobico y el Parque Natural de Cabo de Gata-Níjar, con las maniobras para modificar los límites de este parque.

No obstante, a pesar de la anulación del Decreto 15/2011 —tan sólo duró un par de años—, los posteriores Decretos que aprueban los PORN y PRUG de los Parques Naturales y Nacionales de Andalucía están inspirados en la citada norma, de ahí su importancia, junto al carácter de aplicación subsidiaria que ésta presentaba, los cuales no han sido anulados por lo que están vigentes como vamos a ver a continuación con el Decreto 238/2011, de 12 de julio, por el que se establece la ordenación y gestión de Sierra Nevada, Espacio Natural Protegido que nos va servir de ejemplo para comprender la relevancia que tienen estos lugares.

El Espacio Natural de Sierra Nevada está integrado por el Parque Natural de Sierra Nevada y el Parque Nacional de Sierra Nevada, como así lo declara el Decreto 24/2007, de 30 de enero, que a su vez regula los órganos de gestión y participación de este espacio y los del Espacio Natural de Doñana —integrado por el Parque Natural y el Parque Nacional— a través del Consejo de Participación, quien asume las competencias de los Patronatos de los Parques Nacionales y las Juntas Rectoras de los Parques Naturales.

Así pues, en este lugar geográfico conviven dos modelos de protección, el Parque Natural y el Parque Nacional, correspondiendo al Decreto 238/2011 aprobar el PORN de Sierra Nevada, y los PRUG del Parque Nacional —art. 2— y PRUG del Parque Natural —art. 3—; ambos instrumentos planificadores se convierten en imprescindibles para determinar las actividades que el ser humano puede realizar en ellos, tanto de tipo recreativo como empresarial, lo que comporta que serán estos instrumentos los que debamos consultar para saber lo que se puede hacer o no hacer, como pasamos a exponer en el caso del PRUG del Parque Nacional de Sierra Nevada, extrapolable a todos los parques excepto lógicamente en las peculiaridades específicas de los PORN de cada uno de ellos. En estos momentos, según la Ley 30/2014, de 3 de diciembre, de Parques Nacionales, son los 16 siguientes: Ordesa y Monte Perdido, Aigüastortes i Estany Sant Maurici, Picos de Europa, marítimo-terrestre de las Islas Atlánticas de Galicia, marítimo-terrestre del Archipiélago de Cabrera, Cabañeros, Tablas de Daimiel, Monfragüe, Sierra Nevada, Doñana, Timanfaya, Teide, Caldera de Taburiente, Garajonay, Sierra de Guadarrama y Sierra de las Nieves.

Todos ellos configuran la Red de Parques Nacionales, correspondiendo a la Administración General del Estado elaborar el Plan Director de la Red de Parques Nacionales —art. 16, Ley 30/2014—, que se convierte en el más elevado instrumento de planificación y ordenación de estos espacios, al que la propia ley le atribuye también el carácter de directriz de acuerdo con la legislación de protección del medio natural —art. 19—, debiendo los PRUG de cada parque ajustarse al mismo —art. 20.5—. Observamos dos apartados intensos en su regulación, uno destinado a las normas de protección, donde predominan las prohibiciones, y otro, el régimen de usos y aprovechamientos, con sus correspondientes títulos habilitantes para realizar la actividad.

Así en el ejemplo del Parque Nacional de Sierra Nevada, de acuerdo con el Plan Director de la Red de Parques Nacionales, se distinguen las siguientes zonas —art. 3 Decreto 238/2011—, división que tiene especial relevancia dentro de los espacios protegidos por cuanto la zonificación se convierte en el elemento clave de la ordenación de lo que se puede hacer:

a) *Zona de reserva*. Constituida por aquellas áreas que, al contener valores naturales de primera magnitud por su rareza, fragilidad, biodiversidad o interés científico, requieren el máximo grado de protección.

b) *Zona de uso restringido*. Constituida por aquellas áreas que, aun sometidas históricamente a una intervención humana de carácter no intensivo, presentan un elevado grado de naturalidad y sólo pueden soportar un nivel de uso limitado.

c) *Zona de uso moderado*. Constituida por áreas dominadas por un ambiente natural con mayor grado de humanización, y con capacidad para admitir mayores intensidades de uso y aprovechamientos que en los casos anteriores.

d) *Zona de uso especial*. Constituida por áreas de reducida extensión en las que se ubican las construcciones e instalaciones mayores. También alberga, con criterios de mínimo impacto y de concentración de servicios, las instalaciones que sea necesario establecer para el uso público y para las actividades de gestión y administración. Además incluye aquellas instalaciones preexistentes que sea necesario mantener, así como las que vayan a albergar servicios de interés general conforme con la finalidad del Parque Nacional.

Igualmente, en el citado Decreto podemos ver las Normas de Protección y el Régimen de Uso y Aprovechamiento.

I. *NORMAS DE PROTECCIÓN*, en las que salvo autorización expresa de la Consejería competente en materia de medio ambiente, se consideran incompatibles con los fines y valores del Parque Nacional, por tanto prohibidas, las actividades y actuaciones recogidas en el PRUG que, en este ejemplo, se encuentran tasadas en los epígrafes 4.2.1 a 4.2.5, diríamos con carácter general, mientras que la normativa particular de las zonas definidas se encuentra en el epígrafe 5.5.

A efectos didácticos —lo que quiere decir que no de forma exhaustiva—, vamos a exponer con la finalidad de permitirnos una visión panorámica, el conjunto de normas de protección que podemos encontrarnos en un PRUG, tomando como ejemplo el del Parque Nacional de Sierra Nevada:

— *Conservación de la GEA*. Está prohibida cualquier actividad que pueda suponer la degradación de los suelos, en sus diversas modalidades, tales como decapado, enterramiento, erosión, pérdida de materia orgánica y contaminación, destacando la extracción de materiales, el movimiento de tierras, los vertidos contaminantes al suelo, las modificaciones de su superficie, aprovechamiento de yacimientos minerales, recolección de minerales y fósiles, nuevos aterrazamientos o abancalamientos, desbroces con remoción, roturación de terrenos agrícolas, ganadería intensiva.

— *Conservación de los recursos hídricos y el uso racional del agua*. Está prohibida cualquier alteración de las condiciones físicas, químicas o biológicas de las aguas, tanto superficiales como subterráneas, instalaciones de centrales hidroeléctricas, así como cualquier trabajo susceptible de modificar el régimen hidrológico del Parque Nacional, modificación de márgenes y riberas de cursos naturales de aguas y acequias.

— *Para la protección de la flora y la fauna*. Está prohibida cualquier actuación que pueda suponer la alteración de las condiciones de vida de la flora y fauna, recolección de elementos animales o vegetales, destrucción de vegetación leñosa ya existente o implantada salvo el desbroce como prevención de incendios, la quema de vegetación para obtener nuevos pastos, la instalación de mallas de doble torsión, mallas gallineras y el doble mallado, salvo las aves de corral y cercados concretos de ganado menor, el empleo de megáfonos y radios que perturben la tranquilidad de fauna y personas, la implantación de especies acuícolas autóctonas de genética diferente salvo que resulten oportunas, la liberación de globos y artefactos que contengan productos incendiarios, tóxicos o peligros, petardos y cohetes.

— *Protección del patrimonio cultural y del paisaje.* Está prohibida cualquier acción que pueda suponer la destrucción, el deterioro o la transformación de los elementos culturales singulares, alteración del paisaje, manipulación de restos arqueológicos, instalación de señales permanentes distintas a las establecidas en el Plan Sectorial de Uso Público, signos y dibujos en piedras, establecimiento de cualquier tipo de infraestructura, tendidos eléctricos; instalación de casetas, chozas, parasoles, arrastres mecánicos, cañones de nieve; contaminación lumínica, acústica y visual; caravanas y *containers* permanentes, instalación de invernaderos.

— *Actividades de uso público y turismo.* Está prohibido el tránsito fuera de los itinerarios para cada una de las modalidades de circulación, circulación de vehículos a motor salvo caminos habilitados, práctica o competición deportiva con vehículos a motor por caminos, pistas rurales o carreteras; actividad aeronáutica con motor por debajo de los 1.000 metros; heliesquí, heliexcursión, paracaidismo y vuelo con ultraligero; vuelo libre y globo aerostático en zonas de reserva y uso restringido; tiro en cualquier modalidad, instalación de vías ferratas, barranquismo en cualquier modalidad; buceo, uso de embarcaciones o artilugios flotantes, baño en las lagunas; cometas, liberación de globo y aeromodelismo; utilización de fuego salvo zonas habilitadas, introducción de perros y animales de compañía; la construcción de aeropuertos, aeródromos y helipuertos.

II. *RÉGIMEN DE USOS Y APROVECHAMIENTOS* está basado en el principio de responsabilidad compartida, involucrando a los Ayuntamientos en la organización, seguimiento y control de los usos y aprovechamientos tradicionalmente practicados —epígrafe 5—, por lo que sin perjuicio de las Normas de protección, vistas en el epígrafe 4, se consideran compatibles con las finalidades del Parque Nacional, y por lo tanto permitidas, a título de resumen, las siguientes actividades:

— *Actividades agrícolas.* Todas las actividades ligadas a la agricultura tradicional, así como a la agricultura ecológica y baja producción integrada, si bien se requiere autorización de la Consejería de Medio Ambiente para nuevos regadíos, introducción de cultivos de nuevas especies, quema de rastrojos, tratamientos fitosanitarios aéreos; mientras que están sujetos a comunicación al Equipo de Gestión del Espacio Natural, el manejo de los setos de vegetación en lindes, caminos, separación de parcelas y podas de saneamiento.

— *Aprovechamientos forestales.* La recogida de leñas caídas, la recogida de setas y frutos silvestres, si bien se establecerán anualmente las condiciones previas para la regulación de estos aprovechamientos, requiriéndose autorización de la Consejería para la recolección de determinadas especies, como el Té de la sierra, Majuelo, Cola de caballo, Perpetua de monte, Alhucema, Cantueso, Poleo, Orégano, Zahareña, etc., siempre que no se realice por arranque ni suponga esquilmación; por su parte se someten a comunicación las forestaciones de terrenos agrícolas con especies autóctonas, siempre que no conlleven eliminación de la vegetación preexistente.

— *Actividades ganaderas.* Que se regulan por el Plan Sectorial de Aprovechamiento Ganadero; mientras no se apruebe este plan sectorial, la actividad se ordenará transitoriamente mediante autorizaciones del Equipo de Gestión del Espacio Natural.

— *Montañismo.* Se considera como actividad tradicional compatible con la conservación del Parque Nacional, correspondiendo su regulación a lo establecido en el Plan Sectorial de Uso Público; entre tanto serán de aplicación las siguientes especificaciones, considerándose compatibles cuando se realicen en equipamientos públicos, caminos, pistas forestales u otros espacios donde no exista limitación de acceso o de uso: senderismo, alpinismo o escalada, esquí de travesía, vivaqueo y acampada nocturna, utilización de refugios vivac, la práctica de ala delta, la bicicleta de montaña sólo en carreteras y pistas, la práctica del esquí alpino, *snowboard*, nórdico en las zonas limitadas al igual que el uso de trineos; quedan sometidas a autorización las prácticas de espeleología para grupos superiores a 15 personas.

— *Competiciones deportivas en el medio natural.* Se consideran compatibles una serie de pruebas, entre éstas, Trofeo la Ragua de esquí de montaña, Rally Sierra Nevada de esquí de montaña, Subida Internacional Atlética Gran Pico Veleta, pruebas de bicicletas de montaña en la Ragua, Sierra Nevada Límite de bicicleta de montaña, pruebas competitivas de deportes de invierno.

— *Mantenimiento y adecuación de instalaciones de turismo activo y ecoturismo.* Quedan sujetas a autorización de la Consejería el equipamiento de nuevas vías de escalada, el reequipamiento de las existentes previo asesoramiento de la Federación Andaluza de Deportes de Montaña, Escalada y Senderismo (FADMES), al igual que el acondicionamiento o equipamiento de las cavidades naturales, solicitando informe a la Federación Andaluza de Espeleología.

Con objeto de facilitar la actividad, será interesante acudir a la Red de Información Ambiental de Andalucía (REDIAM) donde los interesados podrán obtener la información necesaria para la identificación de las condiciones ambientales que inciden sobre el área de actuación o sobre la actividad que se pretende realizar; cuando se trate de una *solicitud de autorización* ésta se realizará empleando un modelo normalizado para cada tipo de actuación, que podrá obtenerse en los servicios centrales o periféricos de la Consejería de

Medio Ambiente, y a través de internet: www.juntadeandalucia.es/medioambiente; la solicitud se podrá cursar en soporte de papel o por medios telemáticos.

Igualmente, en cumplimiento de la Ley 17/2009, de 23 de noviembre, sobre el libre acceso a las actividades de servicios y su ejercicio, con el objetivo de agilizar el acceso y ejercicio de la actividad en determinados sectores, simplificando los procedimientos e incrementado su transparencia, así como el desarrollo a través de la Ley 3/2010, de 21 de mayo, por la que se modifican diversas leyes para la transposición a Andalucía de la Directiva 2006/123/CE, de 12 de diciembre de 2006, del Parlamento Europeo y del Consejo, relativa a los servicios en el mercado interior, se regula la *comunicación* que deberá presentar la persona interesada conforme al modelo normalizado debidamente cumplimentado junto con la documentación requerida. Cuando se establezca en los diferentes modelos, podrá sustituirse la documentación que se requiera por una *declaración responsable* en la que manifiesta bajo su responsabilidad, que cumple con los requisitos establecidos en el Decreto, tal y como se regula en el artículo 69 de la Ley 39/2015, de 1 de octubre, del Procedimiento Administrativo Común de las Administraciones Públicas, que dispone al tiempo de la comunicación que así lo acredita y que se compromete a mantener su cumplimiento durante el período de tiempo correspondiente a la ejecución o ejercicio de la actuación pretendida. Podrá presentarse en soporte de papel o por medios telemáticos.

Pues bien, es importante matizar, como hace SÁNCHEZ MORÓN, que tanto la comunicación como la declaración no inician un procedimiento, pues justamente se trata de que los interesados puedan ejercer ciertos derechos o actividades sin pasar por una tramitación previa, sin perjuicio de las facultades de inspección y control que a posteriori pueda ejercer la Administración.

4. MARCO NORMATIVO

Por su importancia y por el carácter básico que tiene en el ámbito del Estado, hemos de iniciar este apartado con la Ley 42/2007, de 13 de diciembre, del Patrimonio Natural y la Biodiversidad, modificada por la Ley 33/2015, de 21 de septiembre, que sustituye a la Ley 4/1989, de 27 de marzo, de Conservación de los Espacios Naturales y de la Flora y Fauna Silvestres, que a su vez, en parte, procedía de la Ley de 2 de mayo de 1975, de Espacios Naturales Protegidos; y cuyos principios inspiradores se centran en: la prevalencia de la protección ambiental sobre la ordenación territorial y urbanística; en la incorporación del principio de precaución en las intervenciones que puedan afectar a espacios naturales o especies silvestres; en contribuir a impulsar procesos de mejora en la sostenibilidad del desarrollo asociados a espacios naturales protegidos; en la promoción de la utilización ordenada de los recursos para garantizar el aprovechamiento sostenible del patrimonio natural; en la integración de los requerimientos de la conservación, uso sostenible, mejora y restauración del patrimonio natural y de la biodiversidad en las políticas sectoriales; y en las garantías de información y participación de los ciudadanos en el diseño y ejecución de las políticas públicas.

Igualmente importante es la Ley 30/2014, de 3 de diciembre, de Parques Nacionales, que deroga la anterior Ley 5/2007, de 3 de abril, de Red de Parques Nacionales, que tiene por objeto establecer el régimen jurídico básico de la Red de Parques Nacionales, cuyos objetivos se declaran de interés general del Estado. Se contemplan en ella una red de los Parques Nacionales y el régimen jurídico de éstos, así como los requisitos que un espacio debe poseer para ser declarado Parque Nacional, su forma de declaración, así como los efectos de dicha declaración. Se trata, en definitiva, de una norma que es la consecuencia, en parte, de los embates que han sufrido los Parques Nacionales en materia de gestión y que originó los famosos pronunciamientos STC 102/1995 (que afectó a la Ley 4/1989, de 27 de marzo, y que originó su modificación de forma sustancial por la Ley 41/1997 y de manera menos importante por las Leyes 15/2002, de 1 de julio y 62/2003, de 30 de diciembre) y STC 194/2004, como resultado de la impugnación de la Ley 41/1997, y cuya doctrina origina la actual Ley. Así pues, la gestión de los Parques Nacionales ha pasado por tres momentos, como consecuencia de la actuación del Tribunal Constitucional: primero la gestión por el Estado, posteriormente compartida, para pasar a una gestión de las Comunidades Autónomas.

Y, en el ámbito autonómico, la Ley 2/1989, de 18 de julio, por la que se aprueba el inventario de Espacios Naturales Protegidos de Andalucía y se establecen medidas adicionales para su protección (modificada por las Leyes 2/1992, de 15 de junio; 2/1995, de 1 de junio; 6/1996, de 18 de julio; 8/2003, de 28 de octubre y 18/2003, de 29 de diciembre), donde se puede apreciar que es una norma que responde a la urgente necesidad de adoptar medidas tendentes a la protección del patrimonio natural, para permitir una política de conservación compatible con el desarrollo económico. Se trata de una Ley que posibilita la idea de conservación en un sentido amplio, por lo que inherente a la misma, tiene que ir aparejado el fomento de la riqueza económica, de forma que el aprovechamiento ordenado de los recursos naturales redunde en beneficio de los espacios en que se integran y, en definitiva, de Andalucía. Y así podemos decir del resto de leyes que en las diferentes Comunidades Autónomas han sido dictadas: País Vasco, Cataluña, Galicia, Asturias, Cantabria, La Rioja, Murcia, Comunidad Valenciana, Aragón, Castilla-La Mancha, Canarias, Navarra, Extremadura, Islas Baleares, Comunidad de Madrid y Castilla y León; todas ellas destinadas a la conservación de la naturaleza y al desarrollo sostenible.

5. Referencia al marco jurisprudencial

En principio, hemos de tener en cuenta, como señala López Menudo, que el texto constitucional, si bien se refiere al medio ambiente en su artículo 45, no ofrece directamente su definición, por lo que el concepto ha de deducirse por vía interpretativa, bien analizando sólo el propio artículo 45, o bien haciendo una interpretación sistemática de dicho artículo con los preceptos que le siguen, e incluso con otros ubicados en distintas partes del texto constitucional, como son los artículos 148 y 149. Por lo que, así las cosas, pocos preceptos constitucionales han sido objeto de mayor atención por la doctrina: es el caso de Martín Mateo, López Ramón, Esteve Pardo, Alonso García, Lozano Cutanda, entre otros.

Paralelamente, el Tribunal Constitucional ha producido numerosas Sentencias que versan sobre el medio ambiente, y de las que vamos a destacar solamente, y a título de ejemplo, unas cuentas de ellas, relacionadas con la materia de este capítulo, y así podemos destacar: la STC 170/1989, de 9 de octubre, sobre el recurso de inconstitucionalidad interpuesto por el Gobierno contra la Ley de la Comunidad de Madrid 1/1985, de 23 de enero, de creación del Parque Regional de la Cuenca Alta del Manzanares, que dio la razón a la Comunidad al no aceptar que sea inconstitucional la creación del parque ni de determinadas regulaciones sobre éste (composición de su patronato, régimen expropiatorio, prohibición parcial de actividades, etc.); la STC 329/1993, de 12 de noviembre, sobre la Ley 3/1987, de 23 de abril, de la Comunidad Autónoma de Murcia, de Protección y armonización de usos del Mar Menor, en la que se declara que en la materia de medio ambiente cabe incluir, entre otras, las normas que persiguen la protección de la naturaleza y los valores culturales y paisajísticos de un espacio concreto; la STC 329/1993, de 12 de noviembre, relativa al Real Decreto 1.613/1985, de 1 de agosto, que permitía al Gobierno declarar «Zonas de atmósfera contaminada», que el Tribunal considera como un acto de gestión a realizar por la Administración de Cataluña; la STC 156/1995, de 26 de octubre, en un recurso interpuesto por el Gobierno contra la Ley del Parlamento Vasco 5/1989, de 6 de julio, por la que se crea la nueva figura de la Reserva de la Biosfera, y en la que el pronunciamiento judicial respalda a la Ley vasca al declarar que no es inconstitucional la previsión de un derecho de tanteo y retracto porque ello no altera la competencia básica del Estado sobre medio ambiente ni sobre legislación civil; en la STC 195/1998, de 1 de octubre, sobre recurso del Gobierno de Cantabria contra la

Ley estatal 6/1992 que declaró Reserva Natural las Marismas de Santoña y Noja, en la que el TC reputa inconstitucional, pues aunque dicho espacio se ubique en una porción de zona marítimo-terrestre, el título demanial no es atribuido de competencia para el Estado, correspondiendo la declaración a la Comunidad Autónoma; en el mismo sentido que la anterior tenemos la STC 97/2000, de 25 de abril, sobre recurso del Parlamento y el Gobierno de las Islas Baleares contra la Ley del Estado 26/1995, de 31 de julio, por la que se declaran Reserva Natural las Salinas de Ibiza, las Islas de Freus y las Salinas de Formentera; en otros casos lo que se planea son conflictos de competencia positivos, como manifestó la STC 38/2002, de 14 de febrero, al resolver dos conflictos presentados: uno por el Gobierno contra diversos preceptos del Decreto del Consejo de Gobierno andaluz 418/1994 que aprueba el PORN y el PRUG del Parque Natural «Cabo de Gata-Níjar», y el segundo de éste contra aquél, por la constitución de la «Reserva Marina Cabo de Gata-Níjar»; en este caso se dio la razón al Gobierno.

Ahora bien, por la importancia de la doctrina jurisprudencial que ha sentado, debemos resaltar la STC 102/1995, de 25 de junio, en la que el TC destaca el carácter complejo de las cuestiones de medio ambiente porque afectan a diversos sectores del Ordenamiento, al tratar de aspectos horizontales, esto es, que cruzan horizontalmente varias materias, y destaca desde el punto de vista competencial que corresponde, en principio, al Estado la legislación básica sobre medio ambiente, en tanto que las Comunidades Autónomas pueden establecer normas adicionales de protección y asumir la gestión en materia de protección ambiental. Por este argumento, en virtud de los preceptos impugnados de la Ley 4/1989 que atribuía la gestión de los Parques Nacionales al Estado, esta sentencia argumenta que no es admisible que se excluya a las Comunidades Autónomas en cuyo territorio está enclavado el Parque, siendo lo más destacado la reforma de esta ley por la de 1997, que dispuso que la gestión debía llevarse a cabo conjuntamente por Estado y Comunidad Autónoma.

Por su parte, la gestión conjunta y, por tanto la Ley, fue impugnada dando lugar a la STC 194/2004, de 10 de noviembre, que declaró la inconstitucionalidad de esta forma de gestión, basándose en los mismos razonamientos que la anterior, es decir, en que las Comunidades Autónomas son siempre las competentes para la gestión de los Parques Nacionales, sean intracomunitarios o intercomunitarios; y como consecuencia de esta doctrina, en la que al Estado le corresponde sólo lo básico o lo que quepa incluir en el concepto de coordinación, se dictaron las actuales Leyes 5/2007, de 3 de abril y 42/2007, de 13 de diciembre.

IV. ACTIVIDADES PRÁCTICAS

Actividad 1.—Cada estudiante deberá elegir un Espacio Natural Protegido (ENP) de su Comunidad Autónoma, preferentemente un Parque Natural, y procederá a analizar el Plan de Ordenación de Recursos Naturales (PORN) y el Plan Rector de Uso y Gestión (PRUG), centrando su estudio en los usos y actividades permitidos, analizando los diferentes instrumentos, así como las actividades prohibidas.

Actividad 2.—Un Instituto de Educación Secundaria de su localidad desea realizar en un Parque Natural de Andalucía una travesía de montaña de 4 días de duración, en la que participarán 18 alumnos y 2 profesores, y para ello utilizarán 6 tiendas de campaña. Se le pide como responsable de la actividad lo siguiente:

a) Obtener la información de los lugares de travesía y acampada en el REDIAM.
b) Consultar el PRUG del Parque Natural concreto.
c) Determinar si para la realización de la actividad hay que efectuar una autorización, declaración responsable o comunicación. En todo caso, justifique la opción.

Actividad 3.—Los ciudadanos de varios municipios de una misma provincia están muy interesados en que una zona de bosques y montañas, de 22.650 hectáreas, pueda ser declarada Parque Nacional, y para conseguir sus objetivos como actuación previa deciden consultar a un especialista, usted, sobre las siguientes cuestiones: requisitos para constituir un Parque Nacional y trámites para su declaración, según lo dispuesto en la Ley 30/2014, de 3 de diciembre, de Parques Nacionales.

V. AUTOEVALUACIÓN

1. La competencia en materia de Espacios Naturales Protegidos:

a) Al ser exclusiva de la Comunidad Autónoma no permite legislación básica del Estado.
b) Es una materia que solamente puede ser regulada por la Administración Local.
c) Se regula mediante normas básicas del Estado y por normas adicionales de protección de las Comunidades Autónomas.

2. El Plan Rector de Ordenación de Recursos Naturales (PORN) y el Plan Rector de Uso y Gestión (PRUG):

a) Se aprueban por Decreto de cada Comunidad Autónoma.
b) No son normas jurídicas.
c) Los aprueban los parlamentos regionales.

3. La creación de un Parque Nacional:

a) Es necesario el dictamen previo de la UNESCO.
b) Se aprueban por Ley estatal.
c) No requieren normativa alguna de creación.

4. En los Parques Naturales los ciudadanos participan en la composición:

a) De las Juntas Rectoras.
b) De la Comisión de seguimiento y evaluación.
c) No forman parte de órgano alguno.

5. En las Reservas Naturales se pueden realizar numerosas actividades:

a) Porque precisamente su régimen lo permite.
b) Atendiendo a las costumbres de los ciudadanos.
c) Pocas son las actividades debido a sus niveles de protección.

6. En los Parques Periurbanos la característica principal es:

a) Que son gestionados por las asociaciones de vecinos del municipio.
b) Que son centros de estudio e investigación.
c) Que están situados en las proximidades de un núcleo urbano.

7. La gestión de un Parque Nacional:

a) Es conjunta entre el Estado y la Comunidad Autónoma.
b) Se gestiona por la Comunidad o Comunidades Autónomas.
c) Como decidan los órganos de participación.

8. El llamado Espacio Natural de Sierra Nevada lo forman:

a) El Parque Natural y el Parque Nacional de Sierra Nevada.
b) Sólo el Parque Nacional de Sierra Nevada.
c) Sólo el Parque Natural de Sierra Nevada.

9. En los Espacios Naturales Protegidos los PORN:

a) Prevalecen sobre los instrumentos de ordenación territorial y urbanística.
b) Orientan la planificación ambiental.
c) No son de obligado cumplimiento.

10. Las Zonas de Importancia Comunitaria:

a) Solo existen en los Parques Nacionales.
b) Están gestionadas por la Unión Europea.
c) Forman parte de la Red Natura 2000.

VI. MATERIAL DIDÁCTICO

1. Lecturas Recomendadas

Canals Ametller, D., «La polémica jurisprudencia del Tribunal Constitucional en materia de espacios naturales protegidos: competencias estatales *versus* competencias autonómicas», *Revista de Administración Pública*, n.º 142, 1997.
Esteve Pardo, J., *Derecho del Medio Ambiente*, Marcial Pons, Madrid, 2009.
— «Espacios naturales protegidos y patrimonio forestal», *Derecho del Medio Ambiente y Administración Local*, 2.ª ed., FDGL, Barcelona, 2006.
García Ureta, A., *Espacios Naturales Protegidos. Cuestiones Jurídicas en la Ley 4/1989, de 27 de marzo*, Instituto Vasco de Administración Pública, Oñate, 1999.
Jiménez Soto, I., *La configuración jurídica del deporte en el medio natural. (Relaciones con el turismo, el desarrollo sostenible y la ordenación del territorio)*, Reus, Madrid, 2015.
Jiménez Jaén, A., *El régimen jurídico de los Espacios Naturales Protegidos*, Mac Graw Hill, Madrid, 2000.
López Ramón, F. (dir.), *Régimen Jurídico de los Espacios Naturales Protegidos*, Kronos, Zaragoza, 1995.
— *Política Ecológica y Pluralismo Territorial*, Marcial Pons, Madrid, 2009.
Vera Jurado, D. (coord.), *Derecho Ambiental de Andalucía*, Tecnos, Madrid, 2005.

2. Lectura complementaria: Carta del Jefe Indio Noah Sealth, 1854

En memoria del Jefe Indio, Piel Roja, Noah Sealth, a quien le gustará saber que entre las estrellas, los árboles y el águila sus palabras siguen vivas

En el año 1854 el jefe indio Noah Sealth respondió de una forma muy especial a la propuesta del presidente Franklin Pierce para crear una reserva india y acabar con los enfrentamientos entre indios y blancos. Suponía el despojo de las tierras indias. En el año 1855 se firmó el tratado de Point Elliot, con el que se consumaba el despojo de las tierras a los nativos indios. Noah Sealth, con su respuesta al presidente, creó el primer manifiesto en defensa del medio ambiente y la naturaleza que ha perdurado en el tiempo. El jefe indio murió el 7 de junio de 1866 a la edad de 80 años. Su memoria ha quedado en el tiempo y sus palabras continúan vigentes (a continuación se ha reflejado el texto completo).

«¿Cómo se puede comprar o vender el firmamento, ni aun el calor de la tierra? Dicha idea nos es desconocida.

Si no somos dueños de la frescura del aire ni del fulgor de las aguas, ¿cómo podrán ustedes comprarlos?

Cada parcela de esta tierra es sagrada para mi pueblo. Cada brillante mata de pino, cada grano de arena en las playas, cada gota de rocío en los bosques, cada altozano y hasta el sonido de cada insecto, es sagrado a la memoria y el pasado de mi pueblo. La savia que circula por las venas de los árboles lleva consigo las memorias de los pieles rojas. Los muertos del hombre blanco olvidan su país de origen cuando emprenden sus paseos entre las estrellas, en cambio nuestros muertos nunca pueden olvidar esta bondadosa tierra puesto que es la madre de los pieles rojas. Somos parte de la tierra y asimismo ella es parte de nosotros. Las flores perfumadas son nuestras hermanas; el venado, el caballo, la gran águila; éstos son nuestros hermanos. Las escarpadas peñas, los húmedos prados, el calor del cuerpo del caballo y el hombre, todos pertenecemos a la misma familia.

Por todo ello, cuando el Gran Jefe de Washington nos envía el mensaje de que quiere comprar nuestras tierras, nos está pidiendo demasiado. También el Gran Jefe nos dice que nos reservará un lugar en el que podamos vivir confortablemente entre nosotros. Él se convertirá en nuestro padre, y nosotros en sus hijos. Por ello consideraremos su oferta de comprar nuestras tierras. Ello no es fácil, ya que esta tierra es sagrada para nosotros.

El agua cristalina que corre por los ríos y arroyuelos no es solamente agua, sino que también representa la sangre de nuestros antepasados. Si les vendemos tierras, deben recordar que es sagrada, y a la vez deben enseñar a sus hijos que es sagrada y que cada reflejo fantasmagórico en las claras aguas de los lagos cuenta los sucesos y memorias de las vidas de nuestras gentes. El murmullo del agua es la voz del padre de mi padre.

Los ríos son nuestros hermanos y sacian nuestra sed; son portadores de nuestras canoas y alimentan a nuestros hijos. Si les vendemos nuestras tierras, ustedes deben recordar y enseñarles a sus hijos que los ríos son nuestros hermanos y también los suyos, y por lo tanto, deben tratarlos con la misma dulzura con que se trata a un hermano.

Sabemos que el hombre blanco no comprende nuestro modo de vida. Él no sabe distinguir entre un pedazo de tierra y otro, ya que es un extraño que llega de noche y toma de la tierra lo que necesita. La tierra no es su hermana, sino su enemiga y una vez conquistada sigue su camino, dejando atrás la tumba de sus padres sin importarle. Secuestra la tierra de sus hijos. Tampoco le importa. Tanto la tumba de sus padres, como el patrimonio de sus hijos son olvidados. Trata a su madre, la Tierra, y a su hermano, el firmamento, como objetos que se compran, se explotan y se venden como ovejas o cuentas de colores. Su apetito devorará la tierra dejando atrás sólo un desierto. No sé, pero nuestro modo de vida es diferente al de ustedes. La sola vista de sus ciudades apena la vista del piel roja. Pero quizás sea porque el piel roja es un salvaje y no comprende nada.

No existe un lugar tranquilo en las ciudades del hombre blanco, ni hay sitio donde escuchar cómo se abren las hojas de los árboles en primavera o cómo aletean los insectos. Pero quizás también esto debe de ser porque soy un salvaje que no comprende nada. El ruido parece insultar nuestros oídos. Y, después de todo, ¿para qué sirve la vida, si el hombre no puede escuchar el grito solitario del chotacabras ni las discusiones nocturnas de las ranas al borde de un estanque? Soy un piel roja y nada entiendo. Nosotros preferimos el suave susurro del viento sobre la superficie de un estanque, así como el olor de ese mismo viento purificado por la lluvia del mediodía o perfumado con aromas de pinos. El aire tiene un valor inestimable para el piel roja, ya que todos los seres comparten un mismo aliento: la bestia, el árbol, el hombre, todos respiramos el mismo aire. El hombre blanco no parece consciente del aire que respira; como un moribundo que agoniza durante muchos días es insensible al hedor. Pero si les vendemos nuestras tierras deben recordar que el aire no es inestimable, que el aire comparte su espíritu con la vida que sostiene. El viento que dio a nuestros abuelos el primer soplo de vida, también recibe sus últimos suspiros. Y si les vendemos nuestras tierras, ustedes deben conservarlas como cosa aparte y sagrada, como un lugar donde hasta el hombre blanco pueda saborear el viento perfumado por las flores de las praderas. Por ello consideraremos su oferta de comprar nuestras tierras. Si decidimos aceptarla, yo pondré una condición: El hombre blanco debe tratar a los animales de esta tierra como a sus hermanos.

Soy un salvaje y no comprendo otro modo de vida. He visto a miles de búfalos pudriéndose en las praderas, muertos a tiros por el hombre blanco desde un tren en marcha. Soy un salvaje y no comprendo cómo una máquina humeante puede importar más que el búfalo al que nosotros matamos sólo para sobrevivir.

¿Qué sería del hombre sin los animales? Si todos fueran exterminados, el hombre también moriría de una gran soledad espiritual; porque lo que le sucede a los animales también le sucederá al hombre. Todo va enlazado.

Deben enseñarles a sus hijos que el suelo que pisan son las cenizas de nuestros abuelos. Inculquen a sus hijos que la tierra está enriquecida con las vidas de nuestros semejantes a fin de que sepan respetarla. Enseñen a sus hijos que nosotros hemos enseñado a los nuestros que la tierra es nuestra madre. Todo lo que le ocurra a la tierra le ocurriría a los hijos de la tierra. Si los hombres escupen en el suelo, se escupen a sí mismos.

Esto sabemos: la tierra no pertenece al hombre; el hombre pertenece a la tierra. Esto sabemos. Todo va enlazado, como la sangre que une a una familia. Todo va enlazado.

Todo lo que le ocurra a la tierra, le ocurrirá a los hijos de la tierra. El hombre no tejió la trama de la vida; él es sólo un hilo. Lo que hace con la trama se lo hace a sí mismo. Ni siquiera el hombre blanco, cuyo Dios pasea y habla con él de amigo a amigo, queda exento del destino común.

Después de todo, quizás seamos hermanos. Ya veremos. Sabemos una cosa que quizá el hombre blanco descubra un día: nuestro Dios es el mismo Dios. Ustedes pueden pensar ahora que Él les pertenece lo mismo que desea que nuestras tierras les pertenezcan; pero no es así. Él es el Dios de los hombres y su compasión se comparte por igual entre el piel roja y el hombre blanco. Esta tierra tiene un valor inestimable para Él y si se daña se provocaría la ira del creador. También los blancos se extinguirán, quizás antes que las demás tribus. Contaminan sus lechos y una noche perecerán ahogados en sus propios residuos. Pero ustedes caminarán hacia su destrucción, rodeados de gloria, inspirados por la fuerza de Dios que los trajo a esta tierra y que por algún designio especial les dio dominio sobre ella y sobre el piel roja. Ese destino es un misterio para nosotros, pues no entendemos por qué se exterminan los búfalos, se doman los caballos salvajes, se saturan los rincones secretos de los bosques con el aliento de tantos hombres y se atiborra el paisaje de las exuberantes colinas con cables parlantes. ¿Dónde está el matorral? Destruido. ¿Dónde está el águila? Desapareció. Termina la vida y empieza la supervivencia.»

3. Normativa de referencia

3.1. *Comunitaria*

— Directiva 92/43/CEE, de 21 de mayo de 1992, relativa a la conservación de los hábitats naturales y de la flora y fauna silvestre.

3.2. *Estatal*

— Ley 42/ 2007, de 13 de diciembre, del Patrimonio Natural y la Biodiversidad y Ley 33/2015, de 21 de septiembre, por la que se modifica.

— Ley 30/2014, de 3 de diciembre, de Parques Nacionales.

3.3. *Autonómica*

— *País Vasco*: Decreto Legislativo 1/2014, de 15 de abril, por el que se aprueba el texto refundido de la Ley de Conservación de la Naturaleza del País Vasco.

— *Cataluña*: Ley 12/2006, de 27 de julio, de medidas en materia de medio ambiente y de modificación de las Leyes 3/1998 y 22/2003 relativas a la protección de los animales, Ley 9/1995 de acceso motorizado al medio natural y Ley 4/2004 relativa a la adecuación de las actividades de incidencia ambiental.

— *Galicia*: Ley 9/2001, de 21 de agosto, de Conservación de la Naturaleza y Ley 7/2008, de 7 de julio, de protección del paisaje.

— *Andalucía*: Ley 2/1989, de 18 de julio, por la que se aprueba el Inventario de Espacios Naturales Protegidos de Andalucía y se establecen medidas adicionales para su protección (modificada por Leyes 2/1992, de 15 de junio; 2/1995, de 1 de junio; 6/1996, de 18 de julio; 8/2003, de 29 de diciembre; Ley 11/2003, de 24 de noviembre, de protección de los animales y plantas).

— *Asturias*: Ley 5/1991, de 5 de abril, de Protección de los Espacios Naturales (modificada por Ley 9/2006, de 22 de diciembre).

— *Cantabria*: Ley 4/2006, de 19 de mayo, de Conservación de la Naturaleza; Ley 12/2006, de 17 de julio, de Caza; Ley 16/2006, de 24 de octubre, por la que se autoriza el Convenio de Colaboración entre las Comunidades Autónomas de Castilla y León y el Principado de Asturias para la gestión combinada del Parque Nacional Picos de Europa; Ley 4/2014, de 22 de diciembre, del Paisaje.

— *La Rioja*: Ley 4/2003, de 26 de marzo, de Conservación de los Espacios Naturales.

— *Murcia*: Ley 4/1992, de 30 de julio, de Ordenación y Protección del territorio de la Región de Murcia (modificada por Leyes 1/1995, de 8 de marzo, de Protección del Medio Ambiente de Murcia; 6/1995, de 21 de abril, y 1/2001, de 24 de abril).

— *Comunidad Valenciana*: Ley 11/1994, de 27 de diciembre, de Espacios Naturales Protegidos de la Comunidad Valenciana; Ley 4/2006, de 19 de mayo, del patrimonio arbóreo monumental de la Comunidad.

— *Aragón*: Decreto Legislativo 1/2015, de 29 de julio, del Gobierno de Aragón por el que se aprueba el texto refundido de la Ley de Espacios Protegidos de Aragón.

— *Castilla-La Mancha*: Ley 9/1999, de 26 de mayo, de Conservación de la Naturaleza (modificada por la Ley 8/2007, de 15 de marzo).

— *Canarias*: Decreto Legislativo 1/2000, de 8 de mayo, que aprueba el texto Refundido de la Ley de Ordenación del Territorio y de Espacios Naturales Protegidos (modificada por Leyes 2/2000, de 17 de julio; 4/2001, de 6 de julio; 6/2001, de 23 de julio; 2/2002, de 27 de marzo; 2/2003, de 30 de enero, 6/2003, de 6 de marzo; 19/2003, de 14 de abril; 2/2004, de 28 de mayo; 1/2006, de 7 de febrero y Ley 4/2006, de 22 de mayo); Ley 4/2010, de 4 de junio, que aprueba el catálogo de espacios protegidos.

— *Navarra*: Ley Foral 2/1993, de 5 de marzo, de Protección y Gestión de la Fauna Silvestre (parcialmente modificada por Leyes Forales 8/1994, de 21 de junio; 9/1996, de 17 de junio; 5/1998, de 27 de abril; 18/2002, de 13 de junio y 17/2005, de 22 de diciembre. Afectada además por la STC 166/2000, de 15 de junio, que declaró inconstitucionales cinco artículos). Ley Foral 9/1996, de 17 de junio, de Espacios Naturales de Navarra (Anexo modificado por la Ley Foral 33/2003, de 10 de diciembre). Ley Foral 17/2005, de 22 de diciembre, de Caza y Pesca.

— *Extremadura*: Ley 8/1998, de 26 de junio, de la Conservación de la Naturaleza y de Espacios Naturales.

— *Islas Baleares*: Ley 1/1991, de 30 de enero, de Espacios Naturales y de Régimen Urbanístico de las Áreas de Especial Protección de las Islas Baleares (modificada por Leyes 7/1992, de 23 de diciembre; 6/1997, de 8 de julio; 6/1999, de 3 de abril; 1/2000, de 9 de marzo; 8/2003, de 25 de noviembre y 5/2005, de 26 de mayo); Ley 5/2005, de 26 de mayo, de Conservación de espacios de relevancia ambiental.

— *Comunidad de Madrid*: Ley 2/1991, de 14 de febrero, para la Protección y Regulación de la Flora y Fauna Silvestres (modificada por Ley 24/1999, de 27 de diciembre); Ley 8/2005, de 26 de diciembre, de protección y fomento del arbolado urbano.

— *Castilla y León*: Ley 8/1991, de 10 de mayo, de Espacios Naturales de la Comunidad de Castilla y León (modificada por Ley 9/2004, de 28 de diciembre).

CAPÍTULO 13

ENERGÍA Y MEDIO AMBIENTE

MASAO JAVIER LÓPEZ SAKO
Profesor Titular de Derecho Administrativo
Universidad de Granada

I. PALABRAS CLAVE

Medio ambiente; energía; cambio climático; política energética; sostenibilidad energética; comercio de derechos de emisión; regulación energética; energías renovables; rentabilidad razonable; planificación energética indicativa; biocarburantes; eficiencia energética; certificación energética; cogeneración; balance neto; generación distribuida; paridad de red.

II. OBJETIVOS DIDÁCTICOS

1. Distinguir los principales ámbitos o frentes de lucha contra el Cambio Climático que el Derecho regula, tanto específicos como desde el Derecho energético.
2. Constatar la importancia del Derecho comunitario en las materias objeto de esta unidad.
3. Familiarizarse con la extensa y dispersa normativa existente, tanto a nivel comunitario como nacional, sin descender al ámbito autonómico o local.
4. Conocer algunos conceptos básicos de la regulación y el funcionamiento del sistema energético relacionados con los ámbitos que se estudian.
5. Tomar conciencia de la tendencia y el futuro del Derecho y de la regulación en materia energética.

III. CONTENIDO DOCENTE

1. Relaciones entre la energía y el medio ambiente: el cambio climático

Actualmente, energía y medio ambiente son dos conceptos, materias u objetos de regulación indisociables. Hablar de energía y medio ambiente significa hablar de sostenibilidad energética; y hablar de sostenibilidad energética nos lleva a hablar de energías renovables y eficiencia energética. La sostenibilidad, uno de los tres objetivos fundamentales de la política energética actual (junto con la seguridad del abastecimiento y la competitividad), supone la necesidad de un cambio radical del modelo energético imperante, y dicho cambio depende de la adopción de las energías renovables como única alternativa a las energías convencionales de origen fósil.

Y no hay que echar mano de ninguna justificación de carácter ambiental para defender la necesidad de ese cambio: dentro de pocas décadas tendremos que ir dejando de consumir combustibles fósiles simplemente por su agotamiento, primero el petróleo, después el gas natural y finalmente el carbón. Incluso la energía nuclear de fisión —única viable hoy por hoy— tiene los días contados (pocas décadas) por su dependencia de los combustibles (uranio, principalmente) que se utilizan en los reactores comerciales. El proceso puede durar más o menos, pero el resultado es inexorable.

No obstante, hay otro motivo más urgente para dejar de utilizar los combustibles fósiles: el Cambio Climático. No cabe duda de que la producción y el consumo de energía por parte de la humanidad suponen una de las mayores agresiones actuales al medio ambiente. La incidencia se da en diversos ámbitos y aspectos, pero el problema del Cambio Climático producido por los gases de efecto invernadero (en adelante, GEI) es el de mayor importancia, por su perentoriedad, su carácter planetario y sus graves consecuencias. Y la energía es la principal responsable de ese calentamiento global antropogénico. En efecto, la utilización de energía (en la industria, el transporte y los hogares) es el mayor factor de emisiones de gases de efecto invernadero. La proporción de estas emisiones con origen en la energía ronda el 80 por 100 en la Unión Europea. Y a escala mundial la energía es responsable de unos dos tercios de las emisiones andrógenas.

De ahí que, en su paquete de medidas sobre el Clima y la Energía acordadas en diciembre de 2008 y adoptadas en abril de 2009, la UE se comprometiera y adoptara medidas tendentes a reducir las emisiones para 2020 como mínimo en un 20 por 100 con respecto a los niveles de 1990.

Para conseguir dicho objetivo de reducción de emisiones, el paquete incluía la aprobación de una serie de medidas normativas (cuatro Directivas, un

Reglamento y una Decisión, algunas de las cuales se comentan o se mencionan más abajo), encaminadas también a aumentar al 20 por 100 la parte del consumo energético procedente de recursos renovables y contribuir a la mejora de la eficiencia energética un 20 por 100.

El Libro Verde de la Comisión Europea «Un marco para las políticas de clima y energía en 2030», de 27 de marzo de 2013, señalaba que había que intensificar los esfuerzos para alcanzar dichos objetivos y que se debía tener en cuenta también la perspectiva a más largo plazo establecida por la propia Comisión en 2011 en la «Hoja de ruta hacia una economía hipocarbónica competitiva en 2050», la «Hoja de Ruta de la Energía para 2050» y el «Libro Blanco del Transporte». Esas hojas de ruta se elaboraron de conformidad con el objetivo de reducir las emisiones de GEI entre un 80 por 100 y un 95 por 100 de aquí a 2050 respecto a los niveles de 1990, en el marco de los esfuerzos que debe llevar a cabo el conjunto de países desarrollados. El Parlamento Europeo adoptó resoluciones sobre cada una de esas hojas de ruta.

Todo ello era continuación y ampliación de las iniciales pretensiones de cumplimiento del *Protocolo de Kioto*, que es el instrumento del Derecho internacional que configura el régimen básico de la lucha contra el Cambio Climático, estableciendo un objetivo inicial de reducción de emisiones GEI para el 2012 del 5 por 100 respecto al nivel de 1990. El Protocolo de Kioto, aprobado en 1997, es la primera adición a la Convención (o Convenio) Marco de las Naciones Unidas sobre el Cambio Climático (CMNUCC), que entró en vigor en 1994 (hoy día las denominadas «Partes en la Convención» son los 191 países más la UE que la han ratificado, número de miembros que hace a la Convención casi universal). La entrada en vigor del Protocolo de Kioto se produjo el 16 de febrero de 2005 (tras su ratificación por Rusia, cumpliéndose así las exigencias para su entrada en vigor). La decimoctava Conferencia de las Partes (COP18) sobre cambio climático, celebrada en Doha (Catar) en 2012, ratificó el segundo período de vigencia del Protocolo de Kioto desde el 1 de enero de 2013 hasta el 31 de diciembre de 2020. Y la COP21 (2015) terminó con la adopción del histórico Acuerdo de París que establece el marco global de lucha contra el cambio climático a partir de 2020.

El Pacto de Glasgow (COP26, 2021), teniendo en cuenta el informe del Panel Intergubernamental del Cambio Climático (IPCC, por sus siglas en inglés) de agosto de 2021, que declaraba que a no ser que hubiese reducciones en las emisiones de GEI inmediatas y a gran escala no sería posible limitar el calentamiento global a un aumento de 1,5 ºC o incluso a 2 ºC (respecto a niveles preindustriales), reafirmó estos objetivos globales a largo plazo. La COP27 (Sharm el-Sheikh, 2022) y la COP28 (Dubai, 2023) han seguido en la misma línea llegando a acuerdos adicionales, respectivamente, para proporcionar financiación por «pérdidas y daños» a los países vulnerables duramente afectados por los desastres climáticos y para el abandono de los combustibles fósiles bajo condiciones estrictas, triplicar la capacidad renovable y duplicar las mejoras de eficiencia energética.

La Unión Europea ratificó el Protocolo de Kioto en 2002, habiéndose comprometido a conseguir una reducción del 8 por 100 de las emisiones de GEI para el período comprendido entre 2008 y 2012 respecto a los niveles de 1990. Al año siguiente aprobó la Directiva 2003/87/CE, de 13 de octubre, por la que se establece un régimen para el comercio de derechos de emisión de gases de efecto invernadero en la Comunidad. Esta Directiva ha sido modificada, entre otras, por la Directiva 2008/101/CE, de 19 de noviembre, con el fin de incluir las actividades de aviación (a partir de 2012) en el régimen comunitario de comercio de derechos de emisión, lo que ha de contribuir a un mayor impulso de los biocombustibles, y finalmente por la Directiva 2009/29/CE, de 23 de abril (una de las medidas incluidas en el mencionado paquete sobre el Clima y la Energía), para perfeccionar y ampliar dicho régimen comunitario.

Además, las instalaciones que se dedican a la captura, transporte y almacenamiento geológico de las emisiones de CO_2 se han regulado en la Directiva 2009/31/CE, de 23 de abril, otro de los instrumentos normativos que integraban el paquete de medidas para contribuir a la lucha contra el cambio climático, modificada por el Reglamento (UE) 2018/1999 del Parlamento Europeo y del Consejo, de 11 de diciembre de 2018, sobre la gobernanza de la Unión de la Energía y de la Acción por el Clima. Paquete de medidas que se completaba con la Directiva 2009/28/CE, relativa al fomento del uso de energía procedente de fuentes renovables [refundida por la Directiva (UE) 2018/2001]; la Directiva 2009/30/CE, por la que se modifica la Directiva 98/70/CE en relación con las especificaciones de la gasolina, el diésel y el gasóleo, se introduce un mecanismo para controlar y reducir las emisiones de gases de efecto invernadero, se modifica la Directiva 1999/32/CE del Consejo en relación con las especificaciones del combustible utilizado por los buques de navegación interior y se deroga la Directiva 93/12/CEE; y la Directiva 2009/33/CE, relativa a la promoción de vehículos de transporte por carretera limpios y energéticamente eficientes.

En España la primera medida legislativa para transponer la Directiva 2003/87/CE y sus modificaciones se produce con el Real Decreto-ley 5/2004, de 27 de agosto, por el que se regula el régimen del comercio de derechos de emisión de gases de efecto invernadero. Su convalidación y tramitación como proyecto de ley (por Resolución del Congreso de 16 de septiembre de 2004) da lugar a la Ley 1/2005, de 9 de marzo, desarrollada por varios reglamentos y modificada a su vez por el Real Decreto-ley 5/2005, de 11 de marzo, y más recientemente por la Ley 13/2010, de 5 de julio, que perfecciona y amplía el régimen general de comercio de derechos de emisión e incluye la aviación en el mismo. Por lo que se refiere a la transposición de la Directiva 2009/31/CE, ésta es incorporada al ordenamiento interno español mediante la Ley 40/2010, de 29 de diciembre, de Almacenamiento geológico de dióxido de carbono. Finalmente, la Ley 7/2021, de 20 de mayo, de Cambio Climático y Transición Energética, trata de asegurar el logro de los objetivos climáticos comentados.

El régimen de comercio de derechos de emisión consiste en un esquema relativamente sencillo que combina decisiones públicas con la dinámica del mercado: primero se asignan desde instancias públicas unos derechos de emisión (sobre la base de unos planes de asignación en los períodos iniciales; a partir del período 2013-2020 la subasta se convierte en el método básico de asignación), a las instalaciones que hayan obtenido previamente una autorización específica de emisión de GEI. A partir de ahí los titulares de dichas instalaciones pueden negociar, transmitir e intercambiar esos derechos asignados. Al inicio las asignaciones son gratuitas, para no afectar a la competitividad de las empresas, pero gradualmente se va reduciendo el porcentaje de derechos asignados gratuitamente hasta que en 2027 no se asigne ningún derecho de emisión de forma gratuita, sino que se hará completamente en forma de subasta (para el sector eléctrico, a partir de 2013).

Obviamente, la cantidad de derechos de emisión que se asignen (gratuitamente o mediante subasta) también debe disminuir anualmente para conseguir la reducción pretendida de emisiones de GEI. La Directiva 2009/29/CE establece que la disminución anual debe ser igual al 1,74 por 100 de los derechos expedidos por los Estados miembros con arreglo a las decisiones de la Comisión sobre los Planes Nacionales de Asignación para el período 2008-2012, de manera que se cumpla el compromiso de la Comunidad de una reducción global de las emisiones de al menos un 20 por 100 de aquí a 2020.

En España, el primer Plan Nacional de Asignación de derechos de emisión 2005-2007 se aprobó por Real Decreto 1.866/2004, de 6 de septiembre. Para el período 2008-2012 se aprobó el segundo Plan Nacional de Asignación por Real Decreto 1.370/2006, de 24 de noviembre. Éste proponía una asignación total que suponía una reducción del 19,6 por 100 respecto a las emisiones de 2005. La realidad sobre la que operaban estos planes en nuestro país era complicada: al finalizar 2007 las emisiones totales de GEI alcanzaron un 52 por 100 de aumento respecto a las del año base (1990), es decir, un 37 por 100 de exceso sobre el compromiso adquirido por España (de limitar el aumento de emisiones al 15 por 100 por encima de las del año base, ya que el 8 por 100 de reducción global a la que se comprometió la UE-15 se repartió desigualmente entre los Estados miembros).

Los Planes Nacionales de asignación desaparecieron a partir del 1 de enero de 2013, fecha en la que se adopta un enfoque comunitario, tanto en lo que respecta a la determinación del volumen total de derechos de emisión, como en lo relativo a la metodología para asignar dichos derechos. Por ello, de conformidad con lo establecido en el artículo 17 de la Ley 1/2005, de 9 de marzo, tras su modificación por la Ley 13/2010, de 5 de julio, para transponer las novedades introducidas en el Régimen Europeo de Comercio de Derechos de Emisión mediante la Directiva 2009/29/CE, la metodología de asignación gratuita transitoria viene determinada por las normas armonizadas que se adopten a nivel comunitario. De entre ellas debe mencionarse la Decisión 2011/278/UE de la Comisión, de 27 de abril de 2011, cuyas previsiones han sido recogidas en nuestro ordenamiento interno por el Real Decreto 1.722/2012, de 28 de diciembre, por el que se desarrollan aspectos relativos a la asignación de derechos de emisión en el marco de la Ley 1/2005, de 9 de marzo.

Mediante este sistema se trata de llegar a la internalización por los agentes contaminantes de los costes ambientales que supone la contaminación que producen, en aplicación del principio «quien contamina paga» del Derecho ambiental. La Comunicación de la Comisión COM(89) 369 final, sobre Energía y Medio Ambiente, de 1990, ya apuntaba hace dos décadas en esta dirección al señalar que las industrias energéticas deberían adoptar estrategias ambientalmente respetuosas, que estén basadas en (entre otras cosas) análisis económicos de los proyectos y estrategias energéticas que aseguren que los costes de la energía reflejan, en lo posible, todos los costes ambientales.

2. Sostenibilidad energética: las energías renovables y la eficiencia energética

Lo anterior trata de paliar los efectos de la actual relación entre la energía y el medio ambiente, que es claramente negativa. Pero la relación puede ser positiva si cambiamos de modelo energético. En efecto, los objetivos de las políticas energéticas y ambientales pueden ser complementarios: la seguridad del abastecimiento es un objetivo fundamental de la política energética, y el aumento en el uso de energías renovables y la mejora de la eficiencia energética incrementan la seguridad del abastecimiento a la vez que reducen la presión sobre el medio ambiente; y un mayor control ambiental sobre la producción y el consumo de la energía reduce las afecciones al medio ambiente y las externalidades, contribuyendo a una competencia más justa y más sostenible.

En la energía (su producción y utilización), por tanto, está la causa más importante del grave problema del Cambio Climático; pero al mismo tiempo, un cambio decidido de modelo energético conlleva efectos positivos no sólo para el medio ambiente sino también para las propias políticas energéticas, incluso en los objetivos propios de éstas que nada tienen que ver —directamente y en principio— con el medio ambiente, como son la seguridad del abastecimiento y la competitividad.

Y ese cambio de modelo energético, como ya se ha apuntado, por el momento se centra en el fomento de la eficiencia y el ahorro energético, por un lado, y el incremento en el uso de las energías renovables, por otro. Se barajan otras posibles vías para contribuir a la solución del calentamiento global, como la captura y retención o almacenamiento del CO_2 de los combustibles fósiles, la vuelta a la energía nuclear, etc. (la energía nuclear no es renovable, como hemos visto, pero en el contexto estricto de las políticas de reducción de GEI puede ser considerada como energía «limpia» o «verde»). Pero la propia Comisión Europea reconoce que «en el complejo panorama de la política energética, el sector de las energías renovables es el único que destaca en cuanto a su capacidad de reducir las emisiones de gases de efecto invernadero y la contaminación, de explotar fuentes de energía locales y descentralizadas, y de fomentar unas industrias de tecnología avanzada y nivel mundial». (No obstante, no hay que olvidar que, a pesar de las bondades de las energías renovables, éstas también pueden provocar afecciones ambientales, entre las que podemos destacar especialmente la contaminación paisajística que producen muchas instalaciones solares y, sobre todo, eólicas.)

De modo que mediante el paquete de medidas anteriormente mencionado la Unión Europea ha adoptado una clara y decidida postura integrada energético-ambiental en la lucha contra el Cambio Climático. En esa política integrada, conforme a lo declarado por la Comisión, las energías renovables desempeñan un papel fundamental. Al respecto, la Directiva 2001/77/CE, de 27 de septiembre, relativa a la promoción de la electricidad generada a partir de fuentes de energía renovables en el mercado interior de la electricidad, y la Directiva 2003/30/CE, de 8 de mayo de 2003, sobre el fomento del uso de biocarburantes u otros combustibles renovables en el transporte, luego unificadas y superadas por la Directiva 2009/28/CE, del Parlamento Europeo y del Consejo, de 23 de abril de 2009, relativa al fomento del uso de **energía procedente de fuentes renovables** y por la que se modifican y derogan las Directivas 2001/77/CE y 2003/30/CE, y finalmente por la Directiva (UE) 2018/2001, iniciaron y propiciaron una senda regulatoria que ha ido ganando en nivel de decisión, compromiso y vinculación jurídica.

La Directiva 2009/28/CE, a diferencia de sus predecesoras, estableció unos objetivos *vinculantes* para el año 2020 del 20 por 100 para la cuota global de consumo de energía procedente de fuentes renovables y del 10 por 100 para la cuota de consumo de combustibles procedentes de fuentes renovables en el transporte. Y la Directiva de 2018 estableció un nuevo objetivo vinculante de energía renovable para la Unión de al menos el 32 por 100 del consumo final bruto de energía para 2030, al igual que un objetivo aumentado del 14 por 100 para la cuota de combustibles renovables en el sector del transporte para 2030.

Asimismo, se establecieron normas relativas a las transferencias estadísticas entre los Estados miembros (de cantidades determinadas de energía renovable a efectos de evaluar el cumplimiento de los objetivos), los proyectos conjuntos (relacionados con la producción de electricidad, calor o frío procedente de fuentes de energía renovable) entre éstos y con terceros países, las garantías de origen (documento cuya única función es demostrar a un consumidor final que una cantidad determinada de energía se ha obtenido a partir de fuentes renovables), los procedimientos administrativos aplicados a las instalaciones que utilicen energías renovables (para que sean proporcionados y necesarios), la información y la formación, y el acceso (garantizado o prioritario) a la red eléctrica para la energía procedente de fuentes renovables. Definió, finalmente, criterios de sostenibilidad para los biocarburantes y biolíquidos.

Para garantizar la consecución de los objetivos nacionales globales obligatorios, los Estados miembros deben elaborar planes de acción nacionales en materia de energías renovables para seguir una trayectoria indicativa que les permita avanzar hacia el logro de los objetivos obligatorios. Los planes deben incluir información sobre objetivos sectoriales y sobre la contribución que la eficiencia y el ahorro energético puedan aportar para alcanzar dichos objetivos nacionales a la hora de evaluar sus previsiones de consumo final bruto de energía.

En cuanto a las medidas que los Estados pueden adoptar para alcanzar los objetivos, las Directivas señalaron que los Estados cuentan con diferentes sistemas de apoyo a la energía procedente de fuentes renovables a escala nacional, y reconoce que la ayuda pública es necesaria para alcanzar los objetivos de la Comunidad con vistas a la expansión de la electricidad de origen renovable, en particular mientras los precios de la electricidad en el mercado interior no reflejen todos los costes y beneficios ambientales y sociales de las fuentes de energía utilizadas.

El sistema de apoyo más común actualmente (Dinamarca, Alemania y España fueron los primeros en adoptarlo) es el de tarifas reguladas o primas en las tarifas, también llamadas tarifas «*feed-in*», o sistema REFIT (*Renewable Energy Feed-In Tariffs*). Se caracteriza por el establecimiento de un precio específico («tarifa regulada»), que suele fijarse por un período de varios años, que se abona a los productores de electricidad generada a partir de fuentes renovables. En una variante de este sistema se establece una prima fija o un incentivo medioambiental que se paga por encima del precio normal o de mercado libre de la electricidad. Los costes adicionales de este sistema corren a cargo de los suministradores en función de su volumen de ventas y son repercutidos a los consumidores finales en su factura eléctrica.

Otros sistemas y medidas de apoyo son las cuotas obligatorias basadas en mercados de certificados verdes, los procedimientos de licitación, los incentivos fiscales y las subvenciones a la inversión. Estos dos últimos pueden combinarse con alguno de los anteriores, como sucede en algunos países.

La actualmente vigente Directiva (UE) 2018/2001, de 11 de diciembre de 2018, sobre el fomento del uso de energía procedente de fuentes renovables, como parte del paquete de energía limpia para todos los europeos, tiene como objetivo mantener a la UE como líder mundial en energías renovables y, más ampliamente, ayudar a la UE a cumplir sus compromisos de reducción de emisiones en virtud del Acuerdo de París. Esta directiva revisada tenía que convertirse en norma nacional en los países de la UE antes de junio de 2021, entrando en vigor a partir del 1 de julio de 2021 en adelante[1]. Además de fijar un nuevo objetivo vinculante de al menos el 32 por 100 de la cuota global de energía procedente de fuentes renovables en el consumo final bruto de energía de la Unión en 2030, con una cláusula para una posible revisión al alza de aquí a 2023 y un objetivo aumentado del 14 por 100 para la cuota de combustibles renovables en el transporte de aquí a 2030, la nueva directiva sigue estableciendo normas no sólo sobre el apoyo financiero a la electricidad procedente de fuentes renovables, sino también sobre el autoconsumo de dicha electricidad, sobre el uso de energía procedente de fuentes renovables en la calefacción y la refrigeración y en el sector del transporte, sobre la cooperación regional entre los Estados miembros y entre los Estados miembros y terceros países, sobre las garantías de origen, sobre los procedimientos administrativos y sobre la información y la formación. También establece criterios de sostenibilidad y ahorro de emisiones de gases de efecto invernadero para los biocombustibles, biolíquidos y combustibles de biomasa.

El 11 de diciembre de 2019, la Comisión presentó su comunicación sobre el Pacto Verde Europeo. Este ambicioso pacto verde establece una visión detallada para hacer de Europa un continente climáticamente neutro para 2050 mediante el suministro de energía limpia, asequible y segura. En cumplimiento del Pacto Verde Europeo, el 14 de julio de 2021, la Comisión publicó un nuevo paquete legislativo sobre energía titulado «Objetivo 55: cumplimiento del objetivo climático de la UE para 2030 en el camino hacia la neutralidad climática». En una nueva revisión de la Directiva sobre energías renovables, se propone elevar el objetivo vinculante de la proporción de energías renovables

[1] El Real Decreto 376/2022, de 17 de mayo, por el que se regulan los criterios de sostenibilidad y de reducción de las emisiones de gases de efecto invernadero de los biocarburantes, biolíquidos y combustibles de biomasa, así como el sistema de garantías de origen de los gases renovables, transpone la Directiva 2018/2001.

en la combinación energética de la UE al 40 por 100 de aquí a 2030 (el futuro marco político para el período posterior a 2030 está en debate) y nuevos objetivos a nivel nacional, tales como:

— Un nuevo punto de referencia del 49 por 100 de uso de energías renovables para 2030 en los edificios.

— Un nuevo punto de referencia de un aumento anual de 1,1 puntos porcentuales en el uso de energías renovables para la industria.

— Un aumento anual vinculante de 1,1 puntos porcentuales para los Estados miembros en el uso de energías renovables para calefacción y refrigeración.

— Un aumento anual indicativo de 2,1 puntos porcentuales en el uso de energías renovables y calor y frío residuales para calefacción y refrigeración urbanas.

— En el esfuerzo por descarbonizar y diversificar el sector del transporte, establece:

- Un objetivo de reducción del 13 por 100 en la intensidad de los gases de efecto invernadero de los combustibles para el transporte para 2030, abarcando todos los modos de transporte.
- Una participación del 2,2 por 100 de biocombustibles avanzados y biogás para 2030, con un objetivo intermedio del 0,5 por 100 para 2025.
- Un objetivo del 2,6 por 100 de combustibles renovables de origen no biológico y una participación del 50 por 100 de las energías renovables en el consumo de hidrógeno en la industria, incluidos los usos no energéticos, para 2030.

Igualmente, en el ámbito del ahorro y la eficiencia energética, la Unión Europea ha venido desarrollando una decidida labor normativa. Además de numerosas normas (directivas, reglamentos y decisiones) aplicables a productos específicos, como la Directiva 92/42/CEE, de 19 de mayo, sobre requisitos de eficiencia para calderas nuevas de agua caliente alimentadas con combustibles líquidos o gaseosos, hay que destacar otras normas con ámbitos de aplicación más amplios como las que se mencionan y comentan a continuación.

La Directiva 2012/27/UE, de 25 de octubre de 2012, relativa a la eficiencia energética, por la que se modifican las Directivas 2009/125/CE y 2010/30/UE, y por la que se derogan las Directivas 2004/8/CE y 2006/32/CE (relativas al fomento de la cogeneración sobre la base de la demanda de calor útil en el mercado interior de la energía, y a la eficiencia del uso final de la energía y los servicios energéticos, respectivamente), establece un marco común de medidas para el fomento de la eficiencia energética dentro de la Unión a fin de asegurar la consecución del objetivo principal de eficiencia energética de la Unión de un 20 por 100 de ahorro para 2020, y a fin de preparar el camino para mejoras ulteriores de eficiencia energética más allá de ese año. En ella se establecen normas destinadas a eliminar barreras en el mercado de la energía y a superar deficiencias del mercado que obstaculizan la eficiencia en el abastecimiento y el consumo de energía. Asimismo, se dispone el establecimiento de objetivos nacionales orientativos de eficiencia energética para 2020. Los requisitos que establece la Directiva son requisitos mínimos y se entienden sin perjuicio de que cualquier Estado miembro mantenga o introduzca medidas más estrictas. Esta Directiva se desarrolla por el Reglamento (UE) n.º 813/2013 de la Comisión, de 2 de agosto de 2013.

La Directiva 2010/31/UE, de 19 de mayo de 2010, relativa a la eficiencia energética de los *edificios* es también muy importante teniendo en cuenta que el 40 por 100 del consumo total de energía en la Unión Europea corresponde a los edificios, y que el sector se encuentra en expansión, lo que hará aumentar el consumo aún más. Por ello, la reducción del consumo de energía y el uso de energía procedente de fuentes renovables en el sector de la edificación constituyen una parte importante de las medidas necesarias para reducir la dependencia energética de la Unión y las emisiones de GEI.

El Reglamento (UE) 2017/1369 del Parlamento Europeo y del Consejo, de 4 de julio de 2017, por el que se establece un marco para el etiquetado energético y se deroga la Directiva 2010/30/UE, establece un marco para la armonización de las medidas nacionales relativas a la información al usuario final, en especial —como su título indica— por medio del etiquetado y la información normalizada sobre el consumo de energía y, cuando corresponda, otros recursos esenciales por parte de los productos relacionados con la energía durante su utilización, así como otra información complementaria, de manera que los usuarios finales puedan elegir productos más eficientes.

La Directiva 2009/125/CE, de 21 de octubre, instaura un marco para el establecimiento de requisitos de diseño ecológico aplicables a los productos relacionados con la energía. Los productos cubiertos (conforme a los criterios que se establecen en el art. 15) por las «medidas de ejecución» adoptadas por la Comisión deberán cumplir los requisitos genéricos o específicos que dichas medidas de ejecución establezcan de acuerdo con el anexo I o con el anexo II, respectivamente, para poder ser introducidos en el mercado o puestos en servicio, con el fin de garantizar la libre circulación en el mercado interior. Se contribuye así al desarrollo sostenible incrementando la eficiencia energética y el nivel de protección del medio ambiente, al tiempo que se incrementa la seguridad del abastecimiento energético.

Todos los esfuerzos regulatorios anteriores llevados a cabo por la UE han dado resultados positivos. El informe de la AEMA (Agencia Europea de Medio Ambiente) «Tendencias y Proyecciones en Europa 2021», estima que la UE alcanzó sus tres objetivos climáticos y energéticos para 2020 de reducir las emisiones de gases de efecto invernadero en un 20 por 100 en comparación con los niveles de 1990, aumentando la proporción de uso de energía renovable al 20 por 100, y mejorar la eficiencia energética en un 20 por 100. De hecho, según estimaciones de la AEMA, en 2020, las emisiones de gases de efecto invernadero de la UE-27 fueron un 31 por 100 (emisiones brutas; 34 por 100 emisiones netas) inferiores a las de 1990, lo que constituye un logro sustancial superior al objetivo de reducción del 20 por 100. Sin embargo, según datos preliminares, solo 21 Estados miembros alcanzaron su objetivo nacional en 2020. Esto significa que Bulgaria, Chipre, Finlandia, Alemania, Irlanda y Malta necesitarían utilizar flexibilidades, como comprar cuotas de emisión de otros países de la UE, para cumplir con sus objetivos legales.

En cuanto a la proporción de energías renovables, las estimaciones preliminares de la AEMA indican que la UE alcanzó una participación del 21,3 por 100 de energías renovables en su consumo de energía en 2020. Según el análisis de la AEMA, el progreso positivo general se debe principalmente al mayor uso de energías renovables para electricidad, calefacción y refrigeración. El uso de energías renovables en el transporte está aumentando más lentamente, pero los datos preliminares indican que la UE alcanzó por poco el objetivo del 10 por 100 de uso de energía renovable en el sector.

Lograr una reducción del 20 por 100 en el consumo de energía parecía poco probable durante muchos años, pero los confinamientos generalizados en 2020, debido a la COVID-19, parecen haber empujado el consumo de energía primaria y final de la UE por debajo de los niveles objetivo, en márgenes del 5 y el 3 por 100, respectivamente. Será necesario mantener más reducciones en el consumo de energía para mantener el rumbo hacia los objetivos a largo plazo.

3. Regulación de las energías renovables y la eficiencia energética en España

3.1. *Energías renovables*

La regulación de las energías renovables en nuestro país la encontramos en primer lugar en la Ley del Sector Eléctrico (LSE; Ley 24/2013, de 26 de diciembre, que deroga la anterior Ley 54/1997, de 27 de noviembre, consolidando cambios importantes), que debe cumplir con la Directiva (UE) 2019/944, de 5 de junio de 2019, sobre normas comunes para el mercado interior de la electricidad y por la que se modifica la Directiva 2012/27/UE. La nueva Ley contiene algunas referencias específicas a esta materia, entre las que interesa destacar ahora los artículos: 4.5, que se refiere a la posibilidad de que el Gobierno apruebe, con carácter indicativo, planes relativos al aprovechamiento energético de las fuentes de energía renovables y de eficiencia energética en el sector eléctrico, al objeto de favorecer el cumplimiento de los objetivos que pudieran establecerse para España en estas materias; y 26.2, sobre la prioridad de despacho de la energía eléctrica procedente de instalaciones que utilicen fuentes de energía renovable, así como de la prioridad de acceso y conexión a la red de sus productores. Pero éstos no suponen un verdadero cambio de su régimen jurídico y económico con respecto a lo establecido bajo la vigencia de la ley anterior, que establecía el conocido régimen de primas (o retribución primada) a la producción energética de origen renovable (una modalidad del sistema REFIT arriba mencionado).

El que sí supone un cambio importante es el artículo 14 (apartados 4 y 7, en particular), que incorpora básicamente lo establecido por el Real Decreto-ley 9/2013, de 12 de julio, por el que se adoptan medidas urgentes para garantizar la estabilidad financiera del sistema eléctrico (que padecía, en nuestro país, de un déficit tarifario estructural desde hacía años, pero que finalmente se ha logrado que deje de generarse), que derogó el RD 661/2007, de 25 de mayo, por el que se regulaba la actividad de producción de energía eléctrica en régimen especial. El «régimen especial de producción eléctrica» (frente al «régimen ordinario») se estableció para otorgar un régimen jurídico y económico más beneficioso (mediante las primas) a determinadas formas de generación eléctrica (especialmente las basadas en fuentes de origen renovable) cuyo fomento se consideraba deseable por su contribución a los objetivos —claves en la política económica de cualquier Gobierno— de protección del medio ambiente y seguridad del abastecimiento energético.

Como ha reconocido la Comisión Europea, los resultados del anterior modelo español constituyen un ejemplo de éxito en el diseño de las políticas de promoción de las renovables. No en vano ha sido uno de los países, junto con Alemania, en los que se ha fijado Japón para implementar un sistema REFIT desde el año 2012. El principal resultado en nuestro país es el volumen alcanzado por las energías renovables. Durante 2010, supusieron alrededor del 32,3 por 100 de la generación eléctrica total; asimismo, las energías renovables representaron un 13,2 por 100 de la energía final bruta consumida en España, cumpliendo así en ambos casos con los anteriores objetivos de carácter indicativo para 2010 establecidos por la UE (este último porcentaje con referencia a la energía bruta tenía que alcanzar el 20 por 100 en 2020, pero se quedó un 2,5 por 100 por debajo).

El nuevo régimen regulado en el artículo 14 LSE se desarrolló en el Real Decreto 413/2014, de 6 de junio, por el que se regula la actividad de producción de energía eléctrica a partir de fuentes de energía renovables, cogeneración y residuos, cuya Exposición de Motivos reconoce lo que acabamos de señalar en el párrafo anterior sobre el buen desarrollo de las energías renovables gracias al sistema de incentivos económicos.

No obstante, el favorable marco de apoyo propició la rápida superación de las previsiones que habían presidido su implementación, lo que, unido a la progresiva reducción de los costes tecnológicos (lo que se conoce como *curva de aprendizaje tecnológico*, no tenida debidamente en cuenta a la hora de fijar las primas), hizo necesario que se acometiesen sucesivas correcciones del marco normativo para garantizar la sostenibilidad financiera del sistema eléctrico, atendiendo al principio de rentabilidad razonable. Pero la adaptación normativa no fue suficiente y se tuvo que llegar a la aprobación del Real Decreto-ley 1/2012, de 27 de enero, por el que se llevó a cabo la suspensión de los procedimientos de preasignación de retribución y la supresión de los incentivos económicos para *nuevas* instalaciones de producción de energía eléctrica a partir de cogeneración, fuentes de energía renovables y residuos, así como, posteriormente, del Real Decreto-ley 2/2013, de 1 de febrero, de medidas urgentes en el sistema eléctrico y en el sector financiero, que, entre otros aspectos, modificó el Real Decreto 661/2007, de 25 de mayo, suprimiendo la opción de precio de mercado más prima y determinando la retribución con arreglo a tarifa de todas las instalaciones existentes incluidas en el denominado régimen especial.

Finalmente, se promulgó el Real Decreto-ley 9/2013, arriba mencionado, que culminó el proceso de reforma del sector eléctrico derogando las normas que, hasta la fecha, regulaban el régimen jurídico y económico aplicable a las instalaciones existentes de producción de energía eléctrica a partir de fuentes de energía renovables, cogeneración y residuos con retribución primada, incluido el RD 661/2007, y estableciendo un mandato al Gobierno para aprobar un nuevo régimen jurídico y económico para estas instalaciones, concretando los principios sobre los que se había de articular el nuevo régimen aplicable a estas instalaciones, en los términos que han sido posteriormente integrados en la Ley 24/2013, de 26 de diciembre, del Sector Eléctrico.

Dicho mandato normativo se concretó en el RD 413/2014 que regula el «régimen retributivo específico» al que se refiere el artículo 14.7 LSE que dispone que *excepcionalmente* se *puede* establecer para fomentar la producción a partir de fuentes de energía renovables, cogeneración de alta eficiencia y residuos, cuando exista una obligación de cumplimiento de objetivos energéticos derivados de Directivas u otras normas del Derecho de la Unión Europea o cuando su introducción suponga una reducción del coste energético y de la dependencia energética exterior. El otorgamiento de este régimen retributivo específico, basado en los principios de: *a*) participación en el mercado; *b*) rentabilidad razonable; y, *c*) empresa eficiente y bien gestionada, se establecerá mediante procedimientos de concurrencia competitiva y deberá ser compatible con la sostenibilidad económica del sistema eléctrico.

De acuerdo con este nuevo marco, las instalaciones podrán percibir durante su vida útil regulatoria, adicionalmente a la retribución por la venta de la energía valorada al precio del mercado, una retribución específica compuesta por un término por unidad de potencia instalada que cubra, cuando proceda, los costes de inversión para cada instalación tipo que no puedan ser recuperados por la venta de la energía en el mercado, al que se denomina «retribución a la inversión», y un término a la operación que cubra, en su caso, la diferencia entre los costes de explotación y los ingresos por la participación en el mercado de producción de dicha instalación tipo, al que se denomina «retribución a la operación».

El régimen retributivo no sobrepasará el nivel mínimo necesario para cubrir los costes que permitan competir a las instalaciones de producción a partir de fuentes de energía renovables, cogeneración de alta eficiencia y residuos en nivel de igualdad con el resto de tecnologías en el mercado y que permita obtener una rentabilidad razonable referida a la instalación tipo en cada caso aplicable. Esta rentabilidad razonable girará, antes de impuestos, sobre el rendimiento medio de las Obligaciones del Estado a diez años en el mercado secundario de los veinticuatro meses previos al mes de mayo del año anterior al de inicio de cada período regulatorio (de seis años), incrementado con un diferencial.

El Real Decreto 413/2014 determina la metodología del régimen retributivo específico que será de aplicación a las instalaciones a las que les sea otorgado. Para ello, se establecerán mediante real decreto las condiciones, tecnologías o colectivo de instalaciones concretas que podrán participar en el mecanismo de concurrencia competitiva. Posteriormente se fijarán por orden del Ministro de Industria, Energía y Turismo, previo acuerdo de la Comisión Delegada del Gobierno para Asuntos Económicos, los parámetros retributivos aplicables.

Para las instalaciones que a la entrada en vigor del Real Decreto-ley 9/2013, de 12 de julio, tuvieran reconocido el régimen económico primado se les reconoce expresamente en la Disposición Adicional 2.ª del Real Decreto 413/2014 el derecho a percibir también el nuevo régimen retributivo específico, pero la rentabilidad razonable para estas instalaciones girará, antes de impuestos, sobre el rendimiento medio en el mercado secundario de los diez años anteriores a la entrada en vigor del referido real decreto-ley de las Obligaciones del Estado a diez años incrementada en 300 puntos básicos, todo ello, sin perjuicio de la revisión prevista en el artículo 14.4 de la LSE.

El Real Decreto-ley 17/2019, de 22 de noviembre, adoptó medidas urgentes para la necesaria adaptación de los parámetros retributivos que afectan al sistema eléctrico y abordó el proceso de desmantelamiento de centrales térmicas. Para las instalaciones acogidas al régimen (renovables, cogeneración y residuos), este reglamento adopta para el segundo período regulatorio (2020 a 2025) la propuesta metodológica contenida en el informe de la Comisión Nacional de los Mercados y la Competencia (CNMC), de 30 de octubre de 2018. De esta forma, la rentabilidad razonable ya no se calcula con referencia a los bonos del Estado español a diez años incrementada con un diferencial (3 por 100 para el primer período regulatorio 2014-2019), sino que ahora se calcula teniendo en cuenta el WACC («Weighted Average Cost of Capital» o «Coste Medio Ponderado de Capital»). Esta última es la metodología más comúnmente aplicada por los reguladores europeos para establecer la tasa de remuneración de las actividades reguladas en el sector energético.

El Real Decreto 960/2020, de 3 de noviembre, regula finalmente un régimen económico diferente. Este Real Decreto tiene por objeto regular un régimen económico de las instalaciones de producción de electricidad a partir de fuentes de energía renovables mediante un mecanismo de subasta. Más concretamente, para las instalaciones incluidas en la categoría b) definida en el artículo 2.1 del Real Decreto 413/2014.

Se afirma que, en la configuración de este régimen económico, se ha tenido en cuenta su necesaria compatibilidad con la normativa comunitaria contenida en la Directiva (UE) 2018/2001, en materia de fomento del uso de energías procedentes de fuentes renovables; también con la Directiva (UE) 2019/944, sobre normas comunes para el mercado interior de la electricidad; y el Reglamento (UE) 2019/943, de 5 de junio de 2019, relativo al mercado interior de la electricidad.

El RD 960/2020 señala en su Preámbulo: «La actual regulación de los esquemas de apoyo a las renovables en España, basados en subastas de capacidad en las que se pujaba por una retribución a la inversión, es mejorable, dada la situación actual del desarrollo de estas tecnologías, de forma que arroje señales económicas eficientes y tenga en consideración los costes medios de producción de las mismas. [...] La incorporación de nueva potencia renovable acogida al marco retributivo que regula este real decreto no solo permite la reducción indirecta del precio de la energía comentada anteriormente, sino que además produce una reducción directa del precio de la energía incluso en los períodos de negociación en los que la última oferta casada correspondiente a una tecnología de altos costes de explotación, gracias a que el menor precio de la energía, resultado de los procedimientos de concurrencia competitiva de asignación de dicho marco retributivo, se integra en el mercado, generando un excedente económico. Las circunstancias anteriores hacen necesaria una intervención pública que resuelva el fallo de mercado descrito y establezca un nuevo marco retributivo que permita trasladar a los consumidores de manera directa la reducción de los costes de producción que han experimentado las tecnologías renovables en los últimos años».

El RD se aprobó en desarrollo del Real Decreto-ley 23/2020, de 23 de junio, por el que se aprueban medidas en el ámbito energético y en otros ámbitos para la reactivación económica, avaladas por la declaración de emergencia climática por parte del Gobierno de España, en la búsqueda de favorecer la previsibilidad y certeza que impulsen las inversiones en nueva capacidad de generación renovable y, a su vez, garanticen el cumplimiento de la obligación de reducir las emisiones de gases de efecto invernadero con el objetivo de alcanzar la neutralidad climática en 2050, sobre la base de un sistema eléctrico 100 por 100 renovable, y estableció el obligación de desarrollar un marco retributivo estatutario para la generación de electricidad a partir de fuentes de energía renovables, distinto del régimen retributivo específico, basado en el reconocimiento a largo plazo de un precio de la energía.

El nuevo marco retributivo, tal y como recoge el Real Decreto-ley 23/2020, se otorgará mediante procedimientos de licitación pública en los que el producto a subastar será la potencia instalada, la energía eléctrica o una combinación de ambas y la variable de la oferta, el precio unitario de energía eléctrica.

En los procedimientos de licitación pública que se convoquen se podrán distinguir entre diferentes tecnologías de generación en función de sus características técnicas, tamaño, niveles de gestionabilidad, criterios de localización, madurez tecnológica y aquellas otras que garanticen la transición hacia una economía descarbonizada. Todo ello, en el marco establecido por la Directiva (UE) 2018/2001.

Con el objetivo de promover la participación ciudadana en el desarrollo de nuevas instalaciones renovables, el Real Decreto-ley 23/2020, de 23 de junio, define el concepto de comunidad de energías renovables, modificando el artículo 6.1 de la Ley 24/2013, de 26 de diciembre, del Sector Eléctrico, sentando así las bases para el fomento de la participación ciudadana en el sector renovable.

El marco retributivo que regula este Real Decreto deberá garantizar la diversidad de agentes en el despliegue de las energías renovables y tener en cuenta las particularidades de las comunidades de energías renovables para que puedan competir por el acceso al marco retributivo en igualdad de condiciones con el resto de participantes[2], todo ello de acuerdo con la normativa comunitaria.

Además, cuando se trate de instalaciones de pequeña dimensión y proyectos de demostración, podrán quedar exentas del procedimiento de licitación pública para el otorgamiento del citado marco retributivo. En estos casos, el resultado de dichos procedimientos podrá utilizarse como referencia retributiva.

La regulación legal y reglamentaria de las energías renovables se complementa con los instrumentos de planificación indicativa a los que se refiere el artículo 4.5 LSE. El PANER (Plan de Acción Nacional de Energías Renovables) 2011-2020, que establece las propuestas de modificaciones regulatorias necesarias para alcanzar los objetivos propuestos, fue elaborado para su envío a la Comisión Europea (junio de 2010) en cumplimiento de lo previsto en la Directiva 2009/28/CE.

Paralelamente, se estaba elaborando el Plan de Energías Renovables (PER) 2011-2020, que fue aprobado por Acuerdo del Consejo de Ministros de 11 de noviembre de 2011, cumpliendo así con lo dispuesto en la Disposición Adicional 25.ª de la anterior LSE, que establecía que «el Gobierno modificará el Plan de Fomento de las Energías Renovables (entonces vigente el PER 2005-2010), para adecuarlo a los objetivos que ha establecido a este respecto la Unión Europea del 20 por 100 para 2020, manteniendo el compromiso que este plan establecía del 12 por 100 para 2010. Estos objetivos serán tenidos en cuenta en la fijación de las primas a este tipo de instalaciones». El PER incluye los elementos esenciales del PANER así como análisis adicionales no contemplados en el mismo y un detallado análisis sectorial que contiene, entre otros aspectos, las perspectivas de evolución tecnológica y la evolución esperada de costes.

En el sector de los **biocarburantes**, de gran relevancia dado que el sector de los transportes es el mayor consumidor de energía final en España (40 por 100, siendo el transporte por carretera el responsable del 80 por 100 de este consumo), la Ley del Sector de Hidrocarburos (Ley 34/1998, de 7 de octubre), que contiene el régimen jurídico aplicable a la exploración, explotación, almacenamiento, suministro, etc., de estas energías de origen fósil (petróleo y gas natural), incluye una pequeña referencia a aquéllos en su Disposición Adicional 16.ª, donde se consideran biocarburantes: *a*) el bioetanol; *b*) el biometanol; *c*) el biodiésel; *d*) los aceites vegetales; *e*) todos aquellos productos que se determine, siempre que se destinen a su uso con fines de combustión en cualquier tipo de motor, directamente o mezclados con carburantes convencionales.

---

[2] En este sentido véase, por ejemplo, el Real Decreto-ley 29/2021, de 21 de diciembre, por el que se adoptan medidas urgentes en el ámbito energético para el fomento de la movilidad eléctrica, el autoconsumo y el despliegue de energías renovables.

En la modificación de esta Ley en 2007 se establecieron los siguientes objetivos anuales, que expresan contenidos energéticos mínimos de biocarburantes en relación con los de gasolinas y gasóleos comercializados: 1,9 por 100 para 2008; 3,4 por 100 para 2009; y 5,83 por 100 para 2010, siendo el objetivo para el año 2008 indicativo, mientras que los objetivos establecidos para 2009 y 2010 eran obligatorios. Este porcentaje, conforme con la normativa comunitaria ya derogada (Directiva 2003/30/CE, que establecía el objetivo del 5,75 por 100 para el 2010), se actualiza mediante la Ley de Economía Sostenible (Ley 2/2011, de 4 de marzo), cuyo artículo 78.1 establece que el nuevo objetivo comunitario de energías renovables en el consumo de energía final (20 por 100 en 2020) deberá alcanzarse con una cuota de energía procedente de energías renovables en todos los tipos de transporte que sea como mínimo equivalente al 10 por 100 del consumo final de energía del sector transporte.

El Real Decreto 1.738/2010, de 23 de diciembre, se encargó de concretar y especificar los objetivos obligatorios de biocarburantes para los años 2011, 2012 y 2013 (5,9, 6,0 y 6,1 por 100), en orden a alcanzar ese nuevo objetivo general del 10 por 100 para 2020. Y el Real Decreto 459/2011, de 1 de abril, consideró conveniente establecer nuevos objetivos más ambiciosos para esos años, quedando los mismos fijados en 6,2, 6,5 y 6,5 por 100, respectivamente.

Una exigencia añadida a las empresas de este sector, que emana de la Directiva de energías renovables, es que deben acreditar que la producción de biocarburantes se hace de forma sostenible a lo largo de toda su cadena de valor. De ahí que se aprobase el Real Decreto 1.597/2011, de 4 de noviembre, que regula los criterios de sostenibilidad de los biocarburantes y biolíquidos, el Sistema Nacional de Verificación de la Sostenibilidad y el doble valor de algunos biocarburantes a efectos de su cómputo.

En lo que se refiere al fomento de los biocarburantes, haciendo uso de la habilitación contenida en la Ley del Sector de Hidrocarburos, el Ministerio de Industria aprobó la Orden ITC/2.877/2008, de 9 de octubre, que establece un mecanismo de fomento del uso de biocarburantes y otros combustibles renovables con fines de transporte. Con posterioridad, se aprobó el Real Decreto 1.085/2015, de 4 de diciembre, de fomento de los biocarburantes, lo que hizo necesario modificar la Orden anterior mediante Orden IET/2.786/2015, de 17 de diciembre. Esta normativa se complementa con sucesivas Circulares de la extinta CNE (Comisión Nacional de Energía) y posteriormente de la CNMC (Comisión Nacional de los Mercados y la Competencia), siendo las últimas la Circular 1/2016, de 30 de marzo, por la que se regula la gestión del mecanismo de fomento del uso de biocarburantes y otros combustibles renovables con fines de transporte, y la Circular 2/2017, de 8 de febrero, por la que se regulan los procedimientos de constitución, gestión y reparto del fondo de pagos compensatorios del mecanismo de fomento del uso de biocarburantes y otros combustibles renovables con fines de transporte. Por su parte, el PER 2011-2020 realiza un análisis del sector de los biocarburantes, establece los objetivos y formula unas propuestas, como la obligación de comercializar mezclas etiquetadas o el desarrollo de especificaciones para esas mezclas. Asimismo, establece unos mecanismos de fomento del uso de los biocarburantes.

3.2. *Eficiencia energética*

La Ley de Economía Sostenible (LES), en su artículo 77, dispone que el Gobierno impulsará las políticas de ahorro y eficiencia en materia de política energética. A tal efecto, en su artículo 78 establece que se deberán aprobar políticas públicas destinadas al desarrollo de las diversas fuentes de energía y a la adopción de medidas de eficiencia energética, a cuyo efecto el Gobierno aprobará planes nacionales de eficiencia energética y planes de energías renovables que contemplarán medidas de orientación y fomento de la oferta y el consumo energético que hagan posible el cumplimiento de los objetivos. Y en su artículo 85 establece que todas las Administraciones Públicas, en el ejercicio de sus respectivas competencias, incorporarán los principios de ahorro y eficiencia energética y de utilización de fuentes de energía renovables entre los principios generales de su actuación y en sus procedimientos de contratación.

Dichas políticas y principios, junto a la obligada transposición de la Directiva 2012/27/UE del Parlamento Europeo y del Consejo, de 25 de octubre de 2012, relativa a la eficiencia energética, anteriormente comentada, se han plasmado en varias normas internas, como el Real Decreto 56/2016, de 12 de febrero, en lo referente a auditorías energéticas, acreditación de proveedores de servicios y auditores energéticos y promoción de la eficiencia del suministro de energía, y la Ley 15/2014, de 16 de septiembre, de racionalización del Sector Público y otras medidas de reforma administrativa, que establece los principios y requisitos de eficiencia energética para la adquisición de bienes, servicios y edificios por las Administraciones Públicas integradas en el Sector Público Estatal.

Los edificios representan el 40 por 100 del consumo de energía final de la Unión Europea, por lo que la Directiva 2012/27/UE también obliga, no sólo a renovar anualmente un porcentaje significativo de los edificios de las Administraciones centrales para mejorar su rendimiento energético, sino a que los Estados miembros establezcan una estrategia a largo plazo destinada a movilizar inversiones en la renovación de edificios residenciales y comerciales, para mejorar el rendimiento energético del conjunto del parque inmobiliario. El porcentaje que representa la rehabilitación en España en relación con el total de la construcción es uno de los más bajos de la zona euro, situándose trece puntos por debajo de la media europea de 41,7 por 100 del sector de la construcción. La Ley 8/2013, de 26 de junio, de rehabilitación, regeneración y renovación urbanas, y después el Real Decreto Legislativo 7/2015, de 30 de octubre, por el que se aprueba el texto refundido de la Ley de Suelo y Rehabilitación Urbana, pretenden hacer frente a esta situación.

Por otra parte, la Ley 38/1999, de 5 de noviembre, de Ordenación de la Edificación, haciendo referencia a los requisitos técnicos básicos de la edificación relativos a su funcionalidad, seguridad y habitabilidad, señala en concreto entre los requisitos relativos a la habitabilidad [art. 3.1.*c*).3)] el «Ahorro de energía y aislamiento térmico, de tal forma que se consiga un uso racional de la energía necesaria para la adecuada utilización del edificio». La concreción de dichos requisitos, conforme a la Disposición Final 2.ª, correspondió al Real Decreto 314/2006, de 17 de marzo, por el que se aprueba el Código Técnico de la Edificación (CTE).

El CTE transpuso además la Directiva 2002/91/CE, incorporando las exigencias relativas a los requisitos de eficiencia energética de los edificios que se establecían en la Directiva. La Directiva 2010/31/UE, que deroga la anterior, ha obligado al ejecutivo español a aprobar la Orden FOM/1.635/2013, de 10 de septiembre, por la que se actualiza el Documento Básico del CTE DB-HE «Ahorro de Energía» y se transpone parcialmente al ordenamiento jurídico español dicha Directiva en lo relativo a los requisitos de eficiencia energética de los edificios, establecidos en sus artículos 3 a 7, así como la Directiva 2009/28/CE, en lo relativo a la exigencia de niveles mínimos de energía procedente de fuentes renovables en los edificios, establecida en su artículo 13. Más recientemente, la Orden FOM/588/2017, de 15 de junio, ha vuelto a modificar el Documento Básico DB-HE «Ahorro de Energía».

El Real Decreto 1.027/2007, de 20 de julio, que aprueba el Reglamento de Instalaciones Térmicas en Edificios (RITE), modificado por el Real Decreto 238/2013, complementa la transposición de las mencionadas Directivas comunitarias. Es además una medida de desarrollo del Plan de Acción (2005-2007) de la Estrategia de Ahorro y Eficiencia Energética en España (E4) y contribuye también a alcanzar los objetivos del Plan de Fomento de las Energías Renovables (2000-2010, revisado por el PER 2005-2010) fomentando una mayor utilización de la energía solar térmica sobre todo en la producción de agua caliente sanitaria.

En materia de certificación energética de edificios, las exigencias establecidas en la Directiva 2010/31/UE se transponen por el Real Decreto 235/2013, de 5 de abril, por el que se aprueba el procedimiento básico para la certificación de la eficiencia energética de los edificios. Este Real Decreto era de aplicación voluntaria hasta el 1 de junio de 2013. A partir de ese momento, la presentación o puesta a disposición de los compradores o arrendatarios del certificado de eficiencia energética de la totalidad o parte de un edificio, según corresponda, es exigible para los contratos de compraventa o arrendamiento celebrados a partir de dicha fecha, cumpliéndose así lo dispuesto en el artículo 83.3 de la LES.

Por lo que respecta al cumplimiento de la Directiva 2009/125/CE, se aprueba en España el Real Decreto 187/2011, de 18 de febrero, por el que se establecen los requisitos de diseño ecológico aplicables a los productos relacionados con la energía, y se refunde el Real Decreto 1.369/2007, que transponía la Directiva 2005/32/CE en la parte que sea compatible con aquella Directiva.

En el ámbito del alumbrado exterior, en el que el uso irracional de la energía y la contaminación lumínica suponen un impacto ambiental negativo importante, el Real Decreto 1.890/2008, de 14 de noviembre, ha aprobado el Reglamento de eficiencia energética en instalaciones de alumbrado exterior, que contiene prescripciones generales para todo el territorio español y siete instrucciones técnicas complementarias relativas a los aspectos técnicos y de desarrollo de las previsiones que establece.

Con respecto a la cogeneración, además del régimen retributivo específico del que hemos visto que puede beneficiarse conforme al RD 413/2014, el Real Decreto 616/2007, de 11 de mayo, sobre fomento de la cogeneración, incorpora el contenido de la Directiva 2004/8/CE antes comentada (derogada por la Directiva 2012/27/UE) y crea un marco general para el fomento de la cogeneración de alta eficiencia de calor y electricidad.

En el nivel de la planificación, el Plan de Acción 2008-2012, aprobado por Acuerdo del Consejo de Ministros de 20 de julio de 2007, segundo (el primero, ya mencionado, cubría el período 2005-2007) de los elaborados en el marco de la Estrategia de Ahorro y Eficiencia Energética en España (E4), fue remitido por el Estado español a la Comisión Europea como primer Plan Nacional de Acción y Ahorro y Eficiencia Energética (NEEAP, son sus siglas en inglés) en cumplimiento de la Directiva 2006/32/CE, sobre la eficiencia del uso final de la energía y los servicios energéticos. Entre otros muchos sectores, en relación con la cogeneración establecía como objetivo general el desarrollo de su pleno potencial y cuantificaba un objetivo (inalcanzado en un 30 por 100) de 8.400 MW de potencia instalada para el año 2012 a implementar en los sectores industrial y terciario. A dicho Plan de Acción le siguió el Plan de Acción 2011-2020, aprobado por Acuerdo del Consejo de Ministros de 29 de julio de 2011, y que es el segundo que el Estado español debía remitir a la Comisión Europea. Igualmente, en el sector de la cogeneración proponía el objetivo de 3.751 MW de nueva potencia hasta 2020, y la renovación de hasta 3.925 MW de potencia de cogeneración de más de quince años de antigüedad.

3.3. *Como conclusión*

Habiendo expuesto brevemente la normativa comunitaria y nacional referente a las Energías Renovables (EERR) y al Ahorro y la Eficiencia Energética (AEE), de la que hemos visto tan sólo una pequeña parte, vamos a ver una interesante unificación de los dos ámbitos en el sistema eléctrico (producción energética a partir de EERR, que se relaciona con la oferta, y AEE, que se relaciona con la demanda). Se trata del proyecto de Real Decreto por el que se establece la regulación de las condiciones administrativas, técnicas y económicas de la modalidad de suministro de energía eléctrica con *balance neto* (*net metering*, que lleva años implantado en el Estado de California), que había de (pero no llegó a) aprobarse en desarrollo del Real Decreto 1.699/2011, de 18 de noviembre, por el que se regula la conexión a red de instalaciones de producción de energía eléctrica de pequeña potencia. Una nueva propuesta de Real Decreto, según señaló la extinta CNE (Comisión Nacional de la Energía) en su informe 19/2003, de 4 de septiembre, estaba «estrechamente relacionado» con el anterior, si bien la nueva propuesta lamentablemente (a mi juicio) «no contempla un mecanismo de compensación diferida en el tiempo (balance neto o saldos no instantáneos) entre producción y consumo, lo que fomenta la eficiencia energética». Finalmente, el Real Decreto 900/2015, de 9 de octubre, por el que se regulan las condiciones administrativas, técnicas y económicas de las modalidades de suministro de energía eléctrica con autoconsumo y de producción con autoconsumo (posteriormente derogado[3] por el RD 244/2019 que más abajo se comenta) vino a positivizar dicha omisión.

Aunque el balance neto se configura sobre todo como parte de un sistema global de gestión de la demanda, también supone una producción individual de energía para el propio consumo, especialmente interesante para los supuestos de instalaciones de generación eléctrica con fuentes renovables no gestionables, como la eólica o la solar (no pueden almacenarse para su uso según convenga, sino que su aprovechamiento depende de su aleatoria disponibilidad natural), ya que permite adecuar su producción al consumo sin necesidad de acumulación. Si la demanda es superior a la producción, se importa energía de la red, y cuando la demanda es inferior a la producción, se exporta energía a la red. Actualmente, el titular de una instalación de producción eléctrica a partir de energía renovable sólo puede vender la energía generada o consumirla por completo. No está contemplada la posibilidad de consumir una parte de la energía generada y vender o ceder el excedente no consumido, que es lo que el primer proyecto de Real Decreto iba a posibilitar.

[3] Salvo los apartados 1 al 4 y 7 de la Disposición Adicional 1.ª y las Disposiciones Adicionales 2.ª, 5.ª y 6.ª y la Disposición Transitoria 7.ª.

Dicho proyecto, como el 1.699/2011 que pretendía desarrollar, se basaba en la idea de la conveniencia —incluso necesidad— de fomentar la llamada generación distribuida, para la que las energías renovables son especialmente aptas. La generación distribuida es la gran alternativa al actual modelo que se ha caracterizado por un esquema de generación de energía eléctrica centralizada, unidireccional y con escaso control sobre la demanda. La generación en enormes centrales térmicas alejadas de los núcleos de consumo, imposibilita en muchos casos el aprovechamiento del calor residual de los procesos de generación de electricidad (es decir, la cogeneración), y requiere el transporte de la energía eléctrica producida a grandes distancias a través de líneas de alta tensión, originándose importantes pérdidas de energía e impactos ambientales. El IDAE (Instituto para la Diversificación y Ahorro de la Energía, dependiente del Ministerio de Industria, Turismo y Comercio) ha calificado la estructura actual como insostenible.

La evolución tecnológica y comercial de las energías renovables en la actualidad y la prevista para el futuro, está permitiendo la reducción de sus costes de inversión. Este escenario ha facilitado para las energías eléctricas renovables la llegada de la paridad de red, punto en el cual, para el productor/consumidor, es indiferente la compra de energía eléctrica al sistema o la autoproducción, ya que el coste de producción de energía se iguala al precio de referencia de la electricidad consumida de la red.

El Real Decreto 244/2019, de 5 de abril, por el que se regulan las condiciones administrativas, técnicas y económicas del autoconsumo de energía eléctrica, deroga como hemos dicho el Real Decreto 900/2015, y regula «el mecanismo de compensación simplificado entre déficits y excedentes de los autoconsumidores en su producción asociada instalaciones», introduciendo así finalmente un mecanismo de balance neto en el sistema español y consolidando aún más los beneficios de los consumidores domésticos para animarlos a implementar el autoconsumo de electricidad, que se produce cuando individuos o empresas consumen energía producida por instalaciones de producción que están cercanas a las de consumo y están asociadas a ellas, por ejemplo, paneles fotovoltaicos o mini aerogeneradores. Además de ayudar a frenar cambio climático mediante el uso de energías renovables, este modo de consumo tiene otras ventajas tanto para los consumidores como para la sociedad:

a) Supone un importante ahorro en la factura eléctrica.

b) La generación distribuida mejora la gestión de la demanda.

c) Ayuda a reducir la huella de CO_2 de los consumidores y apoya la transición energética.

d) Promueve la creación de empleos verdes en empresas sostenibles.

e) Su desarrollo impulsará la electrificación del transporte y transformará las ciudades.

IV. ACTIVIDADES PRÁCTICAS

Actividad 1.—Los alumnos por grupos deben buscar y exponer en clase los datos e información relevantes sobre energías renovables y eficiencia energética en las páginas web y en los instrumentos de Planificación mencionados en el texto. Se pueden distribuir las tareas:

a) por tipos de datos (cada grupo debe recopilar un tipo de dato o información diferente de todas las tecnologías renovables que quieran compararse entre sí o con las tecnologías convencionales: por ejemplo, un grupo puede encargarse de la potencia instalada por tecnologías, mientras que otro puede hacerlo del porcentaje que suponen en el *mix* energético);
b) o por tecnologías (cada grupo se encarga de recopilar la mayor información posible acerca de la tecnología asignada).

Se pueden buscar los datos más recientes de cada tecnología para compararlos entre sí, o puede analizarse la evolución histórica de los mismos hasta la actualidad y ver su tendencia. Es interesante conocer todos estos datos antes de abordar el estudio de la normativa.

Actividad 2.—Análisis y resumen esquemático del contenido de algunas de las normas citadas en el texto, previa búsqueda de las mismas en bases de datos «fiables» que la biblioteca de la Universidad tenga contratados (no de forma libre en Internet, explicando el riesgo que ello conlleva en el ámbito jurídico). Para ello pueden necesitar una guía u orientación del profesor en cuanto al uso de las bases de datos.

Actividad 3.—Búsqueda y comentario de sentencias relacionadas con el tema estudiado. Se trata de encargar a los alumnos que «descubran» los diversos tipos de conflictos que pueden surgir y llevarse ante los tribunales en los sectores estudiados. Aquí también pueden necesitar una previa orientación por parte del profesor para el correcto manejo de las bases de datos.

V. AUTOEVALUACIÓN

1. En el paquete de medidas sobre el Clima y la Energía de la UE adoptadas en 2009 se incluyen medidas encaminadas a:

a) Reducir las emisiones para 2020 como mínimo en un 30 por 100 con respecto a los niveles de 1990.

b) Aumentar hasta el 20 por 100 la parte del consumo energético procedente de recursos renovables.
c) Las dos respuestas anteriores son incorrectas.

2. El régimen de comercio de derechos de emisión consiste en:

a) Un esquema que combina las decisiones empresariales con la dinámica del mercado.
b) La asignación de unos derechos de emisión a las instalaciones generadoras de GEI, a partir de la cual sus titulares pueden negociar con esos derechos.
c) Un sistema de mercado en el que confluyen tanto instalaciones públicas como privadas.

3. La Directiva 2009/28/CE, del Parlamento Europeo y del Consejo, de 23 de abril de 2009, relativa al fomento de las energías renovables:

a) A diferencia de sus predecesoras, establece objetivos vinculantes para el año 2020.
b) Al igual que sus predecesoras, establece objetivos indicativos para el año 2020.
c) A diferencia de sus predecesoras, establece objetivos vinculantes para el año 2030.

4. La Directiva 2012/27/UE, de 25 de octubre de 2012, relativa a la eficiencia energética:

a) Establece un marco común de medidas para el fomento de la eficiencia energética dentro de la Unión a fin de asegurar la consecución del objetivo del 20 por 100 de ahorro para 2020.
b) Dispone el establecimiento de objetivos nacionales orientativos de eficiencia energética para 2020.
c) Ambas respuestas son correctas.

5. La Ley 24/2013, de 26 de diciembre, del Sector Eléctrico:

a) Se refiere en su artículo 14.7 a un régimen retributivo específico que se establece en sustitución de la retribución primada del sistema anterior.
b) Sólo hace referencia a las energías renovables para remitir su regulación al RD 413/2014, de 6 de junio, por el que se regula la actividad de producción de energía eléctrica a partir de fuentes de energía renovables, cogeneración y residuos.

c) Establece las primas que podrán percibir las instalaciones que se acojan al «régimen especial» de producción eléctrica.

6. El nuevo régimen retributivo específico:

a) Consiste en una prima fija o un incentivo medioambiental que se paga por encima del precio normal o de mercado libre de la electricidad.
b) Es el que debe establecer el Gobierno en aplicación de la LSE para fomentar en todo caso las energías renovables.
c) No sobrepasará el nivel mínimo necesario para cubrir los costes que permitan competir a las instalaciones que lo perciban con el resto de tecnologías en el mercado y les permita obtener una rentabilidad razonable.

7. La regulación legal y reglamentaria de las energías renovables:

a) Se complementa con los instrumentos de planificación, como el Plan de Acción Nacional de Energías Renovables y el Plan de Energías Renovables.
b) Remite a los instrumentos de planificación para determinar la cuantía de la retribución que corresponda a cada tecnología.
c) Es desarrollada por las Leyes autonómicas sobre fomento de las energías renovables y de la eficiencia energética.

8. La Ley 34/1998, de 7 de octubre, del Sector de Hidrocarburos:

a) Es la Ley que regula las actividades de exploración, explotación, almacenamiento, suministro, etc., en relación con los combustibles fósiles y, por tanto, no menciona los biocarburantes, ya que éstos se consideran energías renovables.
b) Contiene una pequeña referencia a los biocarburantes, estableciendo sus definiciones y los objetivos anuales para 2010, éstos ya revisados y actualizados.
c) Ninguna de las anteriores respuestas es correcta.

9. El Código Técnico de la Edificación y el Reglamento de Instalaciones Térmicas en Edificios:

a) Se limitan a desarrollar la Ley de Ordenación de la Edificación, que es la que transpone la Directiva comunitaria relativa a la eficiencia energética de los edificios.
b) Son dos normas de carácter técnico que no contienen ninguna referencia a la eficiencia energética.

c) Conforman, junto con el Real Decreto que aprueba el Procedimiento básico para la certificación de eficiencia energética de edificios de nueva construcción, el marco normativo de aplicación de la Directiva comunitaria relativa a la eficiencia energética de los edificios.

10. La generación distribuida:

a) Se refiere a la generación eléctrica en grandes centrales térmicas alejadas de los núcleos de consumo, que se transporta y se distribuye a través de las redes de alta tensión.

b) Es un nuevo concepto que está empezando a sustituir al de la generación «ni-ni».

c) Es la gran alternativa al actual modelo de generación eléctrica centralizada, unidireccional y con escaso control sobre la demanda.

VI. MATERIAL DIDÁCTICO

1. Lecturas recomendadas

Alenza García, J. F., y Sarasibar Iriarte, M., *Cambio climático y energías renovables* (recopilación legislativa), Thomson-Civitas, 2007.

González Ríos, I., *Régimen jurídico-administrativo de las energías renovables y de la eficiencia energética*, Thomson-Aranzadi, 2011.

Jiménez Beltrán, D., «Sostenibilidad, energía y cambio climático, escenarios con futuro», en *Economía industrial,* 371 (2009), pp. 15-36. Disponible en: http://www.minetur.gob.es/Publicaciones/Publicacionesperiodicas/EconomiaIndustrial/RevistaEconomiaIndustrial/371/15.pdf.

López Sako, M. J., «La política energética sostenible de la Unión Europea», en *Noticias de la Unión Europea*, 322 (nov. 2011), pp. 81-92.

— «Las energías renovables en la lucha contra el cambio climático», en *Revista Aranzadi de Derecho Ambiental*, 16 (2009-2), pp. 239-252.

— *Regulación y autorización de los parques eólicos*, Thomson-Civitas, Cizur Menor (Navarra), 2008.

Sánchez Galán, I. (pres.); Becker, F.; Martínez Simancas, J. (dirs.), *et al.*, *Tratado de Energías Renovables* (2 tomos), Aranzadi, 2010.

Sarasibar Iriarte, M., *Régimen jurídico del cambio climático*, Lex Nova, Valladolid, 2006.

Torres López, M. A.; Arana García, E. (dirs.); López Sako, M. J. (coord.), *et al.*, *Energía Eólica: Cuestiones jurídicas, económicas y ambientales,* Thomson-Civitas, Cizur Menor (Navarra), 2010.

2. Sitios web

— a3e (Asociación de empresas de eficiencia energética; con enlaces de interés): http://www.asociacion3e.org/

— AEE (Asociación Empresarial Eólica): http://www.aeeolica.org/

— APPA (Asociación de Productores de Energías Renovables): http://www.appa.es/

— CENER (Centro Nacional de Energías Renovables): http://www.cener.com/es/index.asp

— CIEDA (Centro Internacional de Estudios de Derecho Ambiental): http://www.cieda.es/CIEDAportal/

— CIEMAT (Centro de Investigaciones Energéticas, Medioambientales y Tecnológicas): http://www.ciemat.es/

— Comisión Europea, Acción por el Clima: http://ec.europa.eu/dgs/clima/mission/index_en.htm

— Comisión Europea, Energía: http://ec.europa.eu/energy/index_en.htm

— Comisión Europea, Medio Ambiente: http://ec.europa.eu/dgs/environment/index_en.htm

— Energías Renovables, el periodismo de las energías limpias: http://www.energias-renovables.com/

— EWEA (European Wind Energy Association): http://www.ewea.org/

— GWEC (Global Wind Energy Council): http://www.gwec.net/

— IDAE (Instituto para la Diversificación y Ahorro de la Energía): http://www.idae.es/

— IPCC (Intergovernmental Panel for Climate Change): http://www.ipcc.ch/

— IRENA (International Renewable Energy Agency): http://www.irena.org/home/index.aspx?PriMenuID=12&mnu=Pri

— Ministerio de Agricultura, Alimentación y Medio Ambiente, portal de cambio climático: http://www.magrama.gob.es/es/cambio-climatico/temas/default.aspx

— Ministerio de Industria, Energía y Turismo, portal de energía: http://www.minetur.gob.es/energia/es-ES/Paginas/index.aspx

— Red Eléctrica de España, demanda de energía en tiempo real (consulta de la estructura de generación en tiempo real): http://www.ree.es/operacion/curvas_demanda.asp

— SENDECO2 (Sistema electrónico de negociación de derechos de emisión de dióxido de carbono): http://www.sendeco2.com/

— UNEF (Unión Española Fotovoltaica; enlaces a las cuatro asociaciones fotovoltaicas fundacionales: ASIF, AEP, ANPER y APPA Sección Fotovoltaica): http://www.energias-renovables.com/

— United Nations Framework Convention on Climate Change, portal en español: http://unfccc.int/portal_espanol/informacion_basica/items/6168.php

CAPÍTULO 14

CONTAMINACIÓN ATMOSFÉRICA

FRANCISCO JAVIER DURÁN RUIZ
Profesor Titular Acreditado de Derecho Administrativo
Universidad de Granada

I. PALABRAS CLAVE

Contaminación atmosférica; calidad del aire; evaluación y gestión de la calidad del aire; zonificación del territorio; control de las emisiones; actividades potencialmente contaminadoras de la atmósfera; planes y programas para la protección de la atmósfera; redes de control e información; información al público; información interadministrativa.

II. OBJETIVOS DIDÁCTICOS

1. Conocer e interpretar la legislación y Administración ambiental en materia de contaminación atmosférica.
2. Capacitar profesionalmente para el análisis, evaluación y resolución desde el punto de vista jurídico de los problemas que surgen en torno a la contaminación atmosférica.
3. Capacitar para manejar la normativa en materia de lucha contra la contaminación atmosférica y las medidas legales contra las agresiones al ambiente provocadas por la contaminación atmosférica.

III. CONTENIDO DOCENTE

1. INTRODUCCIÓN

Como es sabido, nuestro planeta está envuelto por capas gaseosas superpuestas, la atmósfera, cuyo espesor es de aproximadamente 1.000 km. La existencia de la troposfera, que es la primera capa, es requisito para la aparición y desarrollo de la especie humana, vinculando de este modo el derecho a respirar con el derecho a la vida. La atmósfera no es sólo imprescindible para la vida humana, sino también para la del resto de los seres vivos, ya que el ciclo del carbono o el hidrológico se realizan dentro de la atmósfera.

Desde el punto de vista jurídico, no existe un poder internacional que pueda gestionar la atmósfera en su conjunto (la ONU no tiene tal competencia), por lo que cada país trata de proteger los aspectos de salud pública procurando la calidad del aire y luchando contra la contaminación de la atmósfera. No obstante, la soberanía de los países respecto de la atmósfera es limitada, un país sólo puede gestionar la atmósfera en la troposfera, el resto de la atmósfera es patrimonio común de la humanidad (existen Tratados de la ONU sobre la exploración y utilización del espacio ultraterrestre).

De entre los problemas atmosféricos, parece que el cambio climático y la baja calidad del aire que respiramos son los más graves. Frente a ellos, se plantean medidas a nivel local y medidas a nivel internacional.

2. La protección de la atmósfera a nivel internacional

Resulta evidente la necesidad de un régimen jurídico internacional de protección de la atmósfera, pocas cuestiones tienen una naturaleza global más clara. De ahí que resulte imprescindible que la respuesta desde el Derecho esté apoyada, y sea cumplida, por todos los Estados. La protección de la atmósfera nos afecta en el presente y también a futuro, por lo que constituye un aspecto esencial del desarrollo sostenible, en el que se escenifica intensamente la dialéctica entre desarrollo económico y protección medioambiental.

La forma de ver la contaminación atmosférica a nivel internacional ha cambiado, dándose tres etapas, que van desde su percepción como problema regional hasta la asunción de su naturaleza global. En la primera etapa el problema principal fue la contaminación transfronteriza a larga distancia, que permanece en el plano regional, especialmente en Europa y Norteamérica. Posteriormente se planteó la cuestión del deterioro de la capa de ozono, que presenta carácter mundial, aunque limitado a algunos aspectos de la contaminación. Finalmente, con el fenómeno del cambio climático se ha consolidado el carácter global de la protección atmosférica y su régimen jurídico.

La protección atmosférica como objeto exclusivo de una norma internacional apareció en el Convenio de Ginebra sobre la contaminación atmosférica transfronteriza a gran distancia, de 13 de noviembre de 1979. Este texto reconoce los efectos adversos de la contaminación atmosférica a corto y largo plazo, pero incluye una definición limitada de la misma que no permite incluir las emisiones de Gases de Efecto Invernadero (en adelante, GEI) y sustancias que afectan a la capa de ozono, por lo que se aprobaron instrumentos jurídicos internacionales específicos en este sentido: el Convenio de Viena de 22 de marzo de 1985, para la protección de la capa de ozono y la Convención Marco de Nueva York de 9 de mayo de 1992, sobre el cambio climático, aprobada por la ONU. Aunque no son las únicas [Convenio de Estocolmo de 2001, sobre Contaminantes Orgánicos Persistentes (COP); Convenio de Minamata de 2013, sobre Mercurio], estas tres normas constituyen el núcleo del régimen internacional para la protección de la atmósfera. Las tres son muy programáticas, limitándose a establecer principios de actuación y dejando para un momento posterior la concreción de las obligaciones a afrontar para lograr el objetivo pretendido. Además, son normas que deben adaptarse a medida que se van realizando descubrimientos científicos y van cambiando las circunstancias concurrentes, para lo que se acude a Protocolos de concreción de las obligaciones existentes en el Convenio (como ocurre en el Convenio sobre el cambio climático) o bien a enmiendas y ajustes a un único Protocolo (como en el Convenio sobre la protección de la capa de ozono).

Hay que apuntar también que por el carácter global de la cuestión que nos ocupa, deben participar en estos instrumentos todos los Estados, incluidos los países en desarrollo. No obstante, estos últimos ven como las medidas para luchar contra el deterioro de la calidad del aire afectan a su desarrollo económico por lo que en principio se muestran contrarios a ellas, sobre todo siendo los países desarrollados los principales causantes del problema. Para que los países en desarrollo participen de los instrumentos y medidas se crean mecanismos compensatorios. Pero si se pretende que estos mecanismos funcionen, los beneficios de los que tienen que pagar la compensación deben ser suficientemente importantes como para aceptar el esfuerzo que ésta supone y la compensación debe ser suficiente para asegurar la lealtad con el sistema de los destinatarios de la misma. Esto es lo que subyace al conocido Protocolo de Kioto de 1997 sustituido actualmente por el Acuerdo de París de 2015 (adoptado en la *Climate change Conference* (COP21).

Sobre la *regulación de la contaminación atmosférica transfronteriza a gran distancia*, desde los años sesenta del siglo XX se pone de manifiesto que el radio de propagación de la contaminación atmosférica podía ser más amplio de lo que se estimaba. Se comprueba en cursos de agua y en bosques de Europa central y Escandinavia que estaban afectados por deposiciones sulfurosas conocidas como «lluvia ácida» pese a que muchos de los Estados afectados no estaban especialmente industrializados, por lo que se deduce que las sustancias que provocaban este fenómeno tenían que venir de otros Estados. Para hacer frente a este problema la Comisión Económica para Europa de las Naciones Unidas (CEENU), reunió a la mayoría de los países afectados y/o causantes de los fenómenos de la lluvia ácida y la deforestación y adoptó la Convención de Ginebra de 1979 que entró en vigor en 1983.

Las obligaciones establecidas en la Convención de Ginebra resultan muy vagas en cuanto a su contenido normativo, los Estados parte «[...] *se esforzarán por limitar y, en la medida de lo posible, reducir gradualmente e impedir la contaminación atmosférica, incluida la contaminación atmosférica transfronteriza a gran distancia*» (art. 2). Entre las distintas medidas propuestas, se crea el Programa concertado de seguimiento y evaluación del transporte a gran distancia de los contaminantes atmosféricos en Europa (EMEP), que permite disponer diariamente de información sobre contaminantes atmosféricos. Además, se crea un órgano ejecutivo, formado por representantes de las Partes, que resulta esencial en la adopción de los Protocolos para concretar las obligaciones resultantes del Convenio. En estos protocolos se han ido incluyendo reducciones en las emisiones de distintas sustancias a la atmósfera.

En cuanto al *régimen jurídico-internacional de la protección de la capa de ozono*, aparece la cuestión a mediados de los años setenta cuando se detecta una alta concentración de gases nocivos en partes altas de la atmósfera. Estos, al descomponerse por la acción de la radiación solar alteran el equilibrio de la capa de ozono reduciendo su función de filtro de los rayos ultravioletas provenientes del Sol, lo que conlleva graves problemas medioambientales y para la salud humana. Se descubre la relación de los clorofluorocarbonos (CFC) con el fenómeno y se advierte la existencia de un agujero en la capa de ozono sobre la Antártida. A raíz de estos acontecimientos, el Programa de Naciones Unidas para el Medio Ambiente (PNUMA) convoca a un grupo de expertos cuya labor tendrá como resultado el Convenio de Viena de 1985, que entró en vigor en 1988. Este Convenio resulta también muy programático, al no fijar objetivos ni calendarios precisos. De hecho, en su artículo 2, declara unos «objetivos generales»: tomar las medidas apropiadas, «para proteger la salud humana y el medio ambiente contra los efectos adversos resultantes o que puedan resultar de las actividades humanas que modifiquen o puedan modificar la capa de ozono». También se incluyen otras medidas más concretas, pero igualmente poco exigentes como las relativas a la investigación y observación sistemática (art. 3), la cooperación jurídica y científica (art. 4) y la transmisión de información (art. 5). Para concretar estas obligaciones se crea la Conferencia de las Partes, órgano gestor del sistema, que entre sus funciones tiene las de adopción de Protocolos de desarrollo del Convenio. En este caso se realiza un único Protocolo, el Protocolo de Montreal de 16 de septiembre de 1987, que irá siendo modificando a lo largo del tiempo. En él se incluyen objetivos y calendarios concretos para la reducción del consumo de las sustancias recogidas en su Anexo (art. 2). Los estudios científicos han puesto de relieve el buen funcionamiento del sistema, que ha detenido el avance del deterioro de la capa de ozono como consecuencia de la reducción del uso de las sustancias que la afectan.

En relación con la *lucha contra el cambio climático*, es necesario, en primer lugar, aclarar algunos conceptos. Las expresiones «cambio climático» o «efecto invernadero» no describen el fenómeno que se intenta frenar, sino que describen fenómenos naturales independientes de la acción del hombre. El término «cambio climático» se refiere a la sucesión de épocas cálidas y frías a las que la Tierra está sometida; y el «efecto invernadero» describe el proceso natural por el cual la presencia de ciertos gases en la atmósfera retiene una parte del calor que la Tierra emite tras haber recibido la radiación solar. La cuestión es que esos procesos naturales pueden haber sido alterados por la acción humana acentuando el calentamiento del planeta, aunque la respuesta jurídica a este problema se ve frenada por aquellos que opinan que existe una cierta incertidumbre científica respecto a que ese calentamiento se deba a la actividad humana, y que podría ser un proceso natural.

Sin embargo, el principio de precaución junto con la cada vez mayor certidumbre de la influencia del factor antropogénico, justifican la adopción de medidas jurídicas para evitar o mitigar ese cambio climático. A ir eliminando las dudas han contribuido los informes de evaluación del IPCC (Intergovernamental Panel on Climate Change), que en su Cuarto Informe, de 2007, apuntaba que las emisiones mundiales de GEI habían aumentado en torno a un 70 por 100 entre 1970 y 2004, afirmando que «muy probablemente» (con un porcentaje superior al 90 por 100) es esa la causa mayoritaria del aumento del promedio mundial de temperatura desde mediados del siglo XX. El Quinto Informe en 2014 afirma que cada uno de los tres últimos decenios ha sido sucesivamente más cálidos en la superficie de la Tierra que cualquier decenio anterior desde 1850, y que en el hemisferio norte, es probable que 1983-2012 fuera el período de 30 años más cálido de los últimos 1.400 años. Concluyó que las emisiones continuas de gases de efecto invernadero causarán un mayor calentamiento y nuevos cambios en todos los componentes del sistema climático y que para contener el cambio climático, será necesario reducir de forma sustancial y sostenida las emisiones de gases de efecto invernadero. El Sexto Informe IPPC (AR6) de 2021, concluye que «el calentamiento del sistema climático es inequívoco, existiendo una clara influencia humana en su evolución», y que los impactos asociados continuarán durante siglos, incluso si se detienen totalmente las emisiones antropogénicas de GEI, y que cuanto más alteremos el clima, más impactos severos e irreversibles sufriremos. El 65 por 100 del carbono compatible con el objetivo de 2 ºC de aumento de la temperatura (respecto a la época preindustrial) ya se ha emitido a la atmósfera y una mitigación ambiciosa es alcanzable con un coste en la reducción del crecimiento económico del 0,06 por 100.

La regulación de esta cuestión requería realizarse a escala global, lo que culminó en la adopción de la Convención Marco de Nueva York de 1992, sobre el cambio climático, que entró en vigor el 21 de marzo de 1994. Una vez más, se trata de una norma programática, que no impone a los Estados parte obligaciones y plazos concretos de reducción de emisiones. Utiliza el mecanismo de obligaciones comunes pero diferenciadas, separando a los países desarrollados (divididos en dos subgrupos: los países más desarrollados y los países en proceso de transición a una economía de mercado) y a los países en desarrollo, de forma que a mayor nivel de desarrollo mayor nivel de compromiso con el sistema, sumándose además nuevas obligaciones.

Resultaba necesario, en el marco de esta Convención, establecer compromisos cuantitativos de reducción de emisiones de GEI. Estos compromisos vieron la luz en el Protocolo de Kioto a la Convención Marco, aprobado el 11 de diciembre de 1997, pero que no entró en vigor hasta el 16 de febrero de 2005. Se estableció un primer período (2008-2012), en el que los países del Anexo I (los industrializados y los que están en transición hacia economías de mercado), deberían haber reducido sus emisiones de GEI a un nivel inferior en no menos del 5 por 100 al de 1990 (art. 3.1). Se concretaron también los GEI objeto de control, incluyendo los seis que más contribuyen al efecto invernadero: dióxido de carbono (CO_2), metano (CH_4), óxido nitroso (N_2O), perfluorocarbonos (PFC), hidrofluorocarbonos (HFC) y hexafloruro de azufre (SF_6). La Unión Europea ratifica el Protocolo de Kioto el 30 de mayo de 2002, vinculando y comprometiendo a todos sus Estados miembros en el impulso y la coordinación de los objetivos del Protocolo. Con dicha intención se aprobó la Directiva 2003/87/CE, del Parlamento Europeo y del Consejo, de 13 de octubre de 2003, por la que se establece un régimen para el comercio de derechos de emisión de gases de efecto invernadero en la Comunidad y por la que se modifica la Directiva 96/61/CE relativa a la prevención y el control integrados de la contaminación. La Directiva de 2003 se incorporó al ordenamiento español con la Ley 1/2005, de 9 de marzo, por la que se regula el régimen de comercio de derechos de emisión de gases de efecto invernadero. La Directiva 2003/87/CE ha sido modificada por la Directiva 2009/29/CE del Parlamento Europeo y del Consejo, para perfeccionar y ampliar el régimen comunitario de comercio de derechos de emisión de gases de efecto invernadero. Su transposición ha motivado modificaciones en la Ley 1/2005, que ha tenido ya diversas modificaciones, la última por parte de la Ley 9/2020, de 17 de diciembre.

El Protocolo de Kioto incluyó ciertos *mecanismos de flexibilidad* para reducir los impactos económicos del cumplimiento de las obligaciones que en él se recogen. Entre los mecanismos de flexibilidad estaban: el de aplicación conjunta, conforme al cual varios países pueden acordar conjuntamente sus obligaciones, siempre que la suma de emisiones agregadas no exceda de las cantidades atribuidas a ellos; el relativo al comercio de emisiones, que permite a un país transferir a cualquier otro también incluido en el Anexo I, o adquirir de él, las unidades de reducción de emisiones resultantes de proyectos dirigidos a reducir las emisiones antropógenas o a incrementar la absorción de los sumideros —p. ej. bosques— en cualquier sector de la economía; y mecanismos para un desarrollo limpio por el que pueden utilizar para cumplir los compromisos propios las reducciones de emisiones resultantes de proyectos dirigidos a reducir las emisiones en países no incluidos en el Anexo I. Estos mecanismos demuestran que lo importante para el Protocolo es la reducción de las emisiones de GEI y su cantidad total en la atmósfera, independientemente del lugar en que se produzcan. Estos mecanismos permiten aprovechar los instrumentos del mercado para actuar donde esa reducción tenga menor coste, aunque sea en un país distinto de aquel en que se llevan a cabo las emisiones.

En la XVII Conferencia de las partes de la Convención marco de las Naciones Unidas sobre cambio climático (COP17) y Séptima sesión de la Conferencia de las Partes que son Parte del Protocolo de Kioto (CMP7), celebrada en Durban del 28 de noviembre al 9 de diciembre de 2011, se decidió que el segundo período de compromiso del Protocolo de Kioto empezaría el 1 de enero de 2013, evitando así un vacío jurídico entre el primer período de compromiso que finalizaba en 2012 y un segundo período. La XVIII Conferencia de las Partes (COP18) y Octava sesión de la Conferencia de las Partes del Protocolo de Kioto (CMP8), celebrada entre el 26 de noviembre y el 8 de diciembre de 2012 en Qatar, acordó que el segundo período de compromisos durase ocho años más (desde el 1 de enero de 2013 hasta el 31 de diciembre de 2020) en lugar de cinco, que era la otra posibilidad que dejó abierta la CMP7.

El acuerdo de París se negoció durante la XXI Conferencia sobre el Cambio Climático (COP21) y se adoptó el 12 de diciembre de 2015, entrando en vigor el 4 de noviembre de 2016 tras cumplirse los requisitos para ello: la firma por más de 55 Estados que sumasen más del 55 por 100 de las emisiones de GEI, lo que se logró con su ratificación por la UE. Su aplicabilidad comenzó en 2020, momento en que finaliza su vigencia el Protocolo de Kioto, sustituyéndolo. En junio de 2017 el presidente Donald Trump anunció la retirada de Estados Unidos del Acuerdo, pero todos los demás países reiteraron su compromiso con el mismo, y Estados Unidos se reincorporó en 2021 con el presidente Joe Biden.

En París los Estados acordaron el objetivo a largo plazo de mantener el aumento de la temperatura media mundial por debajo de 2 ºC sobre los niveles preindustriales y proseguir los esfuerzos para limitar ese aumento de temperatura a 1,5 ºC, reconociendo que ello reduciría considerablemente los riesgos y los efectos del cambio climático. También aumentar la capacidad de adaptación a los efectos adversos del cambio climático y un desarrollo con bajas emisiones de GEI, de un modo que no comprometa la producción de alimentos, y por último, situar los flujos financieros en un nivel compatible con una trayectoria que conduzca a un desarrollo resiliente al clima y con bajas emisiones de gases de efecto invernadero. La aplicación del Acuerdo de París se establece mediante los principios de equidad y de las responsabilidades comunes pero diferenciadas y las capacidades respectivas, a la luz de las diferentes circunstancias nacionales. Antes y durante la conferencia de París, los países presentaron sus planes generales nacionales de acción contra el cambio climático (CPDN). Aunque los planes no bastarán para mantener el calentamiento global por debajo de 2 ºC, el Acuerdo señala el camino para llegar a esa meta.

Los Estados parte acordaron reunirse cada cinco años para fijar objetivos más ambiciosos basándose en criterios científicos, informar a los demás Gobiernos y a la ciudadanía sobre sus avances y evaluar los avances hacia el objetivo a largo plazo mediante un sólido mecanismo de transparencia y rendición de cuentas. Igualmente acordaron reforzar la capacidad de las sociedades a la hora de afrontar las consecuencias del cambio climático y ofrecer a los países en desarrollo una ayuda internacional a la adaptación mejor y más permanente. En la COP28 (Dubai, 2023), el acuerdo firmado por 198 países contempló triplicar la capacidad de las energías renovable y mejorar la eficiencia energética, reduciendo el uso la energía basada en carbón y avanzar hacia sistemas energéticos con emisiones netas cero a nivel mundial para 2050, reducir además del CO_2 las emisiones de metano para 2030, acelerar la reducción de las emisiones del transporte por carretera y eliminar las subvenciones ineficientes a los combustibles fósiles.

3. El Derecho de la Unión Europea sobre la calidad del aire

La Comunidad Europea fue adoptando diversas directivas específicas sobre calidad del aire desde los años ochenta del siglo pasado (Directivas 80/779/CE, 82/884/CE y 85/203/CE) que en el derecho interno español se incorporaron sin dificultades actualizando determinados valores de inmisión y técnicas de medición que se contemplaban en la Ley 38/1972, de 22 de diciembre, de protección del ambiente atmosférico, y en el Decreto 833/1973, principal norma de desarrollo de aquélla. Estas directivas generaban problemas de aplicación por las diferencias existentes en los mecanismos de medición y de información a la Comisión por los Estados miembros.

Con objeto de resolver estos problemas se aprobó la Directiva 96/62/CE del Consejo, sobre evaluación y gestión de la calidad del aire ambiente (Directiva marco del aire o DCA I). Esta Directiva se concibe como una Directiva marco que debía completarse por otras directivas «hijas» relativas a las diferentes sustancias contaminantes. Éstas son la Directiva 1999/30/CE del Consejo, de 22 de abril de 1999, relativa a los valores límite de dióxido de azufre, dióxido de nitrógeno y óxidos de nitrógeno, partículas y plomo en el aire ambiente; la Directiva 2000/69/CE del Parlamento Europeo y del Consejo, de 16 de noviembre de 2000, sobre los valores límite para el benceno y el monóxido de carbono en el aire ambiente; la Directiva 2002/3/CE del Parlamento Europeo y del Consejo, de 12 de febrero de 2002, relativa al ozono en el aire ambiente; y la Directiva 2004/107/CE del Parlamento Europeo y del Consejo, de 15 de diciembre de 2004, relativa al arsénico, cadmio, mercurio, níquel e hidrocarburos aromáticos policíclicos en el aire ambiente.

A diferencia de las Directivas previas, que sólo establecían valores y procedimientos de medición para sustancias concretas, la Directiva marco contiene un enfoque propio dirigido a regular la calidad del aire, cuyo principio fundamental es la atención a la calidad del aire, con independencia de los focos o agentes que puedan afectar a esa calidad. Establece un enfoque jurídico de actuación por objetivos, dejando a los Estados miembros la planificación y la decisión de los instrumentos a usar para cumplir con los objetivos marcados. En países como España o Alemania, no era tradicional que las autoridades administrativas tuviesen la función de conseguir determinados objetivos o estándares de calidad, sino que atendían tradicionalmente a los focos emisores de sustancias contaminantes, y aunque no prescindían absolutamente de los parámetros de calidad, se limitaban a reaccionar cuando las condiciones eran ya inaceptables, cuando la calidad del aire ya se había deteriorado gravemente, pudiendo afectar a la salud de las personas, adoptando medidas para tratar de corregir a posteriori la situación, estableciendo regímenes de intervención más incisivos en las zonas en cuestión. En el enfoque comunitario de la Directiva 96/62/CE, sin olvidar la corrección a corto plazo de los episodios de contaminación, la actuación frente a la contaminación atmosférica se produce *a priori* mediante la prevención y la mejora progresiva de la calidad del aire, con un calendario establecido. No obstante, el enfoque centrado en la calidad del aire debe complementarse con normas relativas a los focos contaminantes.

Respecto al enfoque tradicional, el enfoque que atiende a la calidad del aire presenta múltiples ventajas. Permite apreciar y combatir mejor los problemas que son generales; se detectan con mayor facilidad las lagunas de regulación que no se reconocen en el enfoque centrado en los focos contaminantes; y procura un reparto equitativo de las cargas entre todos los causantes de la contaminación.

Los niveles comunitarios de referencia en cuanto a la contaminación atmosférica se marcan desde el ámbito comunitario, definiendo el régimen de intervención. Debemos conocer los siguientes conceptos establecidos en las directivas:

— *Valor límite*: nivel de un contaminante, fijado basándose en conocimientos científicos, con el fin de evitar, prevenir o reducir los efectos nocivos para la salud humana y para el medio ambiente en su conjunto, que debe alcanzarse en un plazo determinado y no superarse una vez alcanzado. Por debajo del valor límite del contaminante no se registra ningún efecto negativo importante sobre la salud o el medio ambiente.

— *Umbral de alerta*: un nivel de un determinado contaminante a partir del cual una exposición de breve duración supone un riesgo para la salud humana de la población en general, por lo que las Administraciones competentes deben tomar medidas inmediatas.

— *Umbral de información*: un nivel a partir del cual una exposición de breve duración supone un riesgo para la salud humana de los grupos de población de riesgo. En este caso las administraciones competentes deben suministrar una información actualizada, inmediata y apropiada.

— *Margen de tolerancia*: es el porcentaje del valor límite en el que éste puede sobrepasarse con arreglo a las condiciones establecidas. Se ha previsto este margen para tener en cuenta los niveles efectivos de un contaminante dado en el momento de establecer los valores límite, así como los plazos necesarios para aplicar las medidas destinadas a mejorar la calidad del aire. Este margen de tolerancia tiene carácter temporal, y se va reduciendo hasta situarse en el valor límite en el plazo que se determine.

— *Valor objetivo*: es el nivel fijado con el fin de evitar a más largo plazo efectos nocivos para la salud humana o para el medio ambiente en su conjunto, que debe alcanzarse, en la medida de lo posible, en un plazo determinado.

— *Nivel crítico*: nivel fijado con arreglo a conocimientos científicos por encima del cual pueden producirse efectos nocivos para algunos receptores como las plantas, los árboles o los ecosistemas naturales, pero no para el hombre.

La Directiva de calidad del aire 96/62/CE determinó los contaminantes que se han de evaluar y gestionar (Anexo I), pero remitió a directivas posteriores, con arreglo a un calendario establecido, el establecimiento de los valores numéricos de los valores límites y de los umbrales de alerta. Además de los valores límites, las directivas de aplicación contienen, en el texto o en los extensos anexos que le acompañan, numerosas indicaciones sobre la evaluación de las concentraciones: los umbrales superior e inferior para la evaluación, ubicación y criterios para la determinación del número mínimo de puntos de muestreo para la medición fija, objetivos de calidad de los datos y la presentación de los resultados, y métodos de referencia.

Debemos preguntarnos si los criterios comunitarios de calidad del aire integran el contenido legal de un derecho subjetivo a un medio ambiente adecuado, es decir, si vinculan a las autoridades competentes. Para ello hay que hacer una distinción entre valores límite y valores objetivo. Los valores objetivo deben alcanzarse «en lo posible» y sólo obligan a los Estados miembros a adoptar las medidas necesarias que no generen costes «desproporcionados». En cambio, de acuerdo con la jurisprudencia comunitaria, los valores límite se establecen con el fin de contribuir específicamente a la protección de los seres humanos, de modo que, en todos los casos en que la superación de los valores límite pueda poner en peligro la salud de las personas, éstas tengan la posibilidad de invocar normas imperativas para hacer valer sus derechos. Las posibilidades de invocar los valores límite u otros derechos ante los órganos jurisdiccionales internos de cada Estado dependerán de su legislación interna, aunque es claro que las Directivas comunitarias en este sentido pueden tener efecto directo en los ordenamientos internos de los Estados miembros. Las personas físicas o jurídicas directamente afectadas por el riesgo de superación de los valores límite o de los umbrales de alerta deben poder obtener de las autoridades competentes, en su caso acudiendo a los tribunales, que se establezca un plan de acción cuando exista un riesgo así.

La Agencia Europea de Medio Ambiente afirma que en 2021 el 97 por 100 de la población urbana de la UE estuvo expuesta a concentraciones de partículas finas (las $PM_{2,5}$, el contaminante atmosférico más mortífero de todos) superiores a las que se establecen en las últimas directrices de la Organización Mundial de la Salud (OMS) y que la contaminación atmosférica provoca cada año cientos de miles de muertes prematuras en Europa. Solo la exposición a partículas finas provocó 238.000 muertes prematuras en 2020.

Según la Directiva marco de calidad del aire, la calidad del aire ambiente debe ser controlada en todo el territorio de los Estados miembros. Esta evaluación se puede efectuar por distintos métodos: bien por medición, bien por modelización matemática, bien por una combinación de ambos métodos, o bien por cálculo. Esta evaluación es obligatoria en las aglomeraciones de más de 250.000 habitantes o en las zonas donde las concentraciones sean cercanas a los valores límite. En caso de sobrepasarse los valores límite, los Estados miembros deben elaborar un programa que permita alcanzar los valores límite en un plazo fijado. Este programa, accesible a la población, deberá, en particular, recoger las siguientes informaciones: el lugar en que se hayan superado los valores límite de contaminación; la naturaleza y la evaluación de la contaminación; y el origen de la contaminación. Los Estados están obligados a elaborar una lista de zonas y aglomeraciones donde los niveles de contaminación sean superiores a los valores límite. En caso de superarse los límites de alerta, los Estados miembros informarán a la población y remitirán a la Comisión toda la información pertinente (nivel de contaminación registrado, duración de la alerta, etc.). Cuando determinadas zonas geográficas y aglomeraciones tengan niveles de contaminación inferiores a los valores límite, los Estados miembros deben mantener los niveles por debajo de dichos valores.

La Directiva 96/62/CE fue reemplazada por la Directiva 2008/50/CE del Parlamento Europeo y del Consejo, de 21 de mayo de 2008, relativa a la calidad del aire ambiente y a una atmósfera más limpia en Europa (DCA II). Esta última provoca una profunda revisión de la regulación para incorporar los últimos avances sanitarios y científicos y la experiencia de los Estados miembros. Para contar con una mayor claridad, simplificación y eficacia administrativa, se refunden en un único texto, en la Directiva 2008/50/CE, cuatro de las cinco Directivas vigentes sobre la calidad del aire, la propia Directiva marco, las tres primeras de sus Directivas de desarrollo y la Decisión 97/101/CE del Consejo, de 27 de enero de 1997, por la que se establece un intercambio recíproco de información y datos de las redes y estaciones aisladas de medición de la contaminación atmosférica en los Estados miembros, excluyendo de la fusión a la Directiva 2004/107/CE relativa al arsénico, cadmio, mercurio, níquel e hidrocarburos aromáticos policíclicos en el aire ambiente, puesto que los Estados miembros todavía no habían tenido tiempo suficiente para adquirir experiencia en la aplicación de esta última.

La DCA II incluyó novedades en la regulación de las partículas $PM_{2,5}$ que son las partículas más pequeñas, menores a 2,5 micrómetros (100 veces más delgadas que un cabello humano) y que pueden pasar a través de las vías respiratorias más pequeñas y causar daños más graves que las partículas PM_{10} (grandes), porque están compuestas de elementos que son más tóxicos como metales pesados y compuestos orgánicos cancerígenos. Según la Directiva DCAII, los Estados miembros sólo tienen la obligación de evaluar dichas partículas y de adoptar medidas de reducción, pero no de cumplir objetivos de calidad de aire específicos. Establece «objetivos nacionales de reducción de la exposición a las $PM_{2,5}$» valores objetivos y valores límite, todos ellos para proteger la salud humana. Los Estados miembros en su aplicación debían tomar todas las medidas necesarias, que no conlleven gastos desproporcionados, para reducir la exposición a las $PM_{2,5}$ en los plazos que señalados en la Directiva (2020) y para asegurarse de que las concentraciones de $PM_{2,5}$ no superen el valor objetivo ni el valor límite.

La dificultad de alcanzar los objetivos de los valores límite establecidos por la DGA I para determinados contaminantes en ciertas zonas y aglomeraciones es la causa de que la DGA II introdujese en su artículo 22 la posibilidad de prorrogar los plazos fijados para cumplir los valores límites de dióxido de nitrógeno y benceno en zonas o aglomeraciones concretas.

La DGA II introdujo una regulación más concreta de los planes de gestión de la calidad del aire. Utiliza una terminología más clara diferenciando sólo dos instrumentos: planes de calidad del aire y planes de acción a corto plazo. Los planes de calidad del aire se prevén para las zonas y aglomeraciones donde las concentraciones de contaminantes en el aire ambiente rebasen los valores objetivo o los valores límite de calidad del aire correspondientes. Estos planes deben establecer medidas adecuadas para que el período de superación de los valores límite sea «lo más breve posible». Además, prevé que los planes puedan incluir medidas específicas destinadas a proteger a los sectores vulnerables de la población, incluidos los niños.

En los supuestos en los que exista riesgo de superación de los valores límite o de los umbrales de alerta, las administraciones competentes elaborarán planes de acción de carácter preventivo en los que se determinen las medidas a adoptar a corto plazo. Los planes de acción a corto plazo en la DCA I podían incluir medidas de control o supresión de actividades, incluido el tráfico automovilístico. La DCA II establece que los planes de acción a corto plazo pueden incluir «medidas relativas al tráfico de vehículos a motor, a obras de construcción, a buques amarrados y al funcionamiento de instalaciones industriales o el uso de productos y a la calefacción doméstica», así como, «acciones específicas destinadas a proteger a los sectores vulnerables de la población, incluidos los niños».

En octubre de 2022, la Comisión presentó una propuesta destinada a actualizar y fusionar las Directivas vigentes sobre calidad del aire ambiente (2004/107/CE y 2008/50/CE), con normas de calidad del aire más estrictas para 2030 (para así a los objetivos mundiales de la Agenda 2030). Por ejemplo, pretende reducir el valor límite para las $PM_{2,5}$ a menos de la mitad y a la mitad para el dióxido de nitrógeno, y obliga a establecer planes de calidad del aire a los Estados miembros.

En 2024 el Consejo y el Parlamento llegaron a un acuerdo provisional en materia de calidad del aire, pero aún no se ha aprobado la nueva Directiva. El acuerdo provisional ofrece a los Estados miembros la posibilidad de solicitar, a más tardar el 31 de enero de 2029 y por razones específicas y en condiciones estrictas, una prórroga del plazo para alcanzar los valores límite de calidad del aire:

— hasta como máximo el 1 de enero de 2040, en zonas en las que el cumplimiento de la Directiva antes de la fecha límite resultara inalcanzable debido a condiciones climáticas y orográficas específicas o en las que las reducciones necesarias solo puedan lograrse con un impacto significativo en los sistemas de calefacción doméstica existentes;

— hasta como máximo el 1 de enero de 2035 (con posibilidad de prorrogarlo por dos años más) si las previsiones muestran que los valores límite no pueden alcanzarse en el plazo de cumplimiento.

Para solicitar estas prórrogas, los Estados miembros tendrán que incluir previsiones sobre la calidad del aire en sus hojas de ruta de calidad del aire (que se establecerán para 2028) que demuestren que la superación será lo más breve posible y que el valor límite se alcanzará a más tardar al final del período de aplazamiento. Durante el período de prórroga, los Estados miembros también tendrán que actualizar periódicamente sus hojas de ruta e informar sobre su ejecución.

4. Regulación de la calidad del aire y protección de la atmósfera en España

Por lo que a España se refiere, y centrándonos en el nivel local de protección de la atmósfera, debemos destacar la Ley 38/1972, de 22 de diciembre, de Protección del Ambiente Atmosférico, que durante mucho tiempo sirvió como norma básica en respuesta a los problemas de contaminación del aire, junto con su reglamento de desarrollo, el Decreto 833/1975, de 6 de febrero. Tal Ley, muy avanzada para su tiempo, fue concebida como un instrumento de protección de las poblaciones y personas ante los excesos de la contaminación. La Ley y su Reglamento fueron los primeros en incorporar preocupaciones y objetivos de protección ambiental en el sentido actual del término, y siguen conservando su vigencia en los aspectos fundamentales. No obstante, su carácter preconstitucional hacía necesaria su transformación para adaptarse a los cambios propiciados por el Estado autonómico, en que se reconocen potestades legislativas y de ejecución en este ámbito a las Comunidades Autónomas.

Esta necesaria transformación se operó por la norma que actualmente regula estas cuestiones, la Ley 34/2007, de 15 de noviembre, de Calidad del Aire y Protección de la Atmósfera (en adelante, LCAPA), cuyo objetivo declarado es «establecer las bases en materia de prevención, vigilancia y reducción de la contaminación atmosférica con el fin de evitar y cuando esto no sea posible, aminorar los daños que de ésta puedan derivarse para las personas, el medio ambiente y demás bienes de cualquier naturaleza» (art. 1). En la Ley encontramos una definición de la contaminación atmosférica, que se describe como: «*la presencia en la atmósfera de materias, sustancias o formas de energía que impliquen molestia grave, riesgo o daño para la seguridad o la salud de las personas, el medio ambiente y demás bienes de cualquier naturaleza*» (art. 3). La Ley se desarrolla por el Real Decreto 100/2011, de 28 de enero, por el que se actualiza el catálogo de actividades potencialmente contaminadoras de la atmósfera y se establecen las disposiciones básicas para su aplicación.

Como ya hemos visto en las directivas comunitarias, la fórmula jurídica de carácter general con la que se opera en el ámbito de la contaminación atmosférica es la fijación del límite de riesgo permitido mediante estándares. Estos estándares pueden provenir de tratados internacionales o de la normativa comunitaria, pero es al Gobierno central a quien corresponde fijarlos, pudiendo los ejecutivos autonómicos establecer criterios más estrictos.

4.1. *Evaluación y gestión de la calidad del aire*

La LCAPA se refiere en su capítulo II a la *evaluación y gestión de la calidad del aire*, en el que recoge unos instrumentos para la protección del medio ambiente atmosférico, que persiguen la determinación de unos niveles de calidad ambiental para cada tipo de contaminante atmosférico que se estiman aceptables o tolerables para la salud y el medio ambiente, a partir de los cuales, se prevén medidas para mantener o mejorar el estado del medio ambiente atmosférico, minimizando los efectos negativos de la contaminación atmosférica en determinadas zonas o áreas del territorio delimitadas por las autoridades competentes.

Para desarrollar una estrategia de calidad del aire son necesarias varias fases:

— En primer lugar, la aprobación de una serie de estándares u objetivos de inmisión o de calidad del aire para los distintos contaminantes. Los estándares de inmisión se refieren al nivel de contaminantes que el aire puede resistir sin alterar su calidad.

— En segundo lugar, el establecimiento de un sistema de evaluación y control para fiscalizar la aplicación y el cumplimiento de tales criterios. Para ello se ha desarrollado una red de control de la calidad del aire ambiente, cuyo objetivo es determinar la concentración de cada contaminante en el aire que pueda ser respirado por la población, afectar al ambiente o degradar los bienes materiales de cualquier naturaleza.

— En tercer lugar, una vez que tenemos la información necesaria sobre la calidad del aire ambiente y las emisiones contaminantes de las distintas fuentes, si las concentraciones de contaminantes son aceptables se deberían adoptar las medidas preventivas para evitar que aumenten en el futuro. Si los niveles son superiores a lo permitido habrá que adoptar un enfoque correctivo dirigido a la restauración de la calidad del aire ambiente en el área establecida, mediante la adopción de un régimen específico más estricto a través de la aprobación de un plan (de los que se recogen en el capítulo IV de la LCAPA).

La LCAPA establece una relación de contaminantes atmosféricos que la Administración General del Estado, con la participación de las Comunidades

Autónomas, revisará y actualizará en su caso al menos cada cinco años, tomando en consideración los efectos en la salud humana y en el medio ambiente en su conjunto, entre otras cuestiones, es el Inventario Nacional de Contaminantes Atmosféricos.

Igualmente es la Administración General del Estado la que define los objetivos de calidad del aire así como las condiciones y los plazos para alcanzar tales objetivos y también los umbrales de alerta de los distintos contaminantes atmosféricos en función del grado de exposición de las poblaciones humanas, las condiciones climáticas, la sensibilidad de la fauna, de la flora y de sus hábitats, el patrimonio histórico expuesto a los contaminantes, la viabilidad económica y técnica, el transporte a larga distancia de los contaminantes y los mecanismos de formación de cada contaminante.

La evaluación de la calidad del aire debe hacerse regularmente y corresponde, por su parte, a las Comunidades Autónomas y a las entidades locales si así lo dispone su legislación específica, la legislación básica del Estado o la de las Comunidades Autónomas en esta materia. Para ello deben contar con estaciones y redes de evaluación de la calidad del aire. En Andalucía, por ejemplo, opera la Red de Vigilancia y Control de la Calidad del Aire de Andalucía, adscrita a la Consejería de Sostenibilidad, Medio Ambiente y Economía Azul de la Junta de Andalucía. Su objetivo es la determinación del estado de la calidad del aire, y el grado de cumplimiento de límites con respecto a los valores establecidos en la legislación, la observación de la evolución de contaminantes en el tiempo, la detección rápida de posibles situaciones de alerta o emergencia, y el intercambio de información de la Administración autonómica con la estatal y la comunitaria. Informa a la población de la calidad del aire, una vez que la Administración ha evaluado los efectos, y determinado los riesgos sobre personas, otros seres vivos y sobre bienes de cualquier naturaleza. La Red aporta información para el desarrollo de modelos de predicción, que permitan anticiparse a situaciones potenciales de riesgo en zonas con alta concentración de industrias contaminantes.

El Real Decreto 102/2011, de 28 de enero, relativo a la mejora de la calidad del aire, ha concretado los mecanismos de evaluación de la calidad del aire, estableciendo todo lo relativo a las mediciones y ubicación de puntos de muestreo, entre otros aspectos.

Para la evaluación de la calidad del aire es necesario realizar una zonificación del territorio, que llevan a cabo las Comunidades Autónomas con la participación de los entes locales. Esta zonificación se realiza en función de los niveles de los contaminantes para los que se hayan establecido objetivos de calidad del aire, estableciendo listas diferenciadas de zonas (partes del territorio delimitadas por la Administración competente para la evaluación y gestión de la calidad del aire, según la LCAPA) y aglomeraciones (áreas con una concentración de población de más de 250.000 habitantes, o bien con una densidad de habitantes por km^2 que justifique que la Administración competente evalúe y controle la calidad del aire). La zonificación es a su vez la base para la planificación, que contempla dos tipos de instrumentos. Por un lado, la planificación a largo plazo para la mejora de la calidad del aire. Y por otro los planes a corto plazo en los que se determinan medidas inmediatas para zonas en las que exista riesgo de superación de los límites admisibles de contaminación. En 2021, la Conferencia Sectorial de Medio Ambiente aprobó el Plan Marco de Acción a corto plazo en caso de episodios de alta contaminación por PM_{10}, $PM_{2,5}$, Dióxido de Nitrógeno (NO_2), Ozono (O_3) y Dióxido de Azufre (SO_2).

4.2. *Información sobre la calidad del aire. La información al público y la información interadministrativa*

La difusión y acceso a la información sobre la calidad del aire es uno de los aspectos novedosos que introdujo la LCAPA. Esto se deriva también de la normativa ambiental comunitaria, que ha venido prestando una especial atención al estado del medio ambiente como presupuesto para la participación de los ciudadanos en su gestión.

Así, la Ley 27/2006, de 18 de julio, sobre los derechos de acceso a la información, de participación pública y de acceso a la justicia en materia de medio ambiente, reconoce el derecho de acceso a la información ambiental, también sobre el «estado [...] del aire y de la atmósfera», y los «factores [...] como emisiones [...] que afecten o puedan afectar a los elementos del medio ambiente» [art. 2.3.*a*) y *b*)], y también se incluyen diversas previsiones en el artículo 8 de la LCAPA para garantizar el derecho de acceso de todos a la información sobre la calidad del aire:

— Obliga a todas las Administraciones Públicas a tomar «cuantas medidas sean necesarias para garantizar que el público en general y las entidades interesadas tales como las organizaciones ecologistas, empresariales, de consumidores y sanitarias, reciban información adecuada y oportuna acerca de la calidad del aire, de los indicadores ambientales elaborados por el Ministerio de Medio Ambiente [...] y de los planes y programas para la protección de la atmósfera y para minimizar los efectos negativos de la contaminación atmosférica». Dicha información «se suministrará de forma clara y comprensible a través de medios de difusión fácilmente accesibles, incluido Internet» (art. 8.1).

— Obliga a las Administraciones a hacer públicos los estudios sobre calidad del aire y salud que se encarguen en el ámbito de sus competencias (art. 8.2).

— Exige a las Comunidades Autónomas que informen periódicamente a la población del nivel de contaminación y, de manera específica, cuando se sobrepasen los objetivos de calidad del aire (art. 8.3).

— Obliga a los municipios con población superior a 100.000 habitantes y los que formen parte de una aglomeración a disponer de «datos para informar a la población sobre los niveles de contaminación y la calidad del aire» (art. 8.4).

Frente al incumplimiento de estas obligaciones administrativas cabe utilizar los recursos administrativos y contenciosos en las condiciones previstas por los artículos 20 y siguientes de la Ley 27/2006.

Destacan por otra parte las obligaciones de prestar información sobre el medio ambiente atmosférico entre las Administraciones Públicas competentes en la materia. El Estado español debe enviar información a la Comisión Europea sobre la aplicación de las directivas de calidad del aire, y las Administraciones Públicas, en virtud del deber de información mutua y colaboración que establece la LCAPA, deben intercambiarse los datos e informaciones para la evaluación y correcta gestión de la calidad del aire. En este sentido, cobra importancia el Sistema Español de Inventario y Proyecciones de Emisiones a la Atmósfera de gases de efecto invernadero y contaminantes atmosféricos. Las Proyecciones y el Sistema Español de Inventario (SEI) permiten evaluar el cumplimiento por España de los compromisos internacionales y europeos de emisiones a la atmósfera y elaborar políticas y medidas de mitigación de emisiones.

Como supuesto concreto de información interadministrativa, en los casos en que se sobrepasen los umbrales de información y alerta previstos reglamentariamente, la Comunidad Autónoma afectada informará también a los órganos competentes en materia sanitaria, de medio ambiente y de protección civil conforme a los planes de acción y protocolos establecidos en el marco de protección civil. Si se superan dichos umbrales en zonas cercanas a las fronteras del Estado, las Comunidades Autónomas afectadas deben notificarlo al Ministerio de Asuntos Exteriores, a los efectos de poner el hecho en conocimiento de los Estados miembros vecinos.

4.3. *Prevención de las emisiones de las actividades potencialmente contaminadoras a la atmósfera*

La estrategia actual de lucha contra la contaminación atmosférica se articula a través de dos clases de normas: las normas de calidad del aire y las normas de emisión.

Las normas de calidad del aire se basan, como hemos visto, en la fijación de objetivos de calidad del aire, que se concretan en la determinación de valores límite de inmisión para determinados contaminantes identificados como prioritarios. Para controlar el cumplimiento de estos estándares es preciso disponer de un sistema de evaluación y control de calidad del aire, consistente en una red de estaciones sensoras. Si esta red identifica incumplimientos de los estándares de calidad se prevé la aplicación de planes de saneamiento, que establecen un régimen administrativo de control más estricto para corregir las situaciones de vulneración de los valores límites de inmisión.

Sin embargo, las normas de emisión se caracterizan por su carácter preventivo. Estas normas se basan igualmente en la determinación de estándares técnicos y, en su caso, de valores límite de emisión. En consonancia con la normativa comunitaria, la Ley define el «valor límite de emisión» como «la masa o la energía expresada en relación con determinados parámetros específicos, la concentración o el nivel de una emisión, cuyo valor no debe superarse dentro de uno o varios períodos determinados». Por su parte, se define la emisión como «la expulsión a la atmósfera, al agua o al suelo de sustancias, vibraciones, calor o ruido procedentes de forma directa o indirecta de fuentes puntuales o difusas de la instalación».

Las actividades potencialmente contaminantes deben respetar los valores límites de emisión que permiten alcanzar las mejores técnicas disponibles en el mercado tecnológico. El titular de la actividad contaminante cumple las exigencias legales cuando instala y aplica adecuadamente la mejor tecnología disponible. El sistema normativo delega aquí en la técnica la fijación del nivel de riesgo socialmente aceptable. La determinación de esos estándares y exigencias técnicas se concreta en las autorizaciones ambientales de las actividades contaminantes. Para ello las normas de emisión establecen la obligación de evaluación y control previo de proyectos a través de un procedimiento autorizatorio, mediante el cual se determinan las condiciones de funcionamiento y control de las actividades industriales. La autorización de emisión se integrará como un acto de trámite dentro del procedimiento de autorización ambiental integrada, en el caso de que la actividad esté sujeta a este tipo de autorización.

El desarrollo de las disposiciones de la LCAPA sobre prevención de las emisiones de las actividades potencialmente contaminadoras trae causa de la normativa comunitaria que hemos analizado. En el ámbito estatal no podemos olvidar la influencia de la Ley 16/2002, de 1 de julio, de Prevención y Control Integrados de la Contaminación (LPCIC), cuyas numerosas modificaciones se integraron en su actual Texto Refundido —Real Decreto Legislativo 1/2016, de 16 de diciembre, por el que se aprueba el Texto Refundido de la Ley de Prevención y Control Integrados de la Contaminación (TRLPCIC)—.

La LCAPA se aplica a los contaminantes incluidos en su Anexo I y a las actividades potencialmente contaminadoras de la atmósfera. Éstas se definen por la norma como «aquellas que, por su propia naturaleza, ubicación o por los procesos tecnológicos utilizados constituyan una fuente de contaminación cuyas características pueden requerir que sean sometidas a un régimen de control y seguimiento más estricto» [art. 3.*a*) LCAPA]. Las actividades potencialmente contaminantes se concretan en el Anexo IV de la norma con carácter taxativo, aunque la lista se actualiza periódicamente.

La LCAPA distingue tres grupos de actividades: A, B y C. Las actividades incluidas en el grupo A estarán sujetas a unos requisitos de control de emisiones más exigentes que las recogidas en el grupo B, si bien ambas están obligadas a disponer de una autorización ambiental integrada o una autorización autonómica de emisiones. Las actividades del grupo C estarán afectadas únicamente por un régimen de comunicación previa a su implantación, explotación, traslado y modificación sustancial.

IV. ACTIVIDADES PRÁCTICAS

Actividad 1.—En primer lugar, antes de la práctica, los alumnos deberán buscar en la web de la Consejería o Concejalía de Medio Ambiente que corresponda, informes sobre la calidad aire en su ciudad, en la zona más cercana a su residencia, del año anterior o el último disponible, en relación con los contaminantes especificados en el TRLCAPA.

Posteriormente en el aula, y bajo la supervisión del docente, pueden proceder al visionado del documental *Ciudades irrespirables*, del programa *Documentos TV* de La 2 de Televisión Española, de 2016, disponible *on line* en la siguiente dirección: https://www.youtube.com/watch?v=W3xp5PT_0Ws.

O bien el documental realizado en 2015 «Bajo la cúpula/Under the dome» viral y censurado en China sobre la contaminación en dicho país, https://www.youtube.com/watch?v=lBlzdRviO14

Tras la recopilación de información y la proyección , se realizará un debate guiado por el profesor, respondiendo a las siguientes cuestiones:

a) ¿Tras observar los datos, cómo consideras la calidad del aire en tu ciudad? ¿Piensas que ha mejorado la calidad del aire o que ha empeorado en los últimos años?

b) ¿Qué opinas del diseño de tu ciudad en materia de transportes? ¿Predomina el uso del transporte privado o público? ¿Se favorece la utilización del transporte público, o por el contrario su mal funcionamiento o los déficits en cuanto a su radio de alcance provocan el uso del transporte privado? ¿Existen en tu localidad carriles para bicicletas o bicicletas para uso público? ¿Existe alguna regulación o normativa en tu municipio sobre el uso de la bicicleta que lo fomente?

c) ¿Qué medidas legales conoces para reducir las emisiones de los vehículos a motor? ¿Cuáles podrían aplicarse? ¿Qué coste económico tendrían? ¿Contribuyen a solucionar el problema los coches de motor eléctrico o mixto?

d) Realiza una valoración global del documental.

Actividad 2.—Analice la Sentencia del Tribunal de Justicia de las Comunidades Europeas (Sala Sexta) de 22 de diciembre de 2022, asunto C-125/20 Comisión Europea contra Reino de España.

La Sentencia resuelve un recurso por incumplimiento interpuesto con arreglo al artículo 258 TFUE, el 4 de marzo de 2020 por la Comisión Europea contra España, por haber incumplido las obligaciones establecidas por el artículo 13, apartado 1, de la Directiva 2008/50/CE del Parlamento Europeo y del Consejo, de 21 de mayo de 2008, relativa a la calidad del aire ambiente y a una atmósfera más limpia en Europa, en relación con su anexo XI, ya que, desde 2010, se han superado de forma sistemática y continuada, por una parte, en las zonas ES0901 Àrea de Barcelona, ES0902 Vallès - Baix Llobregat y ES1301 Madrid, el valor límite anual fijado para el dióxido de nitrógeno (NO_2) y, por otra parte, en la zona ES1301 Madrid, el valor límite horario fijado para el NO_2; y las obligaciones que le incumben en virtud del artículo 23, apartado 1, párrafo segundo de la misma Directiva, en relación con su anexo XV, de velar por que el período de superación de los valores límite fijados para el NO_2 sea lo más breve posible, al no haber adoptado, desde el 11 de junio de 2010, las medidas adecuadas para que el período de superación fuera lo más breve posible en dichas zonas.

V. AUTOEVALUACIÓN

1. El fenómeno denominado como «lluvia ácida» trata de evitarse a nivel internacional:

a) Mediante el Protocolo de Montreal de 1987.
b) Mediante el Protocolo de Kioto de 1997.
c) Mediante la Convención de Ginebra de 1979 que regula la contaminación atmosférica transfronteriza a gran distancia.

2. El Protocolo de Montreal de 1987 desarrolla:

a) El Convenio de Viena de 1985 para la protección de la capa de ozono.

b) El Convenio de Ginebra de 1979 sobre la contaminación atmosférica transfronteriza a gran distancia.
c) El Convenio de Nueva York de 1992 sobre el cambio climático.

3. El Acuerdo de París de 2015:

a) Ya no se encuentra en vigor, tras la salida de Estados Unidos.
b) Entró en vigor en 2020, fecha en que finalizó la vigencia del Protocolo de Kioto.
c) Complementa al protocolo de Kioto para conseguir una reducción de la temperatura global.

4. Un nivel de un determinado contaminante a partir del cual una exposición de breve duración supone un riesgo para la salud humana de la población en general, por lo que las Administraciones competentes deben tomar medidas inmediatas, corresponde con:

a) El denominado «umbral de alerta».
b) El denominado «umbral de información».
c) El denominado «nivel crítico».

5. La Directiva 2008/50/CE del Parlamento Europeo y del Consejo, de 21 de mayo de 2008, relativa a la calidad del aire ambiente y a una atmósfera más limpia en Europa (DCA II):

a) Incluye una nueva regulación sobre las partículas superiores a 2,5 micrómetros (las partículas PM_{10}).
b) Sustituye a la Directiva 96/61/CE sobre prevención y control integrados de la contaminación.
c) Refunde en un único texto cuatro de las cinco Directivas que existían sobre la calidad del aire, la Directiva marco y sus tres primeras Directivas de desarrollo o «hijas» y la UE prepara su sustitución.

6. La primera fase para desarrollar una estrategia de calidad del aire es:

a) La aprobación de una serie de estándares u objetivos de inmisión o de calidad del aire para los distintos contaminantes.
b) Diseñar una red de control de la calidad del aire ambiente.
c) Adoptar las medidas y planes necesarios para evitar que las emisiones de contaminantes aumenten.

7. La zonificación del territorio para evaluar la calidad del aire debe realizarla:

a) El Estado.
b) Las Comunidades Autónomas.
c) Las Comunidades Autónomas con la participación de los entes locales.

8. La información al público sobre la calidad del aire:

a) Obliga a las Administraciones Públicas a que garanticen la participación de los interesados (p. ej.: las organizaciones ecologistas), en la elaboración de los estudios sobre calidad del aire.
b) Exige a las Comunidades Autónomas que informen periódicamente a la población del nivel de contaminación y, de manera específica, cuando se sobrepasen los objetivos de calidad del aire.
c) Obliga a los municipios de más de 50.000 habitantes a disponer de datos para informar a la población sobre los niveles de contaminación y la calidad del aire.

9. Los valores límite de emisión establecidos por la LCAPA para las actividades potencialmente contaminantes:

a) Se definen como la masa o la energía expresada en relación con determinados parámetros específicos, la concentración o el nivel de una emisión, cuyo valor no debe superarse dentro de uno o varios períodos determinados.
b) Son independientes de las mejores técnicas disponibles en el mercado tecnológico para el control de la contaminación.
c) Dependerán en cada caso de las autorizaciones a las que tenga que someterse la actividad.

10. La relación de los contaminantes atmosféricos se establece en España:

a) Por las Comunidades Autónomas en sus normas ambientales.
b) Por el Estado.
c) Por el Estado con la participación de las Comunidades Autónomas.

VI. MATERIAL DIDÁCTICO

1. Lecturas recomendadas

Almenar Muñoz, A. M., «La contaminación atmosférica derivada de las aglomeraciones urbanas y otras causas: el incumplimiento constante de los niveles de contaminación atmosférica», *Actualidad Jurídica Ambiental*, n.º 67 (abril), 2017, pp. 26-35.

Bensusan Martín, M.ª P., *Regulación jurídico-administrativa de la contaminación atmosférica*, Aranzadi, Pamplona, 2014.

Borrás Pentinant, S. y Villavicencio Calzadilla, P.M. (eds. lits.). *El Acuerdo de París sobre cambio climático: ¿un acuerdo histórico o una oportunidad perdida? Análisis jurídico y perspectivas futuras*, Thomson Reuters Aranzadi, 2018.

Doreste Hernández, J., «La protección de la calidad del aire en un contexto de lucha contra el cambio climático ante los tribunales de justicia», *Revista Catalana de Dret Ambiental*, vol. 11, n.º 2, 2020.

Esteve Pardo, J., *Derecho del medio ambiente* (5.ª ed.), Marcial Pons, Madrid, 2022 (capítulo XVII).

Fernández Ruiz, P., «La protección del medio ambiente. Contaminación atmosférica; regulación sobre la calidad del aire y la protección de la atmósfera. Espacios naturales protegidos. Residuos tóxicos. Referencia a la política de medio ambiente en la Unión Europea», en Bueno Sánchez, J. M., *et al.* (coords.), *Lecciones fundamentales de Derecho Administrativo (parte general y parte especial)*, Aranzadi, Pamplona, 2015, pp. 885-896.

González Iglesias, M. A., «Los gases de efecto invernadero: el cambio climático; la Convención Marco de las Naciones Unidas y el Protocolo de Kioto», *Noticias de la Unión Europea*, n.º 258, 2006 (ejemplar dedicado a gases de efecto invernadero), pp. 51-68.

González Sánchez, S., «Los sistemas de comercio de derechos de emisión de gases de efecto invernadero», *Revista Aranzadi de Derecho Ambiental*, n.º 18/2010, pp. 105-136.

Juste Ruiz, J., «Nuevas técnicas jurídicas frente al cambio climático: los mecanismos de flexibilidad en el protocolo de Kioto», *Revista de la Facultad de Derecho de la Universidad de Granada*, n.º 12, 2009 (ejemplar dedicado a Derecho y cambio climático), pp. 95-123.

Loperena Rota, D. (dir.), *La calidad del aire y la protección de la atmósfera*, Aranzadi, Cizur Menor (Navarra), 2010.

Pont Castejón, I., y Moreno Nieto, J. E., «Actuación ambiental del Estado: planificación hidrológica, política energética y calidad del aire», en López Ramón, F. (coord.), *Observatorio de políticas ambientales 2014*, pp. 249-266.

Sabaté i Vidal, J. M.ª, «Gobiernos locales y calidad del aire», *Consultor de los ayuntamientos y de los juzgados*, número extra 2, 2023.

Valencia Martín, G., «La prevención y control de las emisiones en la Ley de calidad del aire y protección de la atmósfera», *Revista Aranzadi de Derecho Ambiental*, n.º 17, 2010, pp. 165-187.

2. Normativa de referencia

2.1. *Internacional*

— Convenio de Ginebra sobre la contaminación atmosférica transfronteriza a gran distancia, de 13 de noviembre de 1979. Protocolos de Gotemburgo relativo a la reducción de la acidificación, de la eutrofización y del ozono en la troposfera; Aarhus sobre los metales pesados y los contaminantes orgánicos persistentes.

— Convenio de Viena de 22 de marzo de 1985 para la protección de la capa de ozono.

— Convención Marco de Nueva York de 9 de mayo de 1992 sobre el cambio climático. COP17: Acuerdo de París de 2015.

2.2. *Comunitaria*

— Directiva 2003/87/CE del Parlamento Europeo y del Consejo, de 13 de octubre de 2003, por la que se establece un régimen para el comercio de derechos de emisión de gases de efecto invernadero en la Comunidad y por la que se modifica la Directiva 96/61/CE relativa a la prevención y el control integrados de la contaminación.

— Directiva 2008/50/CE del Parlamento Europeo y del Consejo, de 21 de mayo de 2008, relativa a la calidad del aire ambiente y a una atmósfera más limpia en Europa.

— Directiva 2004/107/CE del Parlamento Europeo y del Consejo, de 15 de diciembre de 2004, relativa al arsénico, cadmio, mercurio, níquel e hidrocarburos aromáticos policíclicos en el aire ambiente.

— Directiva 2016/2284 (UE) del Parlamento Europeo y del Consejo, de 14 de diciembre de 2016, relativa a la reducción de las emisiones nacionales de determinados contaminantes atmosféricos, por la que se modifica la Directiva 2003/35/CE y se deroga la Directiva 2001/81/CE.

— Reglamento (UE) 2018/1999 sobre la gobernanza de la Unión de la Energía y de la Acción por el Clima.

— Reglamento Delegado (UE) 2020/1044 en lo que respecta a los valores de los potenciales de calentamiento global y las directrices para los inventarios de gases de efecto invernadero, y en lo que respecta al sistema de inventarios de la UE.

— Reglamento (UE) 2018/841 del Parlamento Europeo y del Consejo sobre la inclusión de las emisiones y absorciones de gases de efecto invernadero resultantes del uso de la tierra y la silvicultura en el marco de actuación en materia de clima y energía hasta 2030.

2.3. *Nacional*

— Ley 1/2005, de 9 de marzo, por la que se regula el régimen de comercio de derechos de emisión de gases de efecto invernadero.

— Ley 34/2007, de 15 de noviembre, de Calidad del Aire y Protección de la Atmósfera.

— Real Decreto 102/2011, de 28 de enero, relativo a la mejora de la calidad del aire.

— Real Decreto 100/2011, de 28 de enero, por el que se actualiza el catálogo de actividades potencialmente contaminadoras de la atmósfera y se establecen las disposiciones básicas para su aplicación.

— Real Decreto Legislativo 1/2016, de 16 de diciembre, por el que se aprueba el texto refundido de la Ley de prevención y control integrados de la contaminación.

3. Sitios web

— Programa concertado de seguimiento y evaluación del transporte a gran distancia de los contaminantes atmosféricos en Europa (EMEP): http://www.emep.int/

— Sistema Español de Inventario y Proyecciones de Emisiones de Contaminantes a la Atmósfera: https://www.miteco.gob.es/es/calidad-y-evaluacion-ambiental/temas/sistema-espanol-de-inventario-sei-.html

— Registro Estatal de Emisiones y Fuentes Contaminantes (PRTR-España, que sustituye a EPER-España): http://www.prtr-es.es/

— European Pollutant Release and Transfer Register (Registro Europeo de Emisiones y Fuentes Contaminantes, E-PRTR): http://prtr.ec.europa.eu/

— European Environmental Agency, air pollution (Agencia Europea del Medio Ambiente, contaminación atmosférica): https://www.eea.europa.eu/

4. Otros documentos de interés

Documento 1.—Documental «Una Verdad Incómoda» (*An Inconvenient Truth*). Se trata de un famoso documental estadounidense presentado por el exvicepresidente de los Estados Unidos durante el mandato de Bill Clinton, Al Gore, sobre los efectos del calentamiento global generado por la actividad humana sobre el planeta Tierra. El documental fue publicado el 21 de noviembre de 2006 en Estados Unidos.

Por la autoría de este documental, Al Gore obtuvo el Premio Nobel de la Paz en octubre de 2007, premio que comparte con el Grupo Intergubernamental de Expertos sobre el Cambio Climático (IPCC, por sus siglas en inglés) de Naciones Unidas.

El documental está disponible en la siguiente dirección de Internet: https://www.youtube.com/watch?v=WBpbJuXjy4w

CAPÍTULO 15

DERECHO DE AGUAS

Asensio Navarro Ortega
Profesor Contratado Doctor de Derecho Administrativo
Universidad de Granada

I. PALABRAS CLAVE

Ciclo hidrológico; Calidad del agua; Gestión Integrada del Agua; Directiva marco de aguas; Texto Refundido de la Ley de Aguas; Dominio público hidráulico; Planificación hidrológica; Cuenca hidrográfica; Demarcación hidrográfica; Unidad de gestión; Administración hidráulica; Competencias del Estado y de las Comunidades Autónomas.

II. OBJETIVOS DIDÁCTICOS

1. Conocer e interpretar la legislación y organización administrativa ambiental en materia de aguas.
2. Instruir al alumno para el análisis, evaluación y resolución de problemas que surgen en torno al Derecho de aguas.
3. Ofrecer notas generales que sirvan como aproximación a esta rama jurídica.
4. Dar a conocer al alumno las principales herramientas utilizadas en la gestión y planificación de los recursos hídricos.
5. Sentar las bases para un mejor manejo de la normativa y jurisprudencia en cuestiones relacionas con el Derecho de aguas y el medio ambiente en general.

III. CONTENIDO DOCENTE

1. Introducción

Como decía el filósofo Tales de Mileto, el agua constituye el origen de todas las cosas. Esta elemental sustancia representa el recurso natural más importante para los seres vivos y cubre más del 70 por 100 de la superficie terrestre. La mayor parte es agua salada y se concentra en los mares y océanos (96,5 por 100); el resto, unos 35 trillones de litros, es agua dulce que queda «atrapada» en forma de hielo y nieve en glaciares, casquetes polares, permafrost y nieves perpetuas que almacenan el 1,74 por 100 del total de este recurso; depósitos subterráneos (acuíferos) y glaciares continentales constituyen otro 1,72 por 100. De esta forma, el agua apta para el consumo humano apenas alcanza el 0,04 por 100, repartida en orden decreciente entre lagos, humedad del suelo, atmósfera, embalses y ríos. La cantidad de agua que representa este conjunto y su vital trascendencia nos ilustra sobre la importancia de llevar a cabo un consumo responsable y una adecuada gestión de los recursos hídricos en nuestro planeta.

Uno de los principales problemas a los que se enfrentan los seres humanos a la hora de gestionar los recursos hídricos es que no existe un reparto equitativo ni un consumo equilibrado de agua en el mundo. Esto actúa como un drama de tremendas consecuencias en el día a día de millones de personas. Está previsto, incluso, que la situación se agrave durante el transcurso de los próximos años. Diversos factores contribuirán decisivamente a ello: el cambio climático y sus efectos asociados (incremento de la temperatura y del nivel del mar, con la consecuente salinización de acuíferos y masas de agua superficiales; aumento de las inundaciones y de las sequías, cambios en el régimen de precipitaciones y evaporación, etc.), el crecimiento exponencial de la población mundial (unos 83 millones de personas al año) y de los flujos migratorios desencadenados por la escasez de agua y alimento... Y es que, la falta de agua provoca subdesarrollo, conflictos sociales, guerras, hambrunas, aumento del número de refugiados ambientales, desigualdad social y otros problemas a gran escala. Todos estos factores dibujan un panorama en el que el agua asume un papel primario, como solución y parte del problema.

De ahí que se venga reconociendo, cada vez con más fuerza, la existencia de un Derecho humano al agua. Un Derecho que asegure la disposición de este bien (¡el más preciado!) en una cantidad mínima o suficiente para garantizar la propia supervivencia. Allí donde no hay agua, no hay vida. Sobre la base de esta afirmación el Derecho debe proveer instrumentos capaces de establecer una mejor protección y aprovechamiento de este recurso. Este es, precisamente, el objetivo al que se dirige el Derecho de aguas que, a través de una serie de normas y fundamentos, aspira a regular con sentido común esta materia. A continuación, resumimos algunos rasgos o aspectos destacados del Derecho de aguas en nuestro país, empezando por es su origen.

2. El Derecho de aguas en España como tradición jurídica

La Historia de la gestión del agua es la Historia de la Humanidad. El Derecho de aguas o *hidronomía* cuenta con una larga tradición jurídica en nuestro país. Sus raíces históricas se remontan a miles de años de antigüedad con la aparición de las primeras normas que establecían cómo se debía utilizar el agua y a quién le pertenecía ese derecho. No obstante, su evolución ha venido marcada por la impronta que han dejado en él diferentes civilizaciones en su paso por la Península, siendo el Derecho romano la referencia más destacada al introducir conceptos fundamentales sobre los que aún, hoy en día, se articula nuestra legislación de aguas, como el de dominio público.

Si bien es cierto que la regulación del agua se remonta a tiempos inmemoriales, podemos situar el nacimiento del moderno Derecho de aguas en España con la aprobación de las Leyes de Aguas de 1866 y 1879 que, cercanas en el tiempo y prácticamente idénticas en su contenido, constituyen dos hitos fundamentales de la regulación histórica de esta materia y, en general, de toda nuestra legislación decimonónica. De hecho, la Ley de Aguas de 1879 estuvo vigente durante más de un siglo, hasta su derogación por la Ley de Aguas de 1985.

3. Características y fundamentos del Derecho de aguas en España

El Derecho de aguas constituye una rama independiente del Ordenamiento jurídico formada mayoritariamente por normas de «Derecho Público» (es decir, aquellas que ordenan las relaciones jurídicas en las que al menos una de las partes que se ve afectada es un poder o interés público). Aunque este Derecho hunde sus raíces en el Derecho civil, la importancia de la rama privada se verá aminorada con la declaración de las aguas como «bienes de dominio público» y la remisión de su régimen jurídico a normas de Derecho público.

El Derecho de aguas es una materia compleja. Así lo reflejaba, ya entonces, la *Enciclopedia española de Derecho y Administración*, escrita por D. Lorenzo Arrazola en 1849 que, en referencia al agua y su relación con el Derecho público y la Administración, destacaba cómo forman un «campo vasto todavía donde para acertar es preciso un asiduo desvelo y una aplicación exacta de las máximas generales a los infinitos casos que pueden ocurrir en esta materia». Esta complejidad y enorme casuística, que no han ido sino en aumento con el paso del tiempo, hace que la práctica profesional de este Derecho exija una profunda formación jurídica, además de un cierto conocimiento interdisciplinar transmitido por otras ciencias naturales, ingenierías, de administración y gestión, etc.

En el lapso de tiempo que marca la evolución del Derecho de aguas se han sucedido importantes reformas que han afectado a la concepción del recurso o a la organización administrativa por medio de la cual se ha de gestionar el mismo. Ahora bien, este proceso se ha caracterizado por el respeto a unos rasgos o fundamentos propios que se han mantenido invariables.

Para empezar, el Derecho de aguas tiene una profunda base ambiental que conecta con el artículo 45 de la Constitución española. Este precepto impone a los poderes públicos la «utilización racional de todos los recursos naturales». Nuestro Derecho positivo reconoce al agua como un recurso natural escaso, indispensable para la vida y para el ejercicio de la inmensa mayoría de las actividades económicas; que es irreemplazable, no ampliable por la mera voluntad del hombre, irregular en su forma de presentarse en el tiempo y en el espacio, fácilmente vulnerable y susceptible de usos sucesivos (Preámbulo de la Ley 29/1985, de 2 de agosto, de Aguas).

Esta afirmación resulta apropiada para destacar la limitada capacidad hídrica de España, condicionada por las características hidrográficas del territorio (índices pluviométricos, ríos que atraviesan ese territorio, etc.) y su posición geográfica. Desde la perspectiva de la realidad española, la carestía del recurso no se debe tanto a la escasez sino a la irregularidad de su disponibilidad natural, la irregularidad geográfica, y también cronológica, de su posible utilización (S. Martín Retortillo). En este sentido, se suele diferenciar a la sequía (déficit pluviométrico) de la escasez (cuando las necesidades de agua sean superiores a la oferta máxima disponible); el primero es un fenómeno coyuntural; el segundo, estructural. Una cuestión que debemos tener en cuenta, por tanto, es que, en cada caso, se requerirán soluciones especiales adaptadas a las necesidades geográficas.

De ahí que, durante mucho tiempo, la gestión del agua se haya centrado en asegurar el aprovechamiento de los recursos hídricos (aspectos cuantitativos) a través de la construcción de una extensa red de obras e infraestructuras públicas dirigidas a salvaguardar las necesidades básicas de abastecimiento. No obstante, progresivamente, se ha prestado mayor atención a cuestiones ligadas a la protección y calidad ambiental de las masas de agua (aspectos cualitativos). Pues bien, una correcta gestión integrada del agua implica la consideración de ambos elementos: cuantitativos y cualitativos. En su virtud, el Derecho de aguas constituye parte sustancial del Derecho ambiental al considerar netamente aspectos ambientales, actuando en la línea que marca el artículo 45.2 de la Constitución española que, recordemos, impone a los poderes públicos la utilización racional de los recursos naturales con el fin de proteger y mejorar la calidad de la vida y defender y restaurar el medio ambiente, apoyándose en la indispensable solidaridad colectiva.

En segundo lugar, la estructura sobre la que se sostiene nuestro Derecho de aguas se fundamenta en rasgos o principios que actúan con carácter básico, como la gestión del recurso por cuencas hidrográficas y no a través de delimitaciones político-administrativas; la autoridad de cuenca y el principio de unidad de gestión; la planificación hidrológica; la participación pública en la toma de decisiones relacionadas con la gestión del agua; la autonomía administrativa de los Organismos de cuenca que deben llevar a cabo la gestión del agua dentro de cada cuenca hidrográfica, etc. Todos estos principios inspiran el desarrollo normativo en materia de aguas en nuestro Ordenamiento.

Del mismo modo, como decisión más relevante del legislador, destaca la declaración de todas las masas de agua como bienes de dominio público. Esta demanialización *ex lege* (es decir, la declaración se produce por ley), pretende garantizar el uso e interés público del recurso a la vez que le otorga un régimen especial (exorbitante) de significativas consecuencias. De manera general, la declaración de las masas de agua como bienes de dominio público actúa como una reserva y una técnica de intervención mediante la cual se afecta (se destina) a una finalidad pública prevista en la Ley este recurso natural. Así, las masas de agua pasan a ser de titularidad del Estado y están sometidas a una protección más intensa. En palabras del propio Tribunal Constitucional, la declaración de bienes de dominio público constituye «una técnica dirigida primordialmente a excluir el bien afectado del tráfico jurídico privado, protegiéndolo de esta exclusión mediante una serie de reglas exorbitantes de las que son comunes en dicho tráfico privado» (STC 227/1998, de 29 de noviembre). Con ello, se persigue asegurar el uso público del agua garantizando las necesidades colectivas, así como conseguir el fomento de la riqueza nacional y la explotación racional de este recurso natural de acuerdo con lo dispuesto en el artículo 45 de la Constitución española.

Por otro lado, el Derecho de aguas tiene una naturaleza trasversal que se manifiesta, más allá de la amplitud de las cuestiones que trata, en el hecho de que su ordenación afecta a sectores diferentes de regulación. Ello obliga a tener en cuenta las intensas relaciones que se producen entre ámbitos y materias que pueden resultar divergentes por los intereses opuestos que persiguen. Así sucede, por ejemplo, cuando se decide sobre el desarrollo, o no, de núcleos urbanos en determinados municipios en función de la disponibilidad y demanda de agua. Y es que, la transversalidad de esta materia, se convierte comúnmente en causa de conflicto al regular actividades o sectores que necesitan de una gran cantidad de recursos hídricos para su desarrollo, como son la agricultura, la ganadería, la ordenación del territorio, el urbanismo, el turismo, etc.; o bien en aquellos casos en los que existe una extraordinaria confluencia normativa entre el Derecho de aguas y otros sectores al coincidir su ámbito de aplicación, como sucede, por ejemplo, con la legislación de costas, la protección de espacios naturales y de la biodiversidad, la protección del medio marino, etc.

Finalmente, hay que subrayar el hecho de que el agua es un bien extremadamente codiciado. La consecución de grandes intereses socioeconómicos depende de la disponibilidad de este recurso. Por eso se dice que el Derecho de aguas se apoya en fuertes raíces sociológicas y ha ido adoptando progresivamente un cariz político de acuerdo con intereses regionales (Embid Irujo). En este sentido, cabe mencionar la agria polémica surgida del proceso de «territorialización» o «regionalización» del agua impulsado en los últimos años como consecuencia de las reformas estatutarias emprendidas por algunas Comunidades Autónomas. El asunto se ha saldado, hasta el momento, con varios pronunciamientos del Tribunal Constitucional que han venido a enjuiciar esta cuestión (véanse, entre otras muchas, las SSTC 30/2011, de 16 de marzo y 32/2011, de 17 de marzo, en relación con las reformas de los Estatutos de Andalucía y Castilla y León). No obstante, la complejidad de esta materia y el propósito introductorio al que pretende servir esta Lección, aconsejan no profundizar ahora más en ello.

4. El agua en nuestro Derecho positivo actual

El agua es un recurso vital y escaso que no conoce fronteras, nos concierne a todos y su suministro lleva aparejado un coste (económico y social). De ahí que su gestión exija la adopción de medidas integrales y complementarias dirigidas a resolver los problemas a los que se enfrenta nuestra sociedad. A continuación, analizamos los principales fundamentos que recoge nuestra normativa, y cómo estos se erigen en respuesta a los problemas e interrogantes que venimos planteando.

4.1. *Marco normativo*

a) El Derecho europeo y la Directiva marco de aguas

Ya hemos señalado que el Derecho de aguas está conformado por un cuadro normativo profuso. Se trata, además, de un Derecho dinámico, que debe atender a una realidad cambiante. Esta cualidad se ha intensificado, sobre todo, a partir de la entrada en vigor de la Ley de Aguas de 1985 y la incorporación de España a la Unión Europea (ambas circunstancias coincidentes, el 1 de enero de 1986). En este sentido, la transposición del Derecho comunitario a nuestro Ordenamiento jurídico ha desempeñado un papel destacado en la configuración actual de nuestro Derecho de aguas. Como ejemplo de esta afirmación, destaca la implementación en España de la Directiva 2000/60/CE, *por la que se establece un marco comunitario de actuación en el ámbito de la política de aguas* (en adelante, Directiva marco de aguas). La norma europea viene en unos casos a completar, y en otros a sistematizar, la política de aguas desarrollada en la Unión Europea desde mediados de la década de los años setenta. Hasta la aprobación de la Directiva marco de aguas, esta política de aguas comunitaria estaba articulada sobre una serie de Directivas que, en función de su contenido, se podían estructurar de la siguiente manera (Fanlo Loras):

— Directivas que establecen objetivos de calidad de las aguas según sus diferentes usos: agua potable, aguas de baño, aguas aptas para la vida de los peces o para la cría de moluscos, tratamiento de aguas residuales, etc.
— Directivas que establecen valores límites de emisión para el vertido de los desechos de ciertas sustancias peligrosas.
— Normas de control y de vigilancia que tienen un papel auxiliar en la aplicación de otras Directivas.

Sin que todas estas normas desaparezcan, la Directiva marco de aguas crea un nuevo marco general en la política de aguas de la Unión Europea. Así, mediante esta fundamental Directiva se pretende armonizar y mejorar la calidad ambiental y el buen estado ecológico de las aguas de los Estados miembros a través de la gestión integrada de los recursos hídricos que conforman el ciclo hidrológico, estableciendo un estado de protección efectivo para las aguas continentales (superficiales y subterráneas), de transición y costeras. Para ello introduce reformas sustanciales desde el punto de vista técnico, jurídico y administrativo, actuando como norma de cabecera del Derecho ambiental comunitario. Asimismo, esta Directiva se opone a una concepción en la que los recursos hídricos únicamente deben cubrir usos consuntivos; con la norma se asegura, en fin, un raciocinio de mayor rigor donde el agua forma parte de un *totum* integral que actúa en consonancia con la naturaleza.

Sin entrar a valorar las implicaciones concretas que conlleva su transposición, muy complejas y en algún punto excesivamente técnicas, sí subrayaremos el hecho de que esta Directiva introduce en España la figura de la «demarcación hidrográfica» que se define como la zona marina y terrestre compuesta por una o varias cuencas hidrográficas vecinas y las aguas subterráneas y costeras asociadas (art. 16 bis TRLA). Con la nueva regulación, la demarcación hidrográfica integra a las aguas costeras y de transición con el ámbito de la cuenca hidrográfica y se erige en principal unidad a efectos de la gestión del agua. Por consiguiente, la demarcación constituye el ámbito físico al que se han de adaptar los nuevos Planes hidrológicos de demarcación en sustitución de los Planes hidrológicos de cuenca. Estos planes hidrológicos de demarcación suponen el instrumento principal de ordenación en materia de aguas (más adelante volveremos sobre esta cuestión).

Los fines de la Directiva marco de aguas se han de materializar mediante la integración de intereses y objetivos: ambientales, de usos y demanda del agua, de análisis y experiencias entre países, desarrollando los aspectos de gestión y ecológicos, priorizando los criterios naturales, introduciendo la valorización de aspectos económicos, etc. La Directiva marco de aguas viene desempeñando un papel decisivo durante los últimos lustros en lo que a la protección ambiental y a la calidad de las aguas se refiere. Su eficacia y operatividad normativa se complementa con otras normas estructurales europeas destinadas a ámbitos sectoriales específicos como las Directivas relativas a las normas de calidad ambiental, de las aguas de baño, de tratamiento de aguas residuales urbanas, de nitratos, de inundaciones, etc.

b) El Derecho de aguas en el Ordenamiento jurídico español. Especial consideración a la planificación hidrológica

El Real Decreto Legislativo 1/2001, de 20 de julio, por el que se aprueba el Texto Refundido de la Ley de Aguas (en adelante, TRLA) constituye la norma base en materia de aguas en España. Esta norma es la encargada de adaptar, entre otros, el contenido de la Directiva marco de aguas.

El TRLA establece como una de sus premisas la declaración de todas las aguas (superficiales y subterráneas renovables) como bienes de dominio público hidráulico (art. 2), asignando al Estado su titularidad y protección al señalar que constituyen dicho dominio público hidráulico las aguas continentales, tanto las superficiales como las subterráneas renovables con independencia del tiempo de renovación; los cauces de corrientes naturales, continuas o discontinuas; los lechos de los lagos y lagunas y los de los embalses superficiales en cauces públicos; los acuíferos, a los efectos de los actos de disposición o de afección de los recursos hidráulicos; y las aguas procedentes de la desalación de agua de mar. La declaración de dominio público de todas las aguas enumeradas, incluidas las subterráneas, como hemos comentado, supone una importante garantía para su protección y utilización integral, conforme a su destino natural.

El TRLA ordena cuestiones esenciales como las que se refieren, además del dominio público hidráulico del Estado (Título I), a la Administración Pública del Agua (Título II), la planificación hidrológica (Título III), la utilización del dominio público hidráulico (Título IV), la protección del dominio público hidráulico y de la calidad de las aguas continentales (Título V), el régimen económico-financiero de la utilización del dominio público hidráulico (Título VI), las infracciones y sanciones (Título VII), o las obras públicas (Título VII). Cada uno de estos apartados, de especial relevancia, tiene un desarrollo legal y reglamentario propios. Así, el TRLA se completa con otras normas que, como el Reglamento de Dominio Público Hidráulico y el Reglamento de Planificación Hidrológica (véase el apartado que incorpora la normativa de referencia), que ordenan con mayor detalle estas cuestiones.

Este desarrollo normativo también se produce a nivel autonómico con disposiciones generales en materia de aguas, como sucede en Andalucía, con la Ley 9/2010, de 30 de julio, de Aguas de esta Comunidad; en Canarias, con la Ley 12/1990, de 26 de julio, de Aguas; en Galicia, con la Ley 9/2010, de 4 de noviembre, de Aguas; la Ley 10/2014, de 27 de noviembre, de Aguas y Ríos de Aragón., etc.; o, mediante el desarrollo de aspectos ligados a su competencia: abastecimiento, saneamiento y depuración, instrumentos de prevención ambiental y calidad de las aguas, organización administrativa, etc. Por último, los Entes locales también tienen potestad para regular las importantes cuestiones que formen parte de sus competencias. Sobre todo, las relacionadas con la gestión de los servicios urbanos del agua, que incluye un vasto conjunto de servicios desde el punto de vista técnico y jurídico, asociados a la gestión y distribución del agua en las ciudades en diferentes fases (abastecimiento, saneamiento, depuración y, en su caso, reutilización).

Entre las cuestiones que regula el TRLA, cabe hacer especial mención a la planificación hidrológica. La planificación hidrológica es una técnica de gran arraigo en nuestro ordenamiento jurídico y se concibe como el instrumento de racionalización y de garantía de la disponibilidad del agua para satisfacer las diferentes demandas, pero también como objeto para alcanzar un buen estado ecológico de las aguas. En un país como España, marcado por graves desequilibrios hídricos, la planificación constituye la piedra angular de la política hidráulica y se impone como una necesidad institucional.

El TRLA concibe el agua como un recurso unitario que debe cumplir con los objetivos de cantidad y calidad establecidos, sin que para ello se degrade el medio ambiente en general. Pues bien, la planificación, desde el punto de vista teleológico, sirve para establecer un vínculo entre la situación actual y un futuro ordenado que garantice una utilización racional y sostenible de los recursos hídricos. Este proceso se realiza siguiendo una serie de estudios que tienen en cuenta tanto las características hidrológicas e hidrogeológicas, muy complejas, así como otras variables que necesariamente han de ser consideradas: la calidad de las aguas, el entorno físico, el marco socioeconómico, las diferentes demandas y sectores implicados, el régimen de concesiones y autorizaciones, etc.

La planificación se realiza a través de los Planes Hidrológicos de cuenca y el Plan Hidrológico Nacional. El ámbito territorial de cada Plan hidrológico de cuenca debe ser coincidente, a partir de la DMA, con el de la demarcación hidrográfica correspondiente. En la actualidad, se encuentran publicados los Planes hidrológicos del tercer ciclo de planificación (2022-2027) de las cuencas inter e intracomunitarias. El proceso iterativo de revisión de los planes hidrológicos al que obliga la Directiva marco del agua, incluso desde antes, con los primeros planes aprobados en el año 1998, contiene una información elaborada y completa de nuestros ecosistemas acuáticos que permite mejorar los procesos de conocimiento y de toma de decisiones.

Por su parte, el Plan Hidrológico Nacional fija los elementos básicos de coordinación de los Planes hidrológicos de cuenca y regula diferentes cuestiones de la política de aguas en un ámbito nacional. Como eje central, este Plan establece la conveniencia o no de llevar a cabo transferencias de recursos hidráulicos entre ámbitos territoriales de distintos Planes de cuenca (lo que supone una excepción al principio de unidad de gestión) como solución inmanente para satisfacer las demandas de agua en todo el territorio nacional. Esto ha dado lugar a un espinoso debate en el que se han enzarzado posturas que establecen soluciones y visiones antagónicas para afrontar los problemas derivados de la falta de agua en determinadas regiones españolas

Hasta el momento, la decisión adoptada en cada momento ha estado condicionada por el Gobierno de turno, habiéndose realizado diferentes lecturas de una misma realidad ambiental, socioeconómica y técnica. Así, se aprobó la Ley del Plan Hidrológico Nacional 10/2001, de 5 de julio, que fue posteriormente modificada por el Real Decreto-ley 2/2004 y, finalmente, por la Ley 11/2005, de 22 de junio. La Exposición de Motivos de la Ley de 2001 reconocía que las transferencias de recursos hídricos entre cuencas constituían su «eje central» y autorizaba a realizar cinco de estas transferencias desde el bajo Ebro a diferentes cuencas hidrográficas para superar los problemas de abastecimiento en España. Según se estipulaba, estas transferencias debían cumplir con las condiciones fijadas en la Ley (como el que dichas transferencias tuvieran carácter excepcional y únicamente se pudieran transferir aguas excedentarias o, lo que es igual, tuviera prioridad la cuenca cedente), y que fueran ejecutadas como última solución sin renunciar a utilizar otras medidas. Sin embargo, las reformas de 2004 y 2005 suprimieron esta posibilidad aportando distintas razones de índole económica, ambiental y técnica, a la vez que priorizaban otras soluciones, principalmente la instalación de desaladoras de aguas del mar y salobres, como alternativa para alcanzar los objetivos de demanda, con resultados controvertidos.

La cuestión, de cualquier forma, no está zanjada, sino que resurge con fuerza con cada cambio de gobierno estatal y autonómico. En todo caso, encierra un «debate de Estado» sobre la forma en que se deben distribuir los recursos hídricos en España. Como se ha destacado, la queja es siempre la misma por ambas partes: mientras la población de las cuencas cedentes reclama que se invierta en ellas para mejorar sus condiciones de desarrollo (y en muchos casos, frenar un proceso acelerado de despoblación), en las receptoras se hace una llamada a la solidaridad y a la necesidad de corregir los desequilibrios hidrológicos, repartiendo equitativamente un recurso vital que es de todos (MENÉNDEZ REXACH).

En consecuencia, podemos convenir que existe un énfasis especial por cubrir las necesidades básicas de agua en todo el territorio nacional a la vez que se pretende un uso racional y sostenible de los recursos hídricos; así trasluce de nuestra normativa y, en general, de las diferentes políticas de aguas. Si bien esto es cierto, se aprecia, al mismo tiempo, una evidente falta de consenso que se ha radicalizado en función de intereses políticos y económicos, sobre todo en la manera en que se deben materializar estos objetivos.

4.2. *Marco organizativo y competencial*

En cuanto a qué Administración resulta competente para legislar en materia de aguas, se trata, sin duda, de otro asunto controvertido.

El marco general de competencias en materia de aguas se recoge en la Constitución española. El artículo 149.1.22 CE señala que corresponde al Estado la competencia exclusiva para establecer la legislación, ordenación y concesión de recursos y aprovechamientos hidráulicos cuando las aguas discurran por más de una Comunidad Autónoma. Por su parte, el artículo 148.1.10 CE atribuye a las Comunidades Autónomas la posibilidad de asumir competencias sobre legislación, ordenación y concesión de recursos y aprovechamientos cuando las aguas discurran solamente por el interior de la propia Comunidad.

La interpretación de ambos preceptos ha tenido un interesante desarrollo doctrinal y jurisprudencial hasta la fecha, siendo una de las cuestiones más difíciles de resolver, la de qué Administración territorial es competente para gestionar el agua cuando recaen sobre un mismo espacio diferentes títulos de intervención administrativa (aguas, ordenación del territorio, urbanismo, medio ambiente, obras públicas, energía, etc.).

La cuenca hidrográfica sigue siendo a todos los efectos el criterio de referencia para establecer el reparto de competencias en materia de aguas. De este modo, si una cuenca hidrográfica se extiende por más de una Comunidad Autónoma (intercomunitaria), la competencia sobre esta cuenca será de la Administración General del Estado. Y, al contrario. En el caso de que una cuenca hidrográfica se extienda íntegramente en el territorio de una Comunidad Autónoma (intracomunitaria), la competencia será de esa Comunidad. A este respecto, la cuenca hidrográfica es definida como la superficie de terreno cuya escorrentía superficial fluye en su totalidad a través de una serie de corrientes, ríos y eventualmente lagos hacia el mar por una única desembocadura, estuario o delta (art. 16 TRLA).

La STC 227/1988, de 29 de noviembre, vino a aclarar las dudas que se plantearon en torno a diversos preceptos de la Ley de Aguas de 1985 relacionados con estas competencias y qué Administración era la encargada de ejercerlas. Esta Sentencia actúa como jurisprudencia consolidada y sirve para reafirmar la constitucionalidad de los criterios adoptados en dicha Ley, hoy vigentes en el TRLA, así como para determinar la evolución del régimen jurídico del dominio público en nuestro país. De manera sintética podemos destacar dos ideas fuerza que se exponen en esta Sentencia:

1. Solamente el Estado tiene la potestad para declarar qué bienes forman parte del dominio público, en desarrollo del artículo 132.2 de la Constitución española, que se remite en este punto a la Ley. Puesto que la declaración de un bien como dominio público conlleva importantes consecuencias jurídicas, existe la necesidad de que dicha declaración la efectúe el Estado para garantizar la igualdad de todos los españoles a la hora de poder disfrutar de los mismos bienes sin que se puedan producir diferencias entre Comunidades Autónomas en torno a qué bienes son declarados de dominio público y cuáles no.
2. El criterio de delimitación de competencias basado en las cuencas hidrográficas es adecuado a la Constitución española. Esta segunda conclusión es especialmente relevante por cuanto supone aceptar la validez del concepto de cuenca hidrográfica para establecer la delimitación de las competencias entre el Estado y las Comunidades Autónomas en función de si estamos ante una cuenca de carácter intercomunitario o intracomunitario. Esta consideración, además, reafirma el principio de unidad de gestión por cuenca hidrográfica. Y es que este criterio geográfico (que actúa por encima de divisiones políticas o administrativas) se proyecta también en el ámbito organizativo y tiene relevantes consecuencias en el plano funcional pues, además de asignar la

competencia a una Administración territorial u otra, implica que en las cuencas hidrográficas que excedan del ámbito de la Comunidad Autónoma se constituirán Organismos de cuenca (forma genérica utilizada para referirse a la Administración Pública del agua) con la denominación de Confederaciones Hidrográficas (arts. 21 ss. TRLA) que serán los encargados de la administración y control del agua en esa cuenca. Por el contrario, cuando estemos en una cuenca hidrográfica intracomunitaria será competente la Administración hidráulica expresamente designada por la Comunidad Autónoma en la que se sitúe dicha cuenca. Y esto, a su vez, encaja con el principio de unidad de gestión, que nos dice que cada cuenca hidrográfica debe ser gestionada por un solo Organismo de cuenca que, en función del ámbito territorial de esa cuenca, puede ser autonómico o estatal. Por último, hay que recordar que las funciones de estos Organismos de cuenca son muy relevantes; entre éstas se contiene, por ejemplo, la elaboración del Plan hidrológico de cuenca, así como su seguimiento y revisión.

En la disyuntiva actual, donde cada Comunidad Autónoma pugna por ampliar sus competencias en materia de aguas, el principio de unidad de gestión debe ser salvaguardado. De lo contrario se acrecentarán las disputas territoriales y se producirá una mayor inseguridad motivada por la consolidación de regímenes singulares que pueden atentar contra principios vertebradores de nuestra Constitución, como el de igualdad o solidaridad. El agua es un recurso natural único y escaso que, como tal, debe ser gestionado de forma sostenible, conforme a una visión holística e integradora, por encima de los intereses políticos y territoriales

IV. ACTIVIDADES PRÁCTICAS

Actividad 1.—D. Joaquín Escriche en su *Diccionario razonado de legislación y jurisprudencia* estableció, en gráfica expresión, que el agua es «sangre de la tierra y la vida de los campos». Reflexione por escrito sobre esta afirmación, teniendo en cuenta la importancia que tiene el agua para los seres humanos, la relación que existe entre el agua y la agricultura y, en general, entre el agua y el resto de los sectores económicos de la sociedad moderna. Considere en su análisis los datos que se exponen a continuación:

Se calcula que 1.200 millones de personas no tienen acceso al suministro de agua potable; 1,8 millones de personas mueren cada año debido a enfermedades diarreicas, el 90 por 100 son niños menores de cinco años; 2.600 millones de personas carecen de instalaciones sanitarias básicas. El 46 por 100 de la población mundial carece de agua corriente. Las mujeres de los países pobres caminan una media de seis kilómetros al día para ir a por agua.

Se estima que la cantidad mínima de agua de la que debería disponer un ser humano para su consumo diario es de 20 litros. En algunos países africanos el consumo medio se sitúa en 19 litros al día. El consumo diario de un europeo es de 200 litros. El de un estadounidense es de 600 litros (380 litros únicamente en el hogar).

Por actividades, la agricultura es la que demanda una mayor cantidad de agua: hasta un 75 por 100 del consumo en su conjunto. Se necesitan 3.160 litros de agua para obtener un kilo de higos; 909 litros para obtener un kilo de maíz; 697 litros para obtener un kilo de manzanas; 457 litros para obtener un kilo de naranjas; 255 litros para obtener un kilo de patatas. Una taza de té necesita 34 litros de agua; una caña de cerveza, 75; una copa de vino, 120; una taza de café, 140; un vaso de leche, 200 litros. El cultivo del algodón es uno de los que más agua requiere. Se necesitan hasta 2.900 litros de agua para fabricar una camiseta de algodón. Hasta 11.000 litros para producir unos vaqueros. La ganadería también consume mucha agua: se estima que se utilizan hasta 15.497 litros de agua para producir un kilo de carne de vacuno; 6.309 litros para producir un kilo de cerdo; 3.918 litros para producir un kilo de pollo.

Por otro lado, la construcción de obras públicas dirigidas a garantizar el suministro de agua también tiene importantes repercusiones desde el punto de vista medioambiental. En 1949, se habían construido 5.000 grandes presas en todo el mundo, las tres cuartas partes de éstas en países industrializados. A finales del siglo XX, había más de 45.000 grandes presas distribuidas en más de 140 países (Comisión Mundial de Presas, año 2000). Se calcula que el peso del embalse de las tres gargantas, en China, inclinará el eje de la Tierra unos dos centímetros; la tubería más larga del mundo, que abastece a la ciudad de Nueva York, cuenta con 137 kilómetros y pierde cada día unos 132 millones de litros de agua; la presa de Itaipú, en América del Sur, costó 13.000 millones de euros y su construcción duró 17 años; los embalses han causado 80 millones de desplazados en el mundo.

[Nota: datos extraídos de la Revista *National Geographic.* Monográfico dedicado al agua. *Agua un mundo sediento* (abril de 2010) y el Dossier de la Unión Europea, *El agua. Nuestra riqueza. Las políticas de la Unión Europea en el ámbito del agua y el desarrollo sostenible* (2008)].

En función de los datos expuestos, debata en clase con sus compañeros sobre la importancia que tiene el agua para nuestra sociedad y el papel que desempeña el Derecho a la hora de priorizar sus usos y aprovechamientos. Identifique qué asuntos le parecen más relevantes en la gestión del agua, valorando específicamente el papel que juega la Administración y qué instrumentos jurídicos tiene a su alcance, qué trascendencia tienen los aspectos ambientales, qué mecanismos de participación pública son utilizados, y cómo se establece el esquema general de competencias en esta materia.

Actividad 2.—El alumno consultará el Real Decreto 35/2023, de 24 de enero, por el que se aprueba la revisión de los planes hidrológicos de las demarcaciones hidrográficas del Cantábrico Occidental, Guadalquivir, Ceuta, Melilla, Segura y Júcar, y de la parte española de las demarcaciones hidrográficas del Cantábrico Oriental, Miño-Sil, Duero, Tajo, Guadiana y Ebro. tratando de identificar (en una demarcación hidrológica) las principales cuestiones que se regulan en esta norma. El objetivo es comprobar la dimensión que tienen los instrumentos de planificación ambiental como técnica para gestionar los recursos naturales, en este caso el agua. Dicha actividad deberá completarse con la realización de un trabajo-resumen donde se exponga cómo se reflejan en dicho instrumento de planificación las cuestiones explicadas en clase. Principalmente, aquellas que tienen relación con la gestión del agua: abastecimiento, calidad y evaluación ambiental, cambio climático, depuración, desalinización, saneamiento, reutilización, vertidos, gestión de los riesgos de inundación, trasvases, obras públicas, participación ciudadana, protección de las aguas subterráneas, etc.

Actividad 3.—Visita a una Estación Depuradora de Aguas Residuales Urbanas (EDAR) para conocer cómo funciona dicha infraestructura, de cuantas fases técnicas se compone la instalación y cuáles son los principales retos a los que se enfrenta desde el punto de vista normativo.

V. AUTOEVALUACIÓN

1. El Derecho de aguas en España:

a) Tiene su origen con la aprobación de la Ley 29/1985, de 2 de agosto, de Aguas.

b) No existe un Derecho de aguas como tal en España, sino tan sólo existe un conglomerado de normas que está formado principalmente por normas de Derecho privado.

c) Es una rama del Derecho que cuenta con una larga tradición jurídica y tiene una profunda base ambiental.

2. El principio de unidad de gestión en el que tradicionalmente se ha basado nuestra legislación en materia de aguas, implica que:

a) La gestión del agua se ha de realizar en base a criterios políticos-administrativos.
b) La gestión del agua utiliza la cuenca hidrográfica como unidad de referencia.
c) La gestión del agua es única e igual para todos sin que sea necesario atender a las características específicas o propias de cada lugar.

3. El marco general de la política ambiental comunitaria en materia de aguas está dirigido por:

a) El Texto Refundido de la Ley de Aguas.
b) No existe un marco general de aguas a nivel comunitario sino tan sólo un conjunto de Directivas que tratan de ordenar cada una por su lado diferentes aspectos relacionados con la calidad del agua.
c) La Directiva 2000/60/CE, comúnmente conocida como Directiva marco de aguas.

4. La declaración de las aguas como bienes de dominio público refrendada por nuestro legislador, pretende:

a) Garantizar el uso e interés público del recurso a la vez que le otorga un régimen especial que conlleva importantes consecuencias jurídicas de acuerdo con el contenido estipulado en el artículo 45 de la Constitución española.
b) Garantizar el tráfico jurídico y el derecho de la propiedad de cualquier ciudadano sobre estas aguas.
c) Ninguna de las respuestas anteriores es correcta.

5. La planificación hidrológica:

a) Se concibe como el instrumento para racionalizar y satisfacer las demandas de agua, así como para lograr el buen estado ecológico de los recursos hídricos.
b) No existía en nuestro Ordenamiento con anterioridad a la transposición de la Directiva marco de aguas.
c) En nuestro país existe un solo tipo de planificación hidrológica: la que marca la Planificación Hidrológica Nacional.

6. La demarcación hidrográfica:

a) Se define en el Texto Refundido de la Ley de Aguas como la zona terrestre y marina compuesta por una o varias cuencas hidrográficas vecinas y las aguas de transición, subterráneas y costeras asociadas a dichas cuencas.

b) Se trata de un concepto introducido por la Directiva marco de aguas. Su ámbito territorial actúa como referencia para los nuevos Planes hidrográficos de cuenca.

c) Las dos respuestas anteriores son correctas.

7. La Administración Pública del agua en España:

a) Se compone únicamente por una Administración Pública del agua a nivel estatal.

b) Únicamente existe una Administración Pública del agua autonómica en las cuencas intercomunitarias.

c) La Administración Pública del agua puede ser estatal o autonómica, en función del ámbito territorial que tenga la cuenca hidrográfica que le corresponda administrar.

8. La distribución de competencias en España en materia de aguas:

a) Se realiza de acuerdo con criterios estrictamente políticos o administrativos. La Comunidad Autónoma con más habitantes es la competente para gestionar el agua cuando estamos ante cuencas hidrográficas intercomunitarias, tal y como marca nuestra Constitución.

b) Se lleva a cabo conforme al criterio de cuenca hidrográfica. Si estamos ante una cuenca hidrográfica que se extiende por más de una Comunidad Autónoma (intercomunitaria), la competencia será de la Administración General del Estado. En el caso de que una cuenca hidrográfica ocupe íntegramente el territorio de dicha Comunidad Autónoma (intracomunitaria), la competencia será de esa Comunidad.

c) Se realiza de acuerdo con criterios puramente políticos. La Comunidad Autónoma que ocupa una franja de territorio más grande dentro de cada cuenca hidrográfica es la competente para gestionarla.

9. El Plan Hidrológico Nacional:

a) Ya no existe como consecuencia de la introducción del concepto de demarcación hidrográfica en nuestro país.

b) Nunca ha existido. Los únicos instrumentos de planificación con validez son los que se elaboran sobre el ámbito territorial de las cuencas hidrográficas.

c) Fija los elementos básicos de coordinación de los Planes Hidrológicos de cuenca y regula diferentes cuestiones de la Planificación hidrológica en un ámbito nacional.

10. La STC 227/1988, establece que:

a) Solamente las Comunidades Autónomas tienen la potestad para declarar qué bienes forman parte del dominio público.

b) El criterio de delimitación de competencias basado en las cuencas hidrográficas es adecuado a la Constitución española.

c) No entra a analizar el marco organizativo y competencial del Derecho de aguas en España.

VI. MATERIAL DIDÁCTICO

1. Lecturas recomendadas

AA.VV., *Derecho de aguas*, Fundación Instituto Euromediterráneo del Agua, Murcia, 2006.

Agudo González, J. (coord.), *El Derecho de aguas en clave europea*, La Ley, Madrid, 2010.

Delgado Piqueras, F., *Derecho de aguas y medio ambiente*, Tecnos, Madrid, 1992.

— *El nuevo marco comunitario de la política de aguas: la Directiva 2000/60/CE*, Esperia Publications Ltd., 2001.

Embid Irujo, A. (dir.), *Diccionario de Derecho de Aguas*, Iustel, Madrid, 2007.

— *La planificación hidrológica: régimen jurídico*, Tecnos, Madrid, 1991.

Fanlo Loras, A., *Las Confederaciones Hidrográficas y otras Administraciones hidráulicas*, Civitas, Madrid, 1996.

— «Las competencias del Estado y el principio de unidad de gestión de cuenca a través de las Confederaciones Hidrográficas», *Revista de Administración Pública*, n.º 183, 2010, pp. 309-334.

— «La unidad de cuenca en la jurisprudencia constitucional», *Anuario Jurídico de la Rioja*, vol. 14, 2009.

Gallego Anabitarte, A., Menéndez Rexach, A., y Díaz Lema, J. M., *El Derecho de aguas en España* (tomos I y II), Ministerio de Obras Públicas y Urbanismo, Madrid, 1986.

Martín-Retortillo, S., *Derecho de aguas*, Civitas, Madrid, 1997.

Melgarejo Moreno, J. (coord.) *et al.*, *Actas del Congreso Nacional del Agua*, Universidad de Alicante (serie 2019-2023), textos completos disponibles en https://congresonacionalagua.es/

Menéndez Rexach, A., «¿A quién pertenece el agua?: a vueltas con los trasvases», *Encuentros multidisciplinares*, vol. 10, n.º 29, 2008, pp. 21-29.

Varas-Ibáñez, S. (coord.), *Nuevo Derecho de Aguas*, Aranzadi, Cizur Menor (Navarra), 2007.

2. Normativa de referencia

Las normas que se enumeran a continuación están seleccionadas sin ánimo de exhaustividad; tratan únicamente de servir como referencia a las cuestiones explicadas en esta ficha.

2.1. *Internacional*

— Convenio de 17 de marzo de 1992 sobre la protección y utilización de los cursos de agua transfronterizos y de los lagos internacionales, hecho en Helsinki, el 17 de marzo de 1992. El instrumento de ratificación de 23 de julio de 1997.

— Convenio de 2 de febrero de 1971. Humedales de importancia internacional, especialmente como hábitat de aves acuáticas. Instrumento de ratificación de 18 de marzo de 1982.

— Convenio y Protocolo Adicional de 30 de noviembre de 1998. Cooperación para la protección y el aprovechamiento sostenible de las aguas de las cuencas hidrográficas hispano-portuguesas, hecho *ad referendum* en Albufeira.

2.2. *Comunitaria*

— Reglamento (UE) 2020/741 del Parlamento Europeo y del Consejo de 25 de mayo de 2020, relativo a los requisitos mínimos para la reutilización del agua.

— Directiva 2000/60/CE, de 23 de octubre de 2000, del Parlamento Europeo y del Consejo por la que se establece un marco comunitario de actuación en el ámbito de la política de aguas.

— Directiva 2007/60/CE, de 23 de octubre, del Parlamento Europeo y del Consejo, relativa a la evaluación y gestión de los riesgos de inundación.

— Directiva 91/271/CEE del Consejo, de 21 de mayo de 1991, sobre el tratamiento de las aguas residuales urbanas.

2.3. *Estatal*

— Real Decreto Legislativo 1/2001, de 20 de julio, por el que se aprueba el Texto Refundido de la Ley de Aguas.

— Real Decreto 927/1988, de 29 julio, que aprueba el Reglamento de la Administración Pública del Agua y de la Planificación Hidrológica.

— Real Decreto 907/2007, de 6 de julio, que aprueba el Reglamento de la Planificación hidrológica.

— Real Decreto 849/1986, de 11 abril, que aprueba el Reglamento del Dominio Público Hidráulico.

— Ley 11/2005, de 22 de junio, por la que se modifica la Ley 10/2001, de 5 de julio, del Plan Hidrológico Nacional.

— Ley 10/2001, de 5 de julio, del Plan Hidrológico Nacional, modificada por la Ley 11/2005, de 22 de junio.

— Ley 7/2021, de 20 de mayo, de cambio climático y transición energética.

— Real Decreto 125/2007, de 2 de febrero, por el que se fija el ámbito territorial de las demarcaciones hidrográficas.

— Real Decreto 126/2007, de 2 de febrero, por el que se regula la composición, funcionamiento y atribuciones de los comités de autoridades competentes de las demarcaciones hidrográficas con cuencas intercomunitarias.

— Real Decreto 903/2010, de 9 de julio, de evaluación y gestión de riesgos de inundación.

— Real Decreto 1.620/2007, de 7 de diciembre, por el que se establece el régimen jurídico de la reutilización de las aguas depuradas. (*Nota: en fase avanzada de aprobación el nuevo Reglamento que lo sustituye.*)

— Real Decreto-ley 4/2023, de 11 de mayo, por el que se adoptan medidas urgentes en materia agraria y de aguas en respuesta a la sequía (...).

— Orden ARM/2656/2008, de 10 de septiembre, por la que se aprueba la instrucción de planificación hidrológica.

— Real Decreto 926/1989, de 21 de julio. Se constituye el Organismo de cuenca Confederación Hidrográfica del Guadalquivir.

— Real Decreto 35/2023, de 24 de enero, por el que se aprueba la revisión de los planes hidrológicos de las demarcaciones hidrográficas del Cantábrico Occidental, Guadalquivir, Ceuta, Melilla, Segura y Júcar, y de la parte española de las demarcaciones hidrográficas del Cantábrico Oriental, Miño-Sil, Duero, Tajo, Guadiana y Ebro.

2.4. *Andaluza*

— Ley 9/2010, de 30 de julio, de Aguas de Andalucía.

— Ley 7/2007, de Gestión Integrada de la Calidad Ambiental.

— Decreto 162/2022, de 9 de agosto, por el que se establece la estructura orgánica de la Consejería de Sostenibilidad, Medio Ambiente y Economía Azul.

3. Sitios web

— https://www.miteco.gob.es/es.html; Página web del Ministerio para la Transición Ecológica y el Reto Demográfico.

— https://www.juntadeandalucia.es/medioambiente/portal/home; Portal Ambiental de Andalucía que contiene información sobre la Gestión integral del Agua y la Agencia de Medio Ambiente y Agua.

— http://hispagua.cedex.es/ Página web del Sistema Español de información sobre el Agua del Centro de Estudios y Experimentación de Obras Públicas.

— http://www.iagua.es/ Página web sobre el sector del agua.

— http://water.europa.eu/ Página web sobre el Sistema de Información de Agua en Europa.

— http://www.chguadalquivir.es/ Página web de la Confederación Hidrográfica del Guadalquivir.

— http://www.chebro.es/ Página web de la Confederación Hidrográfica del Ebro.

— http://infoagua.net/ Portal del Agua en español.

— http://www.wwf.es/ Página web de la Red WWF.

4. Otros documentos de interés

Documento 1. La serie documental «Agua, la gota de la vida» muestra los diferentes modos de relacionarse con el agua. A lo largo de trece capítulos hace un recorrido por algunos de los temas más importantes para el futuro del agua: http://www.rtve.es/alacarta/videos/agua/.

Documento 2. «En busca del agua», documento audiovisual del programa Comando Actualidad: http://www.rtve.es/noticias/20120409/comando-actualidad-busca-del-agua/514558.shtml.

Documento 3. La serie documental «Calle del agua» hace un recorrido por la geografía española para descubrir cuestiones relacionadas con el agua. El espacio analiza cuestiones muy interesantes de este recurso natural. http://www.rtve.es/alacarta/videos/calle-del-agua/.

Documento 4. La revista *National Geographic* dedica un monográfico especial al agua que sirve para ilustrar sobre la realidad de este recurso y los retos a los que se enfrenta en el futuro. *Agua. Un mundo sediento. Edición especial de la Revista National Geographic*, abril, 2010.

Documento 5. Dossier sobre las políticas de la Unión Europea en el ámbito del agua y el desarrollo sostenible. En él se exponen datos interesantes acerca de la utilización del agua en Europa y en el mundo. *El agua. Nuestra riqueza. Las políticas de la Unión Europea en el ámbito del agua y el desarrollo sostenible*, Oficina de Publicaciones de la Unión Europea, Bruselas (Bélgica), 2008.

CAPÍTULO 16

DERECHO DE COSTAS Y PROTECCIÓN DEL MEDIO MARINO

ASENSIO NAVARRO ORTEGA
Profesor Contratado Doctor de Derecho Administrativo
Universidad de Granada

I. PALABRAS CLAVE

Legislación de costas y de protección del medio marino; Gestión Integrada de Zonas Costeras; Directivas comunitarias; Dominio público marítimo-terrestre; Limitaciones a la propiedad de los terrenos contiguos a la ribera del mar; Estrategias marinas; Planes de Ordenación del Espacio Marítimo; Competencias del Estado y de las Comunidades Autónomas.

II. OBJETIVOS DIDÁCTICOS

1. Ofrecer notas generales que sirvan como aproximación al Derecho de costas y a la protección del medio marino en España.
2. Conocer e interpretar la legislación ambiental en materia de protección de costas y del medio marino.
3. Dar a conocer otras herramientas normativas utilizadas en la protección de los recursos costeros.
4. Instruir al alumno para el análisis, evaluación y resolución de casos que surgen en torno al Derecho de costas y a la protección del medio marino.
5. Sentar las bases para un mejor manejo de la normativa y jurisprudencia en materia de costas, protección del medio marino y el medio ambiente en general.

III. CONTENIDO DOCENTE

1. Introducción: la «cuestión costera»

España cuenta con una longitud aproximada de 7.880 km de costa. La mayor parte de esta superficie ha sufrido un fuerte proceso urbanizador durante las últimas décadas que ha degradado intensamente las regiones litorales. A esta circunstancia se une el fuerte desarrollo demográfico, económico, industrial y turístico que han experimentado las zonas costeras y que también ha contribuido a desgastar sus ecosistemas y recursos naturales. En dicho sentido, cabe señalar que el uso persistente y continuado de las actividades que se concentran en la costa puede conducir a la sobreexplotación de los recursos naturales. Y es que, la mayoría de los sectores que se desarrollan en la costa tienen un peso relevante en la economía.

Teniendo en cuenta ambos enfoques, económico y ecológico, resulta fundamental poner freno al deterioro ambiental y proteger los recursos costeros racionalizando su demanda, así como favorecer un equilibrio físico y natural que preserve los valores de la costa y del medio marino en su conjunto. A este fundamental objetivo responde el Derecho a través de la legislación de costas y la legislación de protección del medio marino. De manera sintética, esta Lección pretende introducir el alcance de algunos de sus postulados.

2. El litoral: los problemas competenciales y de ordenación sectorial

Aunque los términos «litoral» y «costa» admiten matizaciones desde el punto de vista jurídico y doctrinal, en este capítulo nos referiremos a ellos indistintamente, sin diferenciar su significado.

Las áreas costeras constituyen un proceso natural de interacción entre el mar y la tierra que, debido a su fragilidad e importancia, han de protegerse mediante la legislación, planificación, gestión y uso responsable de estas zonas, fomentando la sensibilización, formación, educación, investigación y participación social en la toma de decisiones que afecten a las mismas. Pese a todo, la ordenación del litoral resulta verdaderamente compleja debido a sus características físico-ambientales.

Uno de los problemas más graves a los que nos enfrentamos desde el punto de vista jurídico-administrativo es el entrecruzamiento competencial que se produce en un ámbito litoral, donde concurren diferentes niveles administrativos (estatal, autonómico y municipal). Ello, inevitablemente, conduce a una enredada dialéctica institucional sobre qué Administración ha de intervenir en cada supuesto para regular cada materia. El resultado, en muchas ocasiones, se traduce en un conflicto de competencias que debe ser resuelto por vía jurisprudencial. A este respecto, cabe destacar importantes pronunciamientos, como las SSTC 149/1991, de 4 de julio, y 28/2002, de 14 de febrero. O la reciente 68/2024, de 23 de abril de 2024.

De otro lado, como decimos, existen muchos sectores de actividad que encuentran soporte físico en las áreas litorales. Es así como se produce una relación directa entre la protección de los recursos naturales costeros y el ejercicio y desarrollo de actividades en estos espacios (como el turismo de masas, la construcción de puertos y obras públicas, la pesca, la generación de energía, la ordenación del territorio y el urbanismo, la extracción de minerales y petróleo, la construcción naval, las comunicaciones, el uso intensivo de la agricultura, la industria, el tráfico marítimo, etc.). Esto provoca que el litoral sea un espacio de uso preferente en el que se acumulan múltiples intereses. El desarrollo de estas actividades y la protección natural de las zonas costeras pueden actuar de forma excluyente; ello implica optar, a menudo, por un modelo más desarrollista, que favorezca los intereses económicos; o, por el contrario, elegir un modelo de carácter conservacionista, que anteponga la protección de los recursos naturales. La solución dependerá, ciertamente, de cómo se ponderen las alternativas viables. En todo caso, lo ideal es conciliar las posturas para alcanzar un modelo de gestión sostenible que respete los derechos de las generaciones presentes y futuras.

A este objetivo se dirige, precisamente, la Gestión Integrada de Zonas Costeras (en adelante, GIZC) que actúa como «un proceso dinámico de gestión y utilización sostenible de las zonas costeras, teniendo en cuenta simultáneamente la fragilidad de los ecosistemas y paisajes costeros, la diversidad de las actividades y los usos, sus interacciones, la orientación marítima de determinados usos y determinadas actividades, así como sus repercusiones a la vez sobre la parte marina y la parte terrestre». Desde esta perspectiva, la GIZC trata de introducir criterios de sostenibilidad y formas efectivas de participación ciudadana e institucional que mejoren las relaciones administrativas y establezcan un mejor reparto de competencias entre los agentes socioeconómicos que participan en la gestión del litoral. Ello, lógicamente, teniendo en cuenta la complejidad del proceso y el marco legal donde se producen las relaciones jurídicas.

La dificultad de integrar en un único texto normativo el amplio elenco de sectores y políticas que se proyectan sobre la costa, ha dificultado hasta la fecha un desarrollo jurídico de la GIZC. En este sentido, cabe destacar la entrada en vigor el 24 de marzo de 2011 del Protocolo relativo a la Gestión Integrada de Zonas Costeras del Mediterráneo, que forma parte del Convenio de Barcelona para la protección del medio marino. Este Protocolo constituye la primera herramienta de Derecho Internacional dedicada completa y exclusivamente a esta materia. También la formalización de una Propuesta de Directiva del Parlamento Europeo y del Consejo [COM (2013) 133 final] por la que se establece un marco para la ordenación del espacio marítimo y la gestión integrada de las zonas costeras. Pero que, sin embargo, no se ha traducido en ulteriores normas.

No obstante, la apuesta por fusionar los planes que se proyectan en el espacio marino y marítimo, y las diferentes estrategias de regulación que se concitan en torno a la gestión integrada de las costas. De este modo, se ha ido configurando, de manera progresiva, una integración de sectores de regulación que se vinculan a este espacio (protección del medio marino, aguas, ordenación del territorio, costas, puertos y otra normativa medio ambiental) creando un corpus dirigido a su protección y conservación.

Y es que, como veremos, existe la necesidad de coordinar las políticas públicas y sectoriales que se proyectan sobre la fachada marina y costera. En este sentido, cabe señalar el liderazgo que desde hace años viene desempeñando la Unión Europea para desarrollar una estrategia ambiental que proteja los ecosistemas marinos y costeros, racionalizando los recursos y evitando el procedimiento disperso actual de toma de decisiones.

3. La estrategia integrada de protección del medio marino en el ámbito de la Unión Europea

El mar y los océanos juegan un destacado papel en la contención y mitigación del cambio climático. La densidad de usos y aprovechamientos que se proyectan sobre la orla litoral, aconseja una aplicación coherente de los instrumentos de ordenación sectorial que se relacionan con este espacio, sin invadir las competencias reguladoras de cada sector.

A este planteamiento integral responde, precisamente, la Política Marítima Integrada, de la Unión Europea, que aspira a confeccionar un marco que facilite el desarrollo óptimo y sostenible de todas las actividades en el mar. La Política Marítima Integrada (PMI) se sustenta sobre la Directiva marco sobre la estrategia marina (DMEM, 2008); y la Directiva marco sobre la ordenación del espacio marítimo (DMOEM, 2014). Junto a ellas, destaca una tercera norma europea, fundamental: la Directiva marco de aguas (DMA, 2000), a la que ya nos hemos referido en el Capítulo 15.

En primer lugar, la Directiva 2008/56/CE, de 17 de junio de 2008, por la que se establece un marco de acción comunitaria para la política del medio marino (en adelante, DMEM), tiene por objeto adoptar las medidas necesarias para lograr o mantener un buen estado medioambiental del medio marino a más tardar para el año 2020 (art. 1). Para ello, prevé la aprobación de estrategias marinas para cada una de las cinco subregiones marinas, denominadas «demarcaciones marinas» que han sido delimitadas conforme a la Directiva en España. Sobre la base territorial de estas demarcaciones marinas, se determina un programa de medidas encaminado a lograr o mantener el buen estado medioambiental (art. 13). La DMEM fue traspuesta al Derecho interno español a través de la Ley 41/2010, de 29 de diciembre, de protección del medio marino (en adelante, LPMM). A través del Real Decreto 1.365/2018, de 2 noviembre, se aprobaron las Estrategias marinas para cada una de las cinco demarcaciones designadas (noratlántica, sudatlántica, Estrecho y Alborán, levantino-balear y canaria). Estas estrategias constituyen el marco general al que deberán ajustarse necesariamente las diferentes políticas sectoriales y actuaciones administrativas con incidencia en el medio marino de acuerdo con lo establecido en la legislación sectorial correspondiente, resultando en todo caso su contenido vinculante para las Administraciones Públicas. Las estrategias marinas incluyen aspectos tan importantes como la evaluación del estado ambiental de las aguas, la determinación del buen estado medioambiental, la fijación de los objetivos medioambientales a conseguir, un programa de medidas para alcanzar dichos objetivos y un programa de seguimiento.

La LPMM ha supuesto un paso importante para la consagración de un enfoque ecosistémico o adaptativo de las aguas marinas, aprobando medidas encaminadas a lograr o mantener el buen estado ambiental del medio marino a través de su planificación, conservación, protección y mejora, al mismo tiempo que reconoce la importancia de preservar el medio marino como parte integrante del dominio público marítimo-terrestre, asegurando un uso sostenible de sus recursos, de acuerdo con el interés general que defiende el artículo 132.2 de la Constitución española. La norma también regula otras cuestiones de gran relevancia, como la Red de Áreas Marinas Protegidas y la ordenación de los vertidos en el mar, a las que luego nos referiremos.

Años más tarde, se aprobó la Directiva 2014/89/UE, del Parlamento Europeo y del Consejo, de 23 de julio de 2014, por la que se establece un marco para la ordenación del espacio marítimo (DMOEM). La propuesta original de la Directiva (de 12 de marzo de 2013) iba dirigida a establecer un marco para la ordenación del espacio marítimo y la gestión integrada de las costas. Sin embargo, la versión aprobada, en 2014, excluyó la gestión integrada de las zonas costeras, con el fin de no interferir en la competencia de ordenación territorial que corresponde a los Estados miembros.

La DMOEM fue traspuesta al Derecho interno español mediante el Real Decreto 363/2017, de 8 de abril, por el que se establece un marco para la ordenación del espacio marítimo. El Preámbulo del Real Decreto señala que el espacio marítimo «aspira a identificar y promover los usos múltiples, de conformidad con las políticas y normativas nacionales pertinentes. Para ello, se debe garantizar al menos que el proceso o procesos de planificación culminen en una planificación global, donde se identifique la potencialidad de los espacios marítimos para los diferentes usos y se tengan en cuenta los cambios a largo plazo derivados del cambio climático».

Aunque la DMOEM tiene una vinculación directa con la DMEM, su objeto consiste en la aprobación de «planes de ordenación marítima en los que se determine la distribución espacial y temporal de las correspondientes actividades y usos, existente y futuros, de sus aguas marinas» (art. 5). En el caso de España, a cada una las cinco demarcaciones o subregiones marinas, le es de aplicación una estrategia marina y un plan especial de ordenación marítima, haciendo coincidir el ámbito de actuación de las EM y los POEM (demarcaciones marinas y demarcaciones marítimas, respectivamente). Por medio del Real Decreto 150/2023, de 28 de febrero, se aprueban los planes de ordenación del espacio marítimo de las cinco demarcaciones marinas españolas.

En estrecha conexión con estas dos Directivas, encontramos, en tercer lugar, la Directiva 2000/60/CE del Parlamento Europeo y del Consejo, de 23 de octubre de 2000, por la que se establece un marco comunitario de actuación en el ámbito de la política de aguas (DMA). La DMA ha permitido mejorar la calidad ambiental de las aguas continentales, costeras y de transición, así como el buen estado químico de las aguas del mar territorial. La norma fomenta una visión ecosistémica o *ecosystem-based approach*, creando estructuras territoriales (demarcaciones hidrográficas) basadas en criterios hidrológicos y armonizando los criterios técnicos para la elaboración de Planes hidrológicos en el ámbito de cada una de estas demarcaciones. Asimismo, obliga a una protección ambiental e interrelacionada de los ambientes que presentan características sedimentarias y están asociados a costas con un perfil bajo, como los sistemas «playa-duna» y «humedales costeros».

El vínculo directo entre estas tres normas (DMA, DMOEM y DMEM) y su normativa de transposición sirve de base para cohonestar las diferentes estrategias de protección ambiental del medio marino. Este análisis, nos conduce, sin embargo, obligatoriamente, a considerar la interrelación que se produce con otros sectores de ordenación, como la Ley 22/1988, de 28 de julio, de Costas; el Real Decreto Legislativo 2/2011, de 5 de septiembre, por el que se aprueba el Texto Refundido de la Ley de Puertos del Estado y de la Marina Mercante; la Ley 42/2007, de Protección de la Naturaleza y de la Biodiversidad; las normas en materia de ordenación del territorio y urbanística; o, muy destacadamente, otros títulos sectoriales (pesca, energía, infraestructuras...) que recaen sobre este espacio

En cualquier caso, la Política Marítima Integrada debe conectarse con otras que, impulsadas por la propia Unión Europea, actúan en el litoral y también van dirigidas a proteger nuestros mares y océanos. Nos referimos, principalmente, a la Gestión Integrada de Aguas y a la Gestión Integrada de Zonas Costeras. La puesta en común de estos tres tipos de estrategias comunitarias debe configurar un marco de protección más fuerte, desarrollando una futura «gestión integrada de gestiones integradas». Para ello, se han de considerar criterios geográficos, normativos, de análisis y experiencia entre países, sectoriales, económicos, sociales, funcionales, naturales, de seguimiento y control, etc. De esta forma, se han de conectar los aspectos legales con su realidad ecológica. Algo que *a priori* puede parecer sencillo pero que en la práctica resulta complejo

En definitiva, la búsqueda de soluciones válidas obliga a reforzar las vías de integración administrativa en la costa y requiere desarrollar una perspectiva integral que tome en consideración todos los sectores implicados. Así lo reconoce el Capítulo 17 de la Agenda 21 al determinar que «el medio marino, a saber, los océanos, todos los mares y las zonas costeras adyacentes, constituye un todo integrado que es un componente esencial del sistema mundial de sustentación de la vida y un valioso recurso que ofrece posibilidades para un desarrollo sostenible». Veamos, pues, qué otros instrumentos en nuestro Ordenamiento nos permiten alcanzar dicho objetivo.

4. El Derecho como instrumento de protección y defensa del litoral

Para garantizar la protección de los recursos costeros es preciso contar con instrumentos jurídicos vinculantes. Estos instrumentos han de garantizar el respeto a un medio ambiente adecuado, de acuerdo con el artículo 45 de la Constitución española. Dicho precepto, como ya se ha estudiado en Lecciones anteriores, impone a los poderes públicos la obligación de velar por la utilización racional de todos los recursos naturales, con el fin de proteger y mejorar la calidad de la vida, y defender y restaurar el medio ambiente, apoyándose en la indispensable solidaridad colectiva. Pero, además, el contenido de este artículo sirve para justificar y legitimar la intervención del Estado en la protección de los recursos costeros. Su cumplimiento responde, en fin, a principios básicos como el de proporcionalidad, de igualdad, de interés general, de precaución, de restauración ambiental, etc.

La institución clave que garantiza la protección de los recursos costeros en España es el dominio público, que actúa como título de intervención del Estado para garantizar la defensa del interés general y la protección del medio ambiente. Este dominio público encuentra un reconocimiento expreso en el artículo 132.2 de la Constitución española, que declara bienes de dominio público estatal aquellos que determine la Ley y, en todo caso, la zona marítimo-terrestre, las playas, el mar territorial y los recursos naturales de la zona económica y la plataforma continental. Este reconocimiento constitucional de los bienes que conforman el dominio público marítimo-terrestre actúa como un límite indisponible para el legislador y asegura su correcta protección.

La Ley 22/1988, de 28 de julio, de Costas (en adelante, Ley de Costas), es la encargada de desarrollar este artículo 132 en la costa, convirtiendo a la figura del dominio público marítimo-terrestre en el eje central sobre el que gravita el sistema de protección de los recursos costeros, e inspirando al resto de normas de contenido ambiental que intervienen en la defensa del litoral.

5. El Derecho de costas en España. Especial referencia al dominio público marítimo-terrestre

5.1 *La legislación básica en materia de costas*

El Derecho de Costas en España se contiene, fundamentalmente, en la Ley de Costas y el Real Decreto 1.471/1989, de 1 de diciembre, por el que se aprueba el Reglamento General que desarrolla la ejecución de dicha Ley. El carácter básico de dicha legislación, legitima la protección y defensa del litoral por parte del Estado. Pese a los diferentes intentos por reformar dicha legislación básica, ésta ha gozado de gran estabilidad hasta fechas recientes, cuando ha sufrido una modificación sustancial.

La Ley de Costas de 1988 nace, en esencia, como una reacción ante la presión de usos y la falta de una legislación adecuada en la franja litoral. Como señala su Exposición de Motivos, los hechos —ya entonces— evidenciaban que España es uno de los países del mundo donde la costa, en el aspecto de conservación del medio, está más gravemente amenazada, por lo que era hora de poner fin a su grave y progresivo deterioro y a las alteraciones irreversibles de su equilibrio. Sin embargo, a pesar de su incuestionable carácter proteccionista, la edificación en la fachada litoral se ha seguido desarrollando a un ritmo vertiginoso durante las últimas décadas, debido a diferentes motivos.

Para García Pérez, si las cotas de protección de la Ley de Costas no han sido tan altas como algunos critican, no se debe a su articulado ni a la debilidad de los instrumentos que incorpora, sino a los males endémicos que afectan a la ordenación del territorio —y en este caso del litoral— que poco o nada tienen que ver con esta Ley. En este sentido, también se manifiesta Menéndez Rexach, quien afirma que la eficacia de la norma desde su aprobación ha estado, en cierto sentido, limitada por la neutralización de buena parte de su contenido a través de las Disposiciones Transitorias 3.ª y 4.ª de la Ley que mantuvieron el *statu quo* ya establecido renunciando a aplicar las disposiciones legales a las zonas del litoral ya urbanizadas, y por la falta de colaboración de las Administraciones urbanísticas, que han mirado para otro lado, cuando no obstaculizado directamente, la aplicación de la norma. De este modo, la mayor dificultad ha girado en torno a la necesidad de emprender actuaciones urbanísticas dirigidas a subsanar el régimen autorizatorio permisivo de la anterior Ley de Costas, de 1969, y la dificultad de completarlas ante el costoso procedimiento indemnizatorio que suponía.

Por su contundencia, la Ley de Costas se ha visto sometida a una abundante litigiosidad en cuestiones relacionadas con las competencias y el Derecho de propiedad. Esta litigiosidad ha venido marcada por el contenido de sus disposiciones transitorias, como explicamos, que determinaban el régimen jurídico de la propiedad en función del tipo de clasificación urbanística que tuviese el suelo a la entrada en vigor de la norma. Aunque se trata de una cuestión compleja, podemos afirmar que, en general, la Ley de Costas no obliga a demoler construcciones legales anteriores a su entrada en vigor. Lo que sí ha prohibido es aumentar su edificación o construir otras nuevas y, bajo determinados supuestos, transformar el régimen de propiedad de estas edificaciones por un régimen concesional de un plazo máximo de treinta años (con posibilidad de ser prorrogado por otros treinta años más).

Una de las críticas más severas que durante este tiempo ha recibido la Ley de Costas se ha centrado en lo que algunos denominaron la «indeterminación» del dominio público marítimo-terrestre. Esta circunstancia, reforzada por una «ultraprotección» de estos espacios, fue calificada por ciertos sectores de «discrecional». Así, la complejidad de los deslindes y la dificultad para interpretar los criterios técnicos y jurídicos en que se basa, debido a la gran casuística (ambiental y jurídica), ha provocado situaciones disfuncionales, difíciles de enjuiciar. La experiencia de estos años, sin duda, muestra la siempre difícil ponderación entre intereses públicos y privados en que se basa la protección de los entornos costeros.

Otra de las críticas que ha recibido la Ley ha sido su carácter expropiatorio. Aunque no es momento de volver sobre ello, los argumentos que en general se oponen a la Ley de Costas fueron desmontados por la STC 149/1991, de 4 de julio. Esta Sentencia declaró la constitucionalidad de gran parte del contenido de la norma y amparó sus principales disposiciones. Entre otras, la Sentencia sostiene que, aun cuando el legislador estatal puede definir el dominio público estatal y establecer el régimen jurídico de todos los bienes que lo integran, esta facultad está constitucionalmente sujeta a condicionamientos que la propia Constitución establece de modo explícito o implícito, pero que, necesariamente, resultan de la interpretación sistemática de la Norma fundamental [STC 149/1991, de 4 de julio, FJ 1.*c*)].

En general, y pese a las dificultades técnicas que comentamos, los tribunales han enjuiciado de modo uniforme los criterios relativos a la delimitación física del dominio público marítimo-terrestre, basándose en el respeto de la «integridad demanial». En consonancia con esta tesis, se ha logrado una posición de base (que no de consenso) que ha profundizado en la línea trazada por el legislador y el Tribunal Constitucional. Sin embargo, la fricción social que ha rodeado a la norma se ha mantenido, trascendiendo, incluso, los límites de nuestras fronteras.

De este lado, la norma fue mencionada en un Informe del Parlamento Europeo de 20 de febrero de 2009, el conocido informe AUKEN, que, paradójicamente, al analizar el urbanismo salvaje insta a las autoridades españolas a que se revisen urgentemente y, en su caso, modifiquen la Ley de Costas a fin de proteger los derechos de los legítimos propietarios de viviendas en la costa. Dicho Informe, en definitiva, ha servido para reabrir el debate sobre la aplicación de la Ley de Costas.

De este lado, la Ley 2/2013, de 29 de mayo, de Protección y Uso Sostenible del Litoral y de modificación de la Ley 22/1988, de 28 de julio, de Costas (en adelante, LPUSL) ha introducido cambios sustanciales que afectan al régimen jurídico de la costa. Con un título aparentemente más proteccionista de lo que en realidad se manifiesta, la LPUSL se estructura en tres grandes bloques: el primero, que introduce una modificación parcial pero profunda de la Ley de Costas; el segundo, que establece un nuevo régimen de prórroga extraordinaria y selectiva de las concesiones otorgadas al amparo de la legislación anterior; y, el tercero, que está compuesto por un conjunto heterogéneo de disposiciones que completan la reforma.

Entre otros cambios, la norma introduce criterios que afectan a los deslindes; establece una distinción entre playas naturales y playas urbanas; modifica el régimen de utilización y ocupación del litoral (autorizaciones y concesiones), ampliando el plazo de vigencia de estas autorizaciones y concesiones, permitiendo la transmisión intervivos de viviendas situadas en dominio público, y autorizando nuevas actividades en la costa. Igualmente, introduce modificaciones que afectan a las servidumbres de tránsito y de protección, estableciendo un régimen más flexible para las obras de renovación y mejora en edificaciones situadas en este espacio, y ampliando los supuestos excepcionales en que puede disminuirse la anchura de dichas servidumbres. Finalmente, la norma introduce una serie de medidas con el fin de regular la seguridad pública y el riesgo natural en la costa, ante los previsibles efectos del cambio climático y la regresión de la línea costera. De tal modo, Real Decreto 876/2014, de 10 de octubre, por el que se aprueba el Reglamento General de Costas (en adelante, RC) desarrolla las disposiciones técnicas de la LPUSL e introduce herramientas encaminadas a prevenir los efectos adversos derivados del cambio climático, como la posibilidad de declarar, bajo ciertas condiciones, a determinados terrenos en situación de riesgo grave de regresión; la definición de criterios para revisar los deslindes en la costa; o, incluso, la obligación de realizar estudios sobre la dinámica litoral.

La propia Ley 7/2021, de 20 de mayo, de cambio climático y transición energética (art. 20) estipula que, con el fin de garantizar una adecuada adaptación de la costa a los efectos del cambio climático, la gestión de los títulos de ocupación del dominio público marítimo-terrestre y sus prórrogas se llevará a cabo de acuerdo con lo establecido en el Título III de la Ley 22/1988, de 28 de julio, de Costas y teniendo en cuenta lo dispuesto en el artículo 13 ter de dicha ley. El precepto obliga a tener en cuenta factores como el estado y evolución de los ecosistemas, las condiciones hidromorfológicas, climáticas y de dinámica costera; así como la presión acumulada de los diferentes usos que soporta cada tramo de costa.

En esta misma línea, el Real Decreto 668/2022, de 1 de agosto, por el que se modifica el Reglamento General de Costas 876/2014, introdujo nuevos criterios relacionados con el límite de los deslindes, el régimen de concesiones y las redefinición del espacio marítimo-terrestre, pero, la norma ha sido anulada de pleno derecho por el incumplimiento de requisitos formales (falta de participación pública) en la STS de 31 de enero de 2024, aunque está previsto que se pueda reproducir su contenido en una nueva norma.

Sin poder entrar a valorar la eficacia de estas reformas, sí diremos que, en general, la LPUSL ha sido una norma controvertida, a pesar de haber sido avalada en su mayor parte por la STC 233/2015, de 5 de noviembre.

Independientemente de los contenidos que introduce la LPUSL, el objetivo de protección de la costa sigue vinculado a la coordinación y colaboración entre Administraciones. Además, es necesario actuar conforme a criterios de proporcionalidad que determinen los límites de la demanialidad y la indemnidad ante las actuaciones expropiatorias. Siempre, teniendo en cuenta el peligro que conlleva volver a planteamientos utilitaristas que antepongan la explotación económica de la costa por encima de su «capacidad de carga».

Como valoración general de estos años, se puede decir que, en relación a la protección de la costa, a grandes rasgos, la partida la ha ganado sobre el tablero normativo la tutela ambiental; sin embargo, el campo de batalla, la realidad de la costa, revela la victoria de los intereses económicos de todo tipo, como lo evidencia también la misma sucesión de políticas y estrategias encaminadas a proteger el espacio litoral, que coinciden en señalar como fundamento o, presupuesto de las mismas, la vulnerabilidad y real degradación de la costa (Núñez Lozano).

5.2. *El dominio público marítimo-terrestre y las limitaciones a la propiedad en los terrenos colindantes*

La Ley de Costas tiene por objeto la determinación, protección, utilización y policía del dominio público marítimo-terrestre y especialmente de la ribera del mar (art. 1). De este modo, la norma define (arts. 3 ss. de la Ley de Costas y del Reglamento de Costas) los bienes que conforman el dominio público marítimo-terrestre.

Esta afirmación resulta significativa pues, como cabe recordar, la afectación de un bien al dominio público actúa como una reserva y una técnica de intervención administrativa mediante la cual este bien se dirige a cumplir con una finalidad prevista en la ley. Además, estos bienes gozan de un régimen jurídico especial o exorbitante caracterizado por las notas de imprescriptibilidad, inembargabilidad e inalienabilidad.

De acuerdo a lo que venimos comentando, sin entrar en detalles técnicos, la concreta afectación de un bien como dominio público marítimo-terrestre implica la utilización racional del bien en aras del interés general y limita su régimen de utilización; además, protege su destino e integridad y conlleva la utilización de técnicas de policía demanial sobre dicho bien (como son el ejercicio de la potestad sancionadora, el sometimiento de actividades de autorización y concesión, o la obligación de restauración del bien de dominio público dañado en su caso). Todo ello para garantizar su protección. A este respecto se refiere el artículo 2 de la Ley de Costas.

Por su parte, el artículo 3 de la Ley de Costas (en su versión última) estipula qué bienes forman el dominio público marítimo-terrestre. Éstos son:

— La ribera del mar y de las rías, que agrupa, por un lado, a la zona marítimo-terrestre (hasta donde se haga sensible el efecto de las mareas o las olas en los mayores temporales conocidos, de acuerdo con los criterios técnicos que se establezcan reglamentariamente, o cuando lo supere, el de la línea de pleamar máxima viva equinoccial). Esta zona se extiende también por las márgenes de los ríos hasta el sitio donde se haga sensible el efecto de las mareas, e incluye a marismas, albuferas, marjales, esteros y, en general, las partes de los terrenos bajos que se inundan como consecuencia del flujo y reflujo de las mareas, de las olas o de la filtración del agua del mar; y por otro lado, a las playas o zonas de depósito de materiales sueltos, conteniendo escarpes, bermas y dunas.

— El mar territorial y las aguas interiores, con su lecho y subsuelo y los recursos naturales de la zona económica y la plataforma continental. Para definir y regular estas áreas se tiene en cuenta su regulación específica, como la Ley 10/1977, de 4 de enero, sobre el Mar territorial; la Ley 15/1978, de 20 de febrero, sobre la zona económica exclusiva; el RD 2.510/1977, de 5 de agosto, que fija las líneas de base recta; el RD 1.315/1997, de 1 de agosto (modif. por el RD 431/2000, de 31 de marzo), que establece una zona de protección pesquera en el Mediterráneo, etc. Estas normas actúan en consonancia con el Convenio de Naciones Unidas sobre el Derecho del Mar de 1982, ratificado por España, la llamada «Constitución de los Océanos».

Como es fácil observar, la propia denominación de «dominio público marítimo-terrestre» pone de relieve la necesidad de proteger un espacio terrestre complementario más allá de la zona marítima. Este espacio terrestre se extiende con una intensidad modulable a lo largo de la franja costera. De ahí que la Ley de Costas excluya la posibilidad de consolidar la apropiación por particulares de terrenos en el dominio público marítimo-terrestre, así como en sus zonas colindantes. Y es que existe el doble propósito de garantizar el carácter público del dominio público marítimo-terrestre y conservar sus características naturales, conciliando las exigencias de desarrollo con los imperativos de protección y derogando cuantas normas legales se opongan a dicho propósito.

Por ello, la norma introduce un Título que contiene una serie de limitaciones a la propiedad de los terrenos colindantes al dominio público marítimo-terrestre, tratando de asegurar los objetivos de protección e integridad dentro de este espacio. De tal modo, la Ley de Costas contempla una serie de figuras de protección (arts. 23 ss.) que reciben la denominación de servidumbres legales (de protección, tránsito y acceso al mar), así como una zona de influencia (más flexible en sus restricciones y que alcanza como mínimo los 500 metros). Todas estas figuran van dirigidas a respetar los valores naturales de la franja costera, más allá de la interfaz marítimo-terrestre, sobre la que se extiende dicha declaración demanial.

De entre todas, la servidumbre de protección es la que mayores consecuencias legales alcanza. Esa servidumbre recae sobre una zona de 100 metros medida tierra adentro desde el límite interior de la ribera del mar (20 metros en los terrenos clasificados como urbanos a la entrada en vigor de la norma). Esta extensión, además, puede ser ampliada hasta un máximo de otros 100 metros, cuando sea necesario para asegurar la efectividad de la servidumbre, en atención a las peculiaridades del tramo de costa de que se trate. Dentro de esta zona de servidumbre se prohíbe una gran variedad de usos como las edificaciones destinadas a residencia o habitación, la construcción o modificación de vías de transporte interurbanas y las de intensidad de tráfico superior a la que se determine reglamentariamente, las actividades que impliquen la destrucción de yacimientos de áridos, etc.

No obstante, cabe afirmar que estas limitaciones a la propiedad actúan con un carácter de regulación mínima y complementaria de la que dicten las Comunidades Autónomas en el ámbito de sus competencias. Esto encaja con la atribución autonómica para legislar en materia de ordenación del territorio, así como para desarrollar la normativa básica dictada por el Estado en materia ambiental (art. 148.1.3 y 9 de la Constitución española).

De este lado, la declaración constitucional del dominio público marítimo-terrestre y su titularidad estatal no supone, en cualquier caso, una cláusula de atribución competencial a favor del Estado y, por tanto, no excluye el ejercicio de competencias que tengan otras Administraciones atribuidas sobre este espacio. Así lo afirma la STC 149/1991, de 4 de julio, al señalar que «la titularidad del dominio público marítimo-terrestre no es, en sí misma, un criterio de delimitación competencial y que, en consecuencia, la naturaleza demanial no aísla a la porción del territorio así caracterizado de su entorno, ni la sustrae de las competencias que sobre ese aspecto corresponden a otros entes públicos que no ostentan esa titularidad» [FJ 1.*c*)]. De hecho, las Comunidades Autónomas —y en menor medida los municipios— asumen competencias sobre este espacio, como sucede en materias como la ordenación del territorio, el urbanismo y la vivienda; la gestión de la zona de servidumbre de protección; las obras públicas de interés para la Comunidad Autónoma; la pesca en aguas interiores; el marisqueo y acuicultura, etc. De tal modo, es posible señalar la existencia de normas autonómicas de carácter complementario tan relevantes como, por ejemplo, el Decreto-ley 5/2012, de 27 de noviembre, de medidas urgentes en materia urbanística y para la protección del litoral de Andalucía.

A este respecto, el último título de la Ley de Costas regula cómo se distribuyen las competencias administrativas en la costa (arts. 110 ss.). Sin embargo, en él se detallan sólo las que corresponden a la Administración del Estado y a los Municipios, mientras que las propias de las Comunidades Autónomas son objeto de una mención genérica, remitiendo su alcance y contenido a lo establecido en los respectivos Estatutos de Autonomía.

En este punto, es necesario insistir en la extraordinaria concurrencia competencial y la necesidad de favorecer la coordinación de los instrumentos de ordenación territorial y urbanística, mediante un sistema de consultas e informes recíprocos que permite su articulación dentro de un marco de colaboración. No obstante, los altos niveles políticos son los que deben instar la utilización de las técnicas de colaboración interadministrativa que tienen a su alcance, siendo conscientes de que, de su motivación para llevar a efecto este dictado, dependen principios tan importantes como los de eficacia administrativa (art. 103 CE), lealtad institucional (art. 4 de la Ley 30/1992, 26 de noviembre, del Régimen Jurídico de las Administraciones Públicas y del Procedimiento Administrativo Común) y respeto por las competencias ajenas (por todas, la STC 26/1994, de 10 de febrero).

6. Hacia una protección integrada del medio marino

Una vez desglosado a grandes rasgos el régimen de protección de la costa, es preciso completar nuestro enfoque con la regulación del medio marino. La ordenación de esta materia está contenida en un amplio elenco de normas de carácter supraestatal y estatal. Sin ánimo de exhaustividad, a nivel supraestatal. podemos destacar algunas tan relevantes como: el Convenio de Naciones Unidas sobre el Derecho del Mar de 1982 (UNCLOS); la Convención Relativa a los Humedales de Importancia Internacional especialmente como Hábitat de Aves Acuáticas (Convenio de Ramsar, 1971); los Convenios de mares regionales: Convenio de Barcelona para la protección del medio marino y de la región costera del Mediterráneo (1976). Protocolo sobre las Zonas Especialmente Protegidas y la Diversidad Biológica en el Mediterráneo (1995). Convenio de París (OSPAR, 1992) para la protección del medio ambiente marino del Atlántico Nordeste. Anexo V sobre la protección y conservación de los ecosistemas y de la diversidad biológica de las áreas marítimas (1998). Convenio de Bonn (1979) sobre la conservación de las especies migratorias de fauna silvestre. Acuerdo de Mónaco sobre la conservación de cetáceos del Mar Negro, en la zona del Mar Mediterráneo y Zona Atlántica Contigua (ACCOBAMS, 1996). Acuerdo de Canberra para la conservación de albatros y petreles (ACAP, 2002); el Convenio de Río de Janeiro (1992) sobre la Diversidad Biológica. Mandato de Yakarta sobre biodiversidad marina y costera (1995). Red Global de Áreas Marinas Protegidas para el año 2012, establecida por la Cumbre Mundial sobre Desarrollo Sostenible, celebrada en Johannesburgo (2002), en el marco del Convenio sobre la Diversidad Biológica.

A nivel europeo, ya hemos comentado la enorme importancia que adquiere la política ambiental comunitaria y el papel que desempeñan sus Directivas: además de otras, como la Directiva 92/43/CEE del Consejo sobre conservación de los hábitat naturales y la fauna y flora silvestres; o la Directiva 79/409/CEE del Consejo relativa a la conservación de aves silvestres, etcétera.

La mayoría de estos Convenios y Directivas introducen compromisos que son asumidos por España, como la declaración de Reservas de la Biosfera, los lugares de Patrimonio Mundial de la UNESCO, o la declaración de Humedales del Convenio de Ramsar, las Zonas Especialmente Protegidas de Importancia para el Mediterráneo, los Lugares de Interés Comunitario y de Zonas Especiales de Protección para las Aves, entre otros.

En el ámbito interno español, encontramos normas que, sin tener un carácter ambiental, inciden en el medio marino, como el Real Decreto Legislativo 2/2011, de 5 de septiembre, por el que se aprueba el Texto Refundido de la Ley de Puertos del Estado y de la Marina Mercante; la Ley 3/2001, de 26 de marzo, de Pesca Marítima del Estado; la Ley 42/2007, de 13 de diciembre, de Patrimonio Natural y de la Biodiversidad; la Ley de Costas; la Ley 26/2007, de 23 de octubre, de Responsabilidad Medioambiental, u otras que hacen referencia genérica a la legislación de navegación, de lucha contra la contaminación en el mar, de protección de especies y hábitats, al sector turístico y de hidrocarburos, a la normativa urbanística, etc.

Sin embargo, desde el punto de vista ambiental, destacamos en este momento la relevancia que adquieren dos normas en nuestro Derecho: la Ley 41/2010, de 29 de diciembre, de protección del medio marino, que es la encargada de transponer a nuestro Ordenamiento la Directiva 2008/56/CE, de 17 de junio de 2008; y el Real Decreto Legislativo 1/2001, de 20 de julio, por el que se aprueba el Texto Refundido de la Ley de Aguas (a este respecto, véase el Capítulo 15, sobre Derecho de Aguas).

La LPMM, que tiene en cuenta una protección del medio marino desde el mar hacia tierra, regula la Red de Áreas Marinas Protegidas (en adelante, RAMPE). Dicha Red integra distintos espacios protegidos del medio marino, con independencia de que su declaración y gestión estén reguladas por normas internacionales, comunitarias o estatales, asegurando una serie de objetivos, como son la conservación y recuperación del patrimonio natural y la biodiversidad marina, fomentar la conservación de los corredores ecológicos, etc.

La RAMPE toma como referencia a las Áreas Marinas Protegidas que son, según el artículo 32.1 de la Ley 42/2007, de 13 de diciembre, «espacios naturales designados para la protección de ecosistemas, comunidades o elementos biológicos o geológicos del medio marino, incluidas las áreas intermareal y submareal, que, debido a su rareza, fragilidad, importancia o singularidad, merecen una protección especial». De esta forma, la RAMPE busca establecer una mayor interrelación y equilibrio de los objetivos que estas Áreas Marinas Protegidas individualmente persiguen, teniendo como fin asegurar la conservación y recuperación del patrimonio natural y la biodiversidad marina; proteger y conservar las áreas que mejor representan el rango de distribución de las especies, hábitat y procesos ecológicos en los mares; o fomentar la conservación de corredores ecológicos (art. 25 LPPM).

Por su parte, el Texto Refundido de la Ley de Aguas interviene activamente en la protección del medio marino controlando la contaminación telúrica o terrestre, cuyo destino final es el mar. Adopta, por tanto, un enfoque inverso y complementario al que utiliza la Ley de protección del medio marino: desde «tierra hacia el mar». Y es que, se sabe que, hasta el 75 por 100 de la contaminación marina es producto de las actividades humanas que tienen lugar en la superficie terrestre a través de flujos contaminantes procedentes de fuentes puntuales de contaminación (como vertidos) o de fuentes de contaminación difusa (nitratos empleados en la agricultura, efluentes urbanos e industriales, plaguicidas, hidrocarburos y demás sustancias químicas, etc.). Por eso es tan importante establecer una coordinación efectiva entre las leyes que interconectan este espacio.

Como veíamos en el Capítulo 15, la aplicación del Texto Refundido de la Ley de Aguas se extiende hasta el mar con la adaptación del concepto de demarcación hidrográfica que alcanza a regular incluso las aguas costeras y de transición a efectos ambientales. Así, la eficaz puesta en práctica e interrelación, no sólo de estas dos normas, sino también de los instrumentos de planificación ambiental que introducen cada una de ellas (esto es, las estrategias marinas y los Planes hidrológicos de cuenca) y sus Planes de medidas, constituyen hitos decisivos para la consecución del buen estado ambiental de las aguas marinas. Optando por aplicar, en caso de duda, la legislación medioambientalmente más exigente.

En relación con este tema, resulta reseñable que en los últimos años se ha avanzado hacia un sistema de protección del medio marino que combina diferentes modelos de planificación espacial marina (*Marine Spatial Planning Areas*). Las directrices que contienen estos modelos abordan asuntos a nivel regional y local (por ecorregiones) como pueden ser la protección de la biodiversidad, la planificación de recursos naturales, la preservación de la calidad ambiental, la realización de obras e instalaciones, etc. Lo interesante es que dichos instrumentos sirven para desarrollar, de forma específica, la abundante regulación aprobada en esta materia, superando el enfoque sectorial y armonizando usos para permitir un mayor desarrollo económico, I+D+i, sostenibilidad ambiental, abastecimiento energético…

Como ejemplo más representativo de este fenómeno encontramos el Área Marina Protegida de «El Cachucho», declarada la primera exclusivamente marina en España. En concreto, el Real Decreto 1.629/2011, de 14 de noviembre (que ha sido más recientemente derogado por el RD 686/2021, de 3 de agosto, por el que se amplía el Área Marina Protegida «El Cachucho» y se aprueba su segundo plan de gestión), dictaminó las primeras medidas de conservación de este espacio marino protegido, contenidas en un Plan de gestión común que incorpora los objetivos y medidas para cada especie, la caracterización del medio, el programa de seguimiento y evaluación, y una exhaustiva regulación de usos y actividades que se pueden realizar en el espacio protegido (en su Anexo II).

IV. ACTIVIDAD PRÁCTICA

La Exposición de Motivos de la Ley de Costas señala que, en el momento de la entrada en vigor de esta norma, alrededor de un 40 por 100 de la costa española ya estaba urbanizada o tenía la calificación de urbanizable; un

7 por 100 de su fachada costera estaba dedicada a instalaciones portuarias, un 3 por 100 a instalaciones industriales y un 8 por 100 a usos agrícolas, no teniendo el 42 por 100 restante usos claramente definidos o irreversibles.

Según la *Estrategia para la sostenibilidad de la costa* del año 2007, la actual situación es todavía más grave:

— Hasta el 80 por 100 del turismo español se concentra en una orla de 5 km (alrededor del 7 por 100 de nuestro territorio), albergando esta franja de superficie más del 44 por 100 de la población total del país, lo que supone una densidad cinco veces superior a la de otras zonas de interior.

— En algunas CC.AA., más del 75 por 100 de los terrenos colindantes al mar son urbanos o urbanizables y casi el 25 por 100 del litoral es costa artificial. Esta presión es especialmente intensa en las playas del arco mediterráneo donde aproximadamente un 60 por 100 de las mismas están situadas en entornos ya urbanizados. En total, el 40 por 100 de la costa española ya está urbanizada, y el 16 por 100 es costa artificial.

La Exposición de Motivos de la Ley de Costas también subraya la importancia que tiene el medio costero en España y la degradación y destrucción de ese espacio físico como consecuencia de la «desnaturalización de porciones de dominio público litoral» o de su privatización. Hoy en día nuestras costas asisten a lo que, de forma representativa, se ha dado en llamar por los europarlamentarios Libicki y Cashman como «enladrillado del litoral», o «urbanismo nocivo de altas murallas de edificios al borde mismo de la playa o del mar», tal y como lo define la propia Ley de Costas. Así, el fuerte proceso urbanizador desarrollado durante las últimas décadas ha puesto de manifiesto claramente la permanente tensión que existe entre los intereses económicos y ambientales que se concitan en torno a la franja marítimo-terrestre.

Actividad para desarrollar:

De acuerdo con las cuestiones que se acaban de exponer, reflexione por escrito sobre cuáles son en su opinión los motivos por los que, a pesar del carácter proteccionista de la Ley de Costas con el medioambiente, la situación del litoral en España ha empeorado sustancialmente en los últimos lustros. Antes de contestar, visione el capítulo «Legalidad y conocimiento» de la serie documental de Radio Televisión Española *Las riberas del mar océano*. Asimismo, retenga las ideas que a su juicio le parezcan más destacadas para el posterior debate en clase. Valore el diseño institucional, las cuestiones competenciales, así como si existe la posibilidad de crear un marco jurídico efectivo que tenga en cuenta las interrelaciones naturales que se producen entre los ecosistemas marítimos y terrestres. Por último, busque información sobre noticias de actualidad y supuestos concretos que afectan a nuestra geografía costera.

V. AUTOEVALUACIÓN

1. La ordenación del litoral en España:

a) Cuenta con una perfecta delimitación de competencias sobre la materia que le corresponde legislar a cada Administración Pública.
b) Debe servir para poner freno a la situación de deterioro ambiental y proteger los recursos costeros racionalizando su demanda, así como favorecer un equilibrio físico y natural que preserve los valores de la costa y del medio marino en su conjunto.
c) No existe una ordenación del litoral en España.

2. El dominio público marítimo-terrestre:

a) Constituye el instrumento clave para garantizar la protección de los recursos costeros.
b) Actúa como un título de intervención del Estado para garantizar la defensa del interés general y la protección del medio ambiente.
c) Las dos respuestas anteriores son correctas.

3. La Gestión Integrada de Zonas Costeras trata de:

a) Servir como un proceso dinámico de gestión y utilización sostenible de las zonas costeras, teniendo en cuenta simultáneamente la fragilidad de los ecosistemas y paisajes costeros, la diversidad de las actividades y los usos, sus interacciones, la orientación marítima de determinados usos y determinadas actividades, así como sus repercusiones a la vez sobre la parte marina y la parte terrestre.
b) Introducir criterios de sostenibilidad y formas efectivas de participación ciudadana e institucional que mejoren las relaciones administrativas y establezcan un mejor reparto de competencias entre los agentes socioeconómicos que participan en la gestión del litoral.
c) Las dos respuestas anteriores son correctas.

4. La Ley 41/2010, de 29 de diciembre, de protección del medio marino:

a) Tiene por objeto la determinación, protección, utilización y policía del dominio público marítimo-terrestre y, especialmente, de la ribera del mar.

b) Prevé la aprobación de medidas encaminadas a lograr o mantener el buen estado ambiental del medio marino a través de su planificación, conservación, protección y mejora,

c) Contempla una serie de figuras de protección que reciben la denominación de servidumbres legales (de protección, tránsito y acceso al mar), así como una zona de influencia (que alcanza como mínimo los 500 metros).

5. La Ley 22/1988, de 28 de julio, de Costas:

a) Introduce como particularidad un nuevo tipo de planificación ambiental, las estrategias marinas.

b) Estipula los bienes que conforman el dominio público marítimo-terrestre.

c) Regula la Red de Áreas Marinas Protegidas.

6. De entre las limitaciones a la propiedad de los terrenos colindantes al dominio público marítimo-terrestre, la zona de servidumbre de protección:

a) Recae sobre los terrenos colindantes o contiguos al dominio público marítimo-terrestre, en la longitud y anchura que demanden la naturaleza y finalidad del acceso.

b) Supone una franja de 6 metros, medidos tierra adentro a partir del límite interior de la ribera del mar.

c) Recae sobre una zona de 100 metros medida tierra adentro desde el límite interior de la ribera del mar (20 metros en los terrenos clasificados como urbanos a la entrada en vigor de la norma).

7. La STC 149/1991, de 29 de noviembre, establece que:

a) La titularidad del dominio público marítimo-terrestre no es, en sí misma, un criterio de delimitación competencial.

b) Solamente las Comunidades Autónomas tienen competencias para legislar en materia de ordenación litoral.

c) Las dos respuestas anteriores son correctas.

8. La Red de Áreas Marinas Protegidas:

a) Aparece regulada en el Texto Refundido de la Ley de Aguas.

b) Su regulación está contenida en la Ley de Costas.

c) Integra diferentes espacios de protección situados en el medio marino con independencia de que su declaración y gestión estén reguladas por normas internacionales, comunitarias o estatales.

9. La contaminación de origen terrestre:

a) Existe una relación directa entre la contaminación terrestre y la protección del medio marino. El Texto Refundido de la Ley de Aguas pretende atajarla a través de los respectivos Planes hidrológicos.

b) Es muy significativa en la protección del medio marino, por eso se crean las estrategias marinas, para luchar contra ella.

c) No tiene ninguna incidencia en la protección del medio marino.

10. La Política Marítima Integrada de la Unión Europea:

a) Pone en conexión todos los aspectos ambientales de nuestra relación como seres vivos con el mar, dentro de un planteamiento innovador y holístico orientado a confeccionar un marco coherente que facilite el desarrollo óptimo y sostenible de todas las actividades.

b) Ha sido transpuesta en nuestro país en diferentes fragmentos del Texto Refundido de la Ley de Aguas y la Ley de Costas, consolidando la creación de un marco jurídico uniforme.

c) Se trata de una política de origen nacional que se dirige a establecer, por razón de un enfoque sectorial, el desarrollo de actividades económicas situadas en el medio marino.

VI. MATERIAL DIDÁCTICO

1. Lecturas recomendadas

AA.VV., *Iniciativas en Iberoamérica de interés para la gestión integrada de áreas litorales*, Actas del I Congreso Iberoamericano de Gestión Integrada de Áreas Litorales, Cádiz, 2012.

Alonso García, E., «La reciente e inminente legislación sobre conservación y uso sostenible de la biodiversidad del medio marino ¿celebración o reto?», *Revista Ambienta*, Ministerio de Medio Ambiente, y Medio Rural y Marino, 2009.

Arana García, E. y Navarro Ortega, A., «La Ley de Protección y Uso Sostenible del Litoral: ¿un giro hacia lo desconocido?», *Revista Vasca de Administración Pública*, n.º 97, 2013.

Arana García, E., y Sanz Larruga, F. J. (dirs.), *La ordenación jurídica del medio marino en España. Estudios sobre la Ley 41/2010, de protección del medio marino*, Aranzadi, Cizur Menor (Navarra), 2012.

Barragán Muñoz, J. M. (dir.), *Propuesta de Estrategia Andaluza de Gestión Integrada de Zonas Costeras*, Consejería de Medio Ambiente y Consejería de Vivienda y Ordenación del Territorio, Junta de Andalucía, Cádiz, 2008.

Barreira López, A., *Gobernanza para la protección del medio marino en España: Guía Práctica*, Instituto Internacional de Derecho y Medio Ambiente (IIDMA), Madrid, 2009.

De Fuentes Bardají, J. (dir.), *Manual de Dominio Público Marítimo-Terrestre y Puertos del Estado*, Aranzadi, Cizur Menor (Navarra), 2011.

ESCARTÍN ESCUDÉ, V., *El periurbanismo estatal*, Marcial Pons, Madrid, 2009.

GARCÍA PÉREZ, M., *La utilización del dominio público marítimo-terrestre. Estudio especial de la concesión demanial*, Marcial Pons, Madrid, 1995.

GARCÍA TREVIJANO-GARNICA, E., «El régimen jurídico de las costas españolas: la Concurrencia de Competencias sobre el litoral. Especial referencia al informe preceptivo vinculante», *Revista de Administración Pública*, n.º 144, septiembre-diciembre, 1997.

LOBO RODRÍGUEZ, A., *Ordenación y planificación del espacio marítimo español*, Aranzadi, Cizur menor, 2024.

MENÉNDEZ REXACH, A. (dir.), *La Ley de Costas en la jurisprudencia: Sentencias del Tribunal Constitucional*, Ministerio de Medio Ambiente, y Medio Rural y Marino, Madrid, 2010.

MENÉNDEZ REXACH, A. y RODRÍGUEZ-CHAVEZ MIMBRERO, B. (dirs.), *Planificación del espacio marino. Aplicación en España de la Directiva Marco 2014/89/UE*, Revista de Derecho Urbanístico, 2022.

NÚÑEZ LOZANO, M. C., «Legislación de costas y planificación urbanística», *Cuadernos de Derecho Administrativo*, Sevilla, 2009.

— *Hacia una política marítima integrada de la Unión Europea. Estudios de política marítima*, Iustel, Madrid, 2010.

— *La reforma de la Ley de Costas de 2013*, Tirant lo Blanch, Valencia, 2013.

ORTIZ GARCÍA, M., *La gestión eficiente de la zona costera. Los parques marinos*, Tirant lo Blanch, Valencia, 2003.

PÉREZ CONEJO, L., *Las costas marítimas, régimen jurídico y competencias administrativas*, Comares, Granada, 1999.

SÁNCHEZ GOYANES, E. (dir.), *El Derecho de costas en España*, La Ley, Las Rozas (Madrid), 2010.

SANZ LARRUGA, F. J. (dir.), *Estudios sobre la ordenación, planificación y gestión del litoral: hacia un modelo integrado y sostenible*, Observatorio del litoral de la Universidad de A Coruña, Fundación Pedro Barrié de la Maza, A Coruña, 2009.

SANZ LARRUGA, F. J. y ORTÍZ GARCÍA, M. (dirs.), *Análisis de la protección del medio marino tras una década del enfoque ecosistémico: estado actual y nuevos retos*, Thomson Reuters Aranzadi, Cizur Menor (Navarra), 2022.

SUÁREZ DE VIVERO, J. L. y RODRÍGUEZ MATEOS, J. C., «España en el contexto europeo (La Ley de protección del medio marino y la planificación espacial marina)», *Revista Ambienta*, n.º 94, 2011.

RODRÍGUEZ LÓPEZ, P., *Playas y costas en el Derecho español*, Bosch, Barcelona, 2010.

ZAMORANO WISNES, J., *La ordenación del litoral. Una propuesta de gestión integrada*, La Ley, Las Rozas (Madrid), 2013.

2. OTROS DOCUMENTOS DE INTERÉS

— Serie de Radio Televisión Española: *Las riberas del mar océano*, dirigida por el Prof. Miguel Ángel LOSADA RODRÍGUEZ. Esta serie hace un recorrido por el litoral español y analiza las presiones a las que están sometidos deltas, playas, acantilados, lagunas, estuarios y rías.

— *Directrices para el tratamiento del borde costero, Secretaría general para el territorio y la biodiversidad*, Dirección general de Costas (Ministerio de Medio Ambiente), Madrid, 2008.

— Informe anual: *Destrucción a toda costa*, Greenpeace.

— *Informe sobre las competencias de las distintas Administraciones territoriales y órganos de la Administración General del Estado en materia de protección de hábitats y especies marinas y de declaración y gestión de áreas marinas protegidas*, Consejo de Estado, 2006.

— *Estrategia para la sostenibilidad de la costa y el mar. Documento de inicio*, 2007.

— *Documento. Hacia una gestión sostenible el litoral español*, Ministerio de Medio Ambiente, 2007.

— *Gestión Integrada de las Zonas Costeras en España.* Informe de España en cumplimiento de los requerimientos del capítulo VI de la Recomendación del Parlamento Europeo y del Consejo, de 30 de mayo de 2002, sobre la aplicación de la gestión integrada de las zonas costeras en Europa.

— *Un océano de oportunidades. Una política marítima integrada para la Unión Europea*, Oficina de publicaciones oficiales de las Comunidades Europeas, Comisión Europea, Luxemburgo, 2007.

— Los siguientes documentos constituyen el origen de la Política Marítima Integrada de la Unión Europea: el *VI Programa de Acción Comunitaria en materia de Medio Ambiente* que promueve, entre otras acciones, una estrategia temática para el medio marino; las Comunicaciones de la Comisión Europea COM (2002) 539. *Hacia una estrategia de protección y conservación del medio ambiente marino*»; COM (2005) 504. *Estrategia temática sobre la protección y la conservación del medio ambiente marino*; COM (2006) 275. Libro Verde «Hacia una futura política marítima de la Unión: perspectiva europea de los océanos y los mares»; DOC [COM (2007) 574 final] de 10 de octubre de 2007, por el que se publica la *Comunicación al Parlamento Europeo, al Consejo, al Comité Económico y Social europeo y al Comité de las Regiones, por la cual se pretendía* una política marítima integrada para la Unión Europea; COM (2007) 575 final. Una política marítima integrada para la Unión Europea; y, la Directiva 2008/56/CE del Parlamento Europeo y del Consejo, de 17 de junio de 2008, por la que se establece un marco de acción comunitaria para la política del medio marino.

3. Sitios web

— https://www.miteco.gob.es/es.html; Página web del Ministerio para la Transición Ecológica y el Reto Demográfico.

— http://www.juntadeandalucia.es/medioambiente/ Página web de la Consejería de Medio Ambiente, Sostenibilidad y Economía Azul de la Junta de Andalucía, que contiene información sobre diferentes aspectos relacionados con el Derecho de costas y la protección del medio marino.

— http://www.greenpeace.org/espana/es/ Página web de la Organización No Gubernamental ecologista que contiene un apartado específico sobre la defensa de los océanos y costas en España.

— http://www.observatoriodellitoral.es/ Página web sobre el estudio de cuestiones jurídicas relacionadas con el litoral de la Universidade da Coruña.

— http://www.journals.elsevier.com/marine-pollution-bulletin/ Web sobre el uso racional marítimo y de los recursos marinos en los estuarios, mares y océanos. Contiene artículos y documentación sobre la forma de gestionar estos espacios.

RESOLUCIÓN DE AUTOEVALUACIONES

A) Respuestas a las preguntas formuladas en los temas de la parte general

	1	2	3	4	5	6	7	8	9	10
Capítulo 1	c	a	c	b	b	b	c	c	c	b
Capítulo 2	b	c	a	b	b	c	b	c	c	b
Capítulo 3	a	c	b	b	a	a	b	a	b	a
Capítulo 4	b	b	b	b	c	b	a	b	a	a
Capítulo 5	c	c	a	a	b	c	a	c	a	a
Capítulo 6	c	a	b	a	b	c	b	c	c	a
Capítulo 7	b	c	a	a	c	c	a	b	c	a
Capítulo 8 (1)	a	c	c	c	b	b	c	a	a	c
Capítulo 8 (2)	a	b	b	c	b	b	c	b	b	c
Capítulo 9	b	b	c	c	c	c	a	b	b	a

B) Respuestas a las preguntas formuladas en los temas de la parte especial

	1	2	3	4	5	6	7	8	9	10
Capítulo 10	b	a	c	c	a	b	c	a	a	c
Capítulo 11	b	c	b	c	c	a	c	a	a	c
Capítulo 12	c	a	b	a	c	c	b	a	a	c
Capítulo 13	c	b	a	a	b	a	b	c	b	c
Capítulo 14	c	a	b	a	c	a	c	b	b	c
Capítulo 15	c	b	c	a	a	c	c	b	c	b
Capítulo 16	b	c	c	b	b	c	a	c	a	a